경남 유학의 맥

남명학의 계승과 확산을 중심으로

경남 유학의 맥

경상국립대학교 인문대학 경남학 교양총서 / 09

남명학의 계승과 확산을 중심으로

전병철

慶南

경상국립대학교출판부

이 연구는 2022년 교육부 재원으로 국립대학 육성사업 지원을 받아 수행되었음
This work was supported by of the National University Promotion Project, 2022.

저자의 말

이 책은 필자가 지난 10여 년간 남명학파에 관해 수행한 연구 결과물 중에서 시기별 특성을 드러낼 수 있는 논문들을 선별하여 묶은 것이다. 제1부에서는 남명 조식의 문인들이 스승과 언제 처음 만났고 무엇을 배웠으며, 그들은 스승의 학문을 어떻게 이해했는지를 살펴보았다. 제2부에서는 남명의 문인들 가운데 문학에 깊은 관심을 가진 인물의 작품들과 남명학파 학자들이 창작한 잠(箴) 작품을 통해 수양론과의 연관성을 해명했다. 제3부에서는 1623년 인조반정과 1728년 무신란이라는 정치적 격변을 겪으면서, 경남 지역의 학자들은 어떤 방식으로 그 시대에 대응하여 헤쳐 나갔는지를 탐구했다. 마지막 제4부에서는 조선 말기의 국가적 위기 속에서 남명학은 어떻게 재인식되고 소환되었는지를 역사적 상황과 시대적 맥락 속에서 고찰했다.

12편의 논문을 정리하는 과정에서 중복되는 내용은 삭제하고, 잘못된 사실과 문장을 수정했다. 논문을 작성할 당시에는 힘들고 어려운 과정이 있었지만, 시간이 흐른 뒤 다시 살펴보니 여러모로 정말 부족하다. 그런데도 책으로 엮어 부끄러움을 감수하는 까닭은 아직 경남의 유학사를 통시적으로 서술한 연구서가 없기 때문이다. 이 책도 경남의 유학사를 전체적으로 포괄한 것이 아니라, 남명학파를 중심으로 큰 줄기를 개관했을 뿐이다. 경남 유학사라는 거대한 산맥에서 겨우 한 구비를 걸은 듯한 역부족을 절감하게 된다. 하지만 이 책을 준비하면서 아직 남명학파에 관해 연구할 부분이 매우 많다는 사실을 확인했다. 그 비워진 부분을 채우고 싶다는 새로운 목표도 생겼다. 그러므로 이 책은 향후 진행할 남명학파 연구의 중간보고서라는 말로 송구스러운 마음을 변명한다. 또한 이 책을 통해 다른 연구자들과 학문적인 대화를 나눌 수 있는 계기가 된다면 더없이 기쁘겠다.

2023년 2월

전병철 삼가 쓰다

목차

저자의 말 5

제1부 남명 문인들의 도학적 정통성 확립 과정

제1장 제문을 통해 본 남명 제자의 입문과 수학 12

제2장 『변무』에 담긴 정인홍의 남명학 변호와 그 의미 44

제3장 주자학적 정학 정립과 남명학의 도학적 정통성 규명 70

제2부 조선 중기 남명학의 문학적 변용과 수양론

제1장 각재 하항의 도학시와 「서대팔영」 106

제2장 송정 하수일의 '관물반기' 수양론과 작품 창작 146

제3장 16~17세기 초반 남명학파의 잠 작품에 나타난 수양론 180

제3부 17~18세기 남명학파의 정치적 수난과 새로운 모색

제1장 하진의 정치적 활동과 『태계집』의 간행 양상 226
제2장 니계 박내오의 은일적 섭세와 산수 유람 262
제3장 순암 안정복의 『남명집』 차기에 나타난 남명 조식에 관한 인식 302

제4부 조선 말기 국가 위기와 남명학에 관한 재인식

제1장 1862년 단성항쟁의 원인과 김인섭의 사회적 실천 자각 340
제2장 복암 조원순의 「신명사도명」에 관한 해석과 개정 378
제3장 노백헌 정재규의 남명학 계승과 19세기 유학사에서의 의미 418

찾아보기 458

제1부 남명 문인들의 도학적 정통성 확립 과정

1

제문祭文을 통해 본
남명 제자의 입문과 수학

1. 여는말

제사 때 사용하는 글인 제문(祭文)은 신을 제사하고 송축하는 축사(祝詞)와 인간의 죽음을 애도하는 애도문 양식 모두에 그 뿌리를 두고 있는 애제(哀祭) 양식이다. "옛날의 제사는 고향(告饗)하는 데 그칠 뿐이었는데 중세 이후에는 언행을 찬양하고 애상의 뜻을 의탁하는 것까지 겸하게 되었으니 대개 축문(祝文)이 변한 것이다."라고 한 서사증(徐師曾)의 언급은 '고향(告饗)'이라는 축문의 기능에서 출발해 '칭양(稱揚)'과 '애도(哀悼)'라는 기능을 부가하면서 새로운 양식으로 발전해 간 제문의 성격을 간명하게 나타내 주고 있다.[1]

제문의 성격을 이와 같이 이해할 때, 제자가 지은 제문에는 그들이 흠모한 스승의 행적·학문·수양법·처세관 등이 칭송되어 있으며, 아울러 자신이 스승에게 받은 특별한 격려와 훈계도 되새겨지고 있다. 또한 제문은 돌아가신 분의 영전 앞에서 낭송되는 글이므로 제자가 지은 제문에는 스승을 향한 진솔한 마음이 아무런 가식 없이 고백되어 있다고 이해할 수 있다.

이 장에서는 제문이 가지는 특성에 주목하여 남명(南冥) 조식(曺植, 1501~1572)의 제자들이 지은 11편의 제문을 분석할 것이다. 이것을 통해 남명의 제자들이 문하에 나아간 때는 언제이며, 당시에 그들이 저마다 받은 각별한 가르침은 무엇이었는지를 살펴보려 한다. 남명은 이전의 선현들이 후학을 위해 충분한 저술을 남겨 주었으므로 새로운 저술을 짓기보다 이미 있는 책들을 이해하고 실천하는 것이 바람직하다고 생각했으며, 그의 제자들도 이 견해를 이어받아 저술하는 일을

---

1 이은영, 「조선 초기 제문 연구」, 이화여자대학교 국어국문학과 박사학위논문, 2001, 22면.

달가워하지 않았다. 남명학파가 추구한 실천을 강조하는 학풍은 그들의 학문과 삶을 참되고 견실하게 만드는 동력이었다. 하지만 후대 연구자의 입장에서는 실증할 수 있는 자료가 부족하여 구체적인 사실을 파악하는 데에 어려움이 크다. 이런 점을 고려한다면 남명학파 연구에 있어 제문의 활용은 자료적 한계를 보완할 수 있는 하나의 방법이 될 수 있을 것이다.

2. 입문(入門)의 회상과 가르침의 내용

이 장에서 주요 대상으로 삼은 11편의 제문은 기유본 『남명집(南冥集)』과 갑신본 『남명집』에 수록된 작품들이다. 문집에 수록된 순서대로 전체적인 개요를 도표로 정리하면 아래와 같다.

번호	성명(姓名)	생몰(生歿)	본관(本貫)	자(字)	호(號)	제문자수(祭文字數)
1	吳健	1521~1574	咸陽	子强	德溪	506字
2	鄭仁弘	1536~1623	瑞山	德遠	來庵	262字
3	金宇顒	1540~1603	義城	肅夫	東岡	383字
4	鄭逑	1543~1620	西原	道可	寒岡	1,631字
5	崔永慶	1529~1590	和順	孝元	守愚堂	251字
6	河沆	1538~1590	晉陽	浩源	覺齋	726字
7	李魯	1544~1598	固城	汝唯	松巖	330字
8	李濟臣	1510~1582	固城	彦遇	陶丘	227字
9	柳宗智	1546~1589	文化	明仲	潮溪	452字
10	郭趪	1531~1593	玄風	泰靜	禮谷	664字
11	趙瑗	1544~1595	林川	伯玉	雲岡	315字

생년에 따른다면 도구(陶丘) 이제신(李濟臣)의 제문이 제일 먼저 수록되어야 하는데, 오히려 11살이나 적은 덕계(德溪) 오건(吳健, 1521~1574)의 작품부터 실려 있다. 남명을 장사지낼 때 수백 명의 선비들이 모인 가운데 덕계 오건이 가장 앞에 섰으며 수우당(守愚堂) 최영경(崔永慶, 1529~1590)이 그다음이었다[2]는 사실을 생각한다면, 제문의 순서도 학파 내에서의 위상이나 문집 간행의 참여도에 따라 서열이 정해진 것이 아닐까 추론된다.

제문 가운데 가장 많은 분량을 지은 사람은 한강(寒岡) 정구(鄭逑, 1543~1620)이며, 무려 1,631자나 된다. 다음은 각재(覺齋) 하항(河沆, 1538~1590)이 726자를 지어 두 번째로 많다. 이처럼 정구의 제문은 하항에 비해 두 배가 넘는 내용으로 남명의 삶과 학문을 매우 상세하게 서술하고 있다. 『남명집』에는 정구와 관련한 내용이 보유(補遺)의 서간 부분에 실려 있는 '햇살이 따스한 봄날, 필마(匹馬)로 산을 찾아오면'이라는 반쪽의 문장이 유일하게 실려 있을 뿐이다.[3] 이것마저도 정구가 지은 제문의 구절을 그대로 가져온 것이 아닐까 하는 의구심이 든다. 따라서 남명과 정구의 관계 및 교학 내용을 이해하기 위해선 그가 지은 제문이 소중한 자료적 가치를 지닌다.

그리고 정구의 경우뿐만 아니라 제자들이 스승을 위해 지은 제문은 사제 간의 관계를 이해하려 할 때 뛰어난 장점이 있다. 제자의 제문에는 대체로 그가 언제 스승을 처음 찾아뵙고 배웠으며, 자신이 받은 특별한 훈계와 장려가 무엇인지를 서술하고 있기 때문이다. 이런 내용을

---

2 하우선 편찬, 이상필·공광성 역주, 『德川師友淵源錄』, 경인문화사, 2011, 52면.
『德川師友淵源錄』 卷3, 李濟臣 條. "先生之葬也 會士數百人 吳德溪在門人之首 崔守愚居其次"

3 조식, 경상대학교 남명학연구소 옮김, 『국역 남명집』, 한길사, 2012, 396면.
"春日載陽 匹馬尋山 (缺)"

통해 스승과 제자 간에 맺어진 친밀한 관계와 그 속에서 깊어진 신뢰와 정감을 충분히 느낄 수 있으며, 스승으로부터 어떤 가르침을 받았는지를 구체적으로 파악할 수 있다.

이제 도표에서 열거한 제문의 순서대로 스승으로부터 문인들이 받은 가르침이 어떤 것이었는지를 살펴보기로 하자. 먼저 오건은 다음과 같이 술회했다.

> 소생 오건도 외람되게 따르며 모셨습니다. 공부하는 방법과 시기를 알아보는 의리로 귀를 잡고 게으름을 깨우쳐 주셨고 타일러 인도하심은 정성스럽고 지극하셨습니다.[4]

위의 내용에서는 언제 처음 배웠는지에 관한 언급이 없다. 『남명선생편년(南冥先生編年)』에 의하면 1551년 오건이 와서 배웠다고 하는 기록과 함께 "산음(山陰)에서 찾아와 인사를 드리고 가르침을 청했다. 선생이 무척 공경스럽고 정중하게 대했다. 『대학(大學)』·『중용(中庸)』·『심경(心經)』·『근사록(近思錄)』 등의 책을 다시 읽게 했는데, 선생이 그에게 의미를 강론하고 밝혀주는 것이 절실하고 지극했다. 이때로부터 왕래하면서 곁에서 모셨는데, 덕을 고찰하고 의문을 질의한 것이 거의 한 해도 빠지지 않았다."[5]라고 내용을 부기했다. 이것을 통해 제문에서 말한 '공부하는 방법'이 무엇인지를 파악할 수 있다.

그렇다면 '시기를 알아보는 의리'는 구체적으로 무엇을 말한 것일

---

4 허권수 편역, 『남명 그 학덕을 그리며-제문과 만사-』, 경인문화사, 2011, 31면.
吳健, "健也小生 亦忝趨侍 爲學之方 識時之義 提耳警惰 誘掖諄至"

5 장원철·전병철 역주, 『南冥先生編年』, 경인문화사, 2011, 51면.
"德溪自山陰來謁請教 先生甚敬重之 使溫習學庸心近等書 講究切至 自是往來侍側 考德而質疑者 殆無虛歲"

까? 1566년에 남명이 오건에게 보낸 편지에서 "시사(時事)가 두려워할 만하다는 것은 어리석은 부인들도 알고 있습니다. 선생은 본래 식견이 높지 않은데 지금 그 판국 안에 나아가 있으니, 소견이 벌써 어두워졌을 것입니다. …… 그대는 매양 기미를 살피지 못하니, 하루아침에 화란(禍亂)이 발생하면 피하기 어려울 듯합니다. 붕우 사이에는 선(善)으로써 권면해야 하는데, 나는 지금 선생에게 화(禍)로써 분부하고 있으니, 분부하는 것이 도리어 선하지 못합니다. 얼굴을 마주하고 토의할 길이 없어 안타까운 마음만 더할 뿐입니다. 삼가 헤아려주시기를 바랍니다. 내가 일찍이 그대에게 작은 고을로 물러났다 그만두라고 권유했는데, 지금은 그렇지 않습니다. 그대는 벌써 두터운 명망을 얻었으니, 고을을 다스리게 되면 그곳 사람들이 반드시 그 점을 생각할 것입니다. 따라서 한층 더 진가를 발휘하게 될 것이니, 물러나는 것은 더욱더 나아가는 것이 될 것입니다. 모두 의(義)로써 헤아리기에 달려 있습니다. 어떻게 생각하십니까?"[6]라고 했다.

남명은 당시의 정국 상황에서 오건이 관직에 있다가는 재앙을 입을 가능성이 크기 때문에 속히 고향으로 돌아오기를 권면했다. 특히 '어리석은 부인들도 당시의 상황을 위태롭게 판단하는데 오건이 평소 식견이 높지 않은데다 그런 판국에 나아가 있으니 소견이 벌써 어두워졌을 것이다'고 지적한 것은 엄중한 꾸짖음이 아닐 수 없다.

1565년 4월 16일에 쓴 오건의 일기에도 남명이 편지를 보내 '의리를 보는 눈이 높지 못하다'고 질책한 내용과 함께 당시 자신의 심정을 아

---

6 조식, 경상대학교 남명학연구소 옮김, 『국역 남명집』, 한길사, 2012, 194~197면.
"時事俔俔 愚婦猶知之 先生本不見高 方在局中 所見已昧 …… 君每不察 雖然一朝禍發 恐難逭也 朋友相及以善 吾今分先生以禍 還是所分之不善矣 無緣面討 祗增慨慨 伏惟鑑察 曾勸以退一小縣而止 於今非也 君已做重名 作縣 民必思之 更買一格長價 其退益進 皆在量義 如何"

래와 같이 고백하고 있다.

> 남명 선생께서 나의 편지에 화답하셨는데, 의리를 보는 눈이 높지 못하다고 꾸짖으셨다. 어리석고 게으른 마음을 깨우쳐주심이 지극하다. 반년이나 뵙지 못하여 절실한 가르침을 받지 못한 것을 깊이 한스러워했는데, 나를 비루하게 여기지 않고 문득 멀리까지 규폄(規砭)의 뜻을 보여주셨다. 천 리 먼 곳에 계시지만 추상열일(秋霜烈日)을 마주한 듯이 흠칫 머리털이 일어나니, 나약함을 일으켜 세우기에 충분하다. 자나 깨나 생각하여 사람이 비루한 생각이 싹트려 할 적에 태워 버리시니, 거친 물살에도 우뚝하게 버티고 서 있는 지주(砥柱) 같은 기상이 아니라면 어찌 용렬한 마음을 접어 치우게 할 수 있으리오? 이 마음이 조금이라도 게을러져 경책의 가르침을 헛되이 저버리게 된다면, 다른 날 도천(桃川)에 은거하여 스스로 즐기는 삶을 살아갈 바탕이 없을 것이다.[7]

제문에는 '때를 알아보는 의리'를 가르쳐주셨다고 함축적인 표현으로 되어 있지만, 다른 자료를 통해 남명이 엄정한 출처(出處)와 철저한 의(義)에 따른 판단을 가르쳤고 오건도 그 훈계를 가슴 깊이 새겼다는 사실을 확인할 수 있다.

내암(來庵) 정인홍(鄭仁弘, 1536~1623)은 스승의 가르침을 다음과 같이 술회했다.

---

7 이상필, 『남명학파의 형성과 전개』, 와우출판사, 2005, 115~116면의 『歷年日記』 인용문 재인용. 吳健, 『歷年日記』 을축년(1565) 4월 16일조. "南冥先生回報鄙書 責以見義不高 其警發昏惰至矣 阻拜半年 深以不承鐫誨爲恨 忽蒙不鄙 遠示規砭 雖在千里 如對秋霜烈日 凜然竪髮 足以起懦 寤寐思想 令人吝萌稍煎 非砥柱奔波氣象 何以打疊了庸陋 此心少懈 虛負警責之敎 他日桃川 無以爲咏歸之資"

> 저는 보잘것없는데도 약관의 나이에 문하로 들어갔습니다. 책을 잡고 읽은 적은 제가 거의 없습니다. 열어주어 무늬를 엿보게 한 것은 혹 다른 사람과 같았습니다. 산천재(山天齋)의 고요한 밤과 산해정(山海亭)의 맑은 새벽에 선생께서는 차분하게 정성을 다해 이끌어 가르쳐주셨습니다.[8]

1623년 인조반정(仁祖反正)이 일어나자 정인홍은 북인의 영수로서 즉시 처형을 당했다. 당시 그는 88세의 노인이었다. 그 후 280여 년이 지난 1908년(순조 2년)에야 역적의 죄명이 벗겨지고 모든 신원이 회복되었다. 이런 까닭으로 정인홍은 남명의 수제자였지만, 『덕천사우연원록』과 『남명선생편년』에 관련 기록이 없다.

남명은 서른인 1530년 무렵부터 마흔 중반에 이르기까지 처가인 김해에서 강학을 하다가 1548년에 다시 고향인 합천 삼가로 돌아왔다. 따라서 정인홍이 남명에게 가서 배운 때는 1548년 이후일 것이며, 제문에서 약관(弱冠)에 배웠다고 했으므로 1556년 무렵이라고 추정할 수 있다.

그런데 왜 정인홍은 '산천재의 고요한 밤'과 '산해정의 맑은 새벽'에 가르침을 받았다고 회고했을까? 오히려 합천의 뇌룡정(雷龍亭)에서 배웠다고 하는 것이 옳지 않을까? 『남명선생편년』을 살펴보면, 1558년 죽유(竹牖) 오운(吳澐, 1540~1617)이 산해정에 와서 배웠다고 기록했으며, 1567년 남명이 산해정에 머물렀는데 정구가 와서 한 달 남짓 모시면서 의문스럽거나 어려운 부분에 관해 질문을 드렸다는 내용이 적혀 있다. 그렇다면 남명은 1548년 합천 삼가 토동(兎洞)으로 돌아와 살았고

---

8 허권수 편역, 『남명 그 학덕을 그리며-제문과 만사-』, 경인문화사, 2011, 38면. 이 인용문은 필자가 다르게 번역했다.
鄭仁弘, "執卷受讀 小子無幾 開發窺班 或猶諸人 山天靜夜 海亭淸晨 函丈從容 提敎諄諄"

그 해에 계부당과 뇌룡정을 건립했지만, 이후로도 김해 신어산 아래의 산해정을 왕래하며 제자들과 강학을 한 사실을 알 수 있다.

'책을 잡고 읽은 적은 제가 거의 없습니다. 열어주어 무늬를 엿보게 한 것은 혹 다른 사람과 같았습니다.'라는 표현은 무엇을 의미할까? 이것은 남명의 교육 방법의 특징을 분명하게 드러낸 말이다. 남명은 "염계(濂溪)와 정자(程子) 이후로 저술과 주해가 단계가 있고 맥락이 있어 하늘의 해와 별과 같다. 새로 공부를 시작한 어린애들이 책만 펴면 훤히 꿰뚫어 볼 수 있다. 힘을 얻는 것이 깊은가 얕은가 하는 것은 구하는 것이 정성스럽나 정성스럽지 않은가에 달려 있다."라고 생각했다. 그래서 자신이 제자들에게 해줄 일은 그들의 흐릿하고 졸리는 것을 깨워줄 뿐이며, 스스로 눈을 뜨고 나면 하늘과 땅과 해와 달을 볼 수 있다고 믿었다. 이런 교육관에 따라 남명은 제자들을 위해 경서(經書)를 설명한 적이 없었고 그들이 스스로 터득하도록 했다. 하지만 그 정신과 영향력은 사람들을 깊이 감동하게 하는 바가 있어 배우는 사람들이 크게 계발(啓發)되었다.[9]

동강(東岡) 김우옹(金宇顒, 1540~1603)은 상당히 긴 내용으로 자신이 받은 말씀과 가르침을 상세하게 서술했다.

> 저는 얼마나 다행인지요? 스무 살 전후로 곁에서 모시고 지냈습니다. 공손히 생각건대 돌아가신 아버지께서도 선생님과 지향하는 뜻이 참으로 같았습니다. 아버지께선 "옛사람의 정좌(靜坐)를 공이 그와 같이하는구려."

---

9 허권수 번역, 『남명 그 위대한 일생-행장·비문의 번역』, 경인문화사, 2010, 37~38면.
金宇顒, 「南冥先生行狀」. "濂洛以後 著述輯解 階梯路脈 昭如日星 新學小生 開卷洞見 至其得力之淺深 則只在求之誠不誠如何耳 又言吾於學者 只得警其昏睡而已 旣開眼了 自能見天地日月矣 以故 未嘗爲學徒談經說書 只令反求而自得之 然其精神風力 有竦動人處 故從學者多所啓發 却非區區講說所能及也"

라고 말씀하셨습니다.[10] 외로운 저에게 베풀어 주셨으니, 제가 감히 따르지 않았겠습니까? 선생님 집안에 몸을 맡기게 되어 제자로서 섬겼습니다. 이후 10년 동안 인도하고 권장함을 갖추어 받들었습니다. 수준 높은 논의는 엄숙하고 매서웠으며, 덕을 갖춘 모습은 높고도 시원했습니다. 산해정의 가을 깊을 때, 산천재의 고요한 밤, 엄숙한 모습으로 저와 마주하여 참된 공부를 가르쳐주셨습니다. 얇은 바탕으로 애썼지만, 절름거리는 걸음 앞으로 나아가기 어려웠습니다. 선생님께서 "네가 공부를 한다고 하면 남들보다 백배 천배 노력해야 할 것일세"라고 하셨습니다. '뇌천(雷天)' 두 글자를 저의 가슴에 새기게 했습니다. 선생님의 가르침을 받들어 처신하면서 감히 게으르거나 소홀히 하지 못했습니다. 벼슬에 나가느냐 집에 있느냐 하는 절조(節操)를 군자는 신중히 하는 법이었습니다. 선생님께서는 확고하게 70여 년을 지키셨습니다. 제가 기뻐하여 배우려 했지만 되지 않았습니다. 세상길은 험난하여 어질고 슬기로운 분이 위태롭고 두려워합니다. 발을 단단히 딛지 못해 엎어지고 넘어질까 걱정합니다. 마땅히 행해야 할 일을 여쭈었더니, 어리석은 저에게 맞는 것이 아니었습니다. "네가 서리 내린 소나무와 눈 쌓인 측백나무처럼 되기를 원하니, 날씨가 추워져도 너를 지켜내어 실추하지 않기를 바란다. 선도(善道)를 위해 반드시 목숨을 걸고 지키며 배운 것을 오직 돈독하고 신실하게 실천하라."라고 하셨습니다. 저같이 어리석은 사람도 감히 스스로 분발하지 않았겠습니까? 지극

---

10 이 부분은 필자가 다르게 번역했다.

한 훈계를 가슴에 품었으니, 마음속으로 소홀히 할까 두려웠습니다.[11]

김우옹은 남명의 벗인 칠봉(七峯) 김희삼(金希參, 1507~1560)의 아들이다. 김희삼은 1540년 문과에 급제하여 이조좌랑(吏曹佐郞)·삼척부사(三陟府使) 등을 역임했다. 그는 1551년 경차관(敬差官)으로 임명되어 경상우도 지역의 여러 군에서 발생한 재해를 조사하러 왔다가 계부당(鷄伏堂)으로 찾아와 남명을 만났다. 헤어질 때 김희삼이 시를 지어 "옛사람이 고요히 앉아 있기를 좋아했는데, 오늘 그런 분을 만났구려."라고 했다.[12] 이 기록을 통해 김우옹이 제문에서 말한 '옛사람의 정좌(靜坐)를 공이 그와 같이 하는구려.'라는 표현은 부친이 남명에게 준 시구를 인용한 것임을 알 수 있다.

또한 김우옹은 남명의 행장에서 "김해에 계실 때 산해정이라는 서재가 있었다. 산을 등지고 바닷가에 닿아 있어 그윽하고 깊으면서도 넓게 탁 트였다. 그 방은 계명실(繼明室)이라고 했는데, 주위에 책을 두고 정좌(靜坐)하면서 30여 년 동안 푹 잠겨 수양했다."라고 묘사했다. 이것에 따른다면, 남명은 30대 초반 산해정에서 공부할 때부터 이미 정좌를 통한 수양에 힘쓰고 있었다는 사실을 확인할 수 있다.[13]

---

11 허권수 편역, 『남명 그 학덕을 그리며-제문과 만사-』, 경인문화사, 2011, 41~43면.
金宇顒, "小子何幸 弱冠趨隅 恭惟先君 志實同趨 古人靜坐 謂公如之 施于孤露 敢不遹追 托屬門壼 委以函丈 一十年來 備承誘奬 高論凛烈 德宇峻爽 海亭秋深 山齋夜寂 肅容相對 誨我眞切 薄資難强 蹇步莫前 日而做工 之百之千 雷天二字 俾我佩服 奉而周旋 不敢怠忽 出處之道 君子愼諸 先生確然 七十年餘 小子悅之 學焉未能 世途崎嶔 賢智危兢 脚跟未固 顚躓是虞 問所宜行 靡我愚疏 霜松雪栢 曰汝是願 相期歲暮 保爾無限 善必守死 學維篤信 小子之侗 敢不自奮 爰佩至訓 內懼凉薄 尙此依歸 示我周行"

12 장원철·전병철 역주, 『南冥先生編年』, 경인문화사, 2011, 52면.
"金七峰希參來訪 ○七峰受敬差之命 檢踏災傷於江右諸郡 訪先生於鷄伏堂 先生嘗以政煩賦重 饑饉荐臻 生民困瘁 憂歎不已 不啻若在己 及見金公 爲道所以裕民之方 展盡靡遺 及別 金公有詩云 古人好靜坐 今日見夫君"

13 최석기, 『조선 선비의 마음공부, 靜坐』, 보고사, 2014, 328면.

제문에서 김우옹이 남명에게 처음 나아가 배운 때를 약관(弱冠)이라고 말했는데, 『남명선생편년』에는 1563년으로 명기하고 있어 24세였음을 알 수 있다. 김우옹이 가르침을 청하자, “침잠(沈潛)하는 사람은 굳세게 자신을 이기며 일을 해야 한다. 천지의 기운은 굳세다. 그래서 어떤 일이든 간에 막론하고 모두 꿰뚫어야 한다. 그대는 역량이 얕고 얇으니, 다른 사람이 하나를 할 때 자신은 백배를 공부해야 거의 될 수 있을 뿐이다.”[14]라고 했다. 제문에서 언급한 ‘네가 공부를 한다고 하면 남들보다 백배 천배 노력해야 할 것이다.’라는 말은 이 가르침과 관련된다.

남명은 사군자의 큰 절개가 오직 출처에 있다고 생각했으며, 김우옹에게도 “처신하는 처음부터 마땅히 금이나 옥처럼 하여 조그마한 먼지의 더러움도 받아들이지 않아야 한다. 또 장부의 거동은 무겁기가 산악과 같고 만 길 절벽처럼 우뚝해야 한다. 때가 이르면 펼쳐서 많은 일을 해내야 한다.”[15]라고 가르쳤다. 이런 사실을 제문에서 ‘벼슬에 나가느냐 집에 있느냐 하는 절조(節操)를 군자는 신중히 하는 법이었습니다. 선생님께서는 확고하게 70여 년을 지키셨습니다.’라는 말로 표현했다.

남명은 자신의 마음을 늘 깨어있게 하려고 성성자(惺惺子)라는 방울을 차고 다녔는데, 김우옹에게 건네주면서 “이것의 맑은 소리가 사람을 깨우쳐 살피게 한다. 이것을 차고 있으면 깨닫기에 매우 좋다. 내

---

14 허권수 번역, 『남명 그 위대한 일생-행장·비문의 번역』, 경인문화사, 2010, 196면.
金宇顒, 「南冥先生行錄」. “初見先生求教 先生曰 沈潛底人 須剛克做事 天地之氣剛 故不論甚事皆透過 又曰 公力量淺薄 須做人一己百 人十己千底工夫 庶可耳”

15 허권수 번역, 『남명 그 위대한 일생-행장·비문의 번역』, 경인문화사, 2010, 196면.
金宇顒, 「南冥先生行錄」. “先生擧古語誨之曰 行己之初 當如金玉 不受微塵之汚 又曰 丈夫動止重如山岳 壁立萬仞 時至而伸 方做出許多事業”

가 귀중한 보배를 그대에게 주는 것이다. 그대는 잘 지닐 수 있겠는가?"라고 당부했다. 김우옹이 "옛날 사람들이 옥(玉)을 차던 뜻이 아닙니까?"라고 여쭈었더니, "참으로 그렇다. 하지만 이것을 차는 뜻이 더욱 절실하다."[16]라고 설명했다. 이 사실은 제문에서는 언급하지 않았지만, 그가 지은 「남명선생행록(南冥先生行錄)」에 기록하고 있다.

제문에서 "'뇌천' 두 글자를 저의 가슴에 새기게 했습니다."라고 언급한 것은 남명에게 가르침을 청하자 '뇌천' 두 글자를 써준 일을 말한다. 성성자는 마음을 환기해 깨우치게 하는 뜻을 가지며, '뇌천'은 『주역』의 대장괘(大壯卦)에서 취한 말로 군자가 이치에 어긋나는 일이나 예의에 벗어나는 일을 삼가면서 자신을 수양한다는 것을 의미한다. 남명은 이 두 가지를 통해 김우옹이 자신을 성찰하고 사욕을 극복하는 공부에 힘쓰게 한 것이다.

남명이 김우옹에게 '서리 내린 소나무와 눈 쌓인 측백나무[霜松雪栢]'에 빗대어 어떠한 어려움이 있어도 자신을 간직하며, 선도(善道)를 위해 목숨을 걸고 지키며 배운 것을 돈독하고 신실하게 실천하라고 권면한 사실은 이 제문에서만 볼 수 있는 기록이다.

한강 정구는 어릴 적부터 김우옹과 친하게 지냈으며, 17세 때(1559년) 성주(星州) 훈도(訓導)로 부임한 종이모부 오건에게 수학했다. 오건은 당시 성주(星州) 목사(牧使)로 있었던 금계(錦溪) 황준량(黃俊良, 1517~1563)의 영향으로 1563년 퇴계(退溪) 이황(李滉, 1501~1570)을 찾아뵈었는데, 정구도 이 해에 퇴계를 배알했다. 그 뒤 1566년 덕산(德山)의 산천재(山天齋)

---

16 허권수 번역, 『남명 그 위대한 일생-행장·비문의 번역』, 경인문화사, 2010, 187~188면.
金宇顒, 「南冥先生行錄」. "癸亥歲 宇顒初拜門下 先生出所佩囊中鈴子以贈曰 此物清響 解警省人佩之覺甚佳 吾以重寶與汝 汝其堪保此否 又曰 此物在汝衣帶間 凡有動作 規警誚責 甚可敬畏 汝其戒懼 無得罪於此子也 問莫是古人佩玉意否 先生曰 固是抑此意甚切 不止於佩玉也"

로 남명을 찾아와 가르침을 받았다.[17]

정구는 처음 남명을 뵈었던 때와 생전에 받았던 가르침을 다음과 같이 회고했다.

> 생각해보니 저는 열대여섯 살 때부터 선생님의 기풍을 듣고서 기뻐하며 흠모할 줄 알았습니다. 하지만 어리석고 가난하며 집도 거리가 멀어 스스로 문하에 이를 수 없었습니다. 한갓 북두칠성처럼 우러르기만 했을 뿐, 봄바람처럼 따스한 곁에서 모시지 못한 것이 거의 10년이 흘러서야 속수(束脩)의 예를 드릴 수 있었습니다. 병인년(1566) 봄부터 다행히 선생님께서 저를 비천하게 여겨 버리지 않으시고 거두어서 제자의 대열에 두셨습니다. 또한 "가르칠 만하다."라고 여기시어 의리로 상대하는 경지를 허락하셨습니다. 선생님께서는 평생의 교유(交遊)와 경력(經歷), 학행(學行)과 지절(志節), 고금(古今)의 현우(賢愚), 치란(治亂)의 득실(得失), 세도(世道)의 시변(時變), 사정(邪正)과 시비(是非), 출처(出處)와 어묵(語默)의 도리, 진퇴(進退)와 행장(行藏)의 의리 등에 관해 한 가지라도 숨기는 경우가 없이 극진하게 깨우치고 가르쳐 주셨습니다. 여러 날 동안 밤낮을 이어 말씀하셨지만 지치지 않으셨습니다. 몽매하고 망령된 제가 강개하고 흥기하여 스스로 게으르고 졸렬한 심신을 일으켜 세운 것이 어떠했겠습니까?[18]

위의 내용에서 정구가 '열대여섯 살 때부터 남명의 기풍을 듣고서 기

---

17 이상필, 『남명학파의 형성과 전개』, 와우출판사, 2005, 111면.

18 허권수 편역, 『남명 그 학덕을 그리며-제문과 만사-』, 경인문화사, 2011, 53~54면.
鄭逑, "念我小生 蓋自十五六歲時 始得聞先生之風 而知欣慕之 而癡騃貧遠 無以自達於階庭之下 徒屢星斗之仰 未侍春風之座者 殆將十年 束脩之將 曰自丙寅之春 而幸先生之不鄙棄之 而收而置之弟子之列 而又復以爲可教 而每許以義分相與之地 而凡先生平生交游經歷 學行志槩 與夫古今賢愚 治亂得失 世道時變 邪正是非 出處語默之道 進退行藏之義 無一之或秘 而盡與之開誨 至於連日繼夜而不怠 於是 愚昧狂妄之所以慷慨興起 而自竪立其惰慢迂拙之身心者 爲如何哉"

뻐하며 흠모할 줄 알았다.'는 말은 당시 성주 훈도로 온 오건에게 배우면서 남명에 관해 들었으리라 추론할 수 있다. 하지만 제자의 예를 올리고 가르침을 받은 때는 1566년 봄이며 그때 남명은 66세였다. 그리고 『남명선생편년』의 기록에 따른다면, 제문에서 서술한 가르침은 다음 해인 1567년 12월 무렵 남명이 산해정에 머무를 때 한 달 남짓 모시면서 들은 것이다.[19]

남명은 정구에게 자신이 평생 교유한 인물들, 살아온 이력, 학문과 행실, 추구하는 뜻과 절개 등을 곡진하게 말해주었다. 뿐만 아니라 고금의 훌륭한 인물과 어리석은 사람, 태평한 시대와 어지러운 때의 잘잘못, 세도의 시대적 변화, 간악하고 바른 것, 옳고 그름, 벼슬에 나아가고 물러나며 말해야 할 때와 침묵해야 할 때의 도리, 세상에 나아가고 물러나며 자기 뜻을 행하고 감추어야 하는 의리 등을 남김없이 극진하게 가르쳐주었다. 또한 67세의 고령에도 불구하고 며칠 동안 밤낮을 이어가며 강학을 진행하는 데도 지치는 기색이 없었다고 회고했다. 남명이 정구를 비롯한 제자들에게 얼마나 지극한 정성으로 가르쳤는지를 이 내용에서 알게 된다.

이천(伊川) 정이(程頤)는 『역전(易傳)』에서 "지극한 정성은 쇠나 돌도 감동시킬 수 있다."[20]고 말했는데, 정구는 당시 남명의 이와 같은 극진한 가르침을 통해 몽매하고 망령된 자신이 강개하고 흥기하여 나태하고 졸렬한 심신을 일으켜 세울 수 있었다고 고백했다. 그리고 남명도 정구와 정인홍·김우옹에게 "그대들은 출처(出處)에 있어 조금 본 바가 있

---

19 장원철·전병철 역주, 『南冥先生編年』, 경인문화사, 2011, 103면.
"鄭寒岡來謁 ○時 先生在山海亭 公來侍月餘 質問疑難 先生誨之不倦 至於古今賢愚 治亂得失 世道時變 邪正是非 出處語黙 反復丁寧"

20 程頤, 『易傳』, 習坎卦. "至誠 可以通金石"

겠지. 내가 마음으로 인정한다. 사군자의 큰 절조는 오직 출처 한 가지에 있을 뿐이다."[21]라고 인정한 기록이 보인다.

수우당 최영경은 남명의 만년에 집지한 제자이지만, 남명의 상례에서 오건 다음으로 두 번째 자리에 설 정도로 남명학파 내에서 존중을 받은 인물이었다. 그는 남명에 관한 제문에서 자신이 받은 가르침을 다음과 같이 서술했다.

> 보잘것없는 저는 다행히 선생님의 만년에 절을 올리게 되었습니다. 아득히 높은 산을 감히 우러러볼 수 없었지만, 깔끔한 맑은 기풍에 진정 마음으로 감복했습니다. 제가 가까운 곳에 자리 잡아 살면서 문하에서 시중들며 도의에 조금이라도 훈도를 받을까 했습니다. 어찌 생각이나 했겠습니까? 하늘이 동정하지 않아 갑자기 이런 극도의 지경에 이를 줄이야.[22]

위의 제문에는 최영경이 남명의 만년에 처음으로 찾아와 절을 올렸다는 술회밖에 없어 구체적으로 언제 집지했는지를 밝히지 않았다. 『남명선생편년』에 의하면 1565년에 한양에서 폐백을 가지고 와서 남명에게 가르침을 청했다고 기록되어 있다.[23] 그런데 『수우당실기(守愚堂實記)』에 실려 있는 「유사실록(遺事實錄)」에는 "목종(穆宗) 순황제(純皇帝) 융

---

21 허권수 번역, 『남명 그 위대한 일생-행장·비문의 번역』, 경인문화사, 2010, 197면.
金宇顒, 「南冥先生行錄」. "又語仁弘及顒·逑曰 汝等於出處 粗有見處 吾心許也 士君子大節 唯在出處一事而已"

22 허권수 편역, 『남명 그 학덕을 그리며-제문과 만사-』, 경인문화사, 2011, 61~62면.
崔永慶, "小子無狀 晩幸納拜 漠漠高山 雖不敢仰止 洒洒淸風 實所心服 方將卜居近境 庶得執箒門下 薰沐道義餘波 豈料昊天不吊 奄至斯極 嗚呼痛哉"

23 장원철·전병철 역주, 『南冥先生編年』, 경인문화사, 2011, 85면.
"崔守愚堂永慶 贄謁請學 ○公自京來拜 先生一見 許以高世人物"

경원년(隆慶元年) 정묘년(丁卯年, 1567) 선생이 뇌룡사에서 남명 조 선생께 절을 올렸다. 이 해에 국상(國喪)이 있었으므로 죽순으로 속수(束脩)를 대신하여 폐백으로 삼았다. 조 선생이 한번 보고는 기이하게 여겨 세상에서 뛰어난 인물로 인정했다."[24]라고 기록되어 있다. 『덕천사우연원록』에는 "공은 한양에 있을 때부터 선생의 높은 풍모를 듣고서 죽순을 폐백으로 준비하여 덕천으로 와서 배알했다. 선생이 한 번 보고는 세상에서 뛰어난 인물로 인정했다."[25]라고 서술되어 있다.

세 자료를 비교하면 집지한 때가 1565년과 1567년이라는 차이가 있고 찾아온 장소도 합천의 뇌룡사와 덕천의 산천재라는 서로 다른 점이 있다. 집지한 연도는 확정할 수 없지만, 장소는 덕천의 산천재로 보는 것이 옳을 듯하다. 남명이 1561년 이후로 대체로 산천재에서 기거한 점과 1565년 무렵에는 주로 덕산 주변의 지곡사(智谷寺)와 단속사(斷俗寺) 등에서 사람들을 만난 기록이 있기 때문이다.[26] 또한 1567년에 집지했다고 하더라도 이해 겨울에는 잠시 산해정에 머물러 있었을 뿐이다.

최영경은 한양에서 태어나 젊은 시절부터 뜻이 높고 깨끗한 선비로 알려졌다. 우계(牛溪) 성혼(成渾)이 안민학(安敏學)의 소개로 효성이 지극하다고 알려진 최영경을 만나보았다. 이 일을 계기로 최영경은 사림에 크게 알려졌다고 한다. 최영경의 고고탁절(孤高卓節)함은 타고난 것이었

---

24 崔永慶, 『守愚堂實記』 卷2 附錄, 「遺事實錄」. "穆宗純皇帝隆慶元年我明宗大王二十二年丁卯 先生納拜南冥曺先生于雷龍舍 是年適國恤 故以筍代束脩爲贄 曺先生一見異之 許爲高世人物"

25 하우선 편찬, 이상필·공광성 역주, 『德川師友淵源錄』, 경인문화사, 2011, 62면.
『德川師友淵源錄』 卷3, 崔永慶 條. "公自京聞山海高風 執筍爲贄 來謁于德川 先生一見 許以高世人物"

26 장원철·전병철 역주, 『南冥先生編年』, 경인문화사, 2011, 85면. "會鄭梅村吳德溪都養性希齡于智谷寺"(1565년) 87면. "正月 與盧玉溪及諸生 會于智谷寺"(1566년) 87면. "二月 與龜巖 會斷俗寺"(1566년)

으므로, 서울에서 덕산까지 남명을 찾아간 것은 남명과 서로 기미가 통하는 점이 있어서 가능했다고 보인다.[27]

위의 제문에서도 최영경이 남명으로부터 받은 가르침의 내용을 구체적으로 언급하지 않았다. 최영경이 남명에게 받은 가장 큰 가르침은 바로 '깔끔한 맑은 기풍' 그 자체였기 때문이다. 당대 사람들이 최영경의 언행과 인품에 관해, "선생은 견식이 매우 높고 마음을 단속함이 매우 엄격했으며 함부로 말하거나 웃지 않았다. 주고받음을 삼가서 티끌만 한 것이라도 의로운 것이 아니면 취하지 않았으며, 귀한 사람이라 하더라도 바른 사람이 아니면 만나보지 않았다. 속습(俗習)에 관해서는 허물을 벗은 듯했고 명리(名利)에 관해서는 초연했다. 허허롭게 도의(道義)의 오묘함을 스스로 즐기면서 티끌세상 밖으로 훌쩍 벗어나 홀로 서 있는 듯했다. 참으로 속세를 벗어나 숨어 지내면서 조금도 미련이 없었으며, 확고하여 아무도 꺾을 수 없는 뜻이 있었다. 또한 봉황이 천 길 하늘을 나는 듯한 기상이 있었다."[28]라고 표현한 말을 본다면, 그는 거의 남명을 빼닮은 인물이라고 평가해도 과언이 아니다. 특히 '봉황이 천 길 하늘을 나는 듯한 기상'은 남명의 제자들이 스승을 묘사할 때 자주 사용한 말이라는 점을 생각할 때 더욱 분명해진다.

각재 하항은 남명에게 받은 가르침을 다음과 같이 기억했다.

> 보잘것없는 저는 약관에 외람되게 절을 올렸습니다. 저를 돌아보니 텅텅 비어 있어 두렵기도 하고 부끄럽기도 했습니다. 제가 태도를 바꿀까

27 이상필, 『남명학파의 형성과 전개』, 와우출판사, 2005, 101면.

28 崔永慶, 『守愚堂實記』, 「遺事實錄」. "先生見識甚高 城府甚嚴 不妄言笑 謹於取與 非其義也 一芥不以取諸人 非其人也 雖貴遊 不屑就也 於俗習蛻如也 於聲利超如也 囂囂然自樂於道義之中 而翛然獨立於埃壒之外 眞有遯世無悶 確乎不拔之志 而亦有鳳翔千仞底氣像焉"

미리 짐작하지 않고 깨우치고 가르치길 지극히 정성스럽게 하셨습니다. 일에서 비유를 취해 제가 의리를 이해하길 바라셨습니다. 저에게 엄격하고 굳세며 확고하고 진실하기를 힘써 노력하여 이루라고 말씀하셨습니다. 타고난 자질이 흐릿하고 어두워 밝은 가르침에 매진하지 못하고 있습니다. 돌아보니 저는 민첩하지 못했는데, 우리 선생님은 숨김이 없으셨습니다.[29]

하항은 남명의 벗인 풍월헌(風月軒) 하인서(河麟瑞)의 아들이다. 형 환성재(喚醒齋) 하락(河洛, 1530~1592)과 함께 1556년 19세 때 제자의 예를 올렸다. 남명을 찾아뵐 당시에 하항은 자신의 모습을 '텅텅 비어 있어 두렵기도 하고 부끄럽기도 했다'고 회고했다. 하지만 남명이 하인서에게 준 시에 "보게나! 오래된 조개가 명월주를 간직한 것이 좋은 집에 예쁜 여인 둔 것과 어찌 같으랴."[30]라고 말하여 그의 두 아들을 명월주에 비유하며 축하했다.

하항은 남명이 자신에 관해 예단하지 않고 지극한 정성으로 깨우치고 가르친 일을 기억했다. 남명이 제자들을 가르칠 때 보인 지극한 정성은 그의 벗인 대곡(大谷) 성운(成運, 1497~1579)이 지은 남명의 묘갈명에도 "공이 사람을 가르칠 적에는 배우는 사람의 재주에 따라 정성을 다했다. 질문이 있으면 그 의심스러운 뜻을 털끝 하나까지도 아주 자세

---

29 허권수 편역, 『남명 그 학덕을 그리며-제문과 만사-』, 경인문화사, 2011, 73~74면.
河沆, "沆也無狀 弱冠忝拜 環顧空空 一懼一愧 不逆革面 警教諄至 卽事取譬 冀我曉義 嚴毅確實 謂我勉致 受質昏冥 未邁昭訓 顧余不敏 我師無隱"

30 조식, 경상대학교 남명학연구소 옮김, 『국역 남명집』, 한길사, 2012, 106면.
「和風月軒韻」(進士河麟瑞堂號 有子洛沆二人 先生自言 詩意指此云云) "畵閣東邊鎭一頭　浩風飄了桂宮秋　請看老蛤藏明月　爭似高堂有莫愁"

하게 분석하여 듣는 사람들이 훤히 깨달은 이후에 그만두었다."[31]라고 서술되어 있다.

하항은 남명의 교육 방법의 특징으로 일에서 비유를 취해 깨우치게 했다는 점을 특기했다. 이 언급을 통해『남명집』의 도처에 보이는 탁월한 비유적 표현이 문장을 지을 적에만 그러했을 뿐만 아니라, 제자들을 가르칠 적에도 적절하게 활용되었다는 점을 알게 된다. 김우옹도 남명의 가르침에 관해 "선생님은 비유하는 데 뛰어나 사물을 인용하거나 비슷한 것을 연관시켰는데, 분명하고 시원하여 평범하지 않았다."[32]라고 회상했다.

이와 연관해 구체적인 예시를 든다면 다음과 같은 언설일 것이다.

> 길이 사방으로 통하는 큰 시장에서 마음껏 노닐다 보면, 금은보배, 노리개 등 있지 않은 것이 없다. 하루종일 거리를 오르락내리락하면서 값을 이야기해 봤자 결국 자기 물건은 아니다. 자기 베 한 필을 가지고 가서 생선 한 마리 사서 오는 것만 못하다. 지금 배우는 사람들이 성리학에 관해 고상하게 이야기하면서 자기에게 터득하는 것이 없음이 이 일과 무엇이 다르겠는가?[33]

송암(松巖) 이로(李魯)는 자신이 받은 가르침을 다음과 같이 회상했다.

---

31 허권수 번역,『남명 그 위대한 일생-행장·비문의 번역』, 경인문화사, 2010, 97~98면.
成運,「南冥墓碣銘」. "其教人 各因其材而篤焉 有所質問 則必爲之剖析疑義 其言細入秋毫 使聽者洞然暢達而後已"

32 허권수 번역,『남명 그 위대한 일생-행장·비문의 번역』, 경인문화사, 2010, 189~190면.
金宇顒,「南冥先生行錄」. "長於譬諭 引物連類 明爽不凡"

33 허권수 번역,『남명 그 위대한 일생-행장·비문의 번역』, 경인문화사, 2010, 67~68면.
鄭仁弘,「南冥曺先生行狀」. "遨遊於通都大市中 金銀珍玩 靡所不有 盡日上下街衢 而談其價 終非自家家裏物 却不如用吾一匹布 買取一尾魚來也 今之學者 高談性理 而無得於己 何以異此"

저는 정말 사람 같잖았지만 약관의 나이에 문하로 달려갔습니다. 요량 없고 굼뜬 저를 동정하여 비천하게 여기지 않고 이끌어 깨우쳐주셨습니다. 보여주고 다듬으며 정성스럽고 분명하게 가르쳐주셨는데 봄날에 눈이 녹는 듯했습니다. 가르침을 받들어 나아가기에 힘이 부족했지만, 선생님의 덕을 우러르는 정성은 깊었습니다.[34]

이로가 남명의 문하에 나아간 시기는 1563년이며, 그때 아우 축암(畜庵) 이보(李普)·백암(栢庵) 이지(李旨)와 함께 배웠다고 한다.[35] 이로는 남명이 자신들을 정성스럽고 분명하게 가르쳐주신 일을 떠올리며 마치 봄날에 눈이 녹는 듯이 감화되었다고 표현했다. 남명은 '천인벽립(千仞壁立)'의 우뚝한 기상으로 일컬어졌지만, 제자들을 대할 적에 봄날 햇볕처럼 따사로웠다는 사실을 알 수 있다. 이로뿐만 아니라 하항도 "내가 병이 들어 매우 혼미할 때도 선생이 들어와 앉으시면 아픔이 몸에서 떠나고 정신이 되살아남을 느끼곤 했었다."라고 항상 말했다.[36]

제자들을 향한 남명의 따뜻한 정감은 오건의 기록을 통해서도 생생하게 느낄 수 있다. 남명은 제자들과 산청의 지곡사 등지에서 며칠간 함께 지내다가 헤어졌는데, 오건은 작별의 정경에 관해 "아침을 드시고는 선생께서 덕산으로 돌아가셨다. 다리 근처까지 가서 송별하면서 전별주(餞別酒) 석 잔을 마셨다. 마치 가인(佳人)과 이별하듯 우두커니 서서 눈물을 흘렸다. 선생께서도 내가 머뭇머뭇하는 모습을 보시고 말에

34 허권수 편역, 『남명 그 학덕을 그리며-제문과 만사-』, 경인문화사, 2011, 85면.
李魯, "魯實無類 弱冠趨屛 謂憐迂戇 不鄙提醒 誨礪諄爽 春融玉屑 力微承造 誠深仰德"

35 장원철·전병철 역주, 『南冥先生編年』, 경인문화사, 2011, 82면.
"李松巖魯來學 ○公與弟畜庵普栢庵旨 俱事先生"

36 장원철·전병철 역주, 『南冥先生編年』, 경인문화사, 2011, 62면.
"覺齋常言 吾方疾 甚昏悶時 先生入門而坐 則每覺沈痛去體 精神蘇快"

서 내려 돌아보셨는데, 말로는 다 표현할 수 없는 생각이 있으신 듯했다."라고 기록했다.[37]

정구도 스승의 따사로운 감화를 제문에서 곡진하게 그려내고 있다.

> 근래 서너 해 동안 상(喪)을 당해 죄인이 되어 있었고 병도 생겨 못 쓰게 된 사람이 되어 엎어지고 넘어져 어려움을 당하게 되어 귀신과 이웃이 되었습니다. 그러나 선생님께서는 하루도 잊은 적이 없었고 서신을 보내 은근히 안부를 물어 자주 소식이 서로 이어졌습니다. 그래도 하루아침에 갑자기 죽을까 두려워하여 서신 가운데 이런 말씀이 있더군요. "어떤 사람을 마주하여 말하다가 목이 메어 눈물을 흘렸네." 저도 매번 선생님의 서신을 받을 때마다 서쪽을 바라보며 눈물을 흘리면서 저를 알아주시는 은혜에 감격하지 않은 적이 없었습니다.[38]

도구 이제신은 제문을 지은 제자들 중 가장 연장자로 남명과 9살밖에 차이가 나지 않는다. 그는 아래와 같이 스승의 가르침을 회고했다.

> 선생님의 도덕과 문장은 사람들이 다 아는 바입니다. 선생님의 언행이 일치한 것은 저 혼자만 아는 것입니다. 앞에 계신 듯 우러르니 저의 생각 아련히 떠오릅니다. 차분히 문하에서 배운 것 오래되지는 않지만, 배워서 얻은 바는 많았습니다. 마음으로 감복한 것이 있지만, 감히 말하지 못하

---

37 이상필, 『남명학파의 형성과 전개』, 와우출판사, 2005, 64면의 『歷年日記』 인용문 재인용.
吳健, 『歷年日記』 丙寅年(1566) 正月 15日條. "飯後先生歸 送別及谷橋邊 餞酌三杯 如別佳人 佇立以泣 先生見余躊躇 下馬相顧 有不盡意思"

38 허권수 편역, 『남명 그 학덕을 그리며-제문과 만사-』, 경인문화사, 2011, 54~55면.
鄭逑, "頃者數四年之間 方自墜在罪戾憂虞之中 而疾病又從而廢痼之 顚倒狼狽 與鬼爲隣 而先生未嘗一日相忘 書問慇懃 鼎鼎相續 又恐其一朝溘然而或死也 至有對人語及 嗚咽涕洟之語 逑亦每得先生書 未嘗不西望隕涕 以感其知己之恩也"

> 는 까닭은 잘못한 것이 적지 않기 때문입니다. 지금 생각해보니 더욱 부끄러움을 더합니다. 이 어지러운 세상에 태어나서 선생님 만난 것은 정말 다행입니다. 오랫동안 문하에서 모셨지만 끝내 터득함이 없는 것은 정말 불행합니다. 홀로 산속에서 모신 지가 십삼여 년 되었습니다.[39]

이제신의 제문에서 주목되는 부분은 사람들이 남명의 도덕과 문장에 관해서는 잘 알지만 그분의 말과 행동이 일치한 사실은 자신만이 안다고 술회한 점이다. 『남명선생편년』의 기록에 의하면, 이제신이 문하에 나아온 것은 1544년이다.[40] 이해 6월에 남명은 36세에 얻은 외동아들 차산(次山)을 잃었으니, 당시 힘든 시기를 보내고 있었을 것이다. 이제신은 이때로부터 남명의 문하에서 수학했으며, 스승이 61세 때 지리산 아래의 덕산으로 들어가자 의령에서부터 이사하여 함께 따라가 곁에서 모셨다. 그의 표현대로 하자면 "홀로 산속에서 모신 지가 십삼여 년이었다."라고 한다. 남명의 40대 중반부터 문하에 나아가 배웠고 만년에 지리산 아래에서 은거했을 때 홀로 십삼여 년을 모셨으니, 다른 제자들은 알지 못하는 스승의 많은 모습을 보았을 것이다. 그러므로 그는 스승의 언행이 일치한 것은 자신만이 안다고 말할 수 있었다.

---

39 허권수 편역, 『남명 그 학덕을 그리며-제문과 만사-』, 경인문화사, 2011, 89~90면.
李濟臣, "先生之道德文章 人所共知 先生之言行一致 生所獨知 景仰如在 悠悠我思 優游門下雖未久 而有所學得者多矣 獨侍門墻 有所心服 而不敢自謂 無罪者少矣 今而思之 尤增羞恥 生斯末世 得遇先生 實多幸也 久侍先生門下 終無所得者 眞不幸也 獨侍山中 餘十有三載也"

40 장원철·전병철 역주, 『南冥先生編年』, 경인문화사, 2011, 37면. "李陶丘濟臣來謁"

또한 이제신은 남명에게 “마음으로 감복한 것이 있지만 잘못한 것이 적지 않아 감히 말하지 못한다.”라고 부끄러운 마음을 드러냈다. 그는 어지러운 시대에 남명을 스승으로 모신 것은 다행이지만 끝내 터득함이 없는 것은 정말 불행하다고 고백했다. 스스로 자기 삶을 돌아보았을 때 스승의 가르침을 제대로 깨달아 실천하지 못했다는 자괴감의 표현일 것이다.

하지만 이제신은 어려서부터 청광(淸狂)한 절개가 있었으며, 일반 사람과 다른 특이한 예지력이 있었다. 그래서 그에 관한 기이한 행적과 일화들이 많이 전해진다. 평소에 바둑과 활쏘기를 좋아하여 남명이 꾸짖어 말리자, 시를 지어 “바둑을 두는 입에는 남을 논평하는 말이 없고, 과녁을 쏘는 마음에는 자신을 돌아보는 생각이 있습니다.”라고 해명한 일이 있었다.

청하(淸河) 교수(敎授)가 되어서는 일부러 미친 척하고 과거 시험장에 나아가지 않았는데, 얼마 후 을사사화(乙巳士禍)가 일어나 많은 선비가 무고하게 죽임을 당했다. 함양에서 태수와 만나 교외에서 식사를 하다가 갑자기 솥이 우는 소리를 내면서 뚜껑이 날아오르자 이제신이 “이것은 고기를 먹지 말라는 징조입니다.”라고 말했는데, 당시에 인종(仁宗)이 승하했다고 한다. 가난한 이들에게 재물을 나누어주고는 자손들에게 “너희를 배고프고 춥게 한 것은 나다. 하지만 우리나라에 큰 난리가 있다면 재물을 많이 쌓아두더라도 지킬 수가 없다.”라고 했으며, 이후에 과연 7년 동안 왜구의 침탈이 있었다. 나이 73세에 별세했는데 스스로 죽을 시기를 알았고, 항상 물을 마시면서 “위장을 씻고서 돌아

갈 뿐이다."라고 말했다.[41]

그리고 『남명선생편년』에는 남명이 이제신을 칭찬한 일이 기록되어 있다.

> 한 달 남짓 곁에서 모신 적이 있었는데, 자신의 마음을 수렴(收斂)하는 것이 매우 극진했다. 선생께서 "사람들은 언우(彦遇: 이제신의 자)가 농담을 잘한다고 하는데, 나는 언우가 마음의 수렴을 잘하는 것을 보는구나."라고 말씀하셨다. 그러자 이제신이 "덕(德)의 향기를 오랫동안 맡으니 저도 모르게 이렇게 되었습니다."라고 대답했다.[42]

조계(潮溪) 유종지(柳宗智)는 제문에서 남명의 가르침을 다음과 같이 서술했다.

> 보잘것없는 저는 약관의 나이에 문하에 절을 올리고 가르침을 받아 그 풍모를 직접 뵈었습니다. 당시 굼뜨고 어리석어 담장에 얼굴을 맞댄 것 같았습니다. 선생님께서 불쌍하게 여겨 깨우쳐 주고 부지런히 돌봐주셨습니다. 병통의 뿌리를 시원하게 도려내고 곧이어 약을 처방해주셨습니다.[43]

---

41 『鼎山志』. "李陶丘濟臣 字彦遇 有忠孝之行 淸狂之節 見時事不靖 欲混其名迹 爲淸河敎官 仍佯狂不赴擧 未幾乙巳禍作 從南冥 於方丈山下居焉 輕財好施 散盡不惜 嘗遊天嶺 與太守 遇食於郊 忽鼎鳴有聲 鼎蓋飛躍而上 陶邱曰 此不食肉之兆 於時 榮靖王薨 財散貧乏 謂子孫曰 使汝飢寒者吾也 雖然東方有大難 雖厚積 無所守之 後果有七年倭寇 嘗好圍基射革 南冥警之 以詩謝曰 看基口絶論人語 射革常存正己思 南冥極稱賞之 年七十三而歿 自言死期 常飮水曰 洗腸胃而歸耳"

42 장원철·전병철 역주, 『南冥先生編年』, 경인문화사, 2011, 38면.
"嘗侍側月餘 收斂甚至 先生曰 人言彦遇詼諧 吾見彦遇收斂 對曰 薰德日久 自不覺如此"

43 허권수 편역, 『남명 그 학덕을 그리며-제문과 만사-』, 경인문화사, 2011, 95면.
柳宗智, "小子宗智 弱冠之齡 拜承函丈 獲親儀刑 于時蠢愚 土墻當面 先生矜之 啓發勤眷 痛摘病根 隨以拔藥"

유종지가 남명의 문하에 나아간 때는 1563년이므로, 그의 나이 18세였다.[44] 이해 3월에 남명은 함양의 남계(藍溪)로 가서 일두(一蠹) 정여창(鄭汝昌, 1450~1504)의 사당(祠堂)에 배알했으며, 당시 유종지를 비롯한 하항, 영무성(寧無成) 하응도(河應圖), 백곡(栢谷) 진극경(陳克敬) 등이 함께 따라갔고 개암(介庵) 강익(姜翼), 역양(嶧陽) 정유명(鄭惟明), 매촌(梅村) 정복현(鄭復顯), 남계(灆溪) 임희무(林希茂) 등 인근의 많은 선비가 모여 강회를 열었다는 기록이 있다.[45]

유종지는 남명의 교육 방법의 특징을 "병통의 뿌리를 시원하게 도려내고 곧이어 약을 처방한다."라고 요약했다. 이 말을 통해 유추한다면, 남명은 배우는 사람들이 가진 저마다의 병통을 정확하게 진단하고 그것이 발생한 근본적인 문제를 제거한 후 선한 방향으로 이끌어 나갔다는 사실을 알 수 있다. 이런 가르침은 사람의 심중을 꿰뚫어 볼 수 있는 안목이 있을 때 가능한 일이다.

성운은 남명이 사람을 알아보는 탁월한 안목이 있었음을 두 가지 사건을 통해 보여주었다.

> 공은 사람을 알아보는 눈이 매우 밝아 사람들이 속일 수가 없었다. 나이 젊은 신진 가운데 남들이 부러워하는 중요한 직책에 앉은 사람이 있었는데, 그 당시 세상의 칭찬을 한 몸에 받고 있었다. 공이 한 번 보고서 다른 사람에게 "자기의 재주를 믿고 스스로 자랑하고 기세를 부려 남에게 군림하려는 것을 보니, 뒷날 반드시 어진 사람을 해치고 능력 있는 사

---

44 하우선 편찬/이상필·공광성 역주, 『德川師友淵源錄』, 경인문화사, 2011, 87면.
"癸亥 公謁先生于山天齋"

45 장원철·전병철 역주, 『南冥先生編年』, 경인문화사, 2011, 79면.
"三月 如灆溪 謁一蠹鄭先生祠 聽諸生講 ○先生與河覺齋 河寧無成 柳潮溪宗智 陳栢谷克敬 往灆溪 姜介庵 鄭嶧陽惟明 鄭梅村 林藍溪希茂 及多士 會講"

람을 못살게 만들 것이요."라고 말했다. 그 뒤 그 사람은 과연 높은 자리에 올라가 흉악한 무리들과 결탁하여 법을 멋대로 주무르면서 위엄을 부려 사람들을 많이 죽였다.

또 글재주 있는 선비로서 아직 과거에 오르지 못한 사람이 있었는데, 그 사람됨이 몰래 남을 시기하고 질투하며, 또 어진 사람을 원수처럼 여겼다. 공이 여러 사람이 모인 자리에서 그 사람을 보고서 물러나와 친구에게 "내가 그의 얼굴을 살펴보니 용모는 점잖은 것 같지만 속으로 남을 해칠 마음을 갖고 있으니 그가 만약 벼슬자리를 얻어 자기 뜻을 펴게 된다면, 어진 사람이 아마도 위태로울 것이요."라고 말하니, 친구가 공의 밝은 눈에 감복했다.[46]

예곡(禮谷) 곽율(郭趆)의 제문은 정구의 『한강집(寒岡集)』에 곽율을 대신하여 지었다고 적혀 있다.[47] 그렇지만 글은 정구가 지었다고 하더라도 그 내용은 곽율과 관련된 사실을 서술했을 것이다. 곽율이 남명으로부터 받은 가르침을 제문에서 다음과 같이 표현했다.

아아! 저의 생활이 민첩하지 못해 만 길의 티끌 세상 속으로 떨어졌습니다. 나이는 많아도 학문은 흐릿하니, 내면을 둘러봐도 취할 만한 착한 것이 하나도 없었습니다. 다행히 하늘이 가리기 어려운 떳떳한 본성을 주셨기에 선생님 곁에서 시중들기로 뜻을 세웠습니다. 바닷가 김해에서 절

---

46 허권수 번역, 『남명 그 위대한 일생-행장·비문의 번역』, 경인문화사, 2010, 95~96면.
成運, 「南冥墓碣銘」. "藻鑑洞燭 人無能廋匿 有新進少年 踐淸班擅盛譽 公一見告人曰 觀其挾才自恃 乘氣加人 異日賊賢害能 未必不由此人 其後果登崇位 陰結凶魁 弄法行威 士類殲焉 又有士子 有文才未第 其人陰猜媢嫉 仇視賢人 公偶見於群會中 退而語友人曰 吾察於眉宇之間 而得其爲人 貌若坦蕩 中藏禍心 如使得位逞志 善人其殆乎 友人服其明"

47 鄭逑, 『寒岡集』 卷11, 「代郭趆祭南冥先生文」.

> 을 올렸고 다시 산속 덕산에 나아가 뵈었습니다. 말씀은 정성스러워 두 가지 상황을 거론하여 힘을 다하셨으며, 저를 두고 어리석다고 말씀하지 않으셨습니다. 보잘것없는 저는 감격하여 둔한 몸을 떨쳐 일으켰습니다. 마루에 올라 부지런히 일하지는 못해도 흠모하고 기뻐하는 마음만은 공연히 높았습니다.[48]

위의 제문을 통해 곽율이 남명에게 처음 인사를 올린 곳은 김해의 산해정이며, 이후로 덕산의 산천재에서 계속 가르침을 받았다는 사실을 알 수 있다. 그리고 두 양단을 들어 남김없이 극진하게 말씀해주시는 남명의 정성스러운 가르침에 감화를 입어, 분발하여 자신을 일으켜 세우게 되었다고 서술했다. 『남명선생편년』에는 곽율이 집지한 기록이 없다. 『덕천사우연원록』에는 "공이 선생을 찾아와 절을 올렸는데, 선생이 간곡하게 가르쳐주었으며, 질문을 살펴서 자세히 말해주어 의심이 남지 않도록 했다. 깨우치고 계발된 바가 있었다."[49]라고 적혀 있어 처음 문하에 나아간 때가 명시되어 있지 않다.

마지막으로 운강(雲岡) 조원(趙瑗)의 제문을 살펴보자. 조원은 남명의 조카인 신암(新庵) 이준민(李俊民, 1524~1591)의 사위이며, 여류시인으로 이름난 이옥봉(李玉峯)의 남편이다.

> 저처럼 보잘것없는 사람이 다행히 인척 관계에 있어서 사랑을 주시는

---

48 허권수 편역, 『남명 그 학덕을 그리며-제문과 만사-』, 경인문화사, 2011, 104~105면.
郭赳, "嗟吾生之不敏 落萬丈之塵臼 年旣多而學迷方 環顧中而無一善可取 幸天與秉彝之難揜 獲立志於擁帚 旣納拜於海上 復進謁於山中 語諄諄而叩竭 不謂我之空空 而小子之感激 得振發其頑躬 縱不能升堂而服勤 而慕悅則徒隆"

49 하우선 편찬, 이상필·공광성 역주, 『德川師友淵源錄』, 경인문화사, 2011, 74면.
"公嘗納拜先生 誨諭諄諄 叩竭無餘 有所警發"

> 마음이 범범하지 않았습니다. 신유년(1561) 초가을에 처음으로 가르치시는 자리에서 절을 올렸습니다. 비루한 자질의 저를 부드럽게 거두어 정성스럽게 가르쳐주셨고 저를 아름다운 선비로 인정하셨습니다. 방향을 가르쳐주신 것이 거경궁리(居敬窮理)에서 벗어난 적이 없었습니다.[50]

조원은 남명의 문하에 나아간 때를 1561년 초가을이라고 명기했다. 그리고 남명과 자신이 인척 관계에 있었으므로 그 사랑이 더욱 각별했으며, 자신의 자질이 매우 부족했지만 정성스럽게 가르쳐주셨을 뿐만 아니라 '아름다운 선비[佳士]'로 장려해주시기까지 했다고 기억했다. 『남명집』에 수록된 시편 가운데 첫 번째 시가 진사시(進士試)에 장원한 조원에게 칼자루에 써서 준 다음의 시이다.

불 속에서 하얀 칼날 뽑아내니,	离宮抽太白
서리 같은 검광(劍光) 광한전(廣寒殿)까지 닿아 흐르네.	霜拍廣寒流
견우성(牽牛星)·북두성(北斗星) 떠 있는 넓디 넓은 하늘에,	牛斗恢恢地
정신은 놀아도 칼날은 놀지 않네.	神游刃不游

『장자(莊子)』「양생주(養生主)」에 나오는 포정(庖丁)이 칼날을 자유자재로 놀렸듯이, 조원에게 현실 생활 속에서 세속적인 이록(利祿)을 벗어나 무한히 자유로운 정신세계를 유지하기를 바라는 남명의 마음이 드러나 있다.[51] 이 시가 『장자』의 내용에 빗대어 지어졌다고 해서 남명이 조

---

50 허권수 편역, 『남명 그 학덕을 그리며-제문과 만사-』, 경인문화사, 2011, 114면.
趙瑗, "曰予小子 幸居姻婭之後 而情愛之不泛 歲辛酉之初秋 始獲拜於皐比 曲收陋質 敎誨諄諄 目予以佳士 說與要妙指授向方者 曾不出乎居敬窮理"

51 이상필, 『남명학파의 형성과 전개』, 와우출판사, 2005, 45~46면.

원에게 노장적 사유를 권면한 것이라고 보기 어렵다. 오히려 조원은 남명에게 받은 가르침의 핵심을 '거경궁리(居敬窮理)'라고 요약했다.

3. 맺는말

이상으로 남명의 제자들이 스승을 위해 지은 제문 11편을 살펴보았다. 지금까지 서술한 내용에 근거하여 다음과 같이 그 의미를 정리할 수 있다.

첫째, 제문의 작자들은 남명 문하에서 중요한 비중을 가지는 제자들이라고 평가할 수 있는데, 남명이 산청의 산천재에 은거한 만년에 입문한 학자들이 다수를 차지한다는 점을 주목할 만하다. 시기별로 열거하자면, 남명의 40대에 1명(1544년 이제신), 50대에 3명(1551년 오건, 1556년 정인홍·하항), 60대에 6명(1561년 조원, 1563년 김우옹·이로·유종지, 1565년 또는 1567년 최영경, 1566년 정구), 미상 1명(곽율)이다.

둘째, 남명의 교육 방법과 특징을 더 구체적으로 파악할 수 있었다. 남명은 절실한 비유로 제자들을 새롭게 각성시키는 것, 핵심 단어와 구체적인 형상을 통해 수양의 목표를 분명하게 제시하는 것, 자신이 살아온 삶에 근거해 학자가 추구해야 할 이상을 보여주는 것 등으로 제자들을 가르쳤다. 그리하여 책을 읽어나가면서 해설하는 강학의 형태가 아니라 그들의 정신을 깨우쳐 스스로 터득하는 데에 목표를 두었다.

향후의 과제는 남명 제자들의 입문 시기를 전체적으로 파악한 후, 출신 지역·학문 성향·사회활동 등을 분석하는 작업을 진행해야 할 것이다. 또한 남명의 교육 방법 및 특징에 관한 기존 연구의 부족함을 극복하기 위해 제문뿐만 아니라 그동안 간과되었던 다양한 형태의 자료들을 다각적으로 새롭게 조사해야 할 것이다. 그리하여 남명이 제자들을 어떻게 교육했으며, 그것이 남명학파의 학문 성향 및 사회활동에 어떠한 동인(動因)으로 작용했는지를 해명하는 데에까지 나아가야 하리라 생각한다.

2

『변무辨誣』에 담긴 정인홍의 남명학 변호와 그 의미

1. 여는말

남명학파는 내암 정인홍이 행한 학파 내에서의 독단적인 처사(處事)와 다른 당파에 관한 가차 없는 비판으로 1623년 인조반정(仁祖反正)을 계기로 몰락했는가? 남명 조식을 빼닮은 수제자로 일컬어졌던 그가 진정 남명학파에 있어 유익보다는 손실만을 가져온 인물인가? 그는 왜 회재 이언적과 퇴계 이황이 문묘에 종사될 수 없는 인물이라고 격렬하게 비판하여 성균관 유생들에 의해 『청금록(靑襟錄)』에서 이름이 삭제되고 사림으로부터 심한 반발을 받았는가?

내암 정인홍의 삶과 남명학파의 운명을 연관 지어 생각해 볼 때, 위에서 제기한 의문들이 자연스레 일어난다. 「회퇴변척소(晦退辨斥疏)」의 경우, 아무리 스승을 위해 변론한 일이라 할지라도 다른 학파의 종장을 비난하면서까지 무리하게 진행할 필요가 있었는가? 하는 의구심이 든다.

2003년 2월 23일 진주시 수곡면 사곡리 하원준 씨 댁에서 『변무(辨誣)』라는 책이 발견되었다. 이 책은 분권 되지 않은 1책의 필사본으로, 「변무초략(辨誣草略)」·「유감(有感)」·「고항학문변(高亢學問辨)」·「발문해(跋文解)」·「답인문(答人問)」·「정맥고풍변(正脈高風辨)」·「여최지평이승서(與崔持平季昇書)」 등 내암의 『변무(辨誣)』와 관련된 저술이 실려 있다. 「정맥고풍변」은 『광해군일기(光海君日記)』의 회퇴변척조(晦退辨斥條) 사신평(史臣評) 이후로 「고풍정맥변(高風正脈辨)」이라는 이름으로 알려져 온 것인데, 이 책을 통해 비로소 그 본래의 명칭을 알 수 있게 되었을 뿐만 아니라,[52] 그

52 오이환, 『남명학의 새 연구』 상권, 「남명 조식의 사상과 남명학파의 좌절」, 한국학술정보(주), 2012, 101~102면.

내용의 전모를 파악할 수 있게 되었다. 또한 이 외의 다른 저술도 모두 『내암집』에 수록되지 않아 그 내용을 알 수 없던 것들이다. 하지만 이 자료들에 관한 본격적인 연구는 아직 없었으며, 간략한 해제 형식의 보고[53]나 논문을 서술하는 과정에서 일부 인용하는 정도에 그쳐 있었다.[54]

따라서 이 장에서는 그 중요성에 비해 그간 연구의 진척이 없었던 『변무』에 수록된 내암의 저작을 중심으로 고찰하려 한다. 특히 1604년 『남명집』을 간행하면서 첨부한 「발남명집설(跋南冥集說)」로부터 시작되어 1611년 「회퇴변척소」를 마지막으로, 내암이 추진한 퇴계의 남명학문 비판에 관한 반론과 해명을 어떠한 관점과 논리에 의해 지속적으로 진행했는지의 추이에 초점을 맞추어 살펴보기로 한다.

2. 퇴계 이황의 남명학 비판에 관한 반론

퇴계가 남명을 비판한 내용은 크게 세 가지로 요약할 수 있다. 하나는 남에게 오만하고 세상을 업신여긴다[傲物輕世]는 것이고, 다른 하나

---

53 오이환, 『남명학의 새 연구』 상권, 「남명 조식의 사상과 남명학파의 좌절」, 한국학술정보(주), 2012, 96~104면.

54 오이환, 「光海君 初期의 鄭仁弘」, 『退溪學과 韓國文化』 제41집, 경북대학교 퇴계연구소, 2007, 364면 주석 46번.
김익재, 「來庵 鄭仁弘의 現實對應과 그 門人集團의 師承意識」, 경상대학교 한문학과 박사학위논문, 2008, 51~53면.

는 높고 뻣뻣한 선비이므로 중도(中道)를 요구하기 어렵다[高亢之士 難要以中道]는 것이며, 또 다른 하나로는 노장(老莊)에 병이 들었다[老莊爲祟]는 것이었다.[55] 이와 같이 퇴계가 남명의 학문을 비판한 내용에 관해 내암은 어떠한 관점에서 반론을 제기하고 해명했을까?

1) 「발남명집설(跋南冥集說)」과 「발문해(跋文解)」에 나타난 내암 정인홍의 반론

『퇴계집』은 퇴계가 별세한 후 30년이 지난 무렵인 1599년 봄부터 판각되기 시작하여 1600년 5월에 공역을 마쳤다. 이 사실은 남명의 문도에게 『남명집』 간행의 필요성에 관한 인식을 촉발시켰을 것으로 판단된다.[56] 더욱이 『퇴계집』에는 남명을 비판하는 내용이 실려 있었으므로, 퇴계와 남명의 생존 당시에서 논란이 끝나지 않고 기록으로 남아 영원히 전해지게 되었다. 그리하여 내암은 『남명집』의 간행을 주도하면서 남명이 구암(龜巖) 이정(李楨, 1512~1571)과 절교한 사실을 상세히 담고 있는 덕계 오건과 약포(藥圃) 정탁(鄭琢, 1526~1605)에게 보낸 편지를 수록했다. 그리고 퇴계가 이정에게 보낸 편지에서 남명을 비판한 내용이 부당하다는 것을 중점으로 삼아 「발남명집설」을 짓고 퇴계의 편지까지 부록하여 공개적으로 퇴계의 남명 비판에 관한 반론을 시도했다.

남명과 이정 간에 있었던 이 일은 하종악(河宗岳) 후처(後妻)의 음행(淫行)과 관련된 옥사(獄事)로, 하종악은 남명의 집안 조카이자 제자였다. 본래 남명에게 형이 있었는데 딸 한 명만 남기고 일찍 죽었다. 그 딸이

---

55 『光海君日記』 3년 신해 3월 26일. “臣嘗見故贊成李滉詆毁曺植 一則曰傲物輕世 一則曰高亢之士 難要以中道 一則曰老莊爲祟”

56 서정문, 「『南冥集』의 編刊과 來庵·寒岡 門派의 成立」, 『朝鮮時代史學報』 제40집, 2007, 조선시대사학회, 155~156면.

진사 하종악에게 시집갔다가 일찍 죽었고, 하종악은 다시 이씨 집안에 장가들어 후취부인을 맞이했다가 얼마 안 있어 그도 죽었다. 그런데 이 하종악의 후처 이 씨에게 음란한 행실이 있다는 소문이 돌았다. 하종악의 서매(庶妹)는 이정의 첩이었다. 이때 마침 남명의 절친한 친구였던 이희안(李希顔, 1504~1559)이 죽은 후 그의 젊은 후처에게도 좋지 못한 일이 있다는 소문이 나자, 이정이 이것을 조사해보라고 경상감사 박계현(朴啓賢)에게 넌지시 종용했다. 감사는 일을 맡길 만한 사람으로 김해부사 양희(梁喜)에게 부탁했다. 양희는 내암의 장인이었는데, 사위가 합천 야로에 살고 있었으므로 그를 시켜 같은 고을의 초계에서 들리는 이희안 집안의 풍문을 알아보도록 했다.

내암은 남명과 이희안이 인척 관계이자 친구이기도 했으므로, 그 집안의 일을 잘 알 것이라고 여겨 그 사실의 진위여부를 물었다. 그러자 남명이 "자기가 관계있는 집안의 추잡한 일은 훤히 드러났음에도 계속 덮어두면서 이희안 집안의 애매한 일을 들추어내 재앙을 덮어씌우려고 하는가?"라고 말한 후 하종악 후처의 음란한 행실을 소상하게 알려주었다. 1568년 남명의 제자들이 하종악 후처의 집을 헐어버렸다. 이 일이 조정에 보고되어 기대승(奇大升) 등이 남의 집을 허문 유생들의 소행은 유생이 아니라 무뢰배의 짓이므로 처벌해야 한다고 강력하게 주장하여 남명과 제자들이 곤경에 빠지게 되었다.[57]

남명은 당시 조정에서 벼슬을 하고 있던 덕계 오건과 약포 정탁에게 편지를 보내 "강이[剛而, 이정의 자(字)]는 이 사건과 관련해 세 차례나 말을 번복했습니다. 처음에는 '잘 모르겠다'고 하다가 중간에는 '과연 그렇다'고 하고 마지막에는 '거짓으로 꾸민 일'이라고 했습니다. 이것이

57 허권수, 『절망의 시대 선비는 무엇을 하는가』, 한길사, 2001, 299~301면.

과연 성현의 글을 담론하며 경의를 말하던 자가 할 일입니까? 그는 언구[彦久, 윤춘년(尹椿年)의 자]에게 아첨했다가, 뒤에 공거[公擧, 이량(李樑)의 자]를 섬겼으며, 다시 벗을 재앙 속으로 빠뜨리고 음부에게 뇌물을 받아 죽은 친구를 저버렸으니, 의리상 끊어버려야 할 사람입니다. 나는 그를 사절했는데, 그대들의 생각은 어떻습니까?"[58]라고 말하여 이정과 절교한 사실을 알렸다.

그런데 내암이 1604년 『남명집』을 간행하면서 부록한 퇴계의 편지에는 "조군(曺君)은 세상에 뛰어나고 대단한 명망을 가지고 있습니다. 생각건대 그 사람은 세상 밖에 우뚝하게 서서 자연 속에서 깨끗하게 살아가니 천하 만물이 그의 마음을 얽맬 수 없을 것입니다. 저 시골 부녀자의 잘못된 행실 여부는 한낱 더러운 일일 뿐입니다. 이 사람에게 이런 일을 말하게 하는 경우를 만나더라도 마땅히 귀를 씻고 듣지 않은 것처럼 해야 하거늘, 그것을 위해 스스로 높은 절개[高節]를 깎아내리고 남과 더불어 시비를 논쟁하며 심기(心機)를 소진하길 몇 년 동안이나 그치지 않으니, 참으로 깨닫지 못할 일입니다."[59]라고 하여 하종악의 음부 옥사와 관련해 남명을 다소 부정적으로 비평한 말이 담겨 있었다.

이에 관해 내암은 「발남명집설」에서 퇴계가 구암과 나이의 차이도 많지 않고 벼슬도 함께 했는데 그의 사람됨을 제대로 보지 못했는가

58 曺植, 「與子强子精書」. "剛而於此　三次反覆　初曰昧昧　中曰果然　終曰虛事　此果談聖賢書　嘗說敬義者事乎　曾諂彦久 (尹椿年字)　後事公擧 (李樑字)　更陷友人於禍中　受賂於淫婦　背棄亡友　義所當絶也　吾已謝絶　僉意如何"

59 李滉, 『退溪集』 卷22, 「答李剛而(庚午)」. "曹君有高世重名 意謂其人必亭亭物表 皎皎霞外 天下萬物 無足以攖其心者 彼鄕里一婦失行與否 是何等一塵穢事 使斯人而遇說此事 宜若洗耳而不聞 乃爲之自貶損高節 與人爭是非 費盡心機 至於積年 而猶不知止 誠所未曉"

를 문제 제기하면서 구암의 행적을 조목조목 비판했다.[60] 그리고 퇴계가 남명을 '세상 밖에 우뚝하게 서서 자연 속에서 깨끗하게 살아간다'라는 표현을 한 것은 남명의 「유두류록(遊頭流錄)」에 관해 퇴계가 개인적으로 발문을 지으면서 '산림에서 절개를 지키는 선비[山林一節之士]'라는 언급과 동일한 것으로 내암은 인식했다. 그리하여 남명이 한낱 절개만을 추구하며 세상을 피해 살아가는 선비로 퇴계가 폄하한 말이라고 내암은 이해했다.[61] 내암은 남명이 엄자릉(嚴子陵)을 '성인의 도를 추구한 사람'으로 평가하면서 왕도정치를 실현할 수 있는 역량을 가진 사람이었지만 불행히도 때를 얻지 못해 세상에 나아가지 않은 것이라는 견해[62]의 연장선에서 남명의 출처에 관해 변론했다. 여기에는 남명이 살아간 시대가 왕도정치를 실현할 만한 때가 아니었다는 점을 드러내면서 동시에 퇴계의 출사가 과연 옳은 것이었는가에 대한 비판이 함께 담겨 있었다.[63]

『남명집』의 반포와 동시에 내암의 발문이 공개되자, 1605년 7월 24일에 성균관 유생 정호성(丁好誠)·허실(許實)·유희량(柳希亮)·최성원(崔誠元)

---

60 鄭仁弘, 「跋南冥集說」. "退溪與李 年不甚相先後 仕宦亦復與之同朝 而邈然曾不知其人耶 李之處心行事 仕進終始 俱無足觀 趨附權要 苟取顯揚 爲士類所鄙笑久矣 退溪乃與之分厚 至於往復論道義 雖被他厭 然自掩而不見其肺肝 其不能如舜如曾 則或可得於一言一行之間 而遽以希聖希賢責於其人 知人雖曰不易 視舜曾 不已輕乎 李初欲從先生 入德山洞 作五六間瓦屋 或問 李是仕宦人 何遽爲入深計也 先生笑而不答 更問 屋成而久 不來何也 先生乃曰 剛而決不來矣 吾亦料其不能來 渠欲相從 豈合拒之 有老友亦謂 我不知剛而不能休官入山 而約與同之 譏吾爲不明矣 剛而城府甚深 不喜人窺其心事 古語曰 未有隱而爲君子者 恐渠終不得爲君子也"

61 鄭仁弘, 「跋南冥集說」. "嘗見退溪跋頭流錄 以先生爲山林一節之士 而今又以亭亭皎皎爲言"

62 曺植, 『南冥集』, 「嚴光論」. "使光粗有有爲之志 則當光武得位之始也 朝出於山 而暮遇明君 何至於二十七年而不見 至物色而後得之乎 求其初心 則雖帝之賁乎丘園 束帛戔戔 終不肯枉屈其道 明矣 後之觀者 以伯者之道觀子陵 則其不爲光武屈 過矣 如以王佐之才觀子陵 則其不爲光武屈 宜矣 吾故曰 子陵 聖人之徒也 嗚呼 使伊尹而不遇成湯 則終死於有莘之野 使傅說而不遇高宗 則終老於傅巖之野 必不肯枉道而求合 使子陵遇成湯高宗之君 則又焉終老於巖穴 爲桐江一釣翁乎 聖賢之心乎生民也 一也 而抑時有幸不幸也"

63 鄭仁弘, 「跋南冥集說」. "先生於嘉靖己丑年 見有羸豕躑躅之象 便思君子夬夬之義 埋光林下 學專爲己 及乙巳年間 時勢艱危 明若觀火 畢竟仁廟賓天 權奸蝟起 恣行胸臆 士類魚肉 死生榮辱 固不足恤也 一時士大夫周章群小間 不拯其隨 其心不快 皆輸此一着於先生 先生讀書踐履之地 不獨高一世而已 乃以穉圭嘲北山之周者玩侮之 吾恐所損將不在於先生也"

등이 전국의 향교와 서원에 통문을 보내 내암의 발문에 관해 험악하게 비방했다고 실록에 기록되어 있다.[64] 이후 통문의 답장을 보내기 위해 9월 20일 200명 정도의 인원이 안동 남문 밖 강변에 모였다. 하지만 당시 논의가 일치되지 못했으며 또 내암에 관한 평가도 상당히 엇갈렸다. 내암을 비호하던 황도광(黃道光)과 이혼연(李渾然)을 삭적하고 계속해서 배척운동을 전개하려 했지만, 강좌(江左) 사족의 영수 격인 월천(月川) 조목(趙穆, 1524~1606)의 저지로 더 이상의 진전은 없었다.[65] 그렇지만 당시 퇴계를 존숭하는 강좌 사림의 반발이 격렬하지 않은 것은 아니었다.

그간 『내암집』을 비롯한 공식적인 기록에서 내암이 이 사건에 관해 어떤 입장을 가졌으며, 발문을 지은 까닭이 무엇인가에 관해 자세한 내용을 알 수 없었다. 그런데 『변무』에는 「발문해」라는 제목으로 내암이 「발남명집설」을 지은 이유와 입장에 관해 소상하게 밝힌 글이 수록되어 있어 주목된다. 그 내용을 차례대로 살펴보기로 한다.

> 내가 일찍이 퇴계가 이정에게 답한 편지에 관해 논하고 또 선생의 문집에 발문을 지었었다. 그러자 구설이 분분했으며 심지어 칼자루를 손에 쥔 자도 있었다. 어떤 손님이 말하길, "무슨 까닭으로 발문을 지었습니까?"라고 하여 내가 그 말에 관해 매우 괴이하게 여겼지만 단지 "그대가 알 바가 아닙니다."라고만 대답했다. 오랜 후에 정동지(鄭同知, 원주: 한강 선생)가 "선사(先師)가 과연 현인이라면 후세 사람들이 스스로 알게 될 것이니, 변

---

64 『선조실록』 38년 7월 24일. "成均館儒生丁好誠·許實·柳希亮·崔誠元等 通書于八道列邑鄕校及諸書院 醜詆鄭仁弘跋南溟集說"

65 서정문, 「『南冥集』의 編刊과 來庵·寒岡 門派의 成立」, 『朝鮮時代史學報』 제40집, 2007, 조선시대사학회, 162~173면.

론할 필요가 없다."라고 말한 것을 듣고서 비로소 지난번 손님의 말이 어디서부터 나온 것인지를 알게 되었다.

그러나 내 생각은 그렇게 여기지 않는다. 스승과 제자 사이는 의리가 참으로 크다. 남의 비방을 받아 진실이 훼손된다면 마음이 절로 불안하여 한마디 말로써 그 시비를 밝히지 않을 수 없는 것은 사람의 마음을 가진 이가 그만둘 수 없는 것이며 자기가 좋아하는 이에게 아부하는 것이 아니니, 곧 시비(是非)의 본심이다. 숙손씨(叔孫氏)가 부자(夫子)를 비방했을 때 자공(子貢)이 그것을 위해 변해했으며, 당시 사람이 귀산(龜山)을 헐뜯었을 때 호선생(胡先生)이 그것을 위해 변론했다. 사마광(司馬光)이 맹자를 의심하고 정숙우(鄭叔友)와 이구(李覯)가 맹자를 비난했을 때 여은지(余隱之)와 주자(朱子)가 통렬히 변론하여 내버려 두지 않았다. 이러한 여러 현인이 어찌 한마디 말도 없이 앉아서 후세 사람들이 스스로 알기를 금하지 못하고 반드시 그것을 위해 변론했는가? 성현의 도덕은 천지일월과 같으니, 사람들이 저절로 비방함을 용납하지 않는다. 숙손씨는 무뢰한 일개 공족(公族)이므로 의심하고 비방하는 것이 대부분 한두 사람의 무함일 뿐이니 본래 당시와 후세에 신뢰를 얻기에 부족하며, 변해의 설도 유무를 따질 필요가 없다. 그런즉 여러 현인이 마땅히 뜻을 삼지 않을 듯한데 오히려 이같이 변론했으니, 대개 그만둘 수 없는 점이 있음을 볼 수 있다.[66]

---

66 『辨誣』, 「跋文解」. "余嘗論退溪答李楨書 又跋先生文集 脣舌紛拏 至有按劒者 有客言曰 何用跋文爲哉 余深怪其言 只答曰 非公所知 久後聞鄭同知 (寒岡先生) 言先師果賢 後世自當知之 不須分疏也云 始知向者客之言有所自也 然吾意以爲不然 師生則義亦大矣 見人之非毁 損其眞 失其實 則方寸自不安 不免有一言以明其是非 有人心者 所不能已 非阿其所好 乃是非之本心也 叔孫毁夫子 子貢爲之解 時人謗龜山 胡先生爲之辨 馬公疑孟子 鄭李二人詆孟子 余隱之朱子痛辨而不置 此數賢者 何不禁無一言坐待後世之自知 而必爲之辨乎 夫聖賢之道德 如天地日月 人自不容非毁 而叔孫乃無賴一公族 疑謗多是一二人之誣 固不足取信於當時與後世 而解辨之說 亦不必爲有無 則數賢宜若不以爲意 而猶且云云如此 蓋見其有不容已者矣"

인용문의 첫째 단락에 보이듯, 「발남명집설」이 공개되자 격렬하게 소요가 일어나 따지고 헐뜯는 말이 분분했으며, 심지어 칼로 해치려는 자도 있어 내암은 크게 곤경에 빠진 것을 알 수 있다. 그런데 당시 동문으로서 오랫동안 함께 교유한 한강 정구는 남명이 과연 현인이라면 후세 사람들이 스스로 알게 될 것이므로 변론할 필요가 없다는 입장이니, 내암이 「발남명집설」을 지은 것에 관해 못마땅하게 여긴 것을 확인할 수 있다. 그러나 사실 한강은 내암이 『남명집』을 간행하면서 함께 문하에 출입한 동강 김우옹과 자신이 소외된 채 일체 상의도 없이 독단적으로 진행하는 것에 불만을 가졌을 것이다. 동강은 1604년 『남명집』이 간행되기 전에 별세했으므로 적극적으로 간여할 상황이 되지 않았다고 이해하더라도 한강이 선사(先師)의 문집 간행에 관해 관여할 수 없었던 것은 매우 유감을 가질 만한 일이었다.

더욱이 한강은 남명이 덕계와 약포에게 보낸 편지는 '어쩌다 한번 생긴 일 때문에 가까운 친구들에게 내키는 대로 써서 보낸 것이지 모든 사람에게 보이고 또 후세에까지 알려서 뭇사람들의 의혹을 불러일으키려고 한 것이 아니라'는 입장이었으므로, 『남명집』에서 이 편지를 삭제할 것을 원했다. 그러나 내암은 '선생의 한 말씀과 한 글자[片言隻字]'라도 내가 어떻게 감히 함부로 넣고 빼고 할 수 있느냐'는 말로 반박하여 수용하지 않았다.

한강은 내암의 이러한 태도에 관해 "만약 선생의 편언척자(片言隻字)를 함부로 넣고 빼지 못한다는 것으로 핑계를 댄다면 구암 선친의 묘갈은 문장이 기묘하고 서술 구조가 정밀하여 선생의 글 중에 가장 뛰어난 것인데 유독 그 아들의 문제로 인해 삭제하고 수록하지 않으니, 이와 같이 뛰어난 문장을 어디서 다시 볼 수 있겠는가? 저 사람이 끝내 이 글을 후세에 전하지 않으려고 하는 것인가? 이미 자신을 속였으면서 또 남을 속이려 드니 동강의 말이 어찌 사실이 아니겠는가?"라고 자신의 심정을 드러냈다. 동강이 내암을 "덕원(德遠, 내암의 자)은 그 처음에 어떻게 생각하느냐가 가장 중요하다. 만약 처음에 잘못 생각하면 아무리 친구간이라도 어떻게 해 볼 도리가 없다."라고 평가했다. 한강은 동강의 이 말을 상기하면서 내암에게 이정과 관련된 편지에 관해 조언한다면 반드시 자신과 사이가 틀어질 것이라 예상하고 있었다.[67]

이처럼 내암과 한강은 『남명집』의 편찬에 있어 서로 다른 견해를 가지고 있었는데, 내암은 한강의 이러한 태도가 스승을 위해 변호하는 성의가 부족한 것이라고 의심한 듯하다. 사제 간은 의리가 중요하다. 그런데 스승이 남의 비방을 받아 진실이 훼손된다면 마음이 절로 불안하여 시비를 가리지 않을 수 없다. 이것은 좋아하는 이에게 아부하는 것이 아니라 시비를 분변하고자 하는 본심의 발로라고 내암은 생각했다. 또한 숙손씨가 공자를 비방했을 때 자공이 해명한 일, 귀산(龜山) 양시(楊時)가 당시 사람들의 비난을 받았을 때 호안국(胡安國)이 변론한 일, 맹자에 관해 사마광(司馬光)이 의심하여 『의맹(疑孟)』을 짓고 이구(李遘)의 『상어(常語)』와 정후(鄭厚)의 『예포절충(藝圃折衷)』이 맹자를 비난하는 말을 담고 있었을 때 여윤문(余允文)이 『존맹변(尊孟辯)』을 지어 논박하고 주자(朱子)가 「독여은지존맹변(讀余隱之尊孟辨)」을 통해 변론을 개진한 일 등을 거론하여, 자신이 「발남명집설」을 지은 뜻도 이러한 선례와 동일한 것으로 남명을 변론하기 위해선 그만둘 수 없는 일이었다고 견해를 밝혔다.

이어서 다음의 단락을 살펴보자.

---

67 『寒岡先生言行錄』 卷3, 「處小人」.

지금 퇴계는 한 나라의 성대한 명성이 있어 뭇사람에게 칭송을 받으니, 숙손씨가 비판한 일이나 일시적인 비방과 같은 종류가 아니다. 그런데 우리 선생을 비방하여 배척한 것이 이르지 않은 바가 없어 비단 말로 발설했을 뿐만 아니라 글에 게시하고 목판에 새기는 데에 이르러 지금에 행해지고 후세에 전해져 장차 오늘날의 시비를 현혹시키고 후세의 이목을 그르칠 것이다. 그런데도 한마디 말로써 그렇지 않음을 밝히지 않은 채 "후세의 스스로 앎을 기다린다"라고 말할 수 있겠는가? 아, "한 시대에 같이 태어나 서로 알지 못했으니, 다만 퇴계의 비방과 같은 것을 또 어찌 괴이히 여기랴?"라고 하며, "후세 사람들은 이퇴계의 말에 현혹되어도 스스로 알 지 못하랴?"라고 한다면 변론할 필요가 없다. 그러나 도리어 모호한 태도로 남을 따르는 사사로움이 될 것이며 크게 공정하고 시비를 가리는 마음은 아닐 것이다. 그리고 자공·호안국·여윤문·주자의 뜻이 아닐 것이다.

가령 진월(秦越)의 사람이 남의 비방을 받는데 너무나 사실과 맞지 않는다면 반드시 그를 위해 변석하려 할 것이니, 곧 사람의 정이다. 하물며 선사에게 아부하고 사사롭게 했다는 혐의와 뭇사람이 헐뜯을지도 모른다는 우려로 도피해서 아무런 근심도 없이 그것을 위해 행동하지 않은 채 입을 닫고 혀를 묶어두길 생각하면서 애초에 듣지 못한 것처럼 하는 것이 옳겠는가? 이와 같다면 길 가는 사람에 다름없다. 무슨 도리가 있겠는가? 미루어 지극히 말하자면 선왕의 제도에 임금·스승·부친을 섬기는 것은 동일하다고 했다. 안자(顔子)의 말에 이르길, "부자(夫子)께서 살아계신데 제가 어찌 감히 죽겠습니까?"라고 했다. 만약 지금 사람의 말과 같다면, 광(匡) 땅에서 포위되는 위험이 있었을 때 비록 대성(大聖)께서 불행을 겪게 되더라도 안자는 오히려 죽을 필요가 없고 자취를 감춰 도피하는 것이 옳으며, 진(陳)나라와 채(蔡)나라 사이에서 곤경을 당했을 때도 "세상에 용납되지 못한들 어찌 상심하겠습니까? 그런 후에 군자를 알 수 있습니다."라고 말해야 오히려 옳을 것이다. 안자가 애초에 반드시 이와 같이 말한 연후에 후세 사람들이 성인의 도덕을 알게 될 것이라고 여긴 것은 아니다. 눈으로 성사(聖師)의 곤액을 보고는 자신도 모르게 입에서 나온 것이니, 이는 진실로 성정(性情)의 발함이다. 어찌 후세 사람들이 스스로 알 것인지 알지 못할 것인지를 따질 겨를이 있었겠는가?

아, 당목(撞木)을 맞았는데 울지 않는 것은 종이 아니니, 정말 괴이하지 않을까? 내가 감히 선생을 망령되이 선성(先聖)에 비교하는 것이 아니며, 감히 보잘것없는 나 자신을 참람되게 고현(古賢)에 빗대는 것도 아니다. 사제 간의 도리에 따라 각기 스승과 제자에 관해 말한 것이다. 그러므로 남의 말에 대해 삼가 옛날의 선례에 빗대어 대략 해명했으니, 후세의 지언자(知言者)가 취사하기를 기다리노라.[68]

내암이 『남명집』을 간행하면서 굳이 퇴계의 남명 비판에 관한 반론을 특기하여 밝힌 까닭은 숙손씨가 공자를 비방한 것이나 한때 일어났다가 사그라지는 일시의 비난과는 성격이 다르다고 생각했기 때문이다. 퇴계는 한 나라의 성대한 명성이 있어 많은 사람에게 칭송을 받는 인물인데, 그런 사람이 남명을 말로 비판했을 뿐만 아니라 글로 남겼

68 『辨誣』, 「跋文解」. "今退溪有一國盛名 爲衆人稱譽 非叔孫與一時謗毁之比 而詆斥我先生 無所不至 不獨發於言語 至於揭之書鋟之梓 行於今而傳於後 將以眩今日之是非 誤後世之耳目 此可無一言以明其不然 而曰待後世之自知乎 噫 生同一時而不相知 顧有如退溪之非毁 又何怪 後人惑於李退溪之言 而自不能知乎 如此則不須分疏之說 恐反爲模糊徇物之私 非大公是非之心 又非端木康侯余公朱子之意也 雖使秦越人 被人非毁 大非其情 則必欲爲之辨釋 乃人之情也 況在先師 竊避阿私之嫌衆口之患 恝然不爲之動 念緘口齰舌 初若不聞者然 可乎 如此則路人也 何分義之有哉 推極而言 先王之制 三事如一 顔子之言曰 夫子在 回何敢死 若如今之人言 匱匡之畏 雖使大聖不幸 顔子亦不須致死 而斂迹回避而已 可也 陳蔡之厄 亦不須曰 不容何病 然後見君子云云 亦可也 顔子初非以爲必如此言 然後後世方知聖人之道德也 目見聖師之厄 不覺含口而出 此實性情之發 何暇計後世之自知與不知也 噫 承筳而不鳴 非鐘也 抑非怪乎 某非敢以先生妄比於先聖 又非敢以無狀之身僭擬於古賢也 分義所在 各言其師生爾 故於人言 竊擬古先之例 略爲之解 冀後之知言者取舍焉"

다. 그 내용이 문집에 포함되어 당대에는 물론 후세에까지 전해져 옳고 그름을 현혹시키고 후세의 이목을 그르칠 수 있기 때문이다. 그렇다면 후세 사람들이 퇴계의 말에 현혹되어 알 수 없을 것인데, 어찌 그들이 스스로 알기까지 기다리자고 말할 수 있냐고 사태의 심각성을 제기했다.

공자가 곤액을 당했을 때 안자가 스승의 정당성과 자신의 심정을 서슴없이 드러내고 그 상황의 의미를 분명하게 밝힌 일은 어떤 의도를 가진 것이 아니었다. 스승의 곤액을 보고는 자신도 모르게 입 밖으로 나온 성정(性情)의 발로였다. 이처럼 내암 자신도 발문을 지은 일이 스승의 변론을 위해 다급하고 절실한 심정에서 나온 것이라고 말했다. 이는 마치 당목을 맞았는데도 울리지 않는다면 그것은 종이라고 할 수 없듯이, 스승의 진실이 훼손되는 상황에 직면하여 제자로서 아무런 변론도 없는 것은 더 이상 사제로서의 합당한 도리[分義]가 없는 것과 마찬가지라는 입장이 그 속에 함축되어 있다.

내암은 『남명집』에 「발남명집설」을 첨부한 것을 시작으로 퇴계의 남명 비판이 가지는 부당성과 남명의 진실된 면모에 관한 해명을 본격적으로 진행했다. 그런 일련의 변론과 추진 과정이 최고의 절정에 달한 것이 1611년 3월 26일 찬성(贊成)의 직함을 사직하면서 올린 차자에서 회재 이언적과 퇴계가 문묘에 종사되는 데 문제가 있다고 비판한 '회퇴변척'이다.[69] 하지만 기존 연구에서는 자료의 부족으로 인해 내암이 남명의 학문과 처세를 변론한 출발점인 「발남명집설」과 그 마지막 결정판인 「회퇴변척소」에 관해서만 다루어졌는데, 『변무』에 수록된 내암의 글들을 살펴보자면 그 사이에 여러 측면에서 퇴계의 비판을 반론하

69 『光海君日記』 3년 신해 3월 26일.

고 남명의 학문을 해명하는 논리가 정리되고 있었다는 사실을 발견할 수 있다. 이러한 의미에서 본다면, 이미 검토한 「발문해」와 함께 『변무』에 수록된 「고항학문변」·「정맥고풍변」 등의 내용은 「회퇴변척소」가 지어지기 이전 내암이 구축한 남명학 변론의 논리와 관점을 더 폭넓게 이해하는 데에 도움을 줄 것이다.

2) 퇴계의 남명 학문 비판과 「고항학문변」

퇴계는 남명의 유람록을 읽고 개인적으로 쓴 「조남명 〈유두류록〉 뒤에 쓰다[書曹南冥遊頭流錄後]」라는 발문에서 남명에 관해 '높고 뻣뻣한 선비[高亢之士]'로 이해하고 그에게는 중도(中道)를 요구하기 어렵다는 부정적 입장을 내비치었다.[70] 그리고 「걸퇴차자(乞退箚子)」에서 "조식은 높고 뻣뻣한 선비이니, 한번 제배(除拜)의 명에 나아갔다가 황급하게 산림으로 돌아갔습니다. 이항(李恒)은 학문하는 사람이니, 여러 해 벼슬에 종사하다가 돌아갔습니다."라고 두 사람을 비교했다.[71] 이 말로 본다면, 남명은 세상을 경시하고 자신의 절개를 높이 여겨 산림에 은둔한 고항지사가 되며, 일재(一齋) 이항(李恒, 1499~1576)은 유학의 학문을 탐구하고 실현하고자 노력한 학문지인(學問之人)으로 평가된다.

내암은 퇴계가 남명을 '고항지사'로 규정하고 일재를 '학문지인'으로 평가한 것에 관해, 「고항학문변」이라는 글을 지어 변론했다.

70 李滉, 『退溪集』 卷43, 「書曹南冥遊頭流錄後」. "或以其尙奇好異 難要以中道爲疑者 噫 自古山林之士 類多如此 不如此 不足以爲南冥矣 若其節拍氣味所從來 有些子不可知處 斯則後之人必有能辨之者"

71 李滉, 『退溪集』 卷7, 「乞退箚子」. "以臣觀之 曹植高抗之士 本不欲屈首風塵中 李恒從事學問之人 非偏以不仕爲高 二人心跡 亦不同也"

일찍이 퇴계의 편지를 보니 다음과 같은 말이 있었다. "조식은 높고 뻣뻣한 선비이니, 한번 제배의 명에 나아갔다가 황급하게 산림으로 돌아갔다. 이항은 학문하는 사람이니, 여러 해 벼슬에 종사하다가 돌아갔다." 퇴계의 견해는 한결같이 이와 같으며, 논설이 시종 이러한 양상이다. 그의 생각은 대개 홀로 선을 지키며 고상한 삶을 살아가는 자는 반드시 학문을 하는 선비가 아니라고 여긴다. 혹 나아가고 혹 물러나 시속을 놀래키지 않으며 뭇사람을 멀리하지 않는 사람이라야 도학의 사람이라고 하니, 그 말의 병통이 너무 심하지 않겠는가?

공자께서 "나라에 도가 없을 때 죽음에 이르러도 절개를 변하지 않으니 강하구나 그 꿋꿋함이여. 그 강함이 곧 네가 추구해야 할 강함이다."라고 말씀하셨다. 나라에 도가 없고 시기가 불가할 때에는 죽음에 이르러서도 절개를 변치 않아야 하는데, 하물며 죽음에 이르지 않는 상황에 있어서랴. 만약 퇴계의 말과 같다면 나라에 도가 없고 시기가 불가하더라도 오히려 다시 그 사이에서 머뭇거리면서 포용하고 순순히 받들며 구차하게 용납하며 시대와 더불어 부침(浮沈)하여 호광(胡廣)과 같은 연후에야 학문의 실질을 얻을 수 있다. 그리고 죽음에 이르러서도 절개를 변치 않는 사람은 시중(時中)의 선비가 될 수 없으며, 고금의 홀로 선을 지키는 선비는 모두 높고 뻣뻣하게 한낱 절개만 지킬 뿐 그 뜻을 본받을 수 없다. 이런 것으로써 말한다면 『주역』의 '못에 잠겨 있는 용이니 쓰지 말아야 한다'와 '호정(戶庭)을 나가지 않는다'는 효(爻)가 모두 헛되이 설정되고 무용한 것이다. 공자가 말씀하신 '부귀가 뜬구름과 같다', '나라에 도가 없을 때 벼슬하는 것이 부끄럽다', '천지가 닫히면 현인이 은둔한다' 등의 가르침도 모두 뻣뻣하기를 힘쓰고 높음을 좋아하는 한낱 말씀이다. 안자가 도시락 하나와 물 한 병으로 식사를 하고 쌀 뒤주가 자주 비었던 일은 단지 야

윈 모습으로 고생스레 살아가는 한낱 행실일 뿐이니, 부자께서 "도에 가까웠다"고 칭찬한 말씀도 편애하여 실제보다 지나친 예찬이 될 수밖에 없다.[72]

퇴계가 남명을 고항지사로 규정한 것은 홀로 선을 지키며 고상한 삶을 살아가는 사람은 학문을 하는 선비로 여기지 않은 것이며, 혹 나아가기도 하고 혹 물러나기도 하면서 시속을 놀래키지 않고 뭇사람을 멀리하지 않는 사람이 오히려 도학의 사람으로 인정하는 것이 아니냐고 내암은 문제점을 제기했다. 이 말은 이후 내암이 「회퇴변척소」에서 퇴계의 출처에 관해 "과거로 출세하여 완전히 나아가지도 않고 완전히 물러나지도 않은 채 서성대며 세상을 기롱하면서 스스로 중도(中道)라 여겼습니다."[73]라고 비판한 것과 연관 지어 볼 때, 퇴계 자신의 출처관에 따라 남명을 함부로 재단할 수 있느냐고 반론한 것임을 알 수 있다.

그런 후 경전에 근거하여 남명이 관직에 나아가지 않은 것[不出仕]이 과연 뻣뻣한 처신[高亢]으로 규정할 수 있는가에 관해 변론했다. 먼저 『중용』에 보이는 공자의 '나라에 도가 없을 때 죽음에 이르러도 절개를 변치 않는다.'라는 말을 근거로 삼아 나라에 도가 없고 시기가 적절하지 않을 때는 죽음에 이르러서도 절개를 지키며 벼슬에 나아가지

---

72 『辨誣』, 「高亢學問辨」. "嘗見退溪書 有曰 曺ㅁ高亢之士 一出拜命 遽卽還山 李恒學問之人 從仕數年而歸云云 退溪所見 一向如此 論說終始一樣 其意蓋以爲獨善高尙者 必非學問之士 或進或退不駭於俗 不遠於衆者 方爲道學之人 其言之病痛 不旣多乎 孔子不曰 國無道 至死不變 强哉矯乎其强卽爾之强 國無道時不可 卽死猶不變 況不至死乎 若如退溪之言 國雖無道 時雖不可 猶復周章於其間 包承苟容 與時低仰 如胡廣然後 方得爲學問之實 至死不變之人 不得爲時中之士 而古今獨善之人 具是高亢一節 而志不則也 以此而言 犧易中 潛龍勿用不出戶庭之爻 皆虛設無用之物 而孔子富貴浮雲無道穀恥天地閉賢人隱之訓 亦皆矯亢好高之一言 顔子之簞瓢屢空 只是枯苦之一行夫子庶乎之稱 亦不免爲偏私過實之譽也"

73 『光海君日記』 3년 신해 3월 26일. "科目發身 不全進 不全退 依違譏世 自以爲中道"

않는 것이 올바른 출처의 의리임을 밝혔다. 이에 비해 퇴계의 말은 도가 없든지 시기가 적절하지 않든지에 상관없이 나아가고 물러남의 사이에서 머뭇거리며 구차하게 용납되기를 바라면서 시대와 더불어 부침(浮沈)하는 것이다. 그러므로 호광 같은 인물이라야 퇴계가 말한 학문의 실질을 얻을 수 있을 것이라고 했다. 호광(胡廣)은 여러 대에 걸쳐 예우를 받았지만 임기응변으로 일을 처리할 뿐 직언을 하지 않아 '호광의 중용'이라고 기롱을 받은 인물이다.

또한 퇴계의 논리에 따른다면 죽음에 이르러서도 절개를 변치 않는 사람은 때에 맞게 중용을 실천하는[時中] 선비가 될 수 없으며, 고금의 홀로 선을 지키는 선비는 모두 높고 뻣뻣하게 일개 절개만 지킬 뿐 그들의 지조는 후세의 모범이 될 수 없을 것이라고 내암은 반박했다. 이어서 은거와 관련된 『주역』의 내용과 공자의 말을 인용하여 이 모든 것도 퇴계의 말에 적용시켜 보자면 뻣뻣하기를 힘쓰고 높음을 좋아하는 말에 불과할 것이라고 했다. 게다가 안자가 가난 속에서도 도를 즐거워하는[樂道] 삶을 살아간 것은 단지 쓸데없는 고행에 지나지 않으며, 공자가 그에 관해 "도에 가까웠다"고 평가한 말도 편애에서 나온 과장된 칭찬으로 보아야 하지 않느냐고 반론했다.

이와 같은 내암의 논조는 퇴계가 단지 남명의 불출사를 근거로 고항지사로 규정하는 것은 부당하며, 출사와 불출사의 행위에 앞서 과연 그 시대가 도가 있는 때이며 출사할 만한 시기였는가에 관한 문제를 먼저 살펴보아야 한다고 지적한 것이다. 내암은 기본적으로 남명이 살았던 시기는 올바른 선비가 벼슬에 나아갈 수 없는 때라고 인식했다. 그러므로 「회퇴변척소」에서 "이언적과 이황이 지난날 가정(嘉靖) 을미년(乙巳年, 1545)과 정미년(丁未年, 1547) 사이에 어떤 이는 극도로 높은 벼슬을 했고 어떤 이는 청요직을 지냈으니, 그들의 생각은 과연 벼슬할 만한 때라고 여겨서입니까?"[74]라고 지적하면서, 퇴계가 남명의 불출사를 빳빳한 태도로 인식하는 것은 근본적으로 문제가 있다고 제기했다. 게다가 퇴계가 만년에 벼슬에서 물러나 나라에서 여러 번 불렀지만 나가지 않은 것은 이전에는 남명의 빳빳한 태도를 탐탁하게 여기지 않다가 나중에는 본받은 것으로 이해할 수밖에 없지 않냐고 지적하기도 했다.[75]

> 만약 여러 해 벼슬에 종사한 후 귀향한 것만으로 학문하는 사람이라고 단정하고 다시 다른 것을 묻지 않는다면, 이른바 '중용의 도'가 오히려 가볍고 작은 것으로 자질의 가까운 바에 따라 힘쓰는 자들이 모두 할 수 있는 것이 아니랴? 어찌 일찍이 작록(爵祿)을 사양하고 시퍼런 칼날을 밟는 어려움보다 심한 점이 있으랴? 이로써 말한다면, 일을 만난 즉시 행한 자로(子路)와 봉록을 받은 은자인 양웅(揚雄)이 학문의 실질을 다하여 시중(時中)을 잃지 않고 행할 수 있으며, 그칠 곳에 머무르는 것과 한결같고 올곧은 상(象)은 모두 성현의 도를 잃을 것이다. 이퇴계의 설은 옛 성현의 말씀과 참으로 크게 어긋나니, 후학의 해가 되는 것이 참으로 작지 않다. 대개 백성과 사직(社稷)으로써 학문을 삼는 것은 자로의 견해이니, 말세에는 더욱 벼슬을 형통함으로 여기는 경향이 많아 속인의 습속이 모두 그러하다. 만약 다시 벼슬하는 이를 학문하는 사람으로 여긴다면, 형통하여 벼슬하는 자가 모두 소매를 날리고 기세를 일으켜 스스로 학문하는 부류

74 『光海君日記』 3년 신해 3월 26일. "李彦迪李滉 往在嘉靖乙巳丁未年間 或爵位崇極 或踐歷淸要 其意果以爲可仕之時乎"

75 『光海君日記』 3년 신해 3월 26일. "至其晩年 斷然引退 屢召不至 此亦高亢之一事 輕世之一行 何不以曺植成運之所爲爲不屑 而反效老莊之過高耶"

에 포함시키며 세로(世路)를 달리고 일시(一時)를 활보하며 고상한 선비를 흘겨보면서 한쪽에 치우쳐 괴롭게 한낱 절개를 지키는 사람이라 여기고 스스로 돌아보며 꺼리는 바가 없을 것이다. 가령 종신토록 명리(名利)의 길에 빠져 남의 이목을 기만하여 진실과 거짓의 실질을 현혹시키고 취사의 분수에 어두웠던 왕지망(王之望)과 윤색(尹穡)과 같은 무리가 세대 간에 서로 바랄 것이니, 퇴계의 설이 효시가 되고 조종자가 된다. 그러므로 입언(立言)을 가볍게 할 수 없는 것이 이와 같다.

아, 퇴계가 말한 '고항학문(高亢學問)'의 설은 곧 스스로 본 것이 자세치 못하여 다만 자신의 병통이 될 뿐이니, 선생에게 무슨 해가 되겠는가? 다만 후학을 병들게 하는 것이 무궁할 것이다. 그러므로 "폐단이 없는 것은 성현의 말씀일 따름이다."라고 말한다.[76]

앞의 인용문이 남명을 고항지사로 규정할 수 있는가에 관한 변론이라면, 위의 인용문은 일재가 여러 해 벼슬을 종사한 후 고향으로 돌아간 일을 근거로 학문지인이라 평가할 수 있는가에 관한 문제 제기이다. 내암은 오로지 나라의 부름에 응해 벼슬에 종사한 일을 중시하고 그 외의 제반 상황을 고려하지 않는다면, 실천에 용감했던 자로(子路)나 벼슬을 하면서도 은거자로 자처한 양웅 같은 인물이 학문의 실질을 다할 수 있고 시중의 도를 행할 수 있을 뿐이다. 『주역』에서 말한

---

76 『辨誣』, 「高亢學問辨」. "若以從仕數年而歸 斷定爲學問之人 不復問其他 則所謂中庸之道 不亦輕小而資近力勉者皆可能 曷嘗有甚於辭爵祿蹈白刃之難乎 以此而言 事輒之子路 祿隱之楊雄 能盡學問之實 不失爲時中 而艮止永貞之象 俱失聖賢之道矣 李退溪之說 與古聖賢之旨 固大相戾 而其爲後學之害 亦不小矣 蓋以民社爲學 子路之見 末世愈多仕者之爲通 俗人之習皆然 若復以仕者爲學問人 則爲通而仕者 皆將揮袂作氣勢 自附於學問之流 馳騁世路 高步一時 睨視高尙之士 爲偏苦一節之人 而無所顧憚 如終身溺沒於名利之道 瞞人耳目 使眩於眞僞之實 昧於取舍之分 王之望尹穡之徒 相望於世代間 則退溪之說爲嚆矢矣 爲之發蹤矣 故立言之不可輕也如此 噫 退溪高亢學問之說 乃自家所見之不審 適足以自病 於先生何病 特其病後學者無窮 故曰 無弊者 聖賢之言耳"

'그칠 곳에 머무르는 것과 한결같고 올곧은 상(象)'은 모두 성현의 도를 잃은 것이 되리라고 내암은 반론했다. 이처럼 출사만으로 학문을 평가한다면 성현의 말씀과 상반되는 쪽으로 귀결되므로, 퇴계의 일재에 관한 평가는 성현의 말씀과 크게 어긋나 후학에게 끼치는 해가 클 것이라고 문제점을 드러냈다.

자로가 자고(子羔)를 비읍(費邑)의 읍재(邑宰)로 삼자, 공자는 학문을 익히지 않은 상태에서 벼슬에 나아가게 하는 것은 그 사람을 해치는 것이라고 말했다. 그러자 자로는 백성이 있고 사직이 있는데 굳이 글을 읽은 뒤에야 학문을 하는 것이냐고 대꾸했다.[77] 내암은 이 일을 예로 들어 벼슬을 하는 것으로써 학문을 삼은 자로의 견해는 말세일수록 더욱 만연하게 되어 형통하여 벼슬을 하는 자들이 활개를 치고 자신의 절개를 지키며 어렵게 살아가는 고상한 선비는 천시를 받을 것인데, 이런 극한 상황에 이르게 되는 것도 퇴계와 같은 견해에서 연유한다고 지적했다.

내암이 「고항학문변」에서 일관되게 주장하고 있는 논리의 근저를 살펴보자면, 학문을 평가함에 있어 출사와 불출사는 결코 주요한 잣대가 될 수 없다. 이보다 더욱 중요한 평가 기준은 시기의 적절함[時宜]에 따라 중도(中道)를 실천했는가를 따져보아야 한다는 것이다. 따라서 이러한 기준에서 본다면 남명의 학문과 처세를 제대로 규정하기 위해서는 그가 살았던 시대를 어떻게 파악해야 할 것인지를 먼저 이해해야 한다. 그다음 어떠한 삶을 살아간 것이 시의에 합당한 중용의 처신과 실천이었는지를 평가하는 것이 올바른 수순(隨順)이다. 이와 같은 내암

---

77 『論語』, 「先進」. "子路使子羔爲費宰 子曰 賊夫人之子 子路曰 有民人焉 有社稷焉 何必讀書 然後爲學 子曰 是故惡夫佞者"

의 평가 기준과 적용 방식은 남명과 퇴계가 가진 학문 성향 및 출처 행적 등을 첨예하게 대립적으로 분변한 것으로, 한쪽이 중도를 행한 것이라면 다른 한쪽은 중도를 잃게 되는 상반적 관계에 놓이게 된다. 또한 여기에서 한 걸음 더 나아가면, 한국 유학의 도통을 상징하는 문묘에 과연 누가 배향되는 것이 정당한 것인가에 관한 문제가 제기될 수밖에 없다. 내암이 「회퇴변척소」를 통해 회재와 퇴계의 문묘 종사를 극렬하게 반대한 까닭이 일시적인 분노에 의해 충동된 것이 아님을 이러한 논리 속에서 확인할 수 있다.

3. 맺는말

내암과 한강은 1603년 『남명집』을 편찬하는 과정에서 서로 다른 입장을 드러내 보이며 대립할 조짐이 있었다. 그런데 1603년 11월 동강이 별세하자 한강이 지은 만사에 '퇴도의 정맥(正脈)을 종신토록 사모했고 산해의 고풍(高風)을 특별히 흠모했네'[78]라는 말로 퇴계와 남명의 학문을 표현했다. 이것은 이해하는 관점에 따라 퇴계의 학문이 진정한 정맥이며 남명의 학문은 단지 산림에 은거하여 절개를 지킨 고사지풍에 불과하다는 뜻으로 파악될 수 있다.

그리하여 내암은 한강의 이 표현에 관해 「정맥고풍변」이라는 글을

78 鄭逑, 『寒岡集』 卷1, 「挽金東岡(二首)」, "退陶正脉終天慕 山海高風特地欽"

지어 상세히 변석했는데, 제목 아래에 '병오 가을(1606년)'이라고 적어놓아 작성한 시기를 분명히 알 수 있다. 『변무』에는 1611년 찬성을 사직하면서 올린 차자의 제목을 '내암사직차'라 붙이고 그 아래에 '신해'라는 연도를 기록해둔 것 외에는 특별히 작성 시기를 밝혀놓은 것이 없으니, 「정맥고풍변」의 작성 시기가 확실한 것이므로 특기하여 적어놓은 것이라 판단된다. 그렇다면 한강이 1603년 11월 이후 무렵에 지은 만시에 관해 내암은 2~3년이 지난 1606년 가을에 반박하는 글을 지었다는 사실을 확인할 수 있다. 이를 통해 본다면, 내암과 한강의 관계가 1603년부터 갈등의 양상을 가지고 있었지만 뚜렷하게 드러나는 시점은 1606년 무렵이 아닐까 추론된다.

내암은 당시의 학문 풍토가 문예와 암기를 일삼는 과거 시험을 높게 여겨 선비의 학문이라 여기고, 학자들을 명리의 길로 몰아가 그 속에서의 비루한 작태를 싫어하지 않는다고 지적했다. 그리고 출사의 선택을 가벼이 하지 말라고 충고하는 것에 관해 도학의 아름다운 은둔이 아니라고 반박하며, 은거하여 올곧은 삶을 통해 얻는 길(吉)함을 중도(中道)가 아니라고 비난하여, 학자들이 그런 삶을 살아가는 것을 꺼리고 오로지 출사만 지향한다고 보았다. 그래서 학문이 성숙하지 못하고 심안(心眼)이 열리지 않은 자들이 밖으로는 견문이 현혹되고 내면으로는 심지가 어지러워 술 취한 사람처럼 이리저리 넘어지고 거꾸러질 것이라고 우려했다.

그런데 이처럼 당시의 학문 풍토가 조성된 데에는 근본적인 원인이 있는데, 그것은 다름 아니라 문학을 정맥이라고 인식하고 중용을 고풍이라 평가하는 데에서 시작된다고 파악했다. 학자가 노선을 추구하는 데 있어 그 출발점이 어긋난다면 털끝만한 차이가 하늘과 땅만큼 벌어지는 것보다 더 큰 해로움을 입을 것이라 개탄했다.

같은 의미 선상에서 내암은 퇴계의 학문 성향을 문학에 가까운 것으로 파악했다. 내암이 보기에 퇴계는 문예와 암기에 힘써서 과거 시험으로 출세한 인물이며, 도리를 강설하여 저술한 것이 많았지만 출처의 의리를 잃고 사욕을 이겨내고 자신을 수양하는[克己自修] 실질에 있어 매우 흠이 있었으므로, 도학이기 보다는 문학에 가까운 인물로 규정될 수밖에 없었던 것이다. 더욱이 내암은 「회퇴변척소」에서 "문학은 본래 성인의 한 부분입니다. 그런데 근원이 멀어지고 세대가 오래됨에 문학이 크게 그 진실을 잃어서 인심을 함닉시키고 세도를 떨어뜨려 그 해가 홍수보다 심하여 구제할 수가 없게 되었습니다. 이것은 범녕이 왕필의 죄를 꾸짖은 것과 불행히도 근사합니다. 그 해로움이 도리어 노장보다 적지 않으리니 어찌 훗날 근심이 되지 않으리라고 보장하겠습니까?"라고 말하여 시대가 흐름에 따라 공자가 말한 문학의 본래성이 변질된 것에 관해 심각하게 지적했다.

또한 우리나라 유학의 도통에 관해, "우리나라는 기자가 봉해진 이래로 문장(文章)과 절행(節行)의 선비는 본디 세대 간에 서로 바라볼 수 있었지만, 도학을 자기의 임무로 삼고 성현으로써 스스로 기약한 자는 거의 없었다. 본조에 이르러 정암 조 선생과 일두 정 선생 등의 여러 군자가 나와 도학을 창기했다. 그러므로 선비들이 향할 바를 분명히 알게 되었으니, 이는 참으로 우리나라의 다행이다. 우리 남명 조 선생에 이르러 남쪽에서 떨쳐 일어났다. 기묘사화의 참변을 당한 뒤로 사림이 간흉의 재앙을 두려워해 오직 안면을 고치고 머리를 바꾸는 것도 겨를이 없었는데, 유독 선생은 우뚝하게 서서 그만두지도 않고 흔들리지도 않은 것이 추운 겨울날의 송백과 같았다."라고 인식했다. 따라서 내암은 일두 정여창과 정암 조광조로부터 전해진 도학의 맥이 남명에게 이어졌다고 확신했다.

그런데 광해군 2년(1610) 김굉필·정여창·조광조 등의 다음에 이언적과 이황이 함께 문묘에 종사된 일은 내암으로서는 도저히 받아들일 수 없는 사안으로 여겨졌을 것이다. 한훤당·일두·정암으로 이어지는 도학의 맥이 끊어지고 출처와 행실에 흠이 있는 문학의 사람이 유학의 도통을 계승한다는 것은 단지 스승에 관한 변론에서 그칠 문제가 아니라, 후세에까지 계승될 유학 전통의 변질이었기 때문이다. 그러므로 내암이 「회퇴변척소」가 불러일으킬 파장이 얼마나 클 것인지를 충분히 짐작했음에도 불구하고 마침내 올릴 수밖에 없었던 이유가 바로 여기에 있다.

3

주자학적 정학正學 정립과 남명학의 도학적 정통성 규명

1. 여는말

남명의 제자들은 스승이 도학의 정통을 계승했다고 확신했다. 각재 하항은 스승의 학문적 연원을 '품 안의 명월주(明月珠)는 당우(唐虞)로부터 전해진 것[袖中明月 傳自唐虞]'이라는 말로 표현했다.[79] 하항은 명월주라는 단어를 사용하여 남명의 학문은 요순으로부터 전해진 유가의 도통을 계승했다고 밝힌 것이다. 하항의 재전제자인 겸재(謙齋) 하홍도(河弘度, 1593~1666)는 남명을 기리면서 "고인은 떠나셨으나 시냇물은 유덕(遺德)을 흘려보내며, 산은 높고 바람은 유구하다. 이곳에 와서 노닐며 한 해가 저물려 하는데, 눈 위의 달이 솔과 대에 가득 비치네."[80]라고 묘사했다. 주자가 성현의 심법(心法) 전승을 '천년의 마음은 가을달이 차가운 강물에 비치는 듯하네'[81]라는 시구로 표현한 것처럼, 남명 학문의 의미를 달을 통해 은유했다.

앞 장에서 서술했듯이, 이러한 남명학파 학자들의 확신은 『퇴계집』이 판각되어 1600년 5월 세상에 유포된 일을 계기로 심각한 도전을 받게 됐다. 이 일을 계기로 내암 정인홍이 주도하여 『남명집』을 간행하면서 퇴계가 남명을 비판한 내용에 관한 반론을 시작했다. 처음에는 퇴계의 비판을 반박하기 위해 남명의 행적을 중심으로 변호했지만, 시간의 흐름에 따라 남명 학문의 정체성을 해명하여 도학의 정통성을 계승한 점을 밝히고자 했다.

그러므로 이 장에서는 퇴계의 남명 비판과 이것에 관한 내암의 변론

---

79 河沆, 『覺齋集』 卷中, 「南冥曺先生銘」.

80 河弘度, 『謙齋集』 卷1, 「德川路上 次河滄洲憕韻」. "人去川流德 山高風自長 來遊歲將暮 雪月滿松篁"

81 朱熹, 「齋居感興詩」. "恭惟千載心 秋月照寒水"

은 단순하게 학파 간의 대립 양상으로 치부할 수 없는 중요한 학술사적 전환과 연관되어 있다는 문제의식에 기초하여 고찰하고자 한다. 이것을 위해 내암이 남명을 변호하는 양상의 변화 과정을 추적하고, 그런 변화가 나타나게 된 근본 원인을 파악하려 한다. 이런 논거를 바탕으로 17세기 초에 주자학적 정학(正學)이 학문의 주류를 획득해 나가는 상황 속에서 내암이 「정맥고풍변」[82]을 통해 남명학의 도학적 정통성을 어떻게 규명하고 있는지를 살펴볼 것이다.

2. 퇴계의 남명 비판 내용과 그 심각성

내암이 남명의 학문을 변론한 것을 살펴보기 전에, 퇴계가 남명을 어떻게 비평했는지를 검토할 필요가 있다. 『퇴계집』에 수록된 남명에 관한 평가를 시기에 따라 고증해 본다면, 1553년 남명에게 보낸 편지가 가장 이른 시기의 자료이다. 이 편지에서 퇴계는 “멀리서 높은 절의를 듣고 절로 흠모하여 나약함을 일으켜 세웠습니다.”[83]라고 표현했다.

---

82 「正脈高風辨」은 『辨誣』라는 책에 실려 있는 글이다. 현재까지 『辨誣』에 관한 연구 성과는 아래와 같다.
이상필, 「河世應 宗家 所藏 『辨誣』의 內容과 그 意義」, 『嶺南學』 제26집, 경북대학교 영남문화연구원, 2014.
전병철, 「『辨誣』에 담긴 鄭仁弘의 南冥學 辯護와 그 의미」, 『南冥學報』 제11권, 남명학회, 2012.
또한 『筆禍에 담긴 유교적 비판정신-정직과 충후의 딜레마』(박병련, 한국학중앙연구원출판부, 2017) 제2장에서 「正脈高風辨」을 대상으로 심도 깊은 분석을 했다.

83 李滉, 『退溪集』 卷10, 「與曹楗仲植○癸丑」. “逖聞高義 嚮風起懦 不自禁也”

남명도 답장에서 "하늘에 북두성이 있는 것처럼 늘 경모했으며, 오래도록 책 속의 인물처럼 세상에 드물어 만나기 어려웠습니다."[84]라고 말했다. 이런 말들이 상투적인 표현이 아니라 진심을 담은 것이라고 이해한다면, 만난 적은 없었지만 서로 존경하는 마음을 가지고 있었다고 보인다.

서로 이런 마음을 가지고 있었더라도 직접적인 친분이 없는 이에게 편지를 보내기가 쉽지 않았을 터인데, 퇴계가 먼저 남명에게 편지를 보냈다. 편지의 내용에 근거한다면, 남명이 유일로 천거를 받아 6품직을 제수받았는데, 무엇 때문에 출사하지 않는가를 묻기 위해서라고 이해할 수 있다.

퇴계는 남명과 친분이 두터운 사람 중에 당시 함께 천거를 받은 청송(聽松) 성수침(成守琛, 1493~1564)은 토산현감(兔山縣監)으로, 이희안은 고령현감(高靈縣監)으로 부임했다고 언급한 후, 남명이 출사하지 않는 이유에 관해 두 가지 측면에서 물었다. 하나는 남들이 알아주지 않기 때문이라고 한다면, 유일로 천거를 받아 6품직에 제수되었으니 특별한 우대라고 할 수 있지 않느냐? 다른 하나는 출사할 시기가 아니라고 한다면, 성스러운 임금이 어진 이를 목마르게 기다리고 있으니 때가 아니라고 말할 수도 없지 않느냐? 그런 뒤에 이 점이 남명의 처신에 관해 석연히 이해할 수 없는 까닭이라고 밝혔다.

남명은 참으로 답변하기 어려운 질문을 받았다. 표면적으로는 출사를 물었지만, 그 이면에는 학문의 정체성을 알고 싶다는 뜻이 담겨 있었다고 보인다. 만약 유학을 추구하는 학자라고 한다면, 왜 군신지의(君臣之義)를 실천하지 않느냐고 반문할 것이다. 출사할 시기가 아니라

---

84 曺植, 『南冥集』 卷2, 「答退溪書」. "平生景仰 有同星斗于天 曠世難逢 長似卷中人"

고 한다면, 당시 임금인 명종을 못마땅하게 여기는 것으로 비친다.

결국 남명은 출사하지 않는 이유를 상세히 설명하기보다 발운산(撥雲散)으로 자신의 눈을 밝게 열어달라고 비유함으로써 질문의 테두리를 훌쩍 뛰어넘었다. 퇴계는 답장을 받고서 자기도 당귀(當歸)를 구할 수 없는데 어떻게 발운산을 구할 길이 있겠느냐고 비유를 통해 심경을 드러냈다. 그리고 남명은 북쪽으로 올 뜻이 없지만 자신은 조만간 남쪽 지역으로 반드시 내려갈 것인데, 날짜를 정확하게 지정할 수는 없다고 말했다.

다시 처음의 질문을 던져본다. 퇴계는 무슨 까닭으로 남명에게 먼저 편지를 보냈을까? 평소에 아무런 친분도 없는 사람에게 편지를 보내는 일은 보통의 사람도 쉽지 않을 것인데, 처신에 매우 신중한 퇴계가 왜 이렇게 했을까? 당시 퇴계의 직분에서 해답의 실마리를 찾을 수 있지 않을까?

1553년 4월에 퇴계는 성균관 대사성(大司成)을 맡게 되었다. 대사성은 사장(師長)의 역할을 담당하는 직책이므로, 성균관뿐만 아니라 당시 사풍(士風)에 관해서도 책임을 가진다고 볼 수 있다. 퇴계는 대사성으로서 당시 사풍과 관련해 남명의 학문 성향과 출처관을 물은 것이다. 이 질문에 관해 남명은 1545년 을사사화가 일어난 지 8년밖에 지나지 않았으며, 여전히 윤원형이 막강한 세력을 부리고 있으므로, 출사할 어떤 명분도 가질 수 없는 자신에게 발운산을 통해 눈을 밝게 열어달라고 되물은 것이라고 추론해 볼 수 있다.

퇴계가 남명의 학문과 출처관에 관해 의심을 가지지 않았다면 이런 편지를 보내지 않았을 것이다. 『퇴계언행록』에 의하면, 1553년 7월에 홍인우(洪仁祐)가 퇴계를 찾아뵈었더니 남명의 답장을 보여주었다고 한다. 홍인우가 “이 사람을 여러 해 동안 흠모한 까닭은 학문이 성취되고 덕이 이루어졌다고 생각했기 때문입니다. 지금 이 글을 보니, 기분대로 말하는 병통이 있는 듯합니다.”라고 말하자, 퇴계가 “그렇다. 그를 꿋꿋하고 고상한 사람이라고 일컫는 이들이 많지만, 학문상에서 그렇게 공부를 한 것이 아니기 때문에, 진보하여 일을 성취한 것이 없다.”[85]라고 대답하여 남명의 학문적 성취를 인정하지 않았다.

다시 『퇴계언행록』을 살펴보자면, 1555년 남명이 단성현감(丹城縣監)을 사직하면서 올린 「을묘사직소(乙卯辭職疏)」에 관해 “남명은 이학(理學)으로써 자부하고 있지만, 다만 기이한 선비[奇士]일 뿐이다. 그의 의론과 식견이 항상 신기한 것을 높게 여겨 세상을 놀라게 하는 주장에 힘쓰니, 이 사람이 어찌 진실로 도리를 아는 사람이겠는가?”[86]라고 비평했다.

그런데 『퇴계집』에 실려 있는 내용 가운데 남명에 관한 가장 혹독한 비평은 ‘노장(老莊)에 병이 들었다’는 말이다. 퇴계는 1558년 황준량에게 보내는 편지에서 대곡 성운과 남명에 관해, “그들은 노장에 병이 들었기 때문에 유학을 공부한 것이 당연히 깊지 못하니, 의리(義理)에 투철하지 못한 점을 괴이하게 여길 필요가 없고 그 장점만 취하면 된다.”[87]고 말했다. 이 무렵 퇴계는 대곡과 남명을 은자(隱者)나 고사(高士)로 평가하는 데에 그치지 않고 ‘노장을 추구하는 무리’로 규정하고 있

---

85 李守淵 編, 『退溪先生言行錄』 卷5. “癸丑七月 往拜先生 先生以曺楗仲答書示余 余曰 此人歆慕有年 以爲學就德成 今看此文字 恐不免有氣上語 先生曰 然 人多謂狷介高尙底人 非學文上恁地做工夫 故無進就事業”

86 李守淵 編, 『退溪先生言行錄』 卷5. “南冥雖以理學自負 然直是奇士 其議論識見 每以新奇爲高 務爲驚世之論 是豈眞知道理者哉”

87 李滉, 『退溪集』 卷19, 「答黃仲擧(戊午)」. “成健叔淸隱之致 令人起敬 可惜時人不甚知其高耳 然知不知 何關於隱者事 惟公屢過其門 所得想多也 其所論曺楗仲之爲人 亦正中其實矣 其於義理未透 此等人多是老莊爲崇 用工於吾學 例不深邃 何怪其未透耶 要當取所長耳”

었다.

남명에 관해 이런 관점에서 바라보고 있었으므로, 1558년 남명이 지은 지리산 유람록을 읽은 후 "어떤 사람은 그가 기이한 것을 숭상하고 괴이한 것을 좋아하여 중도(中道)를 요구하기 어렵다고 의심하는 자가 있다. 아, 예로부터 산림의 선비는 대개 이런 경우가 많았다. 이와 같지 않다면 남명이 될 수 없었을 것이다. 가령 그의 풍모와 성향[節拍氣味]은 어디에서 유래했는지 약간 알 수 없는 점이 있으니, 이것은 후세 사람 중에 반드시 분변할 수 있는 이가 있을 것이다."[88]라고 평가하여 남명의 학문적 정체성이 의심스럽다고 지적한 후 후학들에게 의문을 제시했다.

구암(龜巖) 이정(李楨, 1512~1571)은 1560년에 자신으로 인해 부친 이담(李湛)이 가선대부(嘉善大夫) 호조참판(戶曹參判) 겸 동지의금부사(同知義禁府事)로 추증되자 신도비명(神道碑銘)을 세우려 했는데, 남명에게는 글을 부탁했고 퇴계에게는 글씨를 요청했다. 퇴계는 구암의 청탁을 수락했기 때문에 남명이 지은 신도비명을 읽게 되었으며, 많은 부분에서 문제점을 제기했다. 그 핵심은 남명의 작문법이 법식을 따르지 않는다는 점이었다.

퇴계는 이정에게 보내는 편지에서 남명의 작문법을 학문 성향과 연관 지어 "지금 남쪽 지역의 고사로서 오직 이 한 사람을 꼽습니다. 그러나 예로부터 고상한 선비는 언제나 기이한 것을 좋아하고 자기 생각대로 하는 경우가 많았습니다. 기이한 것을 좋아하면 법칙을 따르지 않고 자기 생각대로 하면 남의 말을 듣지 않습니다. 그가 저의 견해를

---

88 李滉, 『退溪集』 卷43, 「書曹南冥遊頭流錄後」. "或以其尙奇好異 難要以中道爲疑者 噫 自古山林之士 類多如此 不如此 不足以爲南冥矣 若其節拍氣味所從來 有些子不可知處 斯則後之人必有能辨之者"

듣는다면 꾸짖고 비웃으면서 속되고 진부한 법식이므로 취할 만하지 않다고 여기지 않을까요?"[89]라고 비판하는 논조로 말했다.

황준량에게 보내는 편지에선 남명 수양론의 핵심을 담고 있는「신명사도명」에 관해 "그의 학설이 넓고도 아득하여 노장의 서적에서도 본 적이 없습니다. 제가 공부한 적이 없으니, 어찌 감히 논의하겠습니까? 그의 사람됨은 본래 평범하지 않으며, 그의 학문도 배우기 어렵습니다."[90]라고 평가해 노장에 깊이 근원한 것이라고 보았다.

퇴계가 남명의 학문을 노장에 병들었다고 평가한 것에 관해 개암(開巖) 김우굉(金宇宏, 1524~1590)이 강한 논조로 의문을 제기했다. 그는 퇴계가 황준량에게 보낸 편지를 얻어 본 후 크게 놀라 아래의 편지를 보냈다.

> 남명 선생은 우도(右道)에서, 선생은 좌도(左道)에서, 해와 달 같은 분으로 모두 유학을 흥기하는 일을 자기의 소임으로 삼고 있으니, 선비의 습속이 한번 변하여 도에 이를 수 있게 되었습니다. 이것은 마치 저마다 강에서 물을 마셔 양껏 배를 채우는 것과 같으니, 자잘한 소인이라도 말이 신실하고 행실이 과감합니다. 조 선생은 더욱 하학(下學)을 위주로 삼아 "학문을 하는 것은 어버이를 섬기고 형을 따르는 일에서 벗어나지 않는다. 만약 이 일에 힘쓰지 않는다면 인사(人事)에서 천리를 구하는 것이 아니어서 끝내 터득하는 바가 없을 것이다."라고 말씀하여 한 마디도 허무(虛無)에 가까운 점이 없으셨습니다. 그런데 지금 "노장에 병이 들었다.",

---

89 李滉,『退溪集』卷21,「答李剛而」. "當今南州高士 獨數此一人 但念自古高尙之士 例多好奇自用 好奇則不遵常軌 自用則不聽人言 其見鄙說 得無誚嗤之以爲俗末陳腐之法 不足以采用耶"

90 李滉,『退溪集』卷20,「答黃仲擧」. "雞伏堂銘 深荷錄示 但其說曠蕩玄邈 雖於老莊書中 亦所未見 旣未嘗學 焉敢議及 其人固非尋常 而其學又難學也"

"학문이 깊지 못하다." 등으로 말씀하셨습니다. 저는 학문을 하는 것은 윤리와 일상에서 벗어나지 않으며, 마음을 보존하고 자신을 성찰하는 일은 그런 일들 속에서 익힌 뒤에야 참되게 터득할 수 있다고 생각합니다. 감히 여쭙건대 우리 학문이 이밖에 어디에 있겠습니까? 지금 선생께서 거리낌 없이 비난하고 배척하여 이단에까지 비유하시니, 선생의 큰 도량에 손상이 있을 듯합니다. 가르쳐주어 심한 의혹을 풀어주시길 원합니다.[91]

이 편지는 김우굉의 문집에 수록되지 않았다. 1772년에 『개암집(開巖集)』이 간행되었으므로, 당시 경상우도의 학자들이 남인화(南人化)하거나 노론화(老論化)된 상황에서 물의를 일으킬 만한 내용의 편지를 수록하기 어려웠을 것이다. 대신 성호(星湖) 이익(李瀷, 1681~1763)의 『성호사설(星湖僿說)』에 수록되어 이 내용을 알 수 있다.

이 편지에 관한 답장이 『퇴계집』에 실려 있는데, 연도가 병인년(丙寅年, 1566)으로 적혀 있다. 퇴계가 황준량에게 1558년에 편지를 보냈는데, 그때로부터 8년이 지난 1566년에 김우굉이 편지를 얻어 보고 의혹을 제기한 것일까? 『퇴계집』을 편찬할 때 연도를 잘못 기입한 것일까? 아니면 1566년에 다시 그 문제가 불거지는 사건이 있었던 것일까? 김우굉이 의혹을 제기할 당시에 다른 동문과 함께 이 문제를 논의했을 가능성이 충분한데, 남명의 제자 중에 이 문제를 제기한 다른 사람은 없었을까?

현재로선 이러한 의문점을 분명하게 이해할 수 있는 자료가 없으므

---

91 李瀷, 『星湖僿說』 卷9, 人事門, '退溪南冥'. "南冥先生之於右道 先生之於左道 如日月然 皆以興起斯文爲己任 士習一變 可以至道 如飮河充腹 雖硜硜小人 言行信果 曹先生則尤以下學爲主曰爲學不出事親從兄 若不務此 是不於人事上求天理 終無所得 無一言近於虛無 今乃曰老莊爲祟 學不深邃 小子妄以爲學問不出人倫日用間 存心省察 習於其事 然後爲實得 敢問吾學此外安在 今先生肆然詆斥 至比於異端 恐有損於先生大度 願賜開釋 以解滋甚之惑"

로, 차후에 해결할 문제로 남겨둘 수밖에 없다. 다만 이 일이 심각한 논란으로 번지지 않은 까닭은 퇴계의 답변에서 찾을 수 있을 것 같다. 퇴계는 답장에서 유언비어로 일축했다. 퇴계는 "평생을 살아오면서 함부로 상대방을 억누르고 자신을 내세우거나 세상을 업신여기고 남을 가소롭게 보는 마음을 가지지 않았는데, 더욱이 성현의 말씀을 끌어대어 스스로 잘난 척하면서 남을 배척할 수 있겠습니까? 다른 사람에게도 그렇지 못할 것인데 하물며 조남명을 배척하겠습니까? 요사이 이런 말이 없었는데, 그대의 고명한 의리로 어찌 없는 말을 만들어 남에게 알릴 리가 있겠습니까?"[92]라고 말하여 전혀 근거 없는 사실이라고 해명했다.

하지만 퇴계 사후에 문집이 간행되자, 이 편지뿐만 아니라 여러 기록에서 남명의 처신과 학문을 비판한 내용이 세상에 공개되었다. 후세 학자인 이익은 퇴계가 남명을 긍정하지 않은 언급이 적지 않은데 남명은 한 구절도 퇴계를 비판한 말이 없으니, 퇴계만 덕이 순수하여 흠이 없을 뿐만 아니라 남명도 조금의 시기나 혐오가 없어 모범으로 삼을 만하다[93]고 칭송하는 관점에서 이 일의 전말을 정리했다. 하지만 퇴계가 황준량과 김우굉에게 말한 내용이 서로 다르다는 점에 관해서는 거론하지 않았다.

왜 그럴까 생각해본다면, 『성호사설』에는 퇴계가 김우굉에게 "나는 모(某)에 관해 매우 앙모하는데 어찌 감히 거리낌 없이 비난하고 배척

---

92 李滉, 『退溪集』 卷21, 「答金敬夫(宇宏○丙寅)」. "至如所云飛語者 此何等不關事 而必如是費氣力分踈爲耶 凡人敢向人作傲慢語 雖曰凶德 必有所挾恃 然後乃爾 若如滉者 空踈薄劣 最出擧世人人下 他無所知 而自知則甚明 故平生 未敢懷抑彼揚己傲世凌人底心 況可攘聖語以自抗 而敢麾斥他人耶 在他人猶不敢 況斥曹南冥耶 此間旣無此語 以左右之高義 又豈有造言語以告人之理"

93 李瀷, 『星湖僿說』 卷9, 人事門, '退溪南冥'. "退溪斬許南冥 不止一言 而南冥無一句及退溪 不但退溪純德無瑕 亦可見南冥之無一點猜嫌 可以爲法"

하겠습니까? 다만 입에 넘치는 예찬을 잘하지 못하므로 하유(下帷)의 평가와 미순(未醇)의 논평이 있었을 뿐입니다."라고 답한 내용이 적혀 있다. 이 내용대로라면, 퇴계가 남명을 "노장에 병이 들었다."라고 지적한 것은 평소에 그의 학문이 순정하지 못하다고 생각했기 때문이라는 입장을 밝힌 것이다. 하지만 『퇴계집』에 근거하면, 퇴계의 이 답변은 김우굉에게 한 것이 아니라 황준량에게 보낸 편지 내용이다. 또한 동중서(董仲舒)가 장막을 내리고 깊숙이 들어앉아 글만 읽고 세상일에 신경을 쓰지 않는 것을 가리키는 '하유(下帷)'는 화담(花潭) 서경덕(徐敬德, 1489~1546)을 평가한 말이며, 학문이 순정하지 못하다는 뜻인 '미순(未醇)'은 남명을 지적한 표현이다.

심재(深齋) 조긍섭(曺兢燮, 1873~1933)도 퇴계가 유언비어로 해명한 것에 관해 의문을 품었다. 그는 이 의문의 해답을 편지 작성의 시기에서 찾았다. 황준량에게는 1558년에 편지를 보냈으며, 김우굉에게는 1566년에 답장을 썼으므로, 그사이 상당한 시간이 있었다는 점에 주목한 것이다. 처음에는 퇴계가 남명이 사용한 문자와 처신하는 태도를 보고서 노장에 병이 들었다고 판단했지만, 나중에 남명의 참된 면모를 알고 난 후에는 자신이 유언비어에 동요되었음을 깨닫게 되었기 때문이라고 조긍섭은 추론했다.

이러한 해명은 조긍섭이 남명과 퇴계를 모두 존숭하려는 마음에서 나온 것이라고 이해할 수 있다. 하지만 『퇴계집』에 의거한다면 만년에도 퇴계가 남명에 관한 비판적 관점을 그대로 가지고 있었다는 사실을 확인할 수 있다. 1568년 진주옥사(晉州獄事)[94]로 인해 남명과 이정이 절교하는 지경에 이르렀을 때, 퇴계는 이정에게 "조군(曺君)은 세상에 뛰어나 높은 명망이 있으니, 그의 사람됨이 반드시 세상 밖에 우뚝 서 있고 자연 속에서 깨끗함을 지녀 천하 만물이 그의 마음을 얽맬 수가 없다고 생각했습니다. 고을의 한 부녀자가 잘못한 행실 여부는 하찮은 속세의 더러운 일일 뿐입니다. 이 사람에게 이런 일을 말하게 하더라도 귀를 씻고 듣지 않는 것이 마땅할 터인데, 그것을 위해 스스로 높은 절의를 손상시켜 남과 함께 시비를 다투고 여러 해에 걸쳐 심기(心機)를 소진하고도 그칠 줄을 모르니, 참으로 이해하지 못하겠습니다."[95]라고 남명을 비판했다. 이 편지를 작성한 때가 1570년이니, 퇴계가 별세한 그 해이다.

퇴계는 이 일이 남명과 아무런 상관도 없는 것인데 이처럼 집요하게 문제 삼은 까닭에 관해, 너무 지나치게 세상에 관해 분개하고 그릇된 일을 미워하기 때문이라고 이해한 듯하다. 하지만 하종악의 전처는 남명의 형의 딸이었으므로, 하종악은 남명의 조카 남편이다. 그리고 자신의 조카가 죽은 뒤에 후처로 들어온 함안이씨(咸安李氏)가 종과 음행이 있다는 소문이 있었는데, 하종악은 이미 죽었으므로 남명이 이 일

---

94 진주옥사가 일어난 원인을 설명하면 다음과 같다. 남명의 형 조립(曺粒)의 딸이 하종악의 전처이며, 하종악의 서매(庶妹)는 이정의 첩이었다. 당시 경상도 관찰사인 박계현(朴啓賢)이 이정과 만나 이야기를 나누던 중에, 이정이 황강(黃江) 이희안(李希顔)의 후실(後室)이 음행을 저지른다는 소문이 있으므로 잡아다가 죄를 다스려야 한다고 말했다. 이 일이 있었던 때가 1568년이므로, 이희안은 죽은 지 이미 10년이나 되었다. 박계현은 김해부사 양희(梁喜)에게 명하여 이희안의 후실을 잡아오게 했는데, 양희는 사위 정인홍(鄭仁弘)이 황강의 집이 있는 합천에 거주하고 있었으므로 먼저 이 일을 알아보도록 말했다. 그러자 정인홍은 어릴 적부터 합천에 함께 살며 남명과 절친하게 지내던 이희안과 관련된 일이었으므로, 남명에게 먼저 고했다. 남명은 이정이 인척 관계에 있는 하종악의 후처 함안이씨의 음행에 관해서는 비호하면서 단지 소문에 의거해 이희안의 후실을 치죄하려는 것은 매우 부당하다고 판단했다. 그리하여 하종악의 후처와 음행을 저지른 노비를 구속하여 심문하게 함으로써 옥사가 발단되었다.

95 李滉, 『退溪集』 卷22, 「答李剛而(庚午)」. "曹君有高世重名 意謂其人必亭亭物表 皎皎霞外 天下萬物 無足以攖其心者 彼鄕里一婦失行與否 是何等一塵穢事 使斯人而遇說此事 宜若洗耳而不聞 乃爲之自貶損高節 與人爭是非 費盡心機 至於積年 而猶不知止 誠所未曉"

을 도외시할 수 있는 입장이 아니었다.

퇴계뿐만 아니라 이익도 남명과 하종악의 인척 관계를 알지 못했을까? 이익 역시 "남명은 악을 미워하는 것이 지나쳐서 음부(淫婦)의 집을 헐어버리는 지경에까지 이르렀으니, 음부가 가증스럽지만 집을 헐어버리는 일은 자기 책임이 아니라는 점을 매우 깨닫지 못한 것이다."[96]라고 비판했다.

3. 「정맥고풍변(正脈高風辨)」을 통한 남명학의 도학적 정통성 규명

한강 정구는 1603년 11월에 동강 김우옹이 죽자 그를 애도하는 만사(挽詞)에서 '퇴도(退陶)의 정맥(正脈)을 종신토록 사모했고 산해의 고풍(高風)을 특별히 흠모했네'[97]라고 학문 연원을 서술했다. 퇴계에게는 정학(正學)의 학맥을 계승했고 남명으로부터는 높은 풍모를 배웠다고 표현한 것이다. 그런데 내암은 이 표현을 수용할 수 없었다. 한강의 이 표현은 '퇴계를 지나치게 선양하고 남명을 한쪽으로 치우쳐 축소했다.'고 보았기 때문이다. 그리하여 1606년 가을에 「정맥고풍변」을 지어 한강의 만사에 관해 변론했다.

『변무』에 실려 있는 「답인문(答人問)」은 내암이 1611년에 올린 「회퇴

---

96 李瀷, 『星湖僿說』 卷9, 人事門, '退溪南冥'. "南冥惡惡之過 而至於毁撤淫婦家 淫婦雖可惡 殊不覺毁撤非己任也"

97 鄭逑, 『寒岡集』 卷1, 「挽金東岡(二首)」. "退陶正脉終天慕 山海高風特地欽"

변척소」로 인해 극심한 반발을 겪고 있을 무렵에 지은 것으로 추정된다. 그 글에 "그는 늙은 나와 서로 알고 지낸 친분이 있었지만, 근래의 처신에 피하여 만나지 않으려는 자취가 뚜렷하게 있어 보잘것없는 나의 이해(利害)와 사생(死生)에 관해 유의하지 않는다. 늙은 내가 괴로워하며 자신을 헤아리지 못하고 선사께서 무함을 입은 것에 관해 변론하려다가 온 나라 사람이 나를 죽이는 것이 옳다고 요청하는 소요를 야기시켰다. 그가 저들과 더불어 일을 같이 하면서 남들보다 심한 것이 있으니, 그 실정이 천 갈래로 찢어 죽이더라도 구해주지 않는 심함에 가깝지 않겠는가?"[98]라고 한 것으로 보아 이 시점에 이르러서는 더 이상 화해할 수 없는 지경에 이르렀음을 확인할 수 있다.

이 절에서는 내암이 「정맥고풍변」을 통해 한강이 퇴계와 남명의 학문을 규정한 것에 관해 어떻게 반박하고 해명하는지를 차례대로 살펴보기로 한다.

> 어떤 손님이 동강의 장례식으로 와서 말하길, "한강이 만사를 지었는데 '퇴도의 바른 학맥과 산해의 높은 풍모[退陶正脈 山海高風]'라 했습니다. 그러한 제목이 모두 실질에 부합하여 과연 사람들의 마음에 흡족하고 장차 지금과 후세에 의론이 없겠습니까?"라고 말했다. 답하길 "그가 단지 자신의 견해에 의거하여 퇴계를 지나치게 선양하고 선생을 치우쳐 축소했으니, 다른 사람들이 어찌 그와 더불어 동의한 적이 있었겠습니까?"라고 했다. 이미 그 말로써 손님에게 대답하고 인하여 그것을 위해 설을 짓는다.

---

98 『辨誣』, 「答人問」. "渠與老物 雖有面目之分 近年行止 顯有相避不見之跡 固不以無狀之利害生死爲意 老物苦不自料 欲辨先師之被誣 惹取國人可殺之請 渠與彼同事 而有甚於人 其情不幾於斬作千段 亦不救之甚乎"

> 대개 문사(文詞)란 바람·구름·달·이슬 등이 일어나는 것과 같으니, 글을 지을 때 허실(虛實)에 실수를 하더라도 본디 근심할 것이 못된다. 그럼에도 불구하고 이와 같은 문자에 있어서는 어찌 감히 경솔하게 짓겠는가? 그의 생각으로 퇴계는 도리를 강설하여 저술한 것이 많으며 전적으로 나아가지도 않고 전적으로 물러나지도 않아 중용에 가까웠으며, 선생은 남과 더불어 강론한 것이 적고 또 문자를 숭상하지 않았으며 그칠 곳에 머물러 한결같고 올곧아 높다[高]는 의심을 받았다고 생각했기 때문이다. 그러나 크게 그렇지 않다.[99]

어떤 사람이 동강의 장례식에서 돌아오는 길에 내암에게 들러 한강이 만사에서 '퇴도의 바른 학맥과 산해의 높은 풍모[退陶正脈 山海高風]'라 표현한 것이 과연 실질에 부합하여 사람들의 마음에 흡족하며 지금이나 후세에 다른 의론이 없겠느냐는 질문을 했다. 그러자 내암은 한강이 스스로 자신의 견해에 따라 퇴계를 지나치게 높이고 남명을 한쪽으로 치우쳐 축소시킨 것이지 다른 사람들이 한강의 견해에 동의한 적이 없었다고 대답했다. 그 뒤 그것에 관해 변론하는 글을 지었는데, 내암은 한강이 이런 표현을 한 까닭이 퇴계는 도리를 강설하여 저술한 것이 많으며 벼슬에 전적으로 나아가지도 않고 전적으로 물러나지도 않은 출사의 태도가 중용에 가깝다고 여겼기 때문이며, 남명은 남과 강론한 것이 적고 문자를 숭상하지 않았으며 평생 벼슬에 나아가지 않고 산림에 은거하여 지나치게 고상함을 추구한다는 의심을 받았기

---

99 『辨誣』, 「正脈高風辨」. "有客自東岡葬會來言 寒岡作挽詞曰 退陶正脈山海高風云云 其等題目皆着實 果厭於人心 而將無議於今與後世耶 答曰 渠直据自家所見 過揚了退溪 偏小了先生 他人曷嘗與之同耶 旣以應客 因爲之說 凡爲文詞 如風雲月露之作 下語雖失於虛實 固不足恤也 至於似此文字 何敢率爾爲也 其意以爲退溪講說道理 多有着述 不全進 不全退 近於中 先生少與人講論 又不尙文字 艮止而永貞 疑於高故也 然大不然"

때문이라고 판단했다.

이것은 퇴계와 남명이 견지한 서로 다른 학문 성향과 출사 태도를 핵심적으로 드러낸 것으로, 이러한 면모를 어떻게 이해하느냐에 따라 극명하게 다른 평가가 도출될 수 있다. 내암은 한강이 이러한 측면에 근거하여 퇴계를 정맥이라 표현하고 남명을 고풍이라 일컬은 것이라고 문제점을 짚었다.

이어서 자신이 생각하는 정맥에 합당한 인물의 수준을 제시하고 퇴계가 이런 평가 기준에 적합한지를 반문했다.

> 이른바 정맥이란 내면에서는 마음의 미세한 움직임, 외면에서는 행위로 나타나 드러남이, 고요할 적에는 전일하고 움직일 때는 올곧아 조용한 가운데 본체가 항상 보존되어 잠깐의 어긋남도 없다. 응접할 즈음에는 천리가 유행하여 조금의 사욕도 없다. 논설하는 바가 진정 자신의 것이 아님이 없어 한 마디의 거짓도 없으니, 우러러보아도 부끄럽지 않고 굽어보아도 부끄럽지 않으며, 귀신에게 질정하여도 의심이 없으며, 천지와 함께 유사하여 어긋나지 않는다. 퇴계가 과연 이와 같은 경지에 깊이 나아갈 수 있었는지 아직 모르겠거니와, 만약 혹 털끝만치도 미진한 것이 있는데 갑자기 정맥으로 귀결시킨다면 자기가 좋아하는 사람에게 아부하는 것이 아니라면 곧 참람한 자로서 사람 축에도 끼이지 못하는 자이다.
>
> 고인이 '인욕의 극진함에 관해 논한다면'라고 말하지 않았는가? 시험삼아 그의 극진한 곳을 논해본다면, 일찍이 그의 문인이 기록한 것을 보니, 지난 병오년과 정미년 사이에 간흉(奸凶)이 국정을 담당하여 명류(名流)를 무참히 죽이고 왕자(王子)를 모함하여 죽였다고 한다. 퇴계는 당시 옥당(玉堂)에 있으면서 이에 관해 견해를 말하지 않았고, 봉성군(鳳城君)을 죽이기

를 청하는 차자(箚子)를 올렸다. 또 듣건대 집에 있을 때 관창(官娼)을 사랑하여 짝으로 삼고 그녀로 하여금 종신토록 식사를 주관하게 했다고 한다. 정자(程子)의 문하에서 살펴본다면 충의(忠義)는 동평(東平)에게 부끄럽고 잘못된 행실은 공숙(恭叔)과 같으니, 신하가 임금을 섬기는 도리를 어겼으며 선사(先師)가 엄정(嚴正)하라고 경계한 것을 범했으니, 성현의 규모와 비교하자면 오히려 유사하지 않도다.

하물며 퇴계는 일찍이 회재를 추천하여 한훤당(寒暄堂)과 일두(一蠹)의 오른편에 종사(從祀)되게 하고 더 이상 옥강(玉剛)의 어미에 관한 일은 유의하지 않았으니, 무엇 때문인가? 소절(小節)이므로 의에 해가 되지 않는다고 생각한 것인가? 진실로 소절이라서 의에 해가 되지 않는다면 정숙자(程叔子)가 공숙(恭叔)을 책망한 일은 각박한 데에 지나쳐 덕을 손상시킨 것인가? 성현은 이미 대덕(大德)이 있었지만 사소한 행실일지라도 용납하지 않고 불쌍히 여기지 않았는데, 하물며 사소한 행실이 아님에 있어서랴! 그렇다면 퇴계는 자신의 사욕을 이겨내고 스스로 수양하는 실질에 있어 매우 흠이 있었다. 정맥의 칭호에 관해 지하에서 알게 된다면 근심스레 마음을 진정할 수 없지 않겠는가? 어리석고 천박한 나의 견해로서는 '만약 퇴계를 선량한 학문의 사람이라고 한다면 옳겠지만, 정맥으로 인정한다면 문란하여 크게 실정에서 벗어난 데에 걸리지 않겠는가?'라고 생각한다. 또 퇴계를 덕으로써 사랑하는 것이 아닐 것이로다. 문왕은 지극한 덕을 가졌음에도 불구하고 주자(朱子)가 오히려 천하를 이분(二分)한 것이 있었다는 것으로써 의심을 삼았거늘, 하물며 퇴계가 후인의 극진한 말을 벗어날 수 있겠는가?[100]

내암은 정맥이란, "내면에서는 마음의 미세한 움직임, 외면에서는 행위로 나타나 드러남이, 고요할 적에는 전일하고 움직일 때는 올곧아 조용한 가운데 본체가 항상 보존되어 잠깐의 어긋남도 없다. 응접할 즈음에는 천리가 유행하여 조금의 사욕도 없다. 논설하는 바가 진정 자신의 것이 아님이 없어 한 마디의 거짓도 없으니, 우러러보아도 부끄럽지 않고 굽어보아도 부끄럽지 않으며, 귀신에게 질정하여도 의심이 없으며, 천지와 함께 유사하여 어긋나지 않는다."라고 정의했다.

내암은 이런 정도의 인물이어야 정맥이라고 호칭할 수 있는데, 퇴계가 과연 이와 같은 지극한 경지에까지 나아갔었는지 의문스럽다고 했다. 만약 조금의 미진한 점이 있는데도 가벼이 정맥으로 지칭하는 것은 좋아하는 사람에게 아부하는 것이 아니라면 참람한 자로서 사람 축에도 끼지 못하는 자라고 격렬하게 질책했다.

그런 뒤 퇴계가 정맥의 수준에까지 나아가지 못했다는 증거로 두 가지를 제시했다. 하나는 병오년(1546)과 정미년(1547) 사이에 윤원형(尹元衡)이 국정을 담당하여 사림을 무참히 죽이고 봉성군 이완(李岏)을 사사(賜死)할 당시, 퇴계는 홍문관(弘文館) 부응교(副應教)로 있으면서 이에

---

100 『辨誣』, 「正脈高風辨」. "夫所謂正脈者 內而一心之微 外而事爲之著 靜專而動直 寂然之中 本體常存 無食息之違間 應接之際 天理流行 無毫髮之私欲 其所論說 無非自家物事 而無一言之虛僞 仰不愧 俯不怍 質諸鬼神而無疑 與天地相似而不違 然後方可與於聖賢之正脈也 未知退溪 果能深造乎此地位否乎 如或有絲毫未至者 遽以正脈歸之 非阿其所好 卽儗人不倫者也 古人不云乎論人欲盡 試論其盡處 則嘗見其門人所記 往在丙午丁未年間 奸兇當國 魚肉名流 陷殺王子 退溪方在玉堂 不爲異同 上請殺鳳城君箚字 又聞在家愛官娼爲偶 使之終身主饋 考諸程子之門 忠義愧於東平 疵行同於恭叔 虧臣子事君之道 犯先師嚴正之戒 視聖賢規模 不亦相似乎 況退溪嘗推晦齋 躋之寒暄一蠹之右 不復以玉剛母事爲意 何哉 以爲小節而不害於義耶 誠以小節而不害於義 程叔子之責恭叔 過於刻而傷於德乎 聖賢旣有大德 細行不容不矜 況非細行乎 然則退溪克己自修之實 頗有欠缺 其於正脈之稱 泉下有知 能不慼然無以爲心乎 愚淺之見 以爲若以退溪爲善良學問之人則可 許以正脈 則無乃涉於胡亂 而大過情 又非所以愛退溪以德乎 夫以文王之至德 朱子尙以有二分天下爲疑 況退溪其能免後人之盡言耶"

관해 아무런 견해를 밝히지 않았을 뿐만 아니라 '은혜를 베푸는 마음을 끊고 법도를 바르게 할 것[割恩正法]'을 명분으로 양사(兩司)를 중심으로 제기된 봉성군 사사를 위한 연명 차자에 참여한 사실[101]을 거론했다.

내암은 이 일을 근거로 삼아 「회퇴변척소」에서는 "삼가 선조(先朝)의 비망기(備忘記)를 보니, 하나는 신하가 임금을 섬기는 도를 밝혔다는 것이고, 하나는 선비가 벼슬에 나아가고 버리는 의를 바로잡았다는 것이었습니다. 또한 전후로 드러내지 못한 정론(正論)을 발명(發明)했다고 했으며, 이어 무고한 왕자를 죽일 것을 청한 일에 이르렀습니다. 선왕은 이언적의 일이라고 여기셨으나, 혹자는 이언적이 아니라 이황이라고 합니다. 그 일을 국가의 문적에서 비록 누구라고 명확하게 지적하지는 않았지만 선왕의 전교가 근거없는 것은 아님은 명백합니다"[102]라고 하여 선조(宣祖)가 회재에 관해 비판한 내용이 사실은 퇴계에 해당하는 것이라고 판단했다. 내암은 「정맥고풍변」에서 이 일을 '신하가 임금을 섬기는 도리를 어긴 것'이라고 규정했다.

다른 하나는 관기(官妓)를 집안에 들여 종신토록 식사를 맡도록 한 일을 지적했다. 이와 연관지어 내암은 회재가 임신시킨 관기가 조윤손(曺胤孫)의 첩으로 들어가 낳은 아들인 옥강(玉剛)이 나중에 상속 문제의 분쟁에 휘말려 다시 생부인 회재에게 돌아가 전인(全仁)이라 개명하고 모신 일을 함께 거론하여 두 사람 모두 행실에 있어 흠이 있다고 비판했다. 퇴계 스스로도 이러한 흠이 있었을 뿐만 아니라, 자신이 문묘에

---

101 윤정, 「鄭仁弘의 程朱學 이해 : 晦退辨斥을 중심으로」, 『남명학연구』 제24집, 경상대학교 남명학연구소, 2007, 59면.

102 『光海君日記』 3년 신해 3월 26일. "伏見先朝備忘之傳 一以明人臣事君之道 一以正士子趨舍之義 又以發前後未發之正論 仍及於請殺無辜之王子 先王認爲李彦迪事 或以爲非彦迪也 李滉也 事在國乘 雖未的指爲誰 先王之敎 不爲無據則明矣"

종사할 것을 건의한 회재 역시 이러한 잘못된 행실이 있었기 때문이다. 이것을 소절(小節)이라 여겨 의에 해가 되지 않는다고 생각한다면, 이천 정이가 문하의 주행기(周行己, 1067~약 1129)를 기생과 관계했다는 이유로 금수만도 못하다고 질책한 일이 도리어 지나치게 각박하여 덕을 손상시킨 것이 되지 않겠냐고 반문했다.

내암은 「회퇴변척소」에서도 이와 같은 사실을 들어 "두 사람은 모두 유학하는 사람이라는 칭호를 가지고서 소인이 득세하여 군자를 해칠 때에 구하지 못하고 오히려 행동을 같이 한 수치가 있었으니, 신하가 도로써 임금을 섬기다가 불가하면 그만두는 의리와 돌처럼 단단한 절개로 속히 떠나는 의리와는 너무 다르지 않습니까? 또 그들이 평소에 한 모든 일은 주행기의 허물을 면하지 못했습니다. 만약 정자가 주행기를 너무 심하게 꾸짖은 것이 잘못이라면 그만이거니와, 그렇지 않다면 군자가 자기의 사욕을 이기고 자신을 닦는 도리로 헤아려 볼 때 너무나도 거리가 멀지 않습니까? 이것이 속인에게 있는 일이라면 진실로 별일 아니지만 조금이라도 유학을 한다는 이름이 있는 자에 있어서는 작은 일이 아니라는 것이 확실합니다. 이황이 자기를 살피는 데에는 어둡고 남을 책망하는 것은 심하니 이것이 어찌 군자의 심사이겠습니까?"[103]라고 지적했다.

그러므로 내암은 퇴계의 이 두 가지 결점을 거론하면서 '학문하는 선량한 사람' 정도로 규정한다면 옳겠지만, 정맥으로 인정하는 것은 정맥의 개념을 혼란시켜 크게 실정에 맞지 않는 것이라고 반박했다.

---

103 『光海君日記』 3년 신해 3월 26일. "二人俱有儒學之稱 而自垂明夷之翼 致有不拯其隨之恥 在人臣以道事君 不可則止 介于石不終日之義 不亦不相似乎 且其平居 俱未免周行己之失 若以程子爲失於誅之太甚則已 不然 揆諸君子克己自修之道 不亦遠乎 此在俗間人 固是尋常一事 稍以儒學名者其不爲薄物細故也審矣 溷暗於觀己而甚於責人 此亦豈君子之心事乎"

고풍(高風)의 설에 관해서는 이 '고(高)'자를 한 가지 양상으로 말할 수 없다. 은벽(隱僻)한 것을 찾아내고 괴이한 행동을 하는 고(高)가 있고 출사하지 않은 채 고상히 살아가는 고(高)가 있다. 비록 동일하게 고(高)라고 하지만 담겨 있는 것은 절로 같지 않다. 세상 밖으로 도피하여 행장(行藏)의 의리를 돌아보지 않으며 천지와 생민(生民)을 마음에 두지 않는 자는 색은행괴(索隱行怪)의 고(高)이다. 우뚝하게 서서 두려워하지 않으며 확고하여 그 뜻을 빼앗을 수 없으며 잠룡물용(潛龍勿用)의 시의(時義)를 얻은 자는 고상(高尙)의 고(高)이다. 그러므로 정부자(程夫子)가 『주역』 고괘(蠱卦) 상구(上九)에서 특별히 이윤(伊尹)·태공(太公)의 초기와 증자(曾子)·자사(子思)의 부류를 특별히 거론하여 고상함이 지나치게 높은 것이 아니라 스스로 시중(時中)이 됨을 분명하게 볼 수 있으며, 크게 도를 행하는 것과 곤궁하게 은거하는 것이 본래 일치하고 다른 이들과 선을 함께 하는 것과 홀로 선을 지키는 것이 애초에 두 가지 도가 아니라는 것을 밝혔다.

깊은 산속에 살며 사슴과 더불어 놀고 목석과 이웃으로 지냈으니, 만약 당요(唐堯)가 없었다면 끝내 그렇게 삶을 마쳤을 것이다. 대순(大舜)이 비록 심히 높은 듯하지만 '그 중용을 썼다'라고 말하지 않았는가? 선비를 사귀는 것에 말하자면 '그를 섬긴다'고 말해야지 '그와 사귄다'라고 어찌 말하겠는가? 천승(千乘)의 임금도 그와 더불어 사귈 수 없었으니, 손성(孫聖)이 비록 너무 높은 듯하지만 중도(中道)가 아니라고 말할 수 있으랴? 그 높음이 곧 중용이 되는 것이니, 이 두 성인에 관해 중용을 버리고 높다고 일컫는 것이 옳겠는가? 하물며 자순(子順)이 고사(高士)를 논하길 "세상에 적합한 사람이 없지만 노중련(魯仲連)이 그다음이 될 것이다."라고 했다. 노중련은 봉작(封爵)을 받지 않고 세상을 피해 먼 곳으로 떠났으니 높다고 일컬을 만한데, 자순이 오히려 그 칭호를 아꼈으니, 마땅히 일등의 사람이 있어 그것에 합당할 수 있는 것이다. 성문(聖門)에서 높다고 하는 것은 대개 본래의 의미가 있으니, 과연 세속에서 말하는 높다는 것이겠는가?

태백(泰伯)은 천하를 사양하고 멀리 형산(衡山)으로 들어갔으며 백이(伯夷)는 나라를 양보하고 무왕(武王)에게 은(殷)나라를 정벌하지 말 것을 간했으며 수양산(首陽山)에서 굶어 죽었다. 뭇사람의 관점에서 본다면 그 높음이 마땅히 노중련에 비할 것이 아니로되, 성인께서는 곧 '지극한 덕이라고 말할 만하다'라 하고 '인(仁)을 구하다가 인을 얻었다'라고 말씀하셨으니, 높다고 일컬은 적이 없으셨다. 아, 백이와 태백을 아는 사람으로 성인 만한 이가 없을 것이다. 만약 깊이 감추어진 것을 환하게 드러내어 후세에 전한 가르침의 말씀이 없었다면, 다만 그 자취만을 보고서 궤이(詭異)하다 여기고 한낱 절개라 지칭할 뿐 다시는 덕이 되고 인이 되는 줄을 알지 못했을 것이다. 백이와 태백에게는 더함과 줄어듦도 없겠지만 어찌 후세의 큰 불행이 되지 않겠는가? 그렇다면 뭇사람이 높다고 하는 것은 성문(聖門)에서 일컫는 바와 같은가? 다른가?[104]

다음으로 '높다[高]'는 의미에 관해 변석했다. 내암은 '고(高)'의 종류에는 두 가지가 있다고 풀이했다. 한 가지는 은벽한 것을 찾아내고 괴이한 행동을 하는 것으로, 세상 밖으로 도피하여 행장의 의리를 돌아

---

104 『辨誣』, 「正脈高風辨」. "至於高風之說 凡此高字 不可一樣言也 有索隱行怪之高 有不仕高尙之高 雖同是高 所存自不同 夫逃出事物之外 不顧行藏之義 不以天地生民爲心者 索隱行怪之高也 獨立不懼 確乎其不可拔 得潛龍勿用之時義者 高尙之高也 故程夫子 於易蠱之上九 特擧伊尹太公始曾子子思之類 以明之高尙之不爲過高 而自爲時中灼灼然可見 而大行與窮居 固是一致 兼善與獨善初無二道 居深山之中 麋鹿之與遊 木石之與隣 若無唐堯 終焉而已 則大舜雖若甚高 不曰用其中乎 言友士 則曰事之云乎 豈曰友之云乎 千乘之君 不得與之友 則孫聖雖若太高 其可謂非中道乎其高也 乃所以爲中 於此二聖 舍中而稱高 可乎 況子順論高士曰 世無其人 魯仲連其次也 仲連不受封爵 逃世遠引 亦可謂高矣 子順猶靳其稱 則宜有一等人 可以當之也 聖門之所高 蓋有所在 此果世俗所謂高者乎 泰伯以天下讓 遠入衡山 伯夷遜國諫伐 餓死首陽 以衆人觀之 其高宜非仲連比而聖人乃曰 可謂至德 曰求仁得仁 未嘗以高稱 噫 知伯夷泰伯者 無如聖人 若無闡幽垂敎之言 徒見其迹 認爲詭異 指爲一節 而不復知爲德爲仁 則在伯夷泰伯 雖無加損 豈不爲後世之大不幸也 然則衆人之所高 與聖門所稱 同乎異乎"

보지 않으며 천지와 백성을 마음에 두지 않는 자는 '색은행괴(索隱行怪)의 고(高)'이다.[105] 행장지의(行藏之義)는 공자가 자신과 안자의 출처관(出處觀)을 표현한 것으로, "등용하면 도를 행하고 버리면 은둔한다."라고 한 데에서 나온 말이다.[106]

다른 한 가지는 출사하지 않은 채 고상한 삶을 살아가는 것으로, 우뚝하게 서서 두려워하지 않으며, 확고하여 그 뜻을 빼앗을 수 없으며, '잠겨 있는 용이니 쓰지 말라[潛龍勿用]'라는 시기의 적절함[時宜]를 얻은 '고상의 고(高)'이다. 내암은 이런 높음을 얻은 인물로 정자가 『주역』 고괘(蠱卦) 상구(上九)에서 거론한 이윤(伊尹)·태공(太公)이 출사하기 이전과 증자(曾子)·자사(子思)를 제시했다.

정자는 고괘 상구의 효사(爻辭)인 "왕후(王侯)를 섬기지 않고 자기 일을 고상히 하도다."[107]라는 말에 관해, "상구는 고(蠱)의 마지막에 거하여 아래에 계응(係應)이 없고 일[蠱]의 밖에 처하여 일하는 바가 없는 자리이다. 강명(剛明)한 재질(才質)을 가지고 있으면서 응원이 없고 일이 없는 자리에 처했으니, 이는 현인과 군자가 세상을 만나지 못해 고결함으로 스스로 지켜서 세상의 일에 얽매이지 않는 자이다. 그러므로 '왕후를 섬기지 않고 자기 일을 고상히 한다'고 말한 것이다. 옛사람 중에 이것을 행한 자가 있으니, 이윤(伊尹)과 태공망(太公望)의 초기와 증자·자사의 무리가 이러한 분들이다. 도를 굽혀 세상을 따르지 아니하여, 이미 천하에 베풀 수 없으면 스스로 자기 몸을 선하게 하고 자기

---

105 『中庸章句』 제11장의 '索隱行怪'와 관련해 주희는 다음과 같이 해석했다. "索隱行怪 言深求隱僻之理 而過爲詭異之行也 然以其足以欺世而盜名 故後世或有稱述之者 此知之過而不擇乎善 行之過而不用其中 不當强而强者也 聖人豈爲之哉"

106 『論語』, 「述而」. "子謂顔淵曰 用之則行 舍之則藏 唯我與爾有是夫"

107 『周易』 蠱卦 上九. "不事王侯 高尙其事"

일을 높이고 숭상하여 뜻과 절개를 지킬 뿐이다. 선비가 스스로 고상히 하는 것도 다만 한 가지 방법이 아니니, 도덕을 품고서 때를 만나지 못하여 고결함으로 스스로 지키는 자가 있으며, 만족함에 그치는 도를 알고 물러가 스스로 보존하는 자가 있으며, 자신의 능력을 헤아리고 분수를 헤아려 알아주기를 구하지 않는 것에 편안한 자가 있으며, 청렴하고 깨끗하여 스스로 지켜서 천하의 일을 좋게 여기지 않고 홀로 자기 몸을 깨끗이 하는 자가 있으니, 처한 바는 비록 득실(得失)과 대소(大小)의 차이가 있으나 모두 스스로 자기 일을 고상히 하는 자이다. 「상전(象傳)」에서 말한 '마음에 품은 뜻이 법칙이 될 만하다'는 것이니, 진퇴(進退)가 도에 합하는 자이다."[108]라고 풀이했다.

내암은 정자의 이 말에 근거하여 현인과 군자가 때를 얻지 못해 스스로 물러나 고상한 삶을 살아가는 것이 지나치게 고상한 것이 아니라 그 상황에 맞는 시중(時中)이 된다고 이해했다. 그래서 때에 맞게 진퇴를 행한다는 측면에서 본다면, 크게 도를 행하는 것과 곤궁하게 은거하는 것이 본래 일치하고 다른 이들과 선을 함께 하는 것과 홀로 선을 지키는 것이 애초에 두 가지 도가 아니라는 뜻으로 파악했다.

또한 동일한 논리 선상에서, 대순이 요임금에게 등용되기 이전 깊은 산속에 살며 사슴과 더불어 놀고 목석과 이웃으로 지냈지만 『중용』에서 '그 중용을 썼다'[109]고 평가한 것이나, 노목공(魯繆公)이 "옛날에 천승

---

108 程頤, 『易傳』 蠱卦 上九. "上九 居蠱之終 无係應於下 處事之外 无所事之地也 以剛明之才 无應援而處无事之地 是賢人君子 不偶於時而高潔自守 不累於世務者也 故云不事王侯高尙其事 古之人 有行之者 伊尹太公望之始曾子子思之徒 是也 不屈道以徇時 旣不得施設於天下 則自善其身尊高敦尙其事 守其志節而已 士之自高尙 亦非一道 有懷抱道德 不偶於時而高潔自守者 有知止足之道 退而自保者 有量能度分 安於不求知者 有淸介自守 不屑天下之事 獨潔其身者 所處雖有得失小大之殊 皆自高尙其事者也 象所謂志可則者 進退合道者也"

109 『中庸』 제6장. "子曰 舜其大知也與 舜好問而好察邇言 隱惡而揚善 執其兩端 用其中於民 其斯以爲舜乎"

(千乘)의 임금이 선비와 벗했다고 하는데 어떻습니까?"라고 묻자 자사(子思)가 기뻐하지 않으면서 "옛사람의 말에 '섬긴다'고는 했을지언정 어찌 '벗한다'라고 했겠습니까?"라고 답한 일[110]이 너무 고상한 듯하지만 중도(中道)가 아니라고 말할 수 없는 것처럼, 순임금과 자사가 행한 고상함은 모두 중용이 된다고 해석했다. 이어서 하나의 예들 더 들어 공자의 6세손으로 전국 시대 위(魏)나라 사람인 공빈(孔斌)이 안리왕(安釐王)의 '천하의 고사가 누구인가?'라는 물음에 "세상에 적합한 사람이 없지만 노중련이 그다음이 될 것입니다"라고 대답한 것을 본다면, 그보다 더 높은 일등의 고사가 있다는 뜻으로 이해할 수 있다고 부연 설명했다. 그리고 태백과 백이의 자취도 뭇사람의 관점에서 본다면 궤이하다 여기고 한낱 절개라 지칭할 뿐이지만, 공자에 의해 그 행적이 덕이 되고 인이 된다는 사실을 알게 되었다고 밝혔다.

이처럼 내암은 이윤·태공망·증자·자사·순·태백·백이 등의 삶에 나타난 행적을 제시하여 일반 사람들이 이해하는 고상함과 성인 문하에서 말하는 고상함이 다르며, 성인 문하에서 말하는 고상함은 행적 그 자체에 중점이 있는 것이 아니라 시의에 따라 합당한 삶을 살아가는 중용에 초점이 있는 것이라고 규명했다. 따라서 이런 측면에서 말한다면, "선생을 고풍이라 말한 것은 과연 무슨 뜻인가? 선생에 관해 괴이한 행동을 하고 중용에서 벗어난 사람이라고 여겨 고인(古人-필자 주: 퇴계를 가리키는 듯하다)이 말한 고상하다는 뜻과 같다는 것인가? 고상을 한낱 절개로 생각하여 속인이 말하는 고상하다는 뜻과 같다는 것인가? 이 어찌 퇴계를 정맥으로 인정하는 데에 당돌하고 선생을 중도로 일컫

110 『孟子』, 「萬章」下. "繆公亟見於子思曰 古 千乘之國以友士 何如 子思不悅曰 古之人有言曰 事之云乎 豈曰友之云乎"

는 데에 인색한가?"[111]라고 반문했다.

내암은 이러한 관점과 논리를 바탕으로 남명의 처신과 실천이 일반 사람들이 이해하는 고풍으로 규정될 수 없음을 아래와 같이 자세하게 해명했다.

> 선생은 성현의 학문을 배웠고 성현의 도를 걸어갔으며 백성을 염려하고 천지를 마음으로 삼았는데, 특히 의를 스스로 중대하게 여겨 나아가고 머무름을 때에 맞게 하여 종신토록 은둔했어도 돌아보지 않았을 따름이다. 뭇사람의 견해로 보자면 누군들 고상하다고 여기지 않겠는가? 성현의 도에 근거하여 살펴본다면, 그 고상함이 본래 중용을 잃지 않은 것이 맑은 하늘의 밝은 해와 같다. 그런데 도리어 치우쳐 축소시키고 중도를 벗어난 것으로 말하여 후학의 귀와 눈을 현혹시키고 뭇사람의 입과 혀를 격동시켜 방외의 선비라고 지목한다. 이것은 퇴계가 중도를 요구하기 어렵다는 설과 서로 표리가 되어 협공하여 놓아두지 않는 것이니, 이 유독 무슨 마음일런가? 이와 같다면 예로부터 고상한 선비는 모두 중용이 될 수 없으며, 우순(虞舜)과 이윤·여상(呂尙)은 반면(半面)의 고상이므로 한 쪽으로 치우쳐 중정(中正)하지 못한 인물이 되는 것을 면하지 못할 것이며, 증자와 손성(孫聖)도 반면의 고상이므로 다만 고상하기만 할 뿐 중용이 되지 못하는 인물이 될 것이다. 그리고 크게 도를 행함과 곤궁하게 살아가는 것이 도가 나뉘어 두 가지가 되어 다시는 그 시대가 어떠한지에 관해 묻지 않을 것이다.
>
> 공자께서 말씀하시길 "'대인이 비색(否塞)하니 형통하다'는 것은 소인의

111 『辨誣』, 「正脈高風辨」. "以此而言 以先生謂高風 果何意耶 其以先生爲行怪過中 如古人之所謂高者乎 以高尙爲一節 如俗人之所謂高者乎 是何唐突於以正脈許李退溪 而編嗇於以中道稱先生乎"

무리에게 어지럽혀지지 않는 것이다."라고 하셨다. 선생이 은둔할 것을 점쳤을 때 약한 돼지가 날뛰고 화란이 배태되어 있었으니, 하늘을 기다린 이후에 알 수 있는 것이 아니었다. 진실로 만약 선생이 힘써 기다리고 종일토록 소인의 무리에 뒤섞여 명이(明夷)의 날개를 드리웠다면 비록 소인의 길함은 얻었겠지만 포용하고 순순히 받드는 욕됨을 면하지 못했으리니, 몸은 비색하지만 도는 형통한 대인과 고상한 군자가 될 수 있었겠는가? (이상의 여러 말은 은연 중에 퇴계가 을사년 사이에 행한 일을 가리킨다) 군자는 때에 따라 올바름을 재단하여 양쪽 끝을 잡아 그 중용을 쓴다. 이런 때를 당하여 혹 빨리 나아가기도 하고 혹 머물러 있기도 하며 혹 가기도 하고 혹 그치기도 하니, 과연 누가 중용이 되며 누가 중용이 되지 않는가?

그렇다면 고풍으로써 선생을 호칭하는 것은 비단 고상의 고(高)와 중용의 중(中)을 알지 못하는 것일 뿐만 아니라, 자기가 알지 못함을 심각하게 드러내어 스스로 선생의 문하에서 끊은 것이다. 다만 선생의 문하에서 스스로 끊는 것일 뿐만 아니라, 진실로 성현의 가르침과도 크게 어긋나는 것이다. 하물며 주자께서 연평(延平) 이선생(李先生)을 칭송하길 "군자는 중용에 의지하여 세상을 피해 달아나 알아줌을 입지 못하더라도 후회하지 않으니, 선생이 그것에 가깝도다."라고 했다. 이선생은 평생 은둔했고 또 저술이 없었으며 홀로 자신에게 즐거워하고 남의 알아줌을 구하지 않았으니, 마땅히 지나치게 고상하고 한낱 절개를 지킨 선비인 듯하다. 그런데 주자는 고상하다고 여기지 않고 중용으로 칭송했으니, 나는 선생에 관해 또한 뭇사람이 고상하다고 하는 것이 아니라 곧 성현이 일컫은 것이며, 중용을 벗어난 고상함이 아니라 곧 보통 사람이 행하기 어려운 중용이라고 말한다. (한강이) 선생을 고풍(高風)이라고 말하는 것은 또한 주자

와 다르리라.[112]

내암은 남명이 성현의 학문을 배웠고 성현의 도를 걸어갔으며 백성을 염려하고 천지로써 마음을 삼았으며, 특히 의를 중대하게 여겨 그 시대가 나아나갈 만한 때인지를 투철하게 살펴 종신토록 은둔하는 삶을 살아갔다고 이해했다. 그러므로 남명의 이런 삶의 행적은 일반 사람의 견해로 보자면 고상한 것으로 여겨지지만, 성현의 도에 입각한다면 그 고상함이 중용의 도리를 잃지 않은 것이 명백하다고 확신했다.

그렇기에 내암은 한강이 진면목을 알지 못하고 '고풍(高風)'이라 규정한 것은 한쪽으로 치우쳐 축소시키고 중도를 벗어난 것으로 보이게 하여 후학의 귀와 눈을 현혹시키고 많은 사람의 입과 혀를 격동시켜 결국 남명을 '방외지사(方外之士)'로 격하하는 것이며, 퇴계가 남명에 관해 '중도를 요구하기 어렵다'고 평가한 것과 표리가 되는 것으로 받아들였다. 그리고 다시금 남명과 퇴계가 살아간 시대가 과연 현인과 군자가 나아가 벼슬할 만한 시기였는가를 물었다. 그리하여 그 시대에 나아가 출사한 것이 중용이 되는가, 아니면 머물러 은둔한 것이 중용이 되는가를 되물음으로써 남명과 퇴계의 상반된 출처 행위와 시의의

---

112 『辨誣』, 「正脈高風辨」. "先生學聖賢之學 道聖賢之道 念生民而心天地 特義自重 而時行止 終身肥遯而不回耳 以衆人之見 孰不以爲高也 揆之聖賢之道 則其高自不失爲中 如靑天白日 而反欲偏小之過中之 眩後學之耳目 鼓衆人之脣舌 指爲方外之士 與退溪難要以中道之說 相爲表裏 挾攻而不置 此獨何心 如此則自故高尙之士 皆不得爲中 虞舜與伊呂半面高 將不免爲偏詖不中正之人物 曾子與孫聖半面高 亦將爲高高不中庸之人物 而大行與窮居 道分爲二 不復問其時耶 孔子曰 大人否亨 不亂羣也 先生之箍遯也 嬴豕躑躅 禍亂已胎 不待天而已後知 誠使先生勉俟 終日雜於羣類 旣垂明夷之翼 則雖得小人吉 不免包承之辱 其能得爲否亨之大人高尙之君子乎 (此上數語 暗指退溪乙巳間事) 君子隋時制宜 執兩端而用其中 當是時 或出或處 或行或止 果孰爲中 孰爲非中乎 然則以高風稱先生 非獨不知高尙之高和中庸之中也 多見其不知 而自絶於先生之門也 非徒自絶於先生之門 實與聖賢之敎 亦大相悖也 況子朱子稱延平李先生曰 君子依乎中庸 遯世不見知而不悔 先生庶幾焉 李先生平生隱遯 又無着述 獨樂於身 不求人知 宜若過高一節之士也 朱子不以爲高而稱其中 吾於先生亦云非衆人之所高 乃聖賢之所稱 非過中之高 乃民鮮能之中也 謂先生爲高風者 亦異於朱子矣"

적합 여부를 생각해보라고 촉구했다.

한강이 남명을 '고풍'으로 규정한 것은 내암이 파악하기에 이처럼 심각한 오해를 초래할 뿐만 아니라 퇴계의 남명 비판과 협공하는 것이라 여겨졌다. 그러므로 그는 한강이 '비단 고상의 고(高)와 중용의 중(中)을 알지 못한 것일 뿐만 아니라, 자기의 무지를 심각하게 드러내어 스스로 선생의 문하에서 끊은 것이다. 다만 선생의 문하에서 스스로 끊은 것일 뿐만 아니라, 진실로 성현의 가르침과도 매우 어긋나는 것'이라고 격렬하게 비판했다. 내암이 한강을 이렇게까지 비판한 데에 이른 것을 볼 때, 이제 더 이상 두 사람 간의 관계가 봉합될 여지는 남지 않은 것으로 보인다.

내암의 비판은 여기에서 그치지 않고 주자의 견해에 바탕하여 한번 더 부연했다. 연평(延平) 이동(李侗, 1093~1163)은 평생 운둔의 삶을 살았고 저술이 없었으며 스스로 즐거워하고 남의 알아줌을 구하지 않은 인물이다. 그런데 주자는 연평의 삶에 관해 "군자는 중용에 의지하여 세상을 피해 달아나 알아줌을 입지 못하더라도 후회하지 않으니, 선생이 그것에 까깝도다."라고 평가했다. 내암은 한강이 남명을 '고풍'으로 일컬은 까닭이 '남과 강론한 것이 적고 문자를 숭상하지 않았으며 벼슬에 나아가지 않고 산림에 평생 은거하여 지나치게 고상하다는 의심을 받았기 때문'이라고 판단한 것으로, 이런 견해는 주자가 연평을 평가한 관점과도 다르지 않겠냐고 반론했다.

지금까지 내암이 설명한 남명의 학문과 도학의 의미에 관해 살펴보았다. 이 견해에 관해 오늘날 우리는 어떻게 이해해야 할까? 한강이 표현한 정맥과 고풍은 어떤 의미를 담은 것이었을까? 1606년 11월 남명의 묘소를 참배할 때에도 한강은 제문에서 '성덕고풍(盛德高風)'이라고 표현했다. 그때 어떤 이가 '고풍'의 뜻을 묻자 안자의 '누항고풍(陋巷高風)'이라는 말로 대답했다.[113] 남명은 「누항기(陋巷記)」를 지었을 정도로 안자의 삶을 닮으려 했으니, 한강이 스승을 '누항고풍'이라고 표현한 것이 폄하하려는 뜻이 아님을 알 수 있다. 그리고 '고풍'이라는 말은 남명이 지은 「함벽루(涵碧樓)」라는 작품에 사용된 시어이다.[114]

그럼 한강이 말한 '정맥'은 어떤 의미일까? 그것은 당시의 학술사적 전환과 관련된 것으로, 주자학을 '정학'으로 이해한 것이다. 퇴계는 '숭정학(崇正學)과 벽이단(闢異端)'을 자신의 사명으로 삼았는데, 그가 생각한 정학은 바로 주자학이었다. 그리고 이단은 노장뿐만 아니라 양명학을 비롯해 주자학과 대립하는 모든 학문을 뜻한다. 퇴계가 회재에 관해 "그 글의 말은 우리 도의 본원을 밝히고 이단의 사특한 말을 물리쳤으며, 정밀하고 미세한 데에까지 관통하고 형이상과 형이하에 모두 통했다. 순수하고 한결같이 올바름에서 나왔다. 그 뜻을 깊이 음미해 보면 송나라의 여러 유자가 남긴 실마리가 아님이 없는데, 그 중에서 고정(考亭)에게 터득한 것이 더욱 많다."[115]라고 높이 평가하여 문묘에 종사할 것을 요청한 것도 주자학에 중점이 있었다.

한강 역시 주자학과 관련된 많은 저술을 편찬한 사실[116]에서 얼마나 깊이 탐구하고 추구했는지를 충분히 이해할 수 있다. 한강이 말한 정맥(正脈)은 주자학의 학맥을 가리키며, 이것에 가장 부합한 인물은 퇴계

---

113 河憕, 『滄洲遺事』 卷1, 「書南冥從祀疏及新安語錄後」. "丙午祭文曰 盛德高風 或問高風之義 則引稱顏子陋巷高風之語以答之"

114 曹植, 『南冥集』 卷1, 「涵碧樓(在陜川)」. "정신을 잃은 모습 남곽자가 아니랴? 강물은 아득하여 앎이 없어라. 헛된 세상일 배우려 해도, 고풍이 오히려 깨뜨리네.[喪非南郭子　江水渺無知　欲學浮雲事　高風猶破之]"

115 李滉, 『退溪集』 卷49, 「晦齋李先生行狀」. "其書之言 闡吾道之本原 闢異端之邪說 貫精微徹上下 粹然一出於正 深玩其義 莫非有宋諸儒之緖餘 而其得於考亭者 爲尤多也"

116 권진호, 「한강 정구의 정주학 수용양상」, 『한강학의 성리학적 재발견』, 도서출판 역락, 2018, 60~72면.

라고 보았다. 그러므로 한강의 '퇴도정맥(退陶正脈)'이라는 표현에서 당시에 주자학이 조선 학술사의 중심으로 확고하게 정립되었으며, 주자학과 조금이라도 다르면 이단으로 비판받는 분위기가 조성되었다는 사실을 실감할 수 있다.

당시만 하더라도 내암은 학술사적 흐름이 주자학 일변도로 바뀌었다는 사실을 깊이 인식하지 못한 듯하다. 1611년 「회퇴변척소」를 올릴 때까지도 「정맥고풍변」의 논리대로 남명 학문의 도학적 정통성을 출처의 엄정함과 중용의 실천에 근거해 변론했다. 하지만 1617년에 남명의 성리학 공부 내용을 보여 주는 『학기유편(學記類編)』을 간행하고 동시에 남명의 문묘 종사를 활발하게 진행한 사실을 볼 때, 주자학과 연계하지 않고는 더는 남명 학문의 도학적 정통성을 설득시킬 수 없다는 점을 받아들여 새롭게 보완하려 했다고 이해된다. 회재와 퇴계로 이어진 정통 주자학의 흐름을 무시한 채, 환훤당–일두–정암의 도통에 남명을 곧장 연결하기에는 당시의 학술적·사회적 분위기 속에서 받아들여질 가능성이 없었기 때문이다.[117]

---

117 남명의 10세손인 復菴 曺垣淳(1850~1903)이 남명학의 핵심 사상을 담고 있는 「神明舍圖銘」을 周敦頤의 「太極圖說」과 동일한 내용으로 해석하여 자기의 견해를 설명하는 저술들을 지었으며, 그림도 많은 부분을 바꾸어 새로운 개정본을 만들었다. 이와 같은 작업은 남명의 학문이 송대 성리학에 근원한 순정한 것이라는 점을 밝히려 한 것이라고 이해할 수 있다. 전병철, 「復菴 曺垣淳의 「神明舍圖銘」에 관한 解釋과 改定」, 『南冥學硏究』 제61집, 경상대학교 남명학연구소, 2019. 참조.

4. 맺는말

퇴계는 남명을 '산림에서 절개만 지키는 고사[山林一節之高士]'로 지목하여 '학문지인(學問之人)'과 구별하려 했으며, 남명과 같은 고사는 노장에 병이 들어 순정한 학문이 아니라고 규정했다. 후학의 입장에서 본다면, 이처럼 혹독하게 도외시할 수 있을까 하는 의문이 든다. 그러나 퇴계가 일생동안 추구한 '숭정학 벽이단'의 관점에서 본다면, 정학인 주자학 외에는 그 어떤 학문도 이단의 범주에 속한 것이므로 물리쳐야 하는 대상이다. 퇴계의 인품은 온유돈후(溫柔敦厚)했지만, 학문에 있어서는 매우 엄정한 기준으로 대처한 사실이 『퇴계집』에 특징적으로 드러나 있다. 비판의 대상은 남명뿐만 아니라 김종직·서경덕·노수신 등 상당히 많은 인물이 해당되었다.[118] 따라서 퇴계가 남명을 개인적 감정에 의해 비판했다고 볼 수는 없다. 퇴계는 당시의 학문을 올바른 방향으로 이끌어 후세의 학자들이 바른 학문을 추구하게 하는 일로 자신의 사명을 삼은 것이다.

내암은 퇴계의 남명 비판에 관해 변론하면서 처신과 절의의 관점에서 반박했다. 또한 퇴계가 봉성군 이완을 죽이도록 요청하는 차자에 연명한 사실을 거론하여 문제로 삼았다. 그리고 두 사람이 같은 시대를 살았는데, 어떤 삶이 그 시대에 합당한 중용이었는가? 라는 물음을 제기했다. 도학의 인물은 출사와 불출사라는 행적에 의해 구분되는 것이 아니라, 그 시대에 그 행적이 중용에 합당한 것이었느냐를 엄밀하게 따져보아야 한다고 주장했다. 요-순-우로 전해진 '진실로 그 중용을 잡아라[允執厥中]'라는 심법의 핵심을 실천한 사람이라야 도학의

118 전세영, 「퇴계의 인물평가 연구」, 『한국정치학회보』 49(5), 한국정치학회, 2015. 참조.

인물이 될 수 있다는 뜻이다.

이처럼 내암의 남명 변론에 담겨 있는 핵심은 유학적 도통과 중용 실천에 있었다. 그러나 퇴계는 유학의 올바른 학문을 정립하고자 했으며, 그것은 주자학에 의해 실현될 수 있다고 생각했다. 퇴계의 학문적 위상과 영향에 의해 이 견해와 방향성은 학술사적 전환을 가져와 더 이상 거스를 수 없는 대세가 되었다. 한강의 '퇴도정맥(退陶正脈) 산해고풍(山海高風)'이라는 표현에 그 시대의 학술 사상이 함축적으로 드러나 있다. 그러므로 내암이 중용의 실천에 근거해 남명을 변론한 점은 논리적 정당성의 문제가 아니라 학술사적 변화를 깊이 인지하지 못한 것에 공감을 얻지 못한 원인이 있었다. 그렇다고 스승이 추구한 삶과 학문의 정체성을 시대의 흐름에 따라 변개(變改)하는 것도 제자의 도리가 아니다. 따라서 내암이 찾은 방법은 『학기유편』을 간행하여 남명의 학문이 정주학에 깊이 연원하고 있다는 사실을 분명하게 제시하는 것이었다. 내암 이후로 남명학파 학자들이 남명의 학문을 정주학에 근거해 그 의의를 드러내고자 노력한 일들은 이러한 고심에서 나온 것이라고 이해된다.

오늘날의 관점에서 본다면, 주자학만이 정학이라고 할 수 없다. 남명의 학문은 그 자체로 소중한 학술사적 자산이며, 주자학과의 합치 여부가 평가 기준이 될 수 없다. 다만 그 학자들이 자기 시대의 과제와 해결 방법을 찾기 위해 고심한 노력을 가능한 있는 그대로 이해하고자 시도하고, 그것으로부터 시대적 의미와 한계를 읽어내어 현재 우리의 학문과 삶을 성찰하는 계기로 삼으려 한다.

제2부 조선 중기 남명학의 문학적 변용과 수양론

1

각재 하항의 도학시道學詩와 「서대팔영西臺八詠」

1. 여는말

남명 조식은 청송 성수침이 시를 보내 화답을 요구하는 편지에 답장을 쓰면서 "이전에 '시를 읊조리는 일은 완물상지(玩物喪志)하기에 십상일 뿐만 아니라, 저에게는 매번 한없이 교만해지는 죄를 더한다.'라고 생각했습니다. 이런 까닭으로 읊조림을 그만둔 지가 수십 년 가까이 됩니다."[1]라고 자신의 생각을 밝혔다.

조식은 시문을 지어 읊는 것은 완물상지의 해도(害道) 행위일 뿐만 아니라 교만심을 조장하는 것이므로 수십 년 동안이나 읊조리지 않고 있었던 것이며, '시(詩)가 사람의 마음을 황폐하게 한다'는 이유로 '시황계(詩荒戒)'를 견지하고 있었다.[2] 시문에 관한 이와 같은 부정적인 견해는 북송(北宋)의 이천(伊川) 정이(程頤, 1033~1107)에게서도 강하게 드러나고 있으며, 조선 초기 일두 정여창과 정암(靜庵) 조광조(趙光祖, 1482~1519) 등과 같이 도학(道學)을 전공하는 학자들 사이에서는 일련의 흐름이 있었다고 파악된다.[3] 그러므로 조식이 정여창과 조광조의 도학사상을 계승하는 연장선상에서 '시황계(詩荒戒)'의 입장을 견지함으로써, 남명학파는 시(詩) 창작에 관해 부정적이거나 소극적인 경향을 가졌다.

그런데 조식의 제자인 각재 하항은 이러한 측면에서 본다면 남명학파의 전반적인 성향과 달라 보인다. 남명학파의 고제(高弟)로 일컬어지는 최영경의 『수우당실기(守愚堂實記)』에는 6제 7수, 정인홍의 『내암집』에는 20제 20수, 김우옹의 『동강집(東岡集)』에는 51제 59수, 정구(鄭

---

1 曺植, 『南冥集』 卷2, 「答成聽松書」. "嘗以哦詩 非但玩物喪志之尤物 於植每增無限驕傲之罪 用是廢閣諷詠 近出數十載"

2 이상필, 「남명사상의 형성 배경과 특징」, 『남명학파의 형성과 전개』, 와우출판사, 2005, 84면.

3 상동, 35면.

逑, 1543~1620)의 『한강집(寒岡集)』에는 28제 39수가 실려 있다. 이에 비해 하항의 『각재집(覺齋集)』에는 126제 148수가 수록되어 있다. 또한 당대 사람들은 하항의 문학에 관해 "문장을 지을 적에 속학(俗學)의 궤철(軌轍)을 답습하지 않았으며, 시(詩) 역시 청아하고 원대하며 기력이 있어 일가의 격식을 이루었다."[4]라고 평가했다. 그리고 "문사(文詞)를 잘 지었지만 시에 더욱 뛰어났다."[5]고 하여 산문보다 시를 더 호평했다.

하항은 남명학파 학자들이 가지는 일반적인 경향과 달리 왜 시에 관심을 가졌을까? 그는 도학(道學)과 어느 정도 거리가 있는 학자였을까? 하지만 당시 사람들은 하항에 관해 "'닭이 울면 일어나 세수하고 머리 빗으며' 등의 말은 책 속에서나 보이는 말이고 실제로 행하는 사람은 보지 못했다. 그런데 각재는 이것을 모두 실천하니 참으로 소학군자(小學君子)이다."[6]라고 했다. 또한 집안에 '뇌룡(雷龍)' 그림을 걸어 두고, 벽에는 '백물기(百勿旗)'와 '삼자부(三字符)'라는 쌍액(雙額)을 써서 붙여 놓고서, 남명의 수양법을 본받아 힘써 행하려고 노력했다. 이와 같은 학문과 실천을 견지한 하항에 관해, 남명은 '눈 속에 핀 매화[雪中梅]'라는 말로 그의 인품을 표현했으며, 최영경은 '모래사장 위의 백로[沙上白鷺]'라는 말로 흠모의 마음을 드러냈다.[7] 하항에 관한 당대 사람들의 묘사는 그야말로 진정한 도학자(道學者)라는 사실을 분명하게 드러내고 있다.

따라서 이 장에서는 하항이 추구한 도학(道學)과 그가 지은 시(詩)는

---

4 河沆, 『覺齋集』 卷下, 「行錄略(柏谷陳克敬)」. "爲文章 不肯蹈俗學軌轍 詩亦淸遠有氣力 成一家體"

5 河沆, 『覺齋集』 卷下, 「行錄略(從孫監察璿)」. "善於文詞 而尤長於詩"

6 河沆, 『覺齋集』 附錄, 「行狀(金埅 撰). "當時諸斯文以爲小學鷄初鳴 咸盥櫛等語 只於黃卷中見之 未見有行之者 今於覺齋而見之 若覺齋 眞小學君子也"

7 이상필, 「남명학파의 남명사상 계승 양상」, 『남명학파 연구의 신지평』, 예문서원, 2008, 45~46면.

어떤 연관성이 있을까? 라는 문제를 고찰하기로 한다. 이것을 위해 아래의 절에서는 하항의 시가 도학과의 연관성 속에서 어떤 의미를 갖는지 살펴볼 것이다. 하항의 생애와 문집에 관한 검토는 선행 연구에서 충분히 이루어졌으므로, 여기서는 생략하기로 한다.[8]

2. 하항의 도학(道學) 추구와 시 창작의 연관적 의미

1) 도학시의 개념에 관한 문제

하항의 시를 검토하기에 앞서 도학시를 규정하는 작업이 우선되어야 할 것이다. 도학시는 연구자의 관점에 따라 염락시(濂洛詩), 이학가(理學家)의 설리시(說理詩), 도학시(道學詩)라는 명칭이 통일되지 않은 채 섞여 쓰이고 있다. 그런데 이들 용어는 함의하는 바가 각각 조금씩 다르다.[9] 중국 및 한국의 중문학계에서는 주로 '이학가파시(理學家派詩)'라고 지칭하는 것과 대조적으로, 한국의 한문학계에서는 '도학시'라는 용어가 더 많이 쓰이고 있다. '이학(理學)'과 '도학(道學)'은 유학 중에서도 성리학을 의미하는 것으로 그 실체는 같지만 어떤 측면에 주안을 두었

---

8 하항의 생애와 시세계에 관해서는 하만홍(2002)의 「覺齋 河沆의 學問과 詩世界」에서 전반적인 연구가 충실하게 진행되었다. 『각재집』은 초간본·중간본·삼간본의 판본이 있는데, 판본 내용의 상이성에 관해서는 이상필(2002)의 「『覺齋集』 解題」에서 상세한 검토가 이루어졌다.

9 홍학희, 「한국 道學詩 연구에 있어서의 몇 가지 문제」, 『한국고전연구』, 한국고전연구학회, 2004, 186~187면.

느냐에 따라 달라지는 용어이다.

'도(道)'라는 것은 '일용사물지간(日用事物之間)에 마땅히 행해야 할 도리'를 의미하는 것으로 형이상학적이라기보다는 형이하학적인 뜻에 가깝다. 따라서 도학이 가장 중시하는 것은 무엇보다도 현실에서의 실천 문제이다. 그런데 실천의 중심은 활동하는 주체로서의 개개인의 인격적 자아이므로, 도학은 수신(修身)을 근본으로 하는 수양론을 근간으로 하여 개개인의 인격을 완성시킨 다음 그러한 '군자'들에 의해 현실 정치로 실천되는 것을 중시했다.[10]

또한 "도학시의 외연은 도학자가 유학 사상을 설파할 목적으로 도학사상을 주제로 쓴 시라고 말할 수 있으며, 반면에 내포적 의미는 직접적으로 이학을 읊은 것에서 도학적인 내용까지 언급한 시를 가리킨다."[11]고 정의하기도 했다.

비교적 이른 시기에 도학시를 연구한 이동환(李東歡) 선생은 회재 이언적의 시를 통해 도학시를 어떻게 규정할 것인가에 관해 중요한 단서를 제시했다.

> 도학자들에 있어 시를 짓는 일이 필수적으로 요구되었던 것은 물론 아니다. 그러나 도학의 사유나 도학적 인격 경계에는 확실히 심미정조(審美情調)를 유발할 소지나 일종의 심미적 국면이 있다. 생성과 화해를 특징으로 하는 그 세계관, 객관적·분석적이 아니라 직관적·지각적인 그 사물 인식의 방식에는 사유주체로 하여금 심미정조를 유발하게 할 계기들이 충분히 깃들어 있다. 그리고 그 인격 함양의 과정이나 결과에서 체험하는, 흔

10 상동, 191~192면.

11 양훈식, 「成渾 詩의 道學的 性向과 風格美」, 숭실대학교 국어국문학과 박사학위논문, 2016, 28면.

> 히 '광풍제월(光風霽月)'이라고 매우 시적으로 묘사되는 정신 경계는 자기초극(自己超克)에서 오는, 대자적(對自的)으로는 자아의 자유의 상황, 대타적(對他的)으로 자아의 세계와의 화해의 상황을 함유하고 있어 흥취·열락이라는 일종의 예술적 정감이 일어날 소지가 있다. 이 경계의 극치를 도학에서는 주회암이 "천지 만물과 더불어 위아래에서 함께 흐른다[與天地萬物上下同流], 저마다 자기에게 맞는 처소를 얻는 오묘함[各得其所之妙]"이라고 규정한 공자(孔子)의 유명한 '증점을 인정한 찬탄[與點之嘆]'에 묘사된 경계는 실은 매우 예술적이다. … 회재의 작시의 동인도 주로는 이 도학 자체 내의 경로에 있었다. 그러므로, 진실로 도학을 지향한 사람이라면 거개 그러하겠지만, 회재는 시를 쓰기 위해 자신의 평상적 삶의 자리를 떠나 따로 자아의 입지를 마련하지 않았다. 자신의 평상적 삶의 지평이 곧 시의 지평이다. 동양예술의 일반적 성향이 대개 그러했지만 특히 도학자들, 이 중의 한 사람인 회재는 원초(原初)의 '시언지관(詩言志觀)'에 매우 투철했던 셈이다.[12]

위의 인용문을 통해 도학시에 관한 중요한 단서를 얻을 수 있다. 첫째, 도학자의 시작(作詩) 행위는 도덕적 인격이 성숙하는 과정에서 빚어지는 예술적 성향의 표출과 긴밀하게 연관되어 있다. 둘째, '시언지관(詩言志觀)'에 매우 투철하여 평상적 삶의 지평이 곧 시의 지평이므로, 시를 쓰기 위해 자신의 평상적 삶의 자리를 떠나 별도로 자아의 입지를 마련하지 않는다.

이처럼 선행 연구자들이 규정한 도학시에 관한 개념을 종합해 볼 때, 필자는 도학시란 '수기치인(修己治人)의 도학(道學)을 지향하는 도학

12 이동환, 「晦齋의 道學的 詩世界」, 『한시연구』, 국어국문학회, 태학사, 1997, 227~228면.

자가 일상 속에서 자신의 뜻[志]을 시(詩)를 통해 표현한 것'이라고 정의한다. 『중용(中庸)』에서 "도(道)는 잠시도 떨어질 수 없다. 떨어질 수 있다면 도가 아니다."[13]라고 언명했으며, 이에 관해 주희(朱熹)가 "도는 일상생활에서 마땅히 행해야 하는 이치이니, 모두 본성의 덕으로서 마음에 갖추어져 있다. 어떤 존재도 그 이치를 가지지 않은 것이 없으며, 어느 때에도 그렇지 않은 적이 없다. 그러므로 잠시도 떨어질 수 없는 까닭이다."[14]라고 해설했듯이, 도는 일상생활의 모든 곳에 편만해 있으므로 그 도를 자각하든 자각하지 못하든 간에 어떤 존재도 그것에서 벗어날 수 없다. 따라서 도학자는 바로 그 도를 자각하고자 노력하는 사람이며, 자신뿐만 아니라 다른 이들도 그 도를 깨달을 수 있도록 돕는 일을 자신의 사명으로 삼은 자이다. 이렇게 도학시의 개념을 규정한다면, 도학시의 창작은 '시언지관(詩言志觀)'에 철저하게 입각해 이루어지며, 내용은 도학이 추구하는 '자신을 향한 수기[對自的 修己]'와 '타인을 위한 제민[對他的 濟民]'이 주된 주제가 된다는 사실을 알 수 있다.

하항의 숙질(叔姪)이자 제자로서 어릴 적부터 수학한 송정(松亭) 하수일(河受一, 1553~1612)이 하항의 「서대팔영(西臺八詠)」에 관한 서문에서 언급한 말에 그런 점이 분명하게 드러나 있다.

> 이전에 숙부께서 나에게 「서대팔영(西臺八詠)」을 보여주셨다. 내가 공경한 마음으로 받아 모두 읽은 뒤에, "시는 뜻이 지향하는 바를 표현한 것입니다. 마음에 내재하면 뜻이 되고, 언어로 표현되면 시가 됩니다. 정감이 올바른 것에 촉발되면 언어가 표현될 때 반드시 선하며, 정감이 올바

13 『中庸章句』 제1장. "道也者 不可須臾離也 可離 非道也"

14 『中庸章句』 제1장 朱子註. "道者 日用事物當行之理 皆性之德而具於心 無物不有 無時不然 所以不可須臾離也"

르지 않은 것에 촉발되면 언어가 표현될 때 반드시 그릇됩니다. 이런 까닭에 사람을 관찰할 때 뜻보다 근접하는 것이 없고 뜻을 살펴볼 때 시보다 근접하는 것이 없으니, 시가 사람에게 있어 중대한 것입니다."라고 말씀드렸다.

지금 「서대팔영」이 지어진 것을 살펴보니, 시어가 바르고 뜻이 엄밀하며, 표현은 비근하지만 의미는 원대하다. 사물에 바탕해 흥취를 일으키고 일에 비유해 시어를 엮어 정성스레 사람을 인도하여 선을 행하는 데로 들어가게 하며, 현실의 상황을 아파하고 옛날의 성세를 그리워하는 뜻이 그 속에 담겨 있다. 쇠 종이 울리는 듯 소리가 퍼져나가며, 구슬이 꿰어져 있는 듯 찬란한 빛이 발한다. 이 시를 읽으면 사람들이 권면되고 경계하며 사랑하고 두려운 마음을 가질 수 있다. 단지 성률(聲律)의 공부를 위한 것이 아니니, 세교(世敎)에 관련된 것이 진실로 크다.[15]

하수일은 하항에 관한 제문을 지으면서 자신이 배운 것들을 상세하게 회고했는데, 문학에 있어서는 "문장을 논할 때는 시(詩)와 부(賦)를 통해 가르치셨네. 이것은 높고, 이것은 낮구나. 이것은 장중하고, 이것은 유약하구나. 이것은 공교하고, 이것은 졸렬하구나. 이것은 맑고, 이것은 탁하구나. 이것은 참신하고, 이것은 저속하구나. 이것은 완숙하고 이것은 생경하구나. 숨김없이 모두 말씀하셨고, 간곡하게 가르치셨네."[16]라고 서술했다. 하항은 다른 사람들의 시부(詩賦) 작품에 관한 실

---

15 河受一, 『松亭集』 卷3, 「讀西臺八詠解義幷序」. "叔父嘗示余以西臺八詠 余敬受卒業 因仰而言曰 夫詩者 志之所之也 在心爲志 發言爲詩 情感以正則言發而必善 情感不正則言發而必邪 是以 觀人莫近於志 觀志莫近於詩 詩之於人大矣 今觀八詠之作 辭正而意嚴 言近而指遠 因物起興 比事屬辭 眷眷誘人 欲其入於爲善 傷今思古之義亦包其中 鏘若金鳴 爛若珠貫 讀之使人可勸可懲可愛可懼 非直爲聲律之工而已 其關於世教亦大矣"

16 河受一, 『松亭集』 卷5, 「祭覺齋叔父文」. "至如論文 或詩或賦 此高此下 此壯此弱 此工此拙 此淸此濁 此新此俗 此熟此生 悉無所隱 亦且丁寧"

제적인 비평을 통해 작품의 우열과 정취 등을 자세하게 가르쳤으며, 하수일은 이렇게 배워가는 과정에서 자연스레 하항의 문학관을 이해하고 시부(詩賦)에 관한 감식안을 키울 수 있었을 것이다. 그러므로 「서대팔영」에 관한 이해에 있어 하수일보다 더 정확한 안목을 가진 사람은 없다고 말해도 과언은 아닐 것이다.

하수일의 서문을 통해 하항의 시가 지향하는 목표와 의미를 선명하게 이해할 수 있다. 마음에 내재하면 뜻[志]이 되고 언어로 표현되면 시가 된다는 설명은 '시언지관(詩言志觀)'에 입각한 작시 태도를 보여준다. 따라서 도학의 추구와 작시의 행위가 서로 모순되는 것이 아니라, 본체로서의 도학과 효용으로서의 작시가 긴밀하게 연관되어 상호 작용하고 있다는 점을 밝혔다. 그리고 도학시가 개인적인 측면에서 그치는 것이 아니라, 사람들을 권선징악(勸善懲惡)하는 효과를 발휘하여 선한 데로 인도하기 때문에 세교(世敎)와 관련이 깊다고 설명했다. 이 언급은 도학시의 내용이 교훈성을 추구한다는 점을 드러내고 있다는 점에서 주목된다.

이와 같이 도학시의 개념과 작시 경향을 이해한 가운데, 하항의 도학시에 관한 분석을 진행하기로 한다.

2) 도학(道學)에 관한 목표와 수기(修己)의 노력

하항의 도학시 중에서 학문과 수양에 관한 분명한 표현이 없더라도 그의 정신 경계와 학문 경지를 보여주는 작품들이 있다. 하지만 이런 작품들을 분석했을 때 해석의 객관성을 얼마만큼 확보할 수 있을지 우려된다. 그러므로 여기에서는 하항이 자신의 학문과 수양에 관해 구체적인 언어로 표현한 작품들을 중심으로 살펴보기로 한다.

하항은 학문의 체계에서 무엇보다 사서(四書)에 근본하는 것이 중요하다고 생각했다.

평생 학문을 그르쳐 텅 빈 몸뿐인데,	平生失學空軀殼
어찌 수고롭게 저를 자주 찾아오십니까?	何事勞勞訪我頻
도는 사서에 담겨 있고 저에게 있지 않으니,	道在四書非在我
그대는 돌아가 여기에서 진결을 찾으시길.	請君歸去此尋眞[17]

어떤 학자가 자신에게 배움을 청하러 왔을 때 지어준 시이다. 하항은 도가 사서에 담겨 있으니, 수고롭게 자신을 찾아오지 말고 그 속에서 진결(眞訣)을 탐구해 나가라고 권면했다. 하항이 학문의 근원을 사서에 두고 있는 점을 확인할 수 있는 시이다. 이 학문관은 남명에게서 영향을 받은 것이라고 보인다. 남명은 사서가 학문의 근간이 되는 이유에 관해, "옛날이나 지금이나 공부하는 사람들이 『주역』을 궁구(窮究)하기를 매우 어렵게 여기는데, 이는 사서에 익숙하지 않기 때문입니다. 공부하는 사람들이 사서를 정독하고 숙독하여 진리가 쌓이고 힘씀이 오래되면, 도의 상달처(上達處)를 알 수 있어 『주역』을 궁구하는 것이 어렵지 않을 것입니다. …… 주자(朱子)는 '내가 평생 정력을 기울인 것이 모두 『대학』에 있었다.'고 말씀했으며, 정자(程子)는 '『논어』와 『맹자』를 온전히 공부하고 나면 육경(六經)은 배우지 않아도 밝아질 수 있다.'고 말씀했습니다. 학문하는 사람들이 글을 널리 보는 공부는 이와 같이

---

17 河沆, 『覺齋集』 卷上, 「贈學者」.

해야 합니다."[18]라고 강조하여 설명했다.

하항은 다른 시에서 독서할 적에 가져야 할 마음 자세를 이렇게 설명했다.

나를 방문하여 괜스레 말이 고생하니,	煩君訪我空勞馬
텅 빈 모습 돌아보자 얼굴이 붉어집니다.	顧我空空但愧顔
그대는 돌아가 책 속에서 성현을 대면하되,	歸對聖賢黃卷裏
높게만 여기지 말고 날마다 좇아 올라가십시오.	巍巍勿視日追攀[19]

역시 자신에게 배우러 온 학자에게 지어준 시이다. 아무런 학식이 없는 자신을 의지할 대상으로 삼지 말고, 성현이 남긴 책 속에서 그분들을 만나도록 권면했다. 그리고 성현의 경지가 높다고만 생각하여 스스로 한계를 짓거나 포기하지 말고, 그분들과 같은 경지에 오르도록 날마다 힘써 노력하라고 당부했다.

하항은 성현의 경전을 읽을 때 가져야 할 이와 같은 마음 자세를 매우 중요한 공부 방법으로 생각했다. 허도(許櫱, 1562~?)에게 준 편지에서도 "책 속에 본래 엄한 스승과 두려운 벗이 있지만, 읽는 자들이 예사로 진부한 말로 보기 때문에 결국 득력(得力)하는 곳이 없습니다."[20]라고 말하여 성현을 실제로 마주하여 가르침을 받는 것처럼 경전을 읽어야 한다고 강조했다. 이러한 독서 태도는 중국 송나라의 남당(南塘)

18 曺植, 『南冥集』 卷2, 「示松坡子」. "古今學者 窮易甚難 此不會熟四書故也 學者須精熟四書 眞積力久 則可以知道之上達 而窮易庶不難矣 …… 朱子曰 平生精力 盡在大學 程子曰 語孟旣治 則六經可不治而明矣 學者博文之工夫 當如是矣夫"

19 河沆, 『覺齋集』 卷上, 「贈學者」.

20 河沆, 『覺齋集』 卷中, 「答許民瑞櫱書」. "黃卷中自有嚴師畏友 讀之者例以陳言看了 故竟沒得力處"

진백(陳柏)이 지은 「숙흥야매잠(夙興夜寐箴)」에 "서책을 펼쳐 들고서 성현의 말씀을 마주 대하니, 부자께서 자리에 앉아 계시고 안자와 증자가 앞뒤로 서 있도다.[乃啓方冊 對越聖賢 夫子在坐 顏曾後先]"라고 표현한 말과 같은 의미이다.

그런데 수기와 관련해 하항의 시에서 가장 뚜렷하게 강조되는 내용은 '성성법(惺惺法)'에 관한 것이다. 남명을 제향하기 위해 삼가(三嘉)에 건립한 회산서원(晦山書院)에서 함께 모인 학자들에게 다음과 같이 당부한다. 이 내용을 보면 하항이 남명학의 핵심을 '성성법(惺惺法)'으로 이해한 사실을 확인할 수 있다.

34명의 얼굴들 친소(親疏)가 다르지만,	三十四人面熟生
친소에 의해 경중을 달리하지 말라.	莫將生熟有重輕
지금 성성법을 환기할 수 있다면,	如今喚得惺惺法
멀리 용문을 향해 차근차근 나가리라.	遙向龍門節節行[21]

경(敬)에 관한 해석은 크게 네 가지가 있는데, 정이(程頤)는 하나에 집중하여 다른 곳으로 흐트러지지 않는 것[主一無適]과 행동을 반듯하게 하고 몸가짐을 엄숙하게 하는 것[整齊嚴肅]이라는 두 가지 설을 말했다. 상채(上蔡) 사량좌(謝良佐)는 항상 마음이 깨어 있는 것[常惺惺]이라고 했으며, 화정(和靖) 윤돈(尹焞)은 마음을 수렴하여 어떠한 사물도 용납하지 않는 것[其心收斂 不容一物]이라고 해석했다.

남명은 이 가운데 '성성(惺惺)'의 수양법을 중시했으며, '성성자'라는 방울을 몸에 지녀 그 소리를 들으며 항상 마음이 깨어 있고자 노력했

21 河沆, 『覺齋集』 卷上, 「晦山書院」.

다. 동강 김우옹은 「남명선생행록」에서, “자신의 마음을 늘 깨어 있도록 하기 위해 성성자라는 방울을 차고 다니셨는데, 저에게 주시면서 ‘이것의 맑은 소리가 사람을 깨우쳐 살피게 한다. 이것을 차고 있으면 깨닫기에 매우 좋다. 내가 귀중한 보배를 그대에게 주는 것이다. 그대는 잘 지닐 수 있겠는가?’라고 당부하셨다. 제가 ‘옛날 사람들이 옥(玉)을 차던 뜻이 아닙니까?’라고 여쭈었더니, “참으로 그렇다. 하지만 이것을 차는 뜻이 더욱 절실하다.”[22]라고 하셨다.”라고 서술했다.

남명이 김우옹에게 깨우쳐준 이 가르침은 하항에게도 동일하게 전수된 것이라고 이해할 수 있다. 자신의 호를 ‘각재’로 삼은 이유가 대각촌(大覺村) 각봉(覺峰) 아래에 서재를 마련했기 때문이기도 했지만, 조선시대 학자들이 호를 지을 적에 중의성(重義性)를 가졌던 사실을 고려한다면 ‘성성(惺惺)’과 동일한 의미인 ‘깨어 있음[覺]’에 큰 의미를 부여한 것이라는 점을 충분히 짐작할 수 있다. 그리고 뇌룡(雷龍)의 그림을 얻어 집 벽에 걸어 두고서 “용(龍)은 어족(魚族)의 우두머리이며, 네 가지 신령한 사물 가운데 하나이다. 용의 덕이 신령스럽고 공로가 만물에 은택을 끼친다. 성인께서 역경을 지을 때 이것을 취해 효상(爻象)으로 삼았으니, 내가 집안의 완상물로 만든 까닭이다.”[23]라고 뜻을 밝혔다.

덕계 오건은 하항보다 17년 연상의 동문 선배이자 절친한 벗으로서, 그를 위해 지은 만시(挽詩)·제문(祭文)·약전(略傳) 등에서 깊이 존중하는 마음을 읽을 수 있다. 아래에서 고찰할 하항의 율시(律詩) 2수는 오

22 허권수 번역(2010), 『남명 그 위대한 일생-행장·비문의 번역』, 경인문화사, 187~188면.
金宇顒, 「南冥先生行錄」. “癸亥歲 宇顒初拜門下 先生出所佩囊中鈴子以贈曰 此物清響 解警省人 佩之覺甚佳 吾以重寶與汝 汝其堪保此否 又曰 此物在汝衣帶間 凡有動作 規警誚責 甚可敬畏 汝其戒懼 無得罪於此子也 問莫是古人佩玉意否 先生曰 固是抑此意甚切 不止於佩玉也”

23 河沆, 『覺齋集』 附錄, 「行狀(金埃 撰). “嘗得雷龍眞 掛諸堂壁曰 龍者 鱗族之長 四靈之儔 其德神 其功澤物 聖人作易 取之爲爻象 此吾所以爲堂玩者也”

건에게 화운(和韻)한 시이다. 원운(元韻)은 주희(朱熹)가 아호사(鵝湖寺)에서 육구령(陸九齡)·육구연(陸九淵) 형제와 수창한 시에 오건이 차운한 것이다. 두 사람이 견지한 학문의 핵심을 함축적으로 잘 드러내고 있으므로, 두 작품을 모두 살펴보기로 하자.

마음이 깨끗하고 밝음은 본래 흠(欽)에 있으니,	方寸虛明自在欽
새로운 달이 하늘 가운데 떠오른 듯이 맑아라.	泂如新月到天心
발 아래에 차근차근 밟아갈 곳을 살펴야 하니,	須看脚下循循地
하늘에 닿은 봉우리도 오르고 오르면 다하지 못하랴?	不盡天高上上岑
만상을 꿰뚫어보니 정신은 더욱 강건해지고,	萬象透來神益健
미세한 어긋남에 이치도 뒤따라 침몰하네.	一毫差處理隨沈
아호사의 기상은 아득한 옛일이 되었지만,	鵝湖氣象成千古
마음 수렴의 공부는 지금 나에게 있네.	收拾工夫卽我今[24]

위의 시에서 오건은 마음이 깨끗하고 밝게 되는 까닭이 '흠(欽)'에 있다고 했다. '흠'은 공경한다는 뜻으로, 경과 같은 말이다. 남명은 「패검명(佩劍銘)」에서 "안으로 마음을 밝히는 것은 경(敬)이며, 밖으로 행동을 결단하는 것은 의(義)이다.[內明者敬 外斷者義]"라고 했다. 오건도 내면을 밝게 하는 방법이 경에 달려 있다는 수양론을 가졌으며, 경에 의해 밝아진 마음의 모습을 새로운 달이 하늘 가운데 떠오른 모습처럼 맑다고 비유했다. 공부를 할 적에 무엇보다 거경(居敬)의 상태를 유지하는 일이 우선적으로 이루어져야 한다는 사실을 제기한 것이다.

다음으로 오건은 공부를 진행해 나갈 때 자신의 일상적인 삶 속에

---

24 吳健, 『德溪集』 卷1, 「敬次鵝湖寺韻」.

서 차근차근 실천할 곳을 살피는 일이 중요하다고 했다. 그런 실지각답(實地脚踏)의 하학(下學) 공부가 이루어진다면, 하늘 높이 솟아 있는 우뚝한 봉우리의 정상도 결국 오를 수 있기 때문이다. 남명은 오건에게 보낸 편지에서 당시 성리학 논쟁에 몰두하는 학문 풍토에 관해, "지금 풍속이 숭상하는 바를 자세히 들여다보면, 당나귀 가죽에 기린의 모형을 뒤집어씌운 것 같은 심각한 병폐가 있습니다. 온 세상이 모두 그러해 혹세무민(惑世誣民)하는 데 급급하니, 매우 현명한 사람이 있더라도 구제할 수 없을 것입니다. 이것은 참으로 사문(斯文)의 종장(宗匠)인 사람이 오로지 상달(上達)만 주로 하고, 하학(下學)을 궁구하지 않아 구제하기 어려운 습속을 이루었기 때문입니다."[25]라고 신랄하게 비판하여 경계하기를 바랐다. 오건을 비롯해 이와 같은 남명의 가르침을 받은 제자들이 공허한 이론적 논쟁을 배격하고 현실 속에서 유학의 가치를 실천하는 데에 학문의 의미를 설정한 것은 지극히 당연한 결과이다.

하지만 이론적 탐구인 격물치지(格物致知)를 부정한 것은 아니었다. 오히려 그들은 올바른 실천이 가능해지려면 무엇이 선하고 악하며 어떤 것이 바르고 그릇된 지를 명확하게 분변할 수 있어야 한다고 했다. 그러므로 오건은 위의 시에서 만상에 담겨 있는 이치를 통찰하여 꿰뚫게 되자 정신은 더욱 강건해진다고 표현했다. 그리고 선악시비(善惡是非)에 관한 정밀한 판단이 중요한 까닭은 미세한 차이에 의해서도 그 속에 담겨 있는 이치를 상실하기 때문이라고 지적했다.

시의 말미에서는 주희가 육구령·육구연 형제와 함께 아호사에서 올바른 학문이 어떠한 것인가에 관해 장대한 토론을 펼쳤던 기상은 옛일

---

25 曺植, 『南冥集』 卷2, 「與吳子強書」. "熟看時尙 痼成麟楦驢鞹 渾世皆然 已急於惑世誣民 雖有大賢 已不可救矣 此實斯文宗匠者 專主上達 不究下學 以成難救之習"

이 되었지만, 주희가 추구한 마음 공부의 핵심은 오늘날 우리에게 전해져 실천해야 할 지침으로 세워져 있다고 자각했다. 그 지침은 바로 거경궁리(居敬窮理)라는 말로 요약할 수 있다. 오건은 선조(宣祖)에게 올린 차자에서도 "학문의 방법은 다른 것이 없고 궁리(窮理)와 거경(居敬)일 뿐입니다."[26]라고 강조하고 있다.

하항은 2수의 시를 지어 화운했다.

신극의 성성은 하나의 흠(欽)이 주관하니,	辰極惺惺管一欽
크고 작은 일들 감촉에 따라 마음을 밝히네.	洪纖隨感只明心
황도(黃道)로 날아오름 평지에서 올라간 것이니,	飛蹤黃道升平地
창공을 쳐다보며 가장 높은 봉우리 올라가네.	擡眼青冥躋上岑
비 내리자 부용화 처음 수면에 피어나고,	雨落芙蓉初鑑炯
바람 불자 버드나무 끝내 연못에 잠기네.	風敲杞柳竟淵沈
길가에서 길을 잃었다 내 집으로 돌아오니,	路頭迷却歸吾室
조그만 차이로 고금을 그르쳤네.	些子差來誤古今

마음의 일깨움은 명선(明善)과 흠(欽)을 귀히 여기니,	喚醒方寸貴明欽
건곤의 모든 조화 마음 하나에 실려 있네.	萬化乾坤載一心
기질 순화하려면 북해의 태풍을 박차는 붕새처럼,	變質鵬搏風北海
효과를 얻으려면 밤낮으로 날갯짓하는 새처럼.	收功鳥數日西岑
구름이 가리자 청명한 달빛 어두워지고,	雲生桂魄淸輝暗
불 꺼진 향초는 밤의 어둠 속에 묻히네.	火滅蘭膏夜色沈
서적을 독파해도 막막히 갈 길을 헤매니,	破卷茫然迷去路

26 吳健, 『德溪集』 卷3, 「請窮理居敬箚」(隆慶戊辰四月二十一日朝講). "學問之道無他 窮理居敬而已"

지금처럼 앵무새 같은 학자들을 탄식했었지. 翠襟鸚鵡歎如今[27]

하항은 오건의 시가 지향하는 뜻에 공감하는 가운데 그 의미를 보다 더 분명하게 드러내는 방향에서 내용을 엮었다. 거경(居敬)과 궁리(窮理)의 중요성에 관해서는, '신극의 성성은 흠(欽)이 주관하니, 크고 작은 일들 감촉에 따라 마음을 밝히네', '마음의 일깨움은 명선과 흠을 귀히 여기니, 건곤의 모든 조화 마음에 실려 있네.' 등의 시구로 표현했다. 신극은 남명의 「신명사명(神明舍銘)」 자주(自註)에 "나라에 두 명의 임금이 없고 마음에 두 명의 주인이 없다. 신극이 바른 곳에 거처하면 넉넉하게 노닐면서 아랫사람을 부릴 수 있다. 삼천 명이 한 사람 같고 억만 명이 열 사람 같다."[28]라고 했다. 신극은 북극성이라는 뜻이지만, 여기서는 마음의 주인을 가리키는 말로 사용된 것이라 이해된다.

하학상달(下學上達)의 공부 과정에 관해서는 '황도로 날아오름 평지에서 올라간 것이니, 창공을 쳐다보며 가장 높은 봉우리 올라가네.'라고 표현했다. 해가 떠 있는 황도까지 날아오른 것도 평지에서 시작해 올라간 것이므로, 끊임없이 올라가다 보면 높은 곳까지 이를 수 있다는 말이다.

두 번째 시에서는 붕새에 비유해 기질을 순화하는 일을 말했다. 이것은 『장자(莊子)』 「소요유(逍遙遊)」의 "북녘 검푸른 바다에 물고기가 있으니 그 이름을 곤(鯤)이라고 한다. 곤의 크기는 몇천 리가 되는지 알 수 없다. 어느 날 이 물고기가 변화해서 새가 되니, 그 이름을 붕(鵬)이라고 한다. 이 붕새의 등 넓이도 몇천 리가 되는지 알 수 없다. 온몸의

27 河沆, 『覺齋集』 卷上, 「僭和鵝湖韻 呈吳德溪(二首)」 (時在德溪精舍).

28 曺植, 『南冥集』 卷1, 「神明舍銘」. "國無二君 心無二主 辰極處正 優游任下 三千惟一 億萬則什"

힘을 다해 날면 그 활짝 편 날개는 하늘 한쪽에 가득히 드리운 구름 같다. 이 새는 바다가 움직이면 남쪽 끝의 검푸른 바다로 날아가려고 한다. 남쪽 바다[南冥]란 하늘의 못[天池]이다."[29]라고 한 것에 근거했다.

하항의 이 시구를 통해 조식이 남명이라고 자호한 근거를 확실하게 파악할 수 있다. 그 의미는 곤이 변화해서 붕새가 되어 남명으로 날아가듯이, 타고난 기질의 한계를 극복하여 성현과 같은 경지에 이르고자 노력하는 것이다. 남명이 과거 시험을 그만두고 위기지학(爲己之學)에 전념하겠다고 결심한 무렵에 지은 글[30]에서 기질을 변화시키는 공부의 중요성에 관한 각성이 학문의 전환점이 되었다는 사실을 확인할 수 있다.

하항은 공부의 효과를 얻는 일에 관해, 주희가 "습(習)은 새가 계속해서 날갯짓하는 것이니, 배우기를 그만두지 않는 것이 새가 계속해서 날갯짓을 하는 것과 같다."[31]라고 '학이시습(學而時習)'을 해설한 말을 인용해 끊임없이 노력해야 한다는 뜻을 나타냈다.

그런데 두 번째 시의 마지막 부분에서는 당시의 학문 풍토에 관해 참담한 마음을 토로했다. 구름에 가려 청명한 달빛이 어두워지고 불 꺼진 향초가 어둠 속에 묻힌 상황으로 묘사했다. 학자들이 독서를 해

---

29 『莊子』, 「逍遙遊」. "北冥有魚 其名爲鯤 鯤之大 不知其幾千里也 化而爲鳥 其名爲鵬 鵬之背 不知其幾千里也 怒而飛 其翼若垂天之雲 是鳥也 海運則將徙於南冥 南冥者天池

30 曺植, 『南冥集』 卷2, 「書圭菴所贈大學冊衣下」. "噫 人之受氣 有萬不同 或得八九分來 六七分來 或得三四分來 其得八九分六七分而不學者 雖有一二三四分誤處 猶爲白中之黑 不失爲君子 若三四分來 雖或有三四分善處 猶爲黑中之白 畢竟爲六七分惡人 若余者 僅得三四分來 加以氣質之病 異於他人 當日得志 不啻誤身 應亦誤國 雖至末老有悔 能有贖乎 於今思之 不覺舌出 雖遇庸人皆若勝己者然 更欲傲物 不可得也 由前則爲小人 由後則爲聞道之人 轉移一寸之機 謬於千里 實由於傲富貴一念 有以啓出寡欲一線路來也 方知爲善爲惡 皆必有基本 如今日下種 明日便生也 人多以困窮爲悶 於余則困是爲通 屢屈科第 因困求亨 而尋得路向這邊去 見得本地風光 聞得父兄謦咳 飢而食 憂而樂 吾窮有可以換做世人之通乎 吾不換也"

31 『論語集註』「學而」. "習 鳥數飛也 學之不已 如鳥數飛也"

도 도가 어디에 있는지 알지 못한 채 헤매고 있으며, 의관만 차려입은 채 앵무새처럼 구이지학(口耳之學)에 골몰한다고 탄식했다.

스승을 위해 지은 「남명조선생명(南冥曺先生銘)」에서는 남명이 돌아가신 후 도학이 더욱 어두워진 상황에 관해, "도 있는 분이 두류산에서 일생을 마치시니, 보이는 것이 까마귀 아닌 것이 없구나. 의문스러운 것을 물어보려 해도 큰 거북이 없으니, 슬프다 만사가 그만이로구나! 태어난 때를 옳게 타고나지 못하니, 물고기 눈이 진주(眞珠) 노릇을 하는구나! …… 명월주(明月珠)는 공허하게 빛나고, 행인(行人)은 요행을 바라고 있네."[32]라고 묘사했다.

현실의 상황에 관한 이와 같은 인식은 하항이 추구한 도학의 두 축인 학문(學問)과 제민(濟民) 사이에서 갈등을 촉발시키는 원인이 되었으며, 출사(出仕)보다 퇴처(退處)를 선택할 수밖에 없는 조건이 되었다고 이해할 수 있다. 이 문제에 관해서는 더 자세하게 살펴보기로 하자.

---

32 河沆, 『覺齋集』 卷中, 「南冥曺先生銘」. "道死頭流 莫黑匪烏 稽疑無龜 萬事嗚呼 生際不辰 魚目爲珠 …… 明月空輝 行人守株"

3) 제민(濟民)에 관한 염원과 현실 모순의 비판

하항은 선조가 즉위한 해인 1567년에 사마시(司馬試)에서 일등 3위로 합격했으며, 당시 서른 살이었다. 하지만 2년 후 1569년에 일어난 진주유생 옥사사건에 연루되어 투옥되는 일이 있었다.[33] 물론 이 사건으로 인해 당시 사회와 정치 상황에 관해 더욱 깊은 회의감을 가졌을 것이지만, 이 일이 있기 전에도 스승인 남명과 마찬가지로 당대 현실을 비판적으로 바라보고 있었다.

남명은 1567년에 올린 상소문에서 현실 상황에 관해 "나라의 근본은 쪼개지고 무너져서 물이 끓듯 불이 타듯 하고, 여러 신하는 거칠고 게을러서 시동(尸童) 같고 허수아비 같습니다. 기강은 씻어버린 듯 말끔히 없어졌고, 원기(元氣)가 완전히 위축되었습니다. 예의가 온통 쓸어버린 듯 없어졌고, 형정(刑政)이 온통 없어졌으며, 사람을 쓰고 버리는 것이 온통 혼란스럽고 기근이 계속 되풀이되고 있습니다. 또한 창고는 온통 고갈되었고, 제사를 지내는 것이 온통 더럽혀졌으며, 세금과 공물을 멋대로 걷고, 국방은 허술할 대로 허술합니다. 뇌물을 주고받음이 극도에 달했고, 백성들을 착취하는 풍조가 극도에 달했고, 백성들의 원통함이 극도에 달했고, 사치도 극도에 달했고, 음식을 호화스럽게 먹고 있습니다. 공물이 올려지지 않고, 오랑캐들이 업신여겨 쳐들어오고 있습니다. 온갖 병통이 급하게 되어 하늘의 뜻과 사람의 일도 예

---

33 진주유생옥사사건의 발단과 정치적·사회적 파장에 관해서는 정만조(2000), 「선조초 진주 음부옥과 그 파문」(『한국학논총』 제22집, 국민대학교 한국학연구소)과 전병철(2017), 「順庵 安鼎福의 『南冥集』 箚記에 나타난 南冥 曺植에 관한 인식」(『남명학연구』 제53집, 경상대학교 경남문화연구원, 122~124면)에 상세하게 서술되어 있다.

측할 길이 없습니다."[34]라고 극도의 절망감을 토로하며 절규했다.

하항은 당시 학자들이 극심한 고통에 허덕이는 백성들을 구제할 생각은 하지 않고 자신을 팔아 부귀를 얻으려 하는 모습에 관해 다음과 같이 탄식했다.

옛사람은 공부하려 깊은 산에 은거했으니,	古人爲學隱山深
벼슬과 봉록 원래 마음에 들어오지 않았네.	爵祿元來不入心
슬프구나! 다투어 자신을 파는 지금 학자들,	惆悵如今爭賣己
물에 빠진 백성을 언제 건져낼 수 있을까?	水民何日可拯沈[35]

또한 개인적인 삶에서도 불행이 연이어 닥쳐왔다. 32세 때인 1569년에 딸을 잃고 이어서 모친상을 당했으며, 이듬해에 백부상(伯父喪)을 당하고 1571년에는 부친상을 당했다. 그는 이때의 심정을 "상제(上帝)에게 버림을 당했는지 자녀를 잃고 부모를 여의어 홀로 외로워 천지가 깜깜하고 아득하게 보이니 어찌하겠습니까?"라고 술회했다. 게다가 1572년에는 남명이 별세했고 1574년에는 가장 절친한 벗인 오건이 세상을 떠났다.[36]

그러나 그 당시 하항을 비롯한 남명학파의 학자들에게 가장 큰 충격을 준 정치적 사건은 1589년 기축옥사(己丑獄事)가 일어나 최영경이 무고되어 억울한 죽음을 당한 일이었다. 1575년 하항이 각봉 아래에

---

34 曺植, 『南冥集』 卷2, 「丁卯辭職呈承政院狀」. "邦本分崩 沸如焚如 群工荒廢 如尸如偶 紀綱蕩盡 元氣薾盡 禮義掃盡 刑政亂盡 士習毁盡 公道喪盡 用捨混盡 飢饉荐盡 府庫竭盡 饗祀瀆盡 徵貢橫盡 邊圉虛盡 賄賂極盡 掊克極盡 寃痛極盡 奢侈極盡 飮食極盡 貢獻不通 夷狄凌加 百疾所急 天意人事 亦不可測也"

35 河沆, 『覺齋集』 卷上, 「偶吟」.

36 하만홍, 「覺齋 河沆의 學問과 詩世界」, 경상대학교 한문교육전공 석사학위논문, 2002, 11면.

각재를 짓고 후진을 양성하기 시작했을 무렵, 최영경은 서울에서 진주 돝골[猪洞]로 이거했으며, 1583년경에 수우당(守愚堂)을 짓고 하항과 함께 절차탁마했다.[37] 이처럼 도의지교(道義之交)를 나누던 벗이 모함을 받아 죽게 된 일은 하항에게 현실 상황에 관한 깊은 절망감을 안겨주었을 것이다.

아래의 두 시에서 그런 심경을 강하게 드러내고 있다.

주학정에 학은 없고,	住鶴亭無鶴
흰 구름만 쓸데없이 자욱해라.	白雲空被被
친구가 친구를 보내니,	故人送故人
소나무에 한없이 눈물을 흩뿌리네.	濺松無盡淚[38]

봄산이 주인을 기다렸는데,	春山待主人
백리 밖에서 늦게 돌아왔네.	百里歸來晩
산새는 숲 건너에서 지저귀니,	山鳥隔林啼
시사의 혼란을 알지 못하구나.	不知時事亂[39]

현실의 상황이 이렇게 절망스럽다고 하지만, 하항은 도학의 외향적 실천인 제민에 관한 바람을 포기할 수 없었다. 그래서 더욱 현실과 이상 사이에서 빚어지는 간극에 관해 상심했다. 그런 마음을 두보(杜甫)에 견주어 표현하기도 했다.

---

37 상동, 13면.

38 河沆, 『覺齋集』 卷上, 「住鶴亭贈河性源(渾)」.

39 河沆, 『覺齋集』 卷上, 「還覺齋」.

강가의 안개와 달빛 속에 늙어가니,	江上老煙月
시골에 사는 건 본래의 뜻이 아니라네.	村居非本志
시사를 슬퍼해 꽃을 보아도 눈물 흘리는 사람,	感時花濺淚
나와 두자미.	吾與杜子美[40]

그리고 임금의 주변에서 눈과 귀를 막고 있는 간신들을 구름에 비유하여 자신이 하늘에 올라가 만 리 밖으로 불어서 흩어버리고 싶다는 의분을 드러내기도 했다.

태양이 떠올라 푸른 하늘 깨끗하더니,	火輪飛出碧虛淸
먹구름에 가려져 모습이 보이질 않네.	爲翳陰雲不見形
어찌하면 하늘에 올라가 먼 곳으로 불어내어,	安得昇空吹萬里
세상에서 옛날의 광명을 다시 볼 수 있을까?	人間復覩舊時明[41]

그러나 하항이 당대 현실에서 이루고 싶었던 제일 큰 소망은 도의 회복이었을 것이다. 그는 남명이야말로 요순으로부터 전해져 내려온 도학의 정맥(正脈)을 어어 받았다는 확신을 '손안의 명월주는 요순으로부터 전해진 것'이라고 표현했다. 그리고 그 사실을 사람들이 알지 못해 남명의 학문이 인정받지 못하고 오히려 가짜가 진짜인 것처럼 숭상되는 상황을 '명월주는 공허하게 빛나고 행인은 요행을 바라고 있다'고 비유했다.[42]

---

40 河沆, 『覺齋集』 卷上, 「謾吟」.

41 河沆, 『覺齋集』 卷上, 「浮雲蔽白日」.

42 河沆, 『覺齋集』 卷中, 「南冥曺先生銘」. "手中明月 傳自唐虞 明月空輝 行人守株"

따라서 하항은 남명의 학문을 계승하는 일이 문파(門派)의 수호라는 의미를 넘어 도학이 끊어지지 않도록 하는 것이라고 여겼다. 그리하여 1576년에 동문들과 함께 덕산에 덕산서원을 건립했다. 또한 같은 해에 삼가(三嘉) 유생들이 주도하여 회산서원이 건립되었다. 하항은 이 두 서원의 초대 원장을 역임했다.

서원을 통해 남명의 학문이 계승되고 도학이 회복되기를 염원하는 바람을 담아 아래의 시를 지었다.

속된 사람이 오늘 현인의 사당에 오르니,	塵蹤此日躡賢祠
주나라 이후 천년의 옛 풍모를 보네.	周後千年看古儀
기상은 구름 속에서 산악을 보는 듯하고,	氣像可瞻雲裏嶽
정신은 책속의 말씀이 곁에 계신 듯하네.	精神如在卷中辭
하늘이 아껴둔 구역에 새로운 주인 찾으니,	天慳區域求新主
귀신이 산수를 지키며 성대한 때를 기다렸네.	鬼護煙霞待盛時
서원을 채우며 많은 선비들 찾아오니,	滿院衣冠來濟濟
우리 도가 여기에서 회복될 것을 비로소 알겠네.	始知吾道復於玆[43]

하항이 만년에 구거(舊居)로 돌아와 내복재(來復齋)를 지은 것은 '원래의 장소로 다시 돌아왔다'는 사실에 근거한 명명이기도 하지만, 『주역』 복괘(復卦)의 '일양내복(一陽來復)'에 관한 염원을 담고 있다고 이해된다. 온통 음(陰)이 득세한 상황에서 실낱같은 양(陽)이 은미하게 회복되고 있다는 믿음은 남명의 학문이 언젠가는 정당한 인정을 받을 것이라는 확신과 함께 도의 회복은 자연의 섭리와 같이 거부한다고 막을 수 있

43 河沆, 『覺齋集』 卷上, 「浮雲蔽白日」. 「晦山書院」.

는 것이 아니라는 의미를 시사하고 있다.

3. 하항 도학시의 결정(結晶), 「서대팔영」

당대(唐代)의 『시격(詩格)』에서 경(境)을 세 가지로 설명하고 있다. 이는 물경(物境), 정경(情境), 의경(意境) 등이다. 물경은 산수 자연의 모습을 묘사하는 것이다. 이때 경계와 형상이 얼마나 분명하게 묘사되는지 알 수 있다. 이는 자연시에서 지적할 수 있는 부분이다. 정경은 '뜻 속에서 펼쳐져 몸 안에 깃들게' 된다. 이런 뒤에야 시상을 내달려 그 감정을 깊이 얻을 수 있는 것이다. 그리고 의경은 '뜻에서 그것을 펼치고 마음속에서 그것을 생각하면 그 참됨을 얻을 수 있다'고 했다. 이는 주로 시가예술의 형상들이 표현하는 내적인 감수나 체득, 인식의 문제를 지적한 표현이다. 중당(中唐) 대에 가서는 경을 결합한 의경설(意境說)을 논의하는 방식으로 발전했다. 이는 독특한 예술적 형상을 갖추기를 요구한 이론으로 상당한 진전이 있었다. 만당(晩唐) 대의 사공도(司空圖, 837~908)는 더욱 논의를 진전시켜 의경을 결합시키면서 시가의 풍격론(風格論)에 이르기까지 발전시켰다.

송대(宋代)에는 시인들이 자신의 생활에서 일어난 사회·자연·개인 문제 등을 소재로 하여 시로 읊고 있다. 이들은 신유학 즉 성리학의 영향 아래서 평담(平淡)한 경향의 시풍을 드러냈다. 그래서 송시에는 철학적인 작품, 신변의 잔일들을 다룬 작품, 산문적이고 설리적인 작품도 있게 되었다. 따라서 이들 시에는 다양한 소재를 바탕으로 더 많은 함축과 정확한 의미를 추구했고 심지어 통속적인 표현까지도 시어로써 활용하는 경향이 나타났다. 경계는 유아지경(有我之境)과 무아지경(無我之境)으로 나누며, 자연과 자신, 즉 신여물회(身與物會), 물아일체(物我一體)의 혼융적 경지를 최고의 경지로 보았다. 따라서 의경은 시인의 주관적 사상, 감정과 개성, 그리고 사회적 존재로서의 시대 심미의식까지도 포괄하는 명제다. 의경설은 문학 비평의 핵심 논제로 부각되어 왔다. 이러한 사실은 청대(清代) 주요 시론가(詩論家)와 청말(清末) 왕국유(王國維)에 이르기까지 다양한 논리 전개와 함께 발전한 데서 알 수 있다. 이러한 역사적 배경과 함께 의경은 도학자들이 그들의 사상과 감정을 담아내는 틀이 된 것이다. 이것은 바로 성리학적 세계관을 토대로 '자연 속에서 보편적인 조화의 세계를 발견'하고자 했기 때문이다.[44]

명도(明道) 정호(程顥, 1032~1085)의 「추일우성(秋日偶成)」은 도통시(道通詩)라고 칭송될 만큼 자아와 세계의 혼융된 경지를 그려내고 있다.

한가로워 조용하지 않은 일이 없으니,	閑來無事不從容
잠에서 깨자 동창에 해가 밝았구나.	睡覺東窓日已紅
만물을 고요히 살펴보니 저마다 자득하고,	萬物靜觀皆自得
사계절 아름다운 흥취 사람과 똑같구나.	四時佳興與人同
도는 천지의 유형 밖에까지 통하고,	道通天地有形外
생각은 풍운의 변화하는 모습에까지 들어가네.	思入風雲變態中

44 양훈식, 「成渾 詩의 道學的 性向과 風格美」, 숭실대학교 국어국문학과 박사학위논문, 2016, 152~153면.

부귀에 흔들리지 않고 빈천에도 즐거우니, 富貴不淫貧賤樂
남아가 이런 경지에 이르러야 호웅이지. 男兒到此是豪雄[45]

그리고 퇴계 이황이 61세 때 지은 「시냇가로부터 걸어서 산을 넘어 서당에 이르다[步自溪上 踰山至書堂]」라는 시는 도학시의 높은 경지를 보여주어 성도(成道)의 작품이라고 평가된다.

꽃들 바위 언덕에 피고 봄은 고요한데, 花發巖崖春寂寂
새는 냇가 나무에서 지저귀고 물 잔잔히 흐르네. 鳥鳴澗樹水潺潺
우연히 산 뒤에서 동관들 데리고, 偶從山後攜童冠
한가로이 산 앞에 이르러 고반을 보네. 閒到山前看考槃[46]

이 시에 관해 이덕홍(李德弘)이 "읊으신 시는 상하(上下)가 같이 흐르고 만물이 각기 그 자리를 얻는 묘함이 있는 것 같은데 어떠합니까?"라고 이황에게 물으니, 이황은 "비록 그런 뜻이 있으나 주장하는 말이 너무 지나치게 높다."고 답했다. 상하가 같이 흐르고 만물이 각기 그 자리를 얻는다는 것은 인욕(人欲)이 없는 곳에 천리(天理)가 유행하여, 곳에 따라 충만함으로써 물아(物我)·내외(內外)가 일체된 경지의 즐거움을 가지는 것이라 한다. 결국 이 시는 꽃은 꽃대로, 새는 새대로, 봄은 봄대로, 물은 물대로, 나무는 나무대로, 사람은 사람대로 각기 그 자리를 얻으면서 그들이 천리에 맞게 한데 조화되어 조그만 결함도 없는, '도'

---

45 程顥, 「秋日偶成」.

46 李滉, 『退溪集』 卷3, 「步自溪上 踰山至書堂」(李福弘德弘琴悌筍輩從之).

의 상태를 읊은 것이다.[47]

하지만 위의 두 작품이 구현한 도통과 성도의 경지는 그와 같은 의경을 감식할 수 있는 안목이 없다면 이해하기 힘들다. 도학시는 평담함 속에서 심오한 의경을 언어의 밖으로 표현하기 때문에, 일반적인 경물시나 자연시와 구별하기 힘들다. 현재 도학시에 관한 연구가 부진한 이유도 이와 같은 이해의 어려움에 기인하는 것이 아닐까 생각된다.

하항의 「서대팔영」[48]은 하수일이 해의(解義)를 남겨놓아 이 시가 가지는 의경과 지향에 관해 상세하게 밝혀놓았으니, 이와 같은 사례는 매우 드문 경우이다. 따라서 하수일의 해의를 통해 「서대팔영」을 깊이 감상할 수 있는 도움을 얻을 수 있으며, 하항의 도학시에 관한 이해를 높일 수 있는 안목을 가질 수 있다.

우선 서대라는 장소와 그곳의 주인에 관한 문제부터 살펴보기로 하자. 하수일은 서대가 상산(商山: 현재의 상주)에 있다고 했으며, 주인은 '아무군 아무개(某君某也)'라고 하여 밝히지 않았다. 이 시가 지어진 계기는 하항이 지나가는 길에 서대를 방문하자, 주인이 「대중팔영(臺中八詠)」이라는 시에 화운해주길 요청하여 지어주었다고 한다. 창작 시기는 해의를 지은 그해 여름이라고 했는데, 하수일의 「연보(年譜)」에는 1585년이라고 명시되어 있다. 하수일은 서대의 주인에 관해 자세하게 알지 못하지만, 숙부가 벗을 사귐이 구차하지 않아 미천한 사람이라도 훌륭하면 받아들이고 부귀한 사람이라도 불초하면 어울리지 않은 점을 미

47 이원주, 「道學派의 문학」, 『韓國文學硏究入門』, 지식산업사, 1982, 264면.
48 河沆, 『覺齋集』 卷上, 「西臺八詠」.

루어 그 주인의 사람됨을 알 만하다고 추측했다.[49] 상주에 거주한 사람 가운데 서대라는 호를 사용한 김충(金冲, 1513~1572)이 있다.[50] 그런데 「서대팔영」이 1585년에 지어졌다면, 김충은 이미 별세한 이후이므로 시기가 맞지 않는다. 현재로선 서대의 주인에 관한 명확한 자료를 찾을 수 없다.

「서대팔영」의 창작 배경에 관해서는 이 정도로 언급하기로 하고, 실제 작품에 나아가 그 내용을 고찰해보자. 첫 번째 시의 제목은 '연악산에 떠오르는 아침 해[淵岳朝暾]'이다.

아침에 산 구름 흩어지고 하늘에 해가 떠오르니,	嶽雲朝散日飛空
만물의 모습 깨끗하고 밝으며 맑은 기운 가득하네.	萬像虛明淑氣濃
주인에게 아뢰고 황도로 떠나가니,	報道主人黃道去
영대에서 붉은 태양을 보게 되네.	靈臺看了一輪紅

영대(靈臺)는 마음을 가리키고, 일륜홍(一輪紅)은 마음이 깨끗하고 신령하며 어둡지 않은 것[虛靈不昧]을 의미한다. 첫째와 둘째의 구절은 인욕이 말끔히 씻기고 본심이 드러나는 것을 말한다. 본심이 드러나게 되면 마음속에 갖추어져 있는 모든 이치가 밝아지고 내면의 호연지기가 충만하게 된다는 것을 표현했다. 셋째와 넷째의 구절은 학자가 향상하는 공부를 찾아가면서 힘써 나아가고 게을리하지 않을 수 있다면

49 河受一, 『松亭集』 卷3, 「讀西臺八詠解義」. "臺在商山 臺之主人 某君某也 今年夏 叔父嘗道過而訪其臺 主人以臺中八詠索和 叔父作此詩以贈 嗚呼 吾不詳其主人 然叔父交道不苟 賢者 雖在賤微而收之 不肖者 雖極富貴 猶不與也 則可得其主人之爲人矣"

50 이구의, 「西臺 金冲의 시에 나타난 정신세계」, 『온지논총』 제32집, 온지학회, 2012, 105면.

본심의 밝음을 볼 수 있다는 뜻을 나타냈다.[51]

두 번째 시의 제목은 '서산의 저녁 비[西山暮雨]'이다.

하나의 음이 서쪽을 전멸하여 비가 내리니,	一陰西鏖玉麻靡
어둠이 숲에서 일어나 빛을 볼 수 없네.	暝色生林不見輝
위쪽의 파란 하늘 상제 얼굴 보이니,	上面蒼蒼看帝面
주인은 스스로 솔 사립문을 열고자 하네.	主人要自啓松扉

첫째 구절은 욕심 하나가 처음 생겨나 많은 생각이 함께 싹 트는 것을 말한다. 둘째 구절은 음의 기운이 갑자기 양의 빛을 가렸다는 뜻이다. 하지만 마음의 본체의 밝음은 형형하여 어둡지 않아 민멸된 적이 없다. 그 본체의 밝음을 보려 한다면, 학자가 자기의 사욕을 극복하고 힘써 행하여 스스로 열어 밝히는 데에 달려 있을 뿐이다. 셋째 구절과 넷째 구절은 바로 이러한 의미를 가리킨다. 하수일은 이 시가 사람을 경계시키는 뜻이 절실하다고 평가했다.[52]

세 번째 시의 제목은 '강가 백사장의 봄버들[沙汀春柳]'이다.

눈꽃의 첫 조짐 시냇가 봄날에 나타나니,	六霙初朕一溪春
만 그루 버드나무 은빛 백사에서 자라네.	萬柳生沙襯白銀
온 땅에 푸른 그늘 드리워 더위를 씻어주니,	滿地蒼陰消道暍

51 河受一, 『松亭集』 卷3, 「讀西臺八詠解義」. "此言人欲淨盡 本心呈露 本心旣露 萬理昭明 浩氣充滿 學者苟能尋向上去 勉進不怠 則所謂本心之明者 可得以見之矣 靈臺 指心也 一輪紅 指心之虛靈不昧也 其勉人之意可謂深"

52 河受一, 『松亭集』 卷3, 「讀西臺八詠解義」. "此言一欲始生 衆念俱萌 陰濁之氣 卒蔽陽明之光 然其本體之明 則炯炯不昧 未嘗泯滅 苟欲見其本體之明 則此在學者克己力行 自開而明之耳 而由人乎哉 其警人之意 可謂切矣"

삼복에 모두에게 가을을 느끼게 해주네.	三庚儘作九秋人

이 시의 표면적인 뜻은 따뜻한 봄기운이 초목을 생겨나게 하고 무성하게 키워 무더운 여름날에 그 그늘 아래에서 사람들이 더위를 씻을 수 있다는 것이다. 이면에 담겨 있는 뜻은 학자가 어릴 때 배우고 장성해서 실천할 수 있다면 그의 덕이 다른 사람들에게 미칠 수 있다는 것을 뜻한다. 하수일은 소식(蘇軾)의 「유공권의 연구에 차운하다[足柳公權聯句]」에서 "원컨대 이런 베풂 고르게 하여 시원한 그늘 사방에 나누어 주었으면."라고 한 것이 이 시의 의미와 상통한다고 보았다.[53]

네 번째 시의 제목은 '맑은 강물의 가을달[晴川秋月]'이다.

은하수 서쪽으로 흘러 흑도(黑道)를 가로지르는데,	星漢西流黑道橫
땅에서 밝은 곳은 하늘에서 밝기 때문이라.	下天明處上天明
사람은 천지 사이에서 잠시 머무는데,	人在兩間些子少
단경이 십주의 물가를 엉터리로 말했네.	丹經誤說十洲汀

이 시의 전체적인 의미는 사람이 거처하는 곳을 잘 선택해야 한다는 것이다. 몸이 깨끗하고 밝은 곳에 있으면 청정함이 자신에게 있으므로 인욕이 사라진다는 뜻을 표현하고 있다. 이런 뜻은 『맹자』의 '거처가 기상을 바꾼다'는 말과 주희의 「재거감흥시(齋居感興詩)」에서 '가을달이 찬 강물을 비춘다'고 표현한 시구와 동일한 의미다. 셋째 구절은 송나라 범중엄(范仲淹)이 지은 「척은등 여구양공석상분제(剔銀燈 與歐陽公席上分

53 河受一, 『松亭集』 卷3, 「讀西臺八詠解義」. "此言陽春布德 草木始生 及其繁茂 其陰足以庇人 猶學者幼學壯行 其德足以及人也 古詩云 願言均此施 淸陰分四方 抑其遺意歟"

題)」에서 "다만 천지 가운데 있으면서 약간의 짧은 생애를 산다[只有中間 些子少年]"고 표현한 것을 변용했다. 넷째 구절은 신선 사상을 추구하는 사람들이 십주(十洲)의 이상향을 말하면서 사람들을 현혹하지만, 참된 즐거움은 유학에 있다는 뜻을 가리키고 있다.[54]

다섯 번째 시의 제목은 '외진 마을 푸른 대나무[孤村綠竹]'이다.

> 무성한 대나무들 가시덤불에서 자라지만, 猗猗蒼玉任黃荊
> 본래 문(文)과 무(武)를 겸해 생겨난 품종이라네. 自從文武一種生
> 가장 사랑스러워! 외진 마을 외로운 나그네의 벗, 最愛孤村孤客伴
> 서대의 운치 절반은 차가운 대줄기 덕분이네. 滿臺風致半寒莖

창옥(蒼玉)은 대나무이며, 황형(黃荊)은 가시나무이다. 표면적인 뜻은 대나무가 가시덤불에 고통을 받지만 그 굳센 절개는 예로부터 지금까지 추운 날씨 속에서도 변하지 않기 때문에 많은 사람이 사랑하여 정원수로 심는다는 것이다. 이면에 담긴 의경은 군자가 소인에게 핍박을 당하지만 도를 굳세게 지켜 끝까지 자기의 지조를 변치 않아 마침내 사람들이 훌륭하게 여기는 것을 가리킨다. 이러한 의미는 공자가 소나무와 측백나무를 찬탄한 것과 동일하다.[55]

여섯 번째 시의 제목은 '사방 들판의 익은 곡식들[四野黃雲]'이다.

---

54 河受一, 『松亭集』 卷3, 「讀西臺八詠解義」. "此言人之所處 不可不擇也 身在虛明之地 則清明在躬 人欲消融 與孟子所謂居移氣 朱子所謂秋月照寒水者 其意一也 末句言吾道中自有樂地 何必求之於異端之外哉"

55 河受一, 『松亭集』 卷3, 「讀西臺八詠解義」. "此言蒼玉 竹也 黃荊 惡草也 竹雖爲荊棘所困 然其勁節自古及今 經歲寒而不變 故人多愛之 爲庭實焉 猶君子雖爲小人所侵凌 然固守一道 終不改其所操 卒爲人之所賢也 此與夫子松栢後彫之歎 其意一也"

사방 들판에 풍성한 곡식들 우로의 은택 깊으니,	四埜離離雨露深
상제의 마음은 예나 지금이나 그치질 않네.	帝心無間古猶今
괴이하다! 들판에서 모든 곡식 거두어진 뒤에,	怪却野淸雲盡後
집집마다 곡식 한 톨이 천금보다 귀하다니.	家家一粒貴千金

이 시는 하늘이 곡식을 생기게 한 까닭이 우리 백성을 기르기 위해서라는 사실을 말하고 있다. 좋은 곡식을 생겨나게 해서 심도록 하고, 다시 비와 이슬을 내려 기름지게 하니, 천심이 백성을 사랑한다는 것을 볼 수 있다. 하늘은 조금도 피차의 구분이 없는데다, 고금의 차이도 없다. 세상의 탐욕스럽고 난폭한 관리들이 천심을 살피지 않고 자기의 욕심을 마음껏 부려 많이 거둬들이고 무겁게 부과하여 땅에서 나는 곡식들을 모조리 빼앗고 집안에 간직할 식량을 남지 않도록 한다. 그래서 한 톨의 곡식이 천금보다 비싸다고 탄식했다.

하수일은 당나라 이신(李紳, 772~846)이 지은 「민농(憫農)」에서 "온 세상에 노는 농토가 없는데, 농부는 오히려 굶어 죽는구나!"라고 탄식한 뜻이 이 시와 같다고 보았다. 또한 "아! 백성들의 생활이 이처럼 어려우니, 어찌 그들의 어머니가 젖을 먹여주는 것 같은 상황을 만날 수 있을까?"라고 깊은 탄식과 바람을 토로했다.[56]

하항은 농민들이 겪는 어려움에 관해 시를 통해 표현했을 뿐만 아니라, 그 이전 1583년에는 상소를 올려 율곡(栗谷) 이이(李珥, 1536~1584)의 실정(失政)을 논하면서 '조세(租稅)를 더하고자 한 것', '전적(田籍)을 측

56 河受一, 『松亭集』 卷3, 「讀西臺八詠解義」. "此言天之生穀者 所以養吾民也 旣生嘉穀以種之 又降雨露以膏之 可見天心之愛民 少無彼此之間 而亦無古今之異矣 世之貪官暴吏 不察天心 恣行己欲 厚斂而重賦 殫地所出 竭廬所入 故一粒之粟 貴於千金 噫 民之生理 艱難如此 安得得其母乳之耶 古人有詩曰 四海無閑田 農夫猶餓死 其此之謂歟"

량하고자 한 것' 등을 거론하며 격렬하게 비판했다.[57]

일곱 번째 시의 제목은 '태암에서의 낚시질[苔巖釣魚]'이다.

동해를 끝없이 그리워하며 강태공을 배우니, 東海悠悠學太公
바람 속 낚시질을 제후 노릇과 바꾸지 않으리. 風綸不換萬侯封
남쪽 끝 친구는 축지법을 할 수 없어, 南極故人難蹜地
주인옹을 따라 낚시를 할 수 없네. 未能從釣主人翁

동해는 강태공이 낚시하던 위양(渭陽)을 가리킨다. 남쪽 끝 친구(南極故人)는 하항이 자신을 가리킨 말이다. 이 시는 서대의 주인이 강태공의 유풍을 배워 은거의 삶에 스스로 즐거워하며 남들이 알아주기를 바라지 않는다는 뜻을 표현하고 있다. 하수일은 서대의 주인이 이처럼 은거하는 삶을 살고자 한 것은 현실의 정치 상황 때문일 거라고 생각했다. 그렇기에 "요순의 시절에는 재야에 등용되지 않은 현인이 없었다고 했다. 그런데 후세의 현인과 군자는 숨어든 숲이 우거지지 않을까, 숨어든 산이 깊지 않을까 두려워한다. 선비가 천지에 태어나 지극한 덕이 펼쳐지는 세상을 만날 수 있을런가?"라고 탄식했다.[58]

마지막 여덟 번째 시의 제목은 '역정의 행인들[驛程行人]'이다.

시력이 다하도록 아득한 서대 동쪽 길을 바라보니, 眼窮杳杳臺東路

57 이 상소문은 초간본의 『각재집』에는 수록되어 있으나, 중간본 이후로는 삭제되었다. 율곡 이이를 격렬하게 비판했기 때문이라고 판단된다.

58 河受一, 『松亭集』 卷3, 「讀西臺八詠解義」. "此言主人思古人而不可見 學其遺風 隱居自樂 而無求於人也 叔父自嘆相住阻遠 未能與主人同其釣魚之樂也 吾聞堯舜之時 野無遺賢 後世賢人君子 猶恐入林之不密 入山之不深 士生天地 庶見至德之世乎 東海 渭陽也 悠悠 思之長也 南極故人 叔父自謂也"

흰 기운 온 산을 뒤덮고 나그네 식사하는 아침이라. 白氣渾山客食朝
돌아갈 곳 어디인지 모른 채 길을 떠나가니, 歸宿不知何處去
수고롭게 말을 몰지만 하루 내내 쓸쓸하네. 勞勞驅馬日蕭蕭

이 시는 서대에 올라 멀리 동쪽 길을 바라보니, 길을 가는 자들이 먹고사는 일에 매달린 사람이 아닌 이가 없으며, 돌아갈 곳도 알지 못해 종일토록 말을 몰아가지만 수고롭기만 할 뿐 효과는 없다는 것을 말했다. 그리하여 학자가 육체의 몸을 기르고 마음의 본성을 잃어 자기가 머물러야 할 곳을 알지 못하는 것을 비유했다.[59] 하항은 남명이 별세한 이후로 도학의 상실이 더욱 심해졌다고 깊이 우려했는데, 이러한 현실 인식이 「서대팔영」의 마지막 시에서도 역력하게 드러나고 있다.

하수일은 마무리하는 부분에서 이런 뜻으로 시를 지은 것은 그 의미가 더욱 절실하다고 이해했다. 그리고 이 시를 진정으로 이해할 수 있는 방법은 입으로 시어를 읊고 마음으로 뜻을 생각하면서 보통의 제영(題詠)으로 보지 않고 자신에게 돌이켜 살펴보는 데에 있는데, 서대의 주인은 이것에 유의할 수 있었는지 모르겠다는 말로 끝을 맺었다.[60]

후세의 용와(容窩) 하진현(河晉賢, 1776~1846)은 「서대팔영」이 이룩한 도학시로서의 면모에 관해, 송유(宋儒)의 풍아(風雅)에 열거하더라도 시대는 다르지만 똑같이 부합할 것이라고 평가했다. 하수일의 해의는 이천정이의 「사물잠(四勿箴)」이 공자와 안자의 심법 전수를 밝히고, 구준(丘

59 河受一, 『松亭集』 卷3, 「讀西臺八詠解義」. "此言登臺而望其東路 則行路者莫非飮食之人 而又不知歸宿之所 終日驅馳 徒勞而無功 以比學者養小而失大 不知所止之處 一篇旣終 其意益加切矣"

60 河受一, 『松亭集』 卷3, 「讀西臺八詠解義」. "苟以此詩 口詠其言 心惟其義 不以尋常題詠視之 而反求諸身則善矣 不知主人果能留意於是耶"

濬)의 『대학연의보(大學衍義補)』가 주희와 진덕수(眞德秀)가 해설한 핵심을 갖춘 것과 같은 공로가 있다고 했다. 그리하여 「서대팔영」과 「독서대팔영해의(讀西臺八詠解義)」는 덕이 있는 사람들의 말로서 모든 이치가 간직된 굴택(窟宅)이자 여러 철인의 정법안장(正法眼藏)이라고 칭송했다.[61]

4. 맺는말

하항의 도학시에서 수기와 관련된 작품을 살펴본 결과, 그는 학문의 근원을 사서에 두고 있었다. 경전을 읽을 적에는 성현을 직접 뵙고 있는 것 같은 마음 자세로 읽기를 권면했으며, 성현의 경지가 높다고 여겨 스스로 한계를 짓거나 포기하지 말고 그분들과 같은 경지에 오르도록 힘써 노력해야 한다고 했다. 그러나 무엇보다 수기와 관련해 가장 뚜렷하게 강조한 내용은 '성성법'에 관한 것이었다. 하항이 견지한 학문의 핵심을 함축적으로 볼 수 있는 작품은 덕계 오건의 시에 화운한 「분수에 지나치게 아호의 운자에 화운하여 오덕계에게 드리다[僭和鵝湖韻 呈吳德溪(二首)]」라는 시이다. 하항은 이 시에서 거경과 궁리, 하학상달의 공부과정, 기질의 변화, 날마다 꾸준한 학습 등의 중요성을

61 河晉賢, 『容窩集』 卷3, 「謹書西臺八詠附註後」. "列於宋儒之風雅 亦可謂異世而同符矣 其爲附註也 深透蘊奧 如昏衢之秉燭 發揮文章 若大河之尋源 鉤玄提要 擇焉而精 明體適用 語之也詳 如四勿之程箴 明二聖傳授之心法 大學之丘補 備兩賢衍義之體要 固可謂有功於斯文者矣 孟子曰 誦其詩 讀其書 可以知人 於乎 是詩也 是註也 豈非有德者之有言 而萬理之窟宅 群哲之眼藏耶"

표현했다.

제민과 관련된 시에서는 당시 학자들이 극심한 고통에 허덕이는 백성들을 구제할 생각은 하지 않고 자신을 팔아 부귀를 얻으려 하는 모습에 탄식했다. 하지만 현실의 상황이 절망스럽다고 해서 도학의 외향적 실천인 제민에 관한 바람을 포기할 수는 없으므로 두보의 심경에 자신의 마음을 비견하기도 했다. 그리고 임금의 주변에서 눈과 귀를 막고 있는 간신들을 구름에 비유하여 자신이 하늘에 올라가 만리 밖으로 불어서 흩어버리고 싶다는 의분을 드러내기도 했다. 그러나 하항이 당대에 가장 이루고 싶었던 소망은 도의 회복이었다. 「회산서원」이라는 시에서는 서원을 통해 남명의 학문이 계승되고 도학이 회복되기를 염원했다.

「서대팔영」은 하항의 도학시가 이룩한 결정(結晶)이다. 하수일은 이 시에 관해 "시어가 바르고 뜻이 엄밀하며, 표현은 비근하지만 의미는 원대하다. 사물에 바탕해 흥취를 일으키고 일에 비유해 시어를 엮어 정성스레 사람을 인도하여 선을 행하는 데로 들어가게 하며, 현실의 상황을 아파하고 옛날의 성세를 그리워하는 뜻이 그 속에 담겨 있다. 쇠 종이 울리는 듯 소리가 퍼져나가며, 구슬이 꿰어져 있는 듯 찬란한 빛이 발한다. 이 시를 읽으면 사람들이 권면되고 경계하며 사랑하고 두려운 마음을 가질 수 있다. 단지 성률의 공부를 위한 것이 아니니, 세교에 관련된 것이 참으로 크다."[62]라고 했으며, 해의를 지어 그 의미를 상세하게 훈석했다. 또한 후세의 용와 하진현은 「서대팔영」과 「독서대팔영해의」는 덕이 있는 사람들의 말로서 모든 이치가 간직된 굴택

62 河受一, 『松亭集』 卷3, 「讀西臺八詠解義幷序」. "辭正而意嚴 言近而指遠 因物起興 比事屬辭 眷眷誘人 欲其入於爲善 傷今思古之義亦包其中 鏘若金鳴 爛若珠貫 讀之使人可勸可懲可愛可懼 非直爲聲律之工而已 其關於世敎亦大矣"

이자 여러 철인의 정법안장이라고 칭송했다.

이와 같은 내용에 근거한다면, 하항의 도학시는 문학을 통해 그가 추구한 도학을 밝힌 것이며, 그 효용은 자신의 수기뿐만 아니라 세교와도 연관된다. 남명을 비롯한 남명학파의 학자들이 '시황계'를 견지하여 작시(作詩)를 부정적으로 인식한 것에 비해, 오히려 하항은 시를 통해 도학의 효용을 이루고자 노력한 것이었다.

이러한 결론에 의거할 때, 남명학파의 학맥에서 하항-하수일-하홍도 등으로 이어진 유파가 구축한 문학에 관한 이해와 특성을 구명하는 작업이 후속 과제로 이어져야 한다는 사실을 발견하게 된다. 또한 더 나아가서는 남명학이라는 큰 흐름 가운데 다양한 유파의 특성을 구분하고, 그것이 어떻게 전승되어 나갔는지를 확인하는 연구들이 시작되어야 한다는 문제의식을 가지게 된다.

2

송정 하수일의 '관물반기觀物反己' 수양론과 작품 창작

1. 여는말

송정 하수일은 남명 조식의 재전 제자로, 남명의 문도 중에서 고족(高足)으로 일컬어졌던 각재 하항으로부터 남명학의 지결(旨訣)을 전수받아 겸재 하홍도에게 이어준 인물이다. 하항은 물론 하홍도가 남명학파에서 차지하는 위상을 생각한다면, 하수일은 남명학파에서 중요한 비중을 차지하는 인물이라고 평가할 수 있다.

그런데 그에게는 남명학파의 다른 학자와 뚜렷하게 구별되는 차이점이 있다. 그것은 다름 아닌 문학에 관한 관심과 창작이다. 퇴계학파나 율곡학파의 학자에게는 이 점이 특별한 것이라고 할 수 없겠지만, 남명학파에서 핵심적인 위치에 있는 하수일이 문학에 관해 이와 같은 태도를 보인 것은 주목할 만한 부분이다. 왜냐하면 남명은 시가 사람의 마음을 황폐하게 한다는 이유로 '시황계'의 입장을 견지했으므로, 남명의 학문과 사상을 계승한 남명학파의 학자들은 문학에 관해 부정적 견해를 가져 작품 창작을 즐겨하지 않았기 때문이다.[63]

이러한 면모가 남명학파의 일반적인 성향이었는데, 오히려 하수일은 문학에 많은 관심을 두고 좋은 작품을 짓기 위해 노력했다. 남명의 학문과 사상을 계승하고 전파하는 데에 중요한 역할을 담당한 하수일이 문학에 대해 이와 같은 입장을 가진 것은 무슨 까닭일까? 문학에 관해서는 왜 남명학파의 일반적인 성향과 다른 면모를 보인 것일까?

이에 관한 해답을 단순히 하수일이 가진 개인적 성향이나 기질로 치부한다면, 그의 전반적인 학문 성향이나 수양 방법과 맥락이 닿지 않게 된다. 그렇다면 학문과 사상 등 전체적 면모와의 연관 속에서 하수

63 이상필, 『남명학파의 형성과 전개』, 와우출판사, 2005, 130면.

일의 문학을 어떻게 이해해야 할까? 이 장에서는 이러한 문제의식에 기반하여 하수일의 학문과 문학이 어떠한 특성이 있는지 살펴보고, 이를 통해 그에게 나타나는 문학에 관한 관심과 작품 창작이 과연 남명학파의 일반적 특성을 벗어난 것인지, 아니면 긴밀한 연관 속에서 이해해야 할 것인지를 검토해 보고자 한다.

2. 학문의 연원과 특성

1) 가학의 전수와 남명학의 계승

하수일은 대대로 벼슬이 끊이지 않았던 진양하씨 시랑공파(侍郎公派) 판윤가(判尹家)라는 명문가 출생이다. 따라서 그는 집안에 전수되어 온 유서 깊은 학문의 전통을 어릴 적부터 자연스레 접했다. 특히 하수일의 조부 운금정(雲錦亭) 하희서(河希瑞, ?~1570)와 종조부 풍월헌(風月軒) 하인서(河麟瑞)는 남명과 친분이 두터웠고, 그의 아들과 손자는 남명의 문인이 되거나 재전제자가 되어 남명학파의 학맥을 계승하는 데에 중요한 역할을 담당했다.[64]

남명은 운금정 하희서의 죽음을 애도하며 지은 「만하희서(挽河希瑞)」에서, "골짜기를 차지한 호랑이는 하나라도 적은 게 아니고, 뜰에

64 이상필, 「진양하씨 판윤공파의 가계와 학문 전통」, 『선비가의 유향』, 장서각, 2007, 392~394면.

빼어난 난초 무성하여 셋이나 되는구나[當谷於菟非一少 秀庭蘭茁是三多]"[65]라고 했다. 호랑이는 운금정의 아들 하면(河沔, 1537~1580)을 가리키고, 난초는 손자들인 하수일과 그의 두 아우를 말한다. 남명은 운금정의 아들과 손자들이 훌륭한 인재임을 칭송하여 그의 집안이 대를 이어 가학을 전수할 수 있으리라 기대한 것이다.

풍월헌 하인서는 두 명의 아들이 있었는데, 환성재(喚醒齋) 하락(河洛)과 각재 하항이다. 환성재는 1556년 27세 되던 해에 하항과 함께 남명에게 나아가 배웠다. 그는 남명의 가르침을 통해 격물치지 및 성의(誠意)와 정심(正心)에 바탕하여 효제충신(孝悌忠信)을 힘써 실천하는 것으로써 학문적 목표를 확립했다.[66] 임진왜란이 일어났을 때 나라를 위해 목숨을 버린 하락의 충절은 그 자신이 평소에 가지고 있었던 학문적 목표가 하나의 사건을 통해 구체적으로 실현된 것이다.

하항은 남명의 실천적 학문 성향을 계승하여 실천하고자 노력했으며, 당시 사람들은 그를 진정한 소학군자(小學君子)라고 칭송했다. 또한 하항은 남명학의 요체를 체득하여 하수일에게 전수했고, 하수일의 학문적 핵심은 다시 겸재 하홍도에게 전해졌다. 이와 같이 전수된 남명학의 요체가 무엇이었는가에 관해서는 하홍도가 기록한 「송정 선생 말씀의 기록[記松亭先生語]」에서 분명하게 파악할 수 있다.

> 내가 예전에 수곡정사에서 송정 선생을 배알하고서 인하여 뫼시고 유숙한 적이 있었다. 닭이 울자 제자들을 깨워 다음과 같이 자상하게 말씀해주셨다. "맹자께서 '닭이 울면 일어나서 부지런히 선을 행하는 자는 순

65 조식, 남명학연구소 옮김, 『南冥集』, 한길사, 2001, 123면.

66 설석규, 「소신으로 경·의를 밝힌 선비 –환성재 하락–」, 『선비문화』 제15호, 남명학연구원, 2009, 112면.

(舜)의 무리이고, 부지런히 이익을 도모하는 자는 척(跖)의 무리이다.'라고 말씀하셨다. 우리 남명 선생께서 그 뜻을 깊이 터득하고 요순의 도를 즐겨서, 의가 아니면 조금이라도 남에게 주지도 않고 받지도 않으셨으니, 사리(私利)를 도모하는 탐욕의 근원을 뽑아 막으시려는 것이었다. 비단 공로와 이익에 있어서만 그렇게 하신 것이 아니라, 사소한 마음가짐과 행실에 있어서도 그렇게 하시지 않은 것이 없었다. (결) 추호(秋毫)를 분석하는 데에까지 이르셨다.

그러므로 나의 벗 오장(吳長)이 말하기를 '의리(義利)와 공사(公私)를 분별한 것은 남헌(南軒) 장식(張栻)이 맹자에게 공로가 있다.'라고 했으니, 남헌을 통해 남명을 비유한 말이었다. 우리 각재 숙부께서 친히 수업을 받아 그 도를 들으셨다. 알지 못한 경우라면 어쩔 수 없었겠지만, 알았다면 이익을 가까이한 적이 없으셨다. 깨끗한 행실과 꿋꿋한 절개는 듣는 사람들로 하여금 공경심을 일으키게 했다. 그래서 일찍이 말씀하시기를, '품안의 명월은 당우(唐虞)로부터 전해진 것'이라고 하셨다.

나같이 불초한 사람도 어릴 적부터 감화를 입어 비록 배워서 체득했다고 말할 수는 없지만, 전해 받은 것을 마음에 새겨 죽을 때까지 잊을 수 없다. 너희가 나의 문하에 나아왔으니, 막대한 임무를 책임질 수는 없다고 하더라도 대대로 내려져 온 학문을 이어받아 거칠게나마 선과 이익을 구분할 줄은 알 것이다. 산을 오르는 것처럼 힘써 노력하여 불의를 행하는 데에 빠져 너희를 낳아주신 조상을 욕되게 하지 않도록 삼가 거라."라

고 하셨다.[67]

하수일은 남명학의 요체에 관해, 선과 이익을 엄밀하게 분별하여 선을 행하기 위해 힘을 다하며 이익을 도모하는 탐욕을 철저하게 제거하는 것이라고 이해했다. 그는 이러한 면모를 구체적으로 보여주는 실례로, 남명이 의가 아니면 조금도 남에게 주지도 않고 받지도 않았을 뿐만 아니라, 사소한 마음가짐과 행실에 있어서도 철저하게 선과 이익을 분별하여 선을 추구하고 이익을 끊은 사실을 말했다.

그리고 하항에 관해서는 남명의 학문을 계승하여 이익을 가까이한 적이 없었고, 깨끗한 행실과 꿋꿋한 절개로써 다른 사람의 존경을 받았다는 것을 말했다. 또한 하항이 「남명조선생명」에서 '품 안의 명월은 당우로부터 전해진 것[袖中明月 傳自唐虞]'[68]이라고 표현한 말은 남명의 학문이야말로 요순으로부터 전해진 유가 도통을 계승한 것이며, 아울러 하항 스스로도 그와 같은 남명학의 정맥(正脈)을 전수받은 사실을 밝힌 것이다.

하수일은 남명이 추구하고 하항이 계승한 학문적 요체를 이와 같이 이해했다. 그리하여 스스로도 그것을 실천하기 위해 노력했으며, 제자들에게도 힘써 노력하여 이어나가기를 당부했다. 그런데 여기에서 한 가지 짚어볼 문제가 있다. 하수일은 남명학의 핵심을 선(善)과 사리(私

---

67 河弘度, 『謙齋集』 卷9, 「記松亭先生語」. "愚嘗拜松亭公鄉先生水谷精舍 仍陪宿 鷄既鳴 蹙諸子某某等起 諄諄教誘曰 孟子曰鷄鳴而起 孳孳爲善者 舜之徒也 爲利者 蹠之徒也 我南冥先生深得其旨 樂堯舜之道 非其義 一介不以予人而取於人 拔其利源而塞之 不但於功利上然也 於些少處心立事 莫不皆然 缺 至於可以析秋毫 故吾友吳長翼承曰判義利公私之分 南軒有功於孟子 蓋以南軒喩南冥也 我覺齋叔父受業親炙而聞其道 有所不知 知之未嘗近利 清修苦節 聞者起敬 故嘗曰 袖中明月 傳自唐虞 如我不肖自少濡染 雖未能私淑銘心傳得 至死不忘 汝輩出於吾門 雖不得大任重責 亦可以箕裘承業 粗知善利 深致如登之力 愼勿陷於爲不義 以忝爾所生也"

68 河沆, 『覺齋集』 中卷, 「南冥曺先生銘」.

利)의 분별 및 실천이라고 말했다. 왜 선과 악이라고 말하지 않고, 선과 사리라고 표현했을까? 개인적 이익은 악과 대체될 만한 것일까?

하수일은 남명이 추구한 학문과 실천의 연원을 "닭이 울면 일어나서 부지런히 선을 행하는 자는 순(舜)의 무리이고, 부지런히 이익을 도모하는 자는 척(跖)의 무리이다."[69]라고 말한 맹자의 말에서 찾았다. 맹자는 당시 전국시대의 나라들이 각축을 벌이며 오로지 자국의 이익만을 추구하는 상황을 타개할 방법으로, 인의(仁義)를 내세웠다. 그런데 맹자의 사상을 자세히 살펴보면, 인과 의 가운데 특히 의에 더 비중을 두고 있다. 그리고 그 의는 사회적 실천성을 담보하고 있는 것이다. 공자의 사상이 개인적 관계에서의 '인'에 바탕하고 있는 것에 비해, 맹자의 사상은 사회적 관계에서의 '의'를 보다 중시한 것이다.

이러한 맥락에 근거해 본다면, 남명학의 핵심인 '선↔사리'의 분별과 실천은 사회적 실현을 전제한 것이라고 할 수 있다. 선은 사회적 선이며 사리는 개인적 이익이다. 남명학이 추구하는 엄격한 시비(是非) 분별과 철저한 자기 수양은 궁극적으로 사회적 정의를 실현하는 것을 지향한다. 그리고 사회적 정의의 실현을 방해하는 가장 근본적인 원인은 자신의 이익만을 추구하는 이기적 탐욕이라고 파악한 것이다.

남명은 산림에 은거하여 벼슬에 나아가지는 않았지만, 항상 나라를 걱정하고 백성의 어려움에 마음 아파했다. 그의 정신을 계승한 제자들은 임진왜란이 일어나자 의병을 일으켜 나라를 구했다. 결국 남명학의 '경의'는 개인적 수양인 경과 사회적 실천인 의를 균형 있게 추구하고자 한 것이다.

앞에서 보았듯이, 하수일의 학문적 연원은 가학(家學)을 전수받은 것

69 『孟子』「盡心」上. "孟子曰 雞鳴而起 孶孶爲善者 舜之徒也 雞鳴而起 孶孶爲利者 蹠之徒也"

임과 동시에 남명학파의 학맥을 계승한 것이다. 하수일에게 지대한 영향을 끼친 하항이 집안의 종숙부이면서 학문적 스승이라는 점만 보아도 분명하게 알 수 있다. 또한 그러한 사실은 하수일의 후손들에게도 뚜렷하게 나타난다.

하수일은 첫째 부인 파평윤씨와 사별하고 나서 7년 뒤에 참봉 손천뢰(孫天賚)의 딸 밀양손씨(密陽孫氏)에게 재취(再娶)하여 3남 3녀를 낳았다. 장남 하완(河琬)의 계열에서는 하이태(河以泰)·하정현(河正賢)·하봉운(河鳳運)·하재후(河載厚) 등이 덕천서원의 원임(院任)을 역임했다. 둘째 아들 하찬(河瓚)의 계열에서는 하세귀(河世龜)·하정중(河正中)·하치중(河致中)·하언철(河彦哲)·하제현(河濟賢) 등이 덕천서원의 원임을 역임했다. 그리고 셋째 아들 하관(河瓘)의 계열에서는 하세보(河世溥)·하우태(河禹泰) 등이 덕천서원의 원임을 역임했다.[70]

이처럼 하수일의 후손들은 덕천서원의 원임을 대대로 역임했으니, 하수일의 집안이 남명학파의 중심적인 역할을 담당했다고 해도 과언이 아니다. 그리고 하수일의 집안에서 문집을 남긴 사람은 모두 22명이다. 하락·하항·하수일 등으로부터 시작하여 조선후기 회봉(晦峯) 하겸진(河謙鎭, 1870~1946)에 이르기까지 학문적 전통이 면면히 이어져 성대한 문파를 형성했다.

또한 하수일의 학문은 안계(安溪)에 살던 사직공파의 겸재 하홍도에게 전수되었다. 하홍도는 '남명 이후 거론할 만한 오직 한 사람[世稱南冥後一人]'이라는 대단한 칭송을 받을 만큼 남명학파의 학맥에 있어 중요한 위치에 있는 인물이다.

하홍도의 학문은 설창(雪牕) 하철(河澈, 1635~1704)과 삼함재(三緘齋) 김

70 이상필, 「진양하씨 판윤공파의 가계와 학문 전통」, 『선비가의 유향』, 장서각, 2007, 395~396면.

명겸(金命兼, 1635~1689)을 거쳐 주담(珠潭) 김성운(金聖運, 1673~1730)과 지명당(知命堂) 하세응(河世應, 1671~1727)에게 이어졌다. 지명당의 학문은 태와(台窩) 하필청(河必清, 1701~1758)에게 전수되어 남고(南皐) 이지용(李志容, 1753~1831), 월포(月浦) 이우빈(李佑贇, 1792~1855) 등을 거쳐 회봉 하겸진까지 전해졌다.

2) 명선(明善)과 성신(誠身)의 학문 방법

하수일의 학문적 특징을 요약해서 말한다면, 치지(致知)와 역행(力行)이라고 할 수 있다. 치지는 『대학』에 나오는 말로, 자신의 앎을 극진한 데에까지 이르게 하는 것이다. 이때의 앎이란 단순히 지식을 습득한다는 뜻이 아니라, 도덕적 판단 능력을 가진다는 의미이다. 따라서 치지는 무엇이 옳고 그르며 무엇이 선하고 악한가를 엄밀하게 분별하는 공부이며, 역행은 선한 일을 힘써 행하고 악한 일을 철저하게 제거하는 실천이다.

하수일의 막냇동생 매헌(梅軒) 하경휘(河鏡輝, 1559~1592)가 길이가 한 자쯤 되는 연석(硯石)을 톱으로 잘라 사포질을 해 매끄럽게 만들고 밀랍을 칠해 윤기가 나게 했는데, 그 돌이 옻칠을 한 듯 반들반들했다. 하경휘가 이 돌을 유시현(柳時見)이라는 사람에게 보이며 "이 물건이 무엇일 것 같습니까?"라고 묻자, 그는 한참 동안 살펴본 후에 "이것은 나무입니다."라고 대답했다. 그러자 하경휘는 크게 웃었다고 한다.

하수일은 이 이야기를 듣고는 「유목설(柳木說)」이라는 작품을 지어 치지의 중요성을 다음과 같이 설파했다.

내가 말하기를, "아! 돌을 나무라고 생각한 것은 유군의 잘못이 아니다. 앎이 분명하지 못했기 때문이다. 나무와 돌은 서로 비슷하지 않기에 삼척동자라도 금방 구별할 수 있다. 그런데 앎이 분명하지 못하면, 혹 유군과 같이 될 수 있다. 이러한 점을 유추해 본다면, 의리(義理)의 미묘한 것을 쉽게 말할 수 있겠는가?

양주(楊朱)는 '오로지 자신만을 위해 사는 것[爲我]'을 의라고 생각했고, 묵적(墨翟)은 '모든 사람을 똑같이 사랑하는 것[兼愛]'을 인이라 여겼으며, 고자(告子)는 기류(杞柳)와 단수(湍水)를 본성이라고 이해했다. 이들이 잘못 생각한 것이 어찌 다른 이유가 있겠는가? 알지 못함이 심하여 이와 같은 것이다. 아, 알지 못함으로 인한 잘못이 끝내 부모도 없고 임금도 없는 지경에 이르게 하며, 천하 사람들을 이끌고서 인의를 해치는 데에까지 이르게 한다. 그 재앙이 어찌 단지 나무와 돌을 혼동하는 것에 그치랴.

사람은 만물 중에서 지식이 가장 뛰어나다. 이런 까닭으로 증자(曾子)는 『대학』의 팔조목(八條目)을 논할 때, 치지를 성의와 정심의 앞에 두었다. 자사(子思)는 『중용』의 삼달덕(三達德)을 말할 적에, 인과 용(勇)을 지(知)의 뒤에 놓았다.

그렇다면 학자의 첫째 되는 공부가 어찌 궁리(窮理)에서 벗어나겠는가. 진실로 배우는 사람에게 자신의 사욕을 극복하고 선을 분명히 알게 하여 말끔히 인욕이 사라지고 널리 천리가 유행하여 마음 속이 밝은 해처럼 환하게 되고 깨끗한 거울처럼 밝게 한다면, 천하의 어떤 형상과 색채를 가진 것이나 아름답고 추한 것일지라도 형체를 숨기고 실체를 감출 수 있는 것이 하나도 없을 것이다.

옳은 것을 옳다고 알며, 그른 것을 그르다고 알며, 선한 것을 선하다고 알며, 악한 것을 악하다고 안다면, 하물며 나무와 돌에 있어서 모를

리가 있으랴. 그렇지 않다면, 나의 앎이 모두 유군이 나무라고 생각한 것과 같으리라. 남들에게 비웃음을 사는 것도 겨를이 없는데, 어느 겨를에 남을 비웃을 수 있겠는가?"라고 했다. 이미 이런 말로써 동생에게 고했고, 또한 이것으로써 스스로 경계를 삼는다.[71]

양주는 만약 자신의 머리카락 하나를 뽑아 내어주면 천하를 구할 수 있다고 해도 하지 않겠다고 말한 사람이다. 그는 오로지 자신만을 위해 사는 것이 '의'라고 생각했다. 이와 반대로 묵적은 온몸이 닳아 없어진다고 하더라도 다른 사람들을 위해 자신을 헌신한 인물이다. 그래서 그는 자기 부모 형제, 남의 부모 형제 관계없이 모든 사람을 똑같이 사랑하는 것을 '인'이라고 여겼다. 고자(告子)는 본능적 욕구를 본성이라고 인식하여 성선설을 주장한 맹자와 논변을 벌였던 인물이다. 맹자는 그에 관해 천하 사람들을 이끌고서 인의를 해치는 데까지 이르게 하는 사람이라고 신랄하게 비판했다.

하수일은 이 세 사람이 이처럼 잘못된 생각을 가진 까닭은 알지 못함이 매우 심했기 때문이라고 인식했다. 또한『대학』의 팔조목 가운데 치지가 성의와 정심보다 앞에 있으며,『중용』에서 삼달덕을 말할 적에 인과 용이 지보다 뒤에 놓인 사실을 거론했다. 그리하여 앎의 부족이 얼마나 심각한 결과를 초래하는지를 경계하고, 학자의 첫째 되는 공부

---

71 河受一,『松亭集』卷3,「柳木說」. "余曰 噫 以石爲木 非柳君罪也 乃知不明也 夫木石之不相似 雖三尺童子 可以立辨矣 而所知者不明 則或有如柳君者 推是類以往 義理之微妙 可易而言哉 楊朱以爲我爲義 墨翟以兼愛爲仁 杞柳湍水 告子以爲性 豈有他哉 不知甚也 噫 不知之失 終至於無父無君 率天下而禍仁義 其爲禍也豈特木石之渾也哉 人處萬物之中 知識最賢 是以 曾子論八條目則致知在誠正之先 子思言三達德則仁與勇居知之後 然則學者第一工夫 豈外於窮理哉 誠使學者克己明善 渙然人欲消融 浩然天理流行 使方寸之間皎若白日 炯如明鏡 則天下之形形色色姸者媸者 無一之遁其形匿其情 是者吾知其爲是 非者吾知其爲非 善者吾知其爲善 惡者吾知其爲惡 而况木與石哉 不然 吾之所知者皆爲柳君之木 將見笑於人之不暇 暇爲人笑之哉 旣以諗弟 且以自警云"

는 사물의 이치를 궁구하는 것이라고 강조했다.

하수일은 사람이 길을 가는 것을 통해서도 치지의 중요함에 관해 깨우쳤다.

봉성 가는 길은 내가 알고 있으니,	鳳城行路我知之
갈림길에 이르러도 의혹하지 않네.	行到岐頭我不疑
진실로 만사가 이와 같음을 알겠으니,	信知萬事皆如此
선현께서 치지를 귀하게 여긴 까닭이네.	所以先民貴致知[72]

이 시의 제목은 「봉성도중(鳳城途中)」인데, 봉성(鳳城)은 합천의 옛 이름이다. 그는 봉성으로 가는 길을 훤히 알고 있었으므로 갈림길에서 어디로 갈지 주저하지 않았다. 이런 자신의 모습을 보면서 사람이 궁리를 통해 치지를 이룰 수 있게 된다면, 자신에게 일어나는 모든 일들을 분명하게 통찰하여 확고하게 대처할 수 있다고 깨달은 것이다.

「학원어사부(學原於思賦)」도 역시 치지의 중요함에 관해 역설한 작품이다. 내용이 길어 그중 일부분만 인용하자면 다음과 같다.

그러므로 군자는 요체를 아나니,	肆君子之知要
학문을 함에 생각을 신중히 하네.	愼厥思於爲學
처음엔 오로지 외우고 익히다가,	始專專於講習
마침내 이치의 궁구에 몰두하네.	終汲汲於窮格
터득하지 못했다면 그만두지 않음을 기약하고,	期不措於不得
돌이켜 자신에게서 절실한 것을 힘써 구하네.	務反身而切求

72 河受一, 『松亭集』 卷2, 「鳳城途中」.

사물이 미세하다고 어찌 궁구할 수 없으랴?	物何微而不格
이치가 은미하다고 어찌 밝힐 수 없으랴?	理何隱而不抽
큰 것으로는 천지의 열림과 닫힘이며,	大而天地之闔闢
깊은 것으로는 귀신의 오고 감이네.	幽而鬼神之屈伸
멀게는 군신 사이의 의로움이며,	遠而君臣之有義
가깝게는 부자 사이의 친함이네.	近而父子之有親
진실로 정밀하거나 거칠거나 간에,	諒靡精而靡粗
모두 살펴보고 생각해야 하네.	咸是究而是圖
가는 곳에 따라 정밀히 연구하고,	隨所適而精研
다급한 순간에도 바꾸어선 안 되네.	處顚沛而罔渝
사려에서 공부가 극진하다면,	功既盡於慮而
터득함에 어찌 효과가 없겠는가?	效何失於能得
환하게 온갖 이치에 밝다면,	烱萬理之昭明
보이는 것마다 명료하게 꿰뚫으리.	欠全牛於目觸
좌우에서 취하여도 근원을 만나고,	取左右而逢原
원천에서 흘러내려 넓고 아득하리.	若泉達之溥博
이것이 곧 학문이 근원을 얻은 것이니,	是謂學得其原兮
오래되면 본성을 회복할 수 있으리라.	久厥初之可復[73]

하수일은 학문의 요체는 생각을 신중히 하는 것이라고 했다. 여기에서의 생각이란, 치지와 긴밀히 연관되어 있다. 생각이 없다면 궁리를 할 수 없고, 궁리가 이루어지지 않으면 치지에 이를 수 없다. 그리고 치지에 이르게 되면, 생각은 더욱 명료하고 확고하게 된다. 결국 생각

73 河受一, 『松亭集』 卷1, 「學原於思賦」.

은 치지를 가능하게 하는 원인이 되기도 하고, 치지의 정도에 따라 넓이와 깊이가 달라지는 결과이기도 하다. 따라서 하수일이 말하는 생각이란, 치지에 이르는 공부의 과정일 뿐만 아니라 결과로서 얻게 된 공부의 효과까지 포괄한 뜻이라고 볼 수 있다.

초학의 과정에서는 단순히 외우고 익히는 수동적인 학습 방법으로 공부를 한다. 하지만 학문이 성숙한 단계에 이르게 되면 모든 만물 속에 내재하고 있는 이치를 통찰하여 꿰뚫어 보는 자득(自得)의 묘미를 얻게 된다. 하수일은 이러한 수준에까지 이르기 위해서는 도중에 포기하지 않고 끝까지 추구하는 성(誠)의 자세를 견지해야 하며, 고원한 것에서 찾으려 하지 말고 가까이 절실한 것으로부터 힘써야 한다고 했다.

탐구의 대상으로 삼는 것은 천지의 시작과 끝에 관한 일, 귀신이 왕래하는 일, 군신 사이의 의로움, 부자간의 친밀함 등 사람으로서 지켜야 하는 윤리로부터 우주적 차원의 거대하고 신묘한 일에 이르기까지 미세하고 거대한 일들 모두이다. 그리하여 어느 곳을 가든지 그 상황에 따라 정밀히 연구해야 하며, 다급하고 어려운 순간에조차 그와 같은 자세를 잃지 말고 굳건히 견지해야 한다고 했다.

이처럼 생각의 공부가 극진한 단계에 이르게 된다면, 스스로 터득할 수 있는 자득의 효과를 얻게 된다. 그리고 온갖 이치에 환하게 밝아진다면, 사물 속에 내재한 이치를 꿰뚫어 볼 수 있는 통찰의 안목을 가지게 된다. 이것은 마치 포정이라는 사람이 소를 잡는 일에 능수능란하여 그의 눈에는 소의 뼈와 살이 나뉘는 틈새가 환하게 보여 자유자재로 칼을 놀려 소를 해체한 것처럼, 어떠한 사물이나 사건을 만나더라도 그것에 담긴 본질적인 측면을 명료하게 분별할 수 있는 것이다.

이러한 경지는 오랫동안 쌓아온 생각의 힘이 만들어낸 효과이며, 치지가 높은 경지에까지 올랐을 때 얻어지는 결과이다. 그리하여 좌우의 비근한 곳에서도 심오한 근원을 깨달아 터득하게 되며, 원천(源泉)에서 끊임없이 솟아나는 물이 점점 넓어지고 깊어져 거대한 강물을 이루듯이 학문의 폭과 깊이도 심원하게 된다. 하수일은 이것이 바로 학문이 근원을 얻은 것이라고 인식했다. 또한 그것의 궁극적 목표는 자기 내면에 보존된 선한 본성을 하늘이 주신 처음의 모습 그대로 온전하게 회복하는 것이라고 했다. 요컨대 하수일은 생각이란 학문을 함에 있어 근원적 토대가 되며, 그것이 추구하는 목표는 선한 본성을 온전하게 회복한 성인(聖人)이 되는 데에 있다고 이해한 것이다.

하수일이 치지를 매우 중요하게 인식한 까닭은 선악과 시비에 관한 명확한 분별이 전제되지 않고는 올바른 실천이 불가능하기 때문이다. 치지는 실천의 전제가 되며 실천은 치지의 실현이다. 따라서 치지와 실천은 새의 두 날개처럼 하나만으로는 존립할 수 없는 것이다.

아래의 「시비음(是非吟)」은 이와 같은 맥락 속에서 이해할 때 그 속에 담긴 뜻이 심장하게 다가온다.

옳은 말은 옳은 행실보다 못하며,	言是不如行是是
자신의 그릇됨이 남의 그릇됨보다 심각하네.	己非尤甚彼非非
자신을 향해 힘써 그릇됨을 제거하며,	去非務向己非去
옳음은 마땅히 행실이 옳아야 하네.	爲是當從行是爲[74]

옳은 말을 할 수 있는 것은 선악과 시비를 알기 때문에 가능하다. 치지는 어느 정도 이루어졌다고 볼 수 있다. 하지만 앎이란 실천을 통

74 河受一, 『松亭集』 卷2, 「是非吟」.

해 실현할 수 있을 때 참된 것으로 완성된다. 그렇기에 하수일은 옳은 말을 하는 것보다 행실을 옳게 하는 것이 더 훌륭한 것이라고 했다. 그리고 선악과 시비에 관한 분별은 자신에게 돌이켜 철저하게 살펴야 한다고 했다. 무엇이 올바른 것인가를 알았다면 몸소 실천해야 하는데, 그 실천의 최우선이 되는 대상은 바로 자신이다. 스스로 올바르지 않으면서 다른 사람을 올바르게 세워준다는 것은 말이 되지 않는다.

결론적으로 말하자면, 하수일은 치지를 통해 실천의 토대를 확립했으며, 실천에 의해 치지의 공부를 완성했다. 그리고 실천의 과정에서 가장 우선적이고 본질적인 것은 자신을 엄밀하게 성찰하여 올바르게 세우는 위기지학(爲己之學)이었다. 남명의 학문적 특징은 명선(明善)과 성신(誠身)이라는 말로 집약할 수 있는데, 하수일이 중시한 치지와 역행의 학문 방법은 남명을 계승한 것임을 분명하게 알 수 있다.

3. 문학의 목표와 효용

1) 문질빈빈(文質彬彬)의 추구

하수일은 자신이 지은 시문을 모아 『송정세과(松亭歲課)』라는 책으로 묶었는데, 세과는 매년 지은 시문을 모으겠다는 뜻으로 이름을 붙인 것이다. 하수일 사후에 후손들이 『송정집』을 간행할 때도 『송정세과』를 토대로 삼아 그 외 다른 유문(遺文)을 보충하여 편찬했다.

1598년에 하수일은 영천군수로 재직하고 있던 오월당(梧月堂) 이유함(李惟諴, 1557~1609)을 찾아가 수개월 동안 의탁하며 피난살이를 한 적이 있었다. 영천에 사는 감곡(鑑谷) 이여빈(李汝馪, 1556~1631)이 하수일을 찾아와 오랫동안 이야기를 나누었는데, 그때 『송정세과』 3권을 꺼내 보여주었다. 감곡은 그 자리에서 펼쳐보고 구경했을 뿐만 아니라, 집에 가져가 서너 번 반복해서 읽었다. 그런 다음 「서송정세과후(書松亭歲課後)」라는 발문을 지어 『송정세과』를 돌려주면서 함께 증정했는데, 지은 때는 1598년 9월 하순이다. 그중 일부분만 살펴보기로 한다.

> 아름다운 옥은 사람들의 칭송을 기다리지 않더라도 그 아름다움이 저절로 드러나며, 진귀한 진주도 사람들의 칭찬을 기다리지 않더라도 그 진귀함이 저절로 귀하다. 무엇 때문인가? 감히 칭송할 수 없는 것이 아니라, 칭송하더라도 더해지는 것이 없기 때문이다. 그리하여 진주와 옥은 사람들의 칭송을 기다리지 않지만, 진주와 옥을 본 사람들이 감히 칭송을 그칠 수 없으니, 곧 인지상정(人之常情)으로서 좋은 것을 흠모할 수밖에 없는 것이다.
>
> 내가 하송정의 『송정세과』에 실린 시문을 살펴보니, 아름다운 옥이며 진귀한 진주였다. 그 시는 질박하면서도 문채가 나고, 그 문장은 간결하고 고풍스러웠다. 이것은 옥이 온화하고 윤기가 있으면서도 서늘하며, 진주가 정해진 값이 없지만 여러 개의 성과도 바꿀 수 있는 것과 같다. 이처럼 송정의 시문은 나의 칭송을 기다리지 않아도 본래 아름답고 진귀한 것이다. 그런데 내가 그의 시문을 칭찬하는 까닭은 스스로 그칠 수 없기

때문이다.[75]

감곡 이여빈은 1605년 문과에 급제하여 벽사도찰방(碧沙道察訪)에 제수되었으나, 당시의 정국을 부정적으로 인식하여 벼슬을 단념하고 1년 만에 영천 감곡으로 돌아와 학문과 강학에 힘을 쏟은 청아한 선비였다.

하수일의 시문을 흠모하고 감탄한 이여빈의 진실 어린 마음이 위의 인용문에서 잘 드러나 있다. 옥과 진주가 사람들의 칭송을 받지 않더라도 그 자체로 아름답고 귀한 것처럼 하수일의 시문은 자신이 칭찬하지 않더라도 본래 훌륭하다고 했다. 그러나 자신이 칭송의 말을 할 수밖에 없는 까닭은 좋은 것을 보면 저절로 감탄하고 칭찬하게 되는 것이 사람들의 일반적인 마음이듯, 하수일의 시문을 읽고서 자신도 모르게 칭송의 말을 그칠 수 없었다고 술회했다.

이여빈이 감탄한 하수일의 시문은 과연 어떠한 내용이었을까? 이여빈은 하수일의 시문을 개괄하여 "그가 서술한 것을 살펴보니, 모두 어버이를 그리워하고 아우를 생각하면서 지은 것이며, 시대를 근심하고 세속을 안타깝게 여긴 뜻이었다. 그리고 친구 간에 간절히 권면하는 내용, 의리의 깊고 은미한 뜻에 관한 것 등이 함께 수록되어 있었다. 글을 꾸미는 데에 얽매이지 않은 것 같은데도, 그 광채가 만 길이나 솟아오른다. 하수일과 같은 이는 훌륭한 말을 세울 수 있는 자[立言

---

75 河受一, 『松亭集』 附錄, 「書松亭歲課後」. "玉之美者 不待人之稱譽而其美自著 珠之珍者 亦不待人之嘉歎而其珍自貴 何者 非不敢稱歎也 稱歎之無以加也 然而爲珠玉者 雖不待人之稱歎 而觀珠玉者 不敢已其稱歎 乃人之情而慕善之意也 余觀河松亭歲課詩若文 卽玉之美者珠之珍者 其詩質而文 其文簡而古 卽玉之溫潤而栗然 珠之無價而連城者也 然則松亭之詩文 雖不待吾言之稱美 而吾之稱嘆其詩文 則有不能自已也"

者]라고 말할 만하다."[76]라고 평가했다.

이여빈의 이 발문은 하수일이 생전에 편찬한 『송정세과』에 관한 평가이다. 그럼 사후에 간행된 『송정집』에 관한 평가는 어떠할까? 문집의 서문은 그 책이 담고 있는 내용과 의미에 관한 소개를 중심으로 서술된다. 『송정집』의 서문은 두 편이 있는데, 유재(游齋) 이현석(李玄錫, 1647~1703)이 지은 것과 번암(樊巖) 채제공(蔡濟恭, 1720~1799)이 지은 것이다. 그중 채제공이 지은 서문의 일부를 살펴보기로 한다.

> 각재공은 남명 조 선생의 문하에 수학하여 직접 배운 것이 매우 엄밀했으며, 겸재공은 산림에서 도를 지켜 엄연히 미수(眉叟) 허문정공(許文正公, 허목[許穆])과 벗하며 존중을 받았다. 그런데 각재공에게 지결(旨訣)을 전수받았고 겸재공에게 사표(師表)가 된 분이 있으니, 바로 송정공이다.
>
> 송정공은 태평한 때 과거에 급제했지만, 얼마 지나지 않아 세상이 자신을 써주지 않는다는 것을 알고는 물러나 남명의 유향이 남겨진 곳을 지켰다. 읽은 책은 성인과 현인의 글이었으며, 일삼은 것은 효제충신의 참된 공부였다. 상(喪)에 거할 적에는 고을 사람들이 감동했으며, 일가의 친목을 도모할 때에는 친척들이 예의를 지키고 겸양했다. 훌륭하지 않고서 어찌 이렇게 할 수 있었겠는가? 시문은 단지 송정공의 아름다운 덕이 밖으로 나타난 것일 뿐이며, 풍속을 교화하고 어리석음을 깨우쳐주는 일이 아니라면 한가로이 글을 짓는 경우가 없었다. 사림(士林)이 송정공의 시문을 보배로 삼은 까닭이 어찌 체제가 잘 갖추어진 아름다움 때문뿐이겠는

---

76 河受一, 『松亭集』 附錄, 「書松亭歲課後」. "觀其敍述 皆是思親憶弟之作 傷時悼俗之意 而朋友偲切之義 義理淵微之蘊 間亦發揮而竝附焉 似不規規文字之工 而其光萬丈 若松亭者 其可謂能立言者矣"

가?[77]

채제공은 하수일의 시문에 관해, '아름다운 덕이 밖으로 나타난 것'이라는 말로 함축하여 표현했다. 아름다운 덕행의 실상으로, 성현의 글을 공부하고 효제충신의 참된 공부를 익혔으며, 예법을 실천하여 고을 사람들이 감화되고 일가친척이 교화된 일들을 적시했다. 그러므로 채제공은 사림이 하수일의 시문을 보배로 삼은 까닭이 문학적 형식의 아름다움 뿐만이 아니라, 형식 속에 덕행의 실상과 진정이 고스란히 담겨 표현되고 있기 때문이라고 평가했다.

하수일은 남명학파의 다른 인물에 비해 문학에 관한 관심이 깊었고 좋은 글을 짓기 위해 많은 공부를 했다. 그리하여 30세에 「단성향교성전중수기(丹城鄕校聖殿重修記)」를 지었고, 31세에 「덕산서원세심정기(德山書院洗心亭記)」·「수우당명(守愚堂銘)」·「촉석루중수기(矗石樓重修記)」 등을 맡아 지었다. 당시는 남명의 문인들이 거의 다 살아 있을 때였음에도 불구하고, 하수일이 이러한 작품들을 지은 것은 그의 문학적 재능과 명망이 사람들로부터 인정을 받았기 때문에 가능한 것이었다.[78]

채제공은 하수일이 당시 사람들로부터 문명(文名)을 얻게 된 이유가 내용적 실상을 형식적 수사가 잘 표현했기 때문이라고 파악했다. 그래서 그는 하수일을 칭송하기를, "성대하도다! 송정공을 문인(文人)이라고 하겠는가? 시문은 다만 그분의 학문을 담고 있을 뿐이니, 송정공을

77 河受一, 『松亭集』, 「序」(蔡濟恭 撰). "越若覺齋公 遊南冥曹先生門 親炙甚密 亦越謙齋公 守道丘樊 儼然爲眉叟許文正畏友 而若其受旨訣於覺齋 爲師表於謙齋者 有松亭公焉 公嘗策名明時 已而知世不我用 退以守南冥遺馥之所 所讀者聖人賢人之書也 所業者孝悌忠信之實也 居喪則鄕里感悅 敦宗則親黨禮讓 不賢而能之乎 詩文特公英華之發於外者 而非導俗牖迷 未嘗爲閑佔畢 士林之以爲寶 豈直爲體裁咸具之美也"

78 이상필, 「송정 하수일의 생애와 문학」, 『안동한문학』 제2집, 1991, 207면.

문인이라고 표방할 수는 없다. 송정공을 문인이 아니라고 하겠는가? 송정공의 문장이 문명의 고을에서 우뚝하게 빼어났으며, 격조가 있어 대국(大國)의 아취를 지니고 있었다. 그리하여 세상에 전해질 만한 것이 이와 같으니, 지자(知者)와 인자(仁者)가 각기 칭찬하는 말이 있으리라."[79]라고 했다.

하수일의 문학에 관한 채제공의 평가를 요약하자면, '문질빈빈(文質彬彬)'이라는 말로 함축할 수 있다. 형식의 아름다움과 내용의 참됨이 적절하게 어우러져 조화를 이루고 있는 모습. 그것이 바로 하수일의 문학 작품이 가진 진정한 가치라고 파악한 것이다. 공자가 "덕이 있는 자는 반드시 말이 있다[有德者 必有言]"[80]라고 말했듯이, 하수일의 시문은 아름다운 덕행이 문학이라는 수사를 통해 더욱 아름답게 형상화된 것이라고 채제공은 이해했다.

그렇다면 하수일이 모범으로 삼은 문학가는 누구이며, 어떠한 특성을 가질까? 「이두한류시문평(李杜韓柳詩文評)」이라는 글을 통해, 이 물음에 관한 해답을 어느 정도 얻을 수 있다.

> 이백의 시는 공자(公子)와 왕손(王孫)이 누대 위에서 선녀를 희롱하는 격이다. 두자(杜子, 두보[杜甫])의 시는 충신과 효자가 재앙 속에서 임금과 어버이를 구원하는 격이다. 어느 것이 우수하고 어느 것이 열등한가? 선녀도 놓아버릴 수 없고, 임금과 어버이도 버릴 수 없다. 나는 장차 선녀를 뒤로 하고, 임금과 어버이를 우선으로 할 것이다.
>
> 한자(韓子, 한유[韓愈])의 문장은 빠른 말을 타고 넓은 길을 달리는 격이

79 河受一, 『松亭集』, 「序」(蔡濟恭 撰). "盛矣哉 以公而爲文人乎 文也包其學 文不可標公也 以公而爲非文人乎 公之文拔萃於文明之鄉 渢渢有大國之音 其可傳於世如此 智者仁者之各有攸謂"

80 『論語』「憲問」. "子曰 有德者必有言 有言者不必有德 仁者必有勇 勇者不必有仁"

다. 그 달림이 나는 듯하고, 그 기상이 신선 같다. 저 느릿느릿 둔한 말은 마구간에서 발을 움츠리고 있을 것이다. 유자(柳子, 유종원[柳宗元])의 문장은 찬란한 예복을 입고 화려한 자리에 앉아 있는 격이다. 그 향기가 가득하고 그 빛이 눈부시다. 저 누더기 솜옷을 입은 사람은 진창에 자취를 감출 것이다. 누가 뛰어나고 누가 부족한가? 찬란한 옷도 버릴 수 없고 빠른 말도 포기할 수 없다. 나는 장차 찬란한 옷을 입고 빠른 말을 탈 것이다.[81]

하수일은 역대의 시인 가운데 이백과 두보를 높이 평가했다. 이백의 시는 공자와 왕손이 누대 위에서 선녀를 희롱하는 격이며, 두보의 시는 충신과 효자가 재앙 속에서 임금과 어버이를 구원하는 격이라고 했다. 두 사람 모두 독특하고 빼어난 문학적 성취와 품격을 지닌 시인으로 인식한 것이다. 그런데 하수일은 두보를 우선으로 하고 이백을 뒤로 하겠다고 말함으로써, 두 사람 가운데 특히 두보를 더 중시하는 견해를 밝혔다. 하수일의 이와 같은 문학적 성향은 개인적 기질에 연유한 점도 있겠지만, 그가 살았던 시대적 상황을 고려한다면 충분히 납득할 수 있다. 두보가 겪은 전쟁의 고통과 피난살이의 어려움, 나라에 관한 충정과 백성의 삶에 관한 연민 등의 면모는 하수일이 겪은 시대적 상황 및 개인적 처지와 유사하기 때문이다.

하수일은 문장에 있어서는 한유와 유종원을 전범(典範)으로 삼았다. 한유의 문장은 빠른 말을 타고 넓은 길을 달리는 격이며, 유종원의 문

---

81 河受一, 『松亭集』 卷3, 「李杜韓柳詩文評」. “李白之詩 公子王孫弄仙娥於樓臺之上 杜子之詩 忠臣孝子救君父於水火之中 孰爲優也 孰爲劣也 仙娥不可捨也 君父不可遺也 吾將後仙娥而急君父也 韓子之文 乘快馬臨周道 其行如飛 其氣如仙 彼款段駑駘 跼蹄皁櫪 柳子之文 衣繡裳坐華筵 其香芬鬱 其光粲爛 彼縕袍百結 屛跡泥塵 孰爲勝也 孰爲負也 繡裳不可廢也 快馬不可棄也 吾將衣繡裳而乘快馬也”

장은 찬란한 예복을 입고 화려한 자리에 앉아 있는 격이라고 했다. 그런데 시의 경우와는 달리, 문장에 있어서는 두 사람 가운데 한 사람을 더 우선으로 삼을 수 없었다. 그는 찬란한 옷을 입고 빠른 말을 탈 것이라고 말함으로써, 한유와 유종원이 가진 장점을 모두 배우고 싶다는 입장을 밝혔다.

하수일이 이 두 사람을 왜 중시했는가에 관해서는 「답유창회(答柳昌會)」에 보이는 내용을 통해 이해할 수 있다. 그는 이 편지에서, "『춘추좌씨전(春秋左氏傳)』의 글은 너무 상고(上古)의 것이므로, 간략하고 심오하다. 송나라 이후로는 너무 하대(下代)의 것이기에, 시들하여 힘이 없다. 그 중간을 얻은 사람으로, 한유와 유종원만 한 이가 없다. 한유와 유종원의 글을 익숙하게 읽는다면, 고문도 잘 하고 금문도 잘 할 것이다. 천하의 문장 중에 이 두 사람보다 나은 것이 없을 것이다."[82]라고 했다. 하수일은 한유와 유종원의 문장이야말로 상고의 문제점과 하대의 폐단이 없는 중용을 얻었다고 이해했다. 그래서 이 두 사람의 글을 익숙하게 배운다면, 금문과 고문을 모두 잘 할 수 있다고 생각했다.

2) 관물반기(觀物反己)의 수양과 문학의 효용

앞에서 살펴본 하수일의 학문과 문학에 관한 내용을 근거로, 이제 그 두 가지가 어떻게 상호 연관되어 있는지를 검토해 보고자 한다. 이것은 서문에서 제기한 문제 제기의 핵심적인 부분에 해당한다. 문학에 관한 관심과 창작을 부정적으로 인식한 남명학파 학자들의 일반적인

---

82 河受一, 『松亭集』 卷3, 「答柳昌會」. "然左氏 太上而簡邃 宋已下 太下而委薾 得其中者莫如韓柳 讀韓柳熟 宜古宜今 天下之文章 無駕於此矣"

성향에도 불구하고, 하수일은 무엇 때문에 문학에 적극적인 태도로 비교적 많은 작품을 창작했는가에 관한 해명이라 할 수 있다. 이를 위해 무엇보다 그가 남긴 문학 작품 속에서 그 까닭을 탐색해 보기로 하겠다.

다음의 시는 물을 관찰한 후 지은 작품으로, 제목은 「관수(觀水)」이다.

주변이 고요하면 물도 항상 고요하고,	境常靜處水常靜
바위가 고르지 않으면 물결도 요동치네.	石不平頭波不平
마음을 흐르는 물에 견주어 보니,	却把人心流水比
물정도 본래 인정과 같음을 알겠네.	物情元不異人情[83]

물은 비바람과 같은 주변의 상황에 따라 고요하기도 하고 물결이 일어나기도 한다. 그리고 흘러가다가 만나게 되는 조건에 따라 잔잔하기도 하고 요동치기도 한다. 연못처럼 정적인 상황에서는 주변에서 발생하는 형편에 따라 물의 상태가 달라지며, 강물처럼 동적인 상황에서는 흘러가다가 만나는 조건에 의해 물의 모습이 바뀌게 된다.

하수일은 물의 양상을 관찰한 후, 그 속에 담긴 의미와 이치를 통찰했다. 그리고 그것을 다시 자신에게 돌이켜 마음에 견주어 보았다. 물이 주변의 상황에 따라 상태가 달라지는 것처럼, 마음도 어떠한 환경에 의해 둘러싸여 있느냐에 따라 고요하거나 산란하다. 또한 물이 만나는 조건에 따라 모습이 바뀌는 것처럼, 마음도 어떤 사건에 직면하느냐에 따라 화평하기도 하고 격발하기도 한다.

83 河受一, 『松亭集』 卷2, 「觀水」.

그리하여 하수일은 사물에 나타나는 참된 실상과 사람이 살아가는 진정한 이치는 원래 다르지 않다는 사실을 깨우쳤다. 좀 더 구체적으로 말하자면, 물이 어떤 상황이나 조건에 따라 그 모습이 바뀌듯이, 사람의 마음도 어떠한 상황이나 조건에 처하느냐에 따라 변모하게 되는 것이다.

공자는 "붙잡으면 보존되고 놓아버리면 달아나니, 출입하는 것이 일정한 때가 없어 어디로 향하는지 알지 못하는 것은 오직 마음을 말하는구나."[84]라고 했다. 남명은 마음을 쉽게 굴러 다른 곳으로 잘 달아나는 수은에 비유했다.[85] 그리고 하수일은 마음을 어떠한 상황이나 조건에 따라 수시로 변모하는 물의 모습에 견주었다.

이 시의 내용은 물의 속성을 통찰하여 마음을 이해하는 데에까지만 서술되어 있다. 그러나 마음의 특성을 이해하는 이유는 결국 마음을 올바르게 보존하기 위한 전제가 된다는 것을 생각할 때, 하수일이 이 시를 통해 궁극적으로 추구하려 했던 것이 무엇인지 충분히 짐작할 수 있다.

다음의 시는 하수일이 사물의 관찰과 자신의 성찰을 긴밀하게 연관지어 생각하는 까닭에 관해 단서를 제공한다.

만물이 하나의 근본에서 끝없이 생겨나니,	物物生生自一本
만약 그 근본이 없다면 생성되지 않으리.	若無其本卽無成
원천이 있어 물이 끊임없이 흐르며,	泉有源來流不息
뿌리 없는 나무는 잎이 자라지 않네.	木無根處葉難生

---

84 『孟子』「告子」 上. "孔子曰 操則存 舍則亡 出入無時 莫知其鄕 惟心之謂與"

85 조식, 남명학연구소 옮김, 『南冥集』, 한길사, 2001, 172면. "汞 靈丹玄珠 流珠 易走難持"

끊임없이 흐름은 본체의 원천 때문이며, 流不息泉須體已
잎이 자라지 않음은 나무의 근본 상했음이라. 葉難生木可傷情
사물 이치 사람 마음 동일한 일리(一理)이니, 物理人心同一理
사물을 밝히고 돌이켜 마음을 밝히는 이 누구랴? 誰能明物反人明[86]

이 시의 제목은 「관물(觀物)」이다. 하수일은 세상에 존재하는 모든 만물은 하나의 근본에서 끊임없이 생겨나며, 그 근본이 없다면 어떤 사물도 생성되지 못한다고 이해했다. 이것은 마치 끊임없이 솟아나는 원천이 있기에 강물이 유장하게 흘러갈 수 있으며, 나무에 뿌리가 없다면 잎이 자랄 수 없는 것과 같다고 비유했다. 그리고 그 근본은 바로 일리(一理)라고 했다. 그러므로 하수일은 사물과 사람이 동일한 근본인 일리로부터 생겨나기 때문에, 사물에 내재된 이치와 사람의 내면에 간직된 마음이 동일하다고 이해했다. 하수일의 이 말은 사물과 사람이 동일한 일리로부터 생성되며, 내재된 이치도 동일한 것이라는 '물아일리(物我一理)'의 사상에 근거한 것이다. 사물과 사람이 동일한 근본에서 태어나 똑같은 이치를 담지하고 있으니, 근원적인 측면에서는 구별이나 간격이 있을 수 없다. 따라서 이것을 다른 말로 표현하자면, 곧 '물아무간(物我無間)'이기도 하다. 물아일리와 물아무간은 표현은 다르지만, 그 의미는 서로 통하는 것이다.

하수일이 이와 같은 이해에 기반하여 궁극적으로 지향한 목표는 사물의 이치를 밝히고 이를 통해 자신의 마음을 밝히는 데에 있었다. 그는 사물의 이치를 탐구하여 무엇이 선하고 악하며 어떤 것이 바르고 그른지를 엄밀하게 분별한 후, 이러한 앎을 토대로 자신에게 돌이켜

86 河受一, 『松亭集』 卷2, 「觀物」.

내면에서 일어나는 모든 생각과 감정이 선한 본성에서 나온 것인가 아니면 악한 욕망에서 나온 것인가를 철저하게 성찰하고자 했다. 그리하여 선한 본성에서 나온 생각과 감정을 확충하고 악한 욕망에서 나온 것들을 억제함으로써, 사람이 본래 가지고 타고난 선한 본성의 온전한 모습을 회복하는 데에까지 나아가려 한 것이다.

이상 두 편의 시에 잘 드러나 있듯이, 하수일이 작품을 창작하는 중요한 동인은 사물을 관찰하여 그 속에 담긴 이치를 통찰하고, 그것을 다시 자신에게 돌이켜 성찰하는 계기로 삼기 위함이었다. 관찰과 통찰을 통해 얻은 깨우침을 문학적 상상력을 통해 형상화했으며, 이 과정을 거치면서 깨우침이 더욱 분명해지고 오랫동안 남을 수 있는 효과를 얻을 수 있는 것이다.

하수일이 견지한 관물반기(觀物反己)의 수양 방법은 작품 창작의 중요한 동인으로 작용하며, 그렇기에 작품의 창작이 관물반기의 수양을 심화시키는 연장선에 있다고 이해된다. 그러므로 하수일의 학문과 문학은 서로 상보적인 관계에 있으며, 수양과 실천을 강조한 남명학파의 학문적 특성이 문학에까지 확장된 형태라고 파악할 수 있다. 다만 남명은 시를 짓는 것이 수양을 하는 데에 방해가 된다고 인식한 반면에, 하수일은 수양을 위한 하나의 방법으로 문학을 적극 활용함으로써 그 효용적 가치를 인정한 것이다.

「이순훈과 이별하며 써준 서문[別李生純勳序]」라는 글에서 학문의 본말에 관해 설명하면서, "행실을 다스리는 것이 문장을 다스리는 것보다 중요하다. 원컨대 그대는 경중과 귀천이 있는 바를 살펴 효제충신으로써 근원을 배양하고 공고히 해야 할 것이니, 뿌리가 거대한데도 열매가 크지 않은 경우를 듣지 못했다."[87]라고 했다. 이것은 하수일이 문장보다는 덕행을 우선시하는 입장을 보여주는 말로, 남명을 비롯한 도학자들이 문(文)보다는 도를 더욱 중시하는 관점과 동일한 선상에 있는 것이다. 그러나 하수일은 이러한 생각에 바탕한 가운데 문학의 효용도 긍정적으로 인식하여 도학을 추구하기 위한 좋은 방편으로 활용한 것이다.

문학에 관한 하수일의 이와 같은 입장은 다음의 「병죽설(病竹說)」이라는 작품에서도 확인할 수 있다.

> 내가 일찍이 정원을 거닐다가 대숲 속에서 한 그루의 대나무를 보았다. 그 대나무의 윗부분과 아랫부분 및 줄기와 마디는 다른 대나무와 비슷했지만, 그 중간은 마디가 조밀하고 줄기가 휘어져 다른 대나무와 같지 않았다. 괴이하게 여겨 다가가 그 까닭을 살펴보니, 벌레가 그 속을 파먹었기 때문이었다. 아랫부분이 조밀하고 중간 부분이 성근 것은 일반적인 대나무의 마디 모습이다. 곧고 휘어지지 않은 것이 보통의 대나무 줄기 모습이다. 그런데 지금 성근 부분이 도리어 조밀하고 곧은 것이 반대로 휘어져 있으니, 모두 일반적인 모습을 잃은 것이다. 아, 이 어찌 대나무의 본성이겠는가? 외물에 의해 손상을 입은 것이리라. 내가 이것을 보고 크게 한숨을 쉬며 탄식했다.
>
> 사람은 하늘과 땅의 이치를 받아 태어났으니, 애초에는 불선(不善)함이 없다. 선한 본성이 물욕에 의해 가리어져 양심을 제약하는 데에 이르게 되면, 병든 대나무와 다른 점이 거의 없다. 오호라! 대나무는 벌레 때문에

87 河受一, 『松亭集』 續集 卷2, 「別李生純勳序」. "治行重於治文 願生察其輕重貴賤之所在 一以孝弟忠信培擁其本原 則未聞有根大而實不碩者也"

일반적인 모습을 잃게 되고, 사람은 물욕으로 인해 본성을 상실하게 된다. 중심에 병이 들었다는 측면에서 본다면, 사람과 사물이 어찌 차이가 있으랴? 옛사람이 말하기를, "사물을 관찰하여 자신을 돌아본다."라고 했다. 내가 「병죽설」을 지은 것이 어찌 부질없는 짓이겠는가?[88]

하수일은 정원을 산책하다가 다른 것들과 달리 중간 부분의 마디가 조밀하고 줄기가 휘어진 대나무를 발견했다. 그 대나무에 다가가 원인을 살펴보았더니, 벌레가 그 속을 갉아먹어 병이 든 사실을 알게 되었다.

이를 통해 하수일은 대나무가 벌레로 인해 속이 병들자 본성을 잃어 외형이 달라진 것처럼, 사람도 애초에는 선한 본성을 타고 나지만 물욕이 그것을 덮어버려 선한 마음을 발현하지 못한다는 점을 통찰했다. 그리고 대나무는 벌레 때문에 속이 병들고 사람은 물욕에 의해 마음이 병들게 되니, 본래부터 간직한 선한 본성을 외물로 인해 잃어버렸다는 점에서는 사람과 사물이 차이가 없다고 깨우쳤다.

그리하여 마지막 부분에서 옛사람의 '사물을 관찰하여 자신을 돌아본다[觀物反己]'는 말을 인용하여, 자신이 「병죽설」을 지은 것은 이와 같은 관물반기의 수양 방법을 문학에 적용하여 확장시킨 것임을 밝혔다. 하수일의 문학 작품에 나타난 창작의 주요 동기와 효용의 지향점을 이와 같이 이해한다면, 그가 추구한 학문과 사상의 연관성 속에서 문학의 의미를 파악할 수 있으리라 생각된다. 이 점이 바로 하수일의 문학이 구축한 독특한 면모로서, 수양론적 관점에서 문학적 효용을

---

88 河受一, 『松亭集』 卷3, 「病竹說」. "余嘗涉園中 有一竹介于郡竹之間 其本末枝節類他竹 至其中其節密 其枝曲 不類他竹 余怪之 就視其故 蓋有蟲蠹其心也 夫下密而中疎 竹節之常也 直而不曲竹枝之常也 今疎者反密 直者反曲 咸失其常 噫 是豈竹之性哉 其爍於外物者乎哉 余於是喟然而嘆 夫人受天地之中以生 其初罔有不善 及其蔽於物欲以梏良心 則其不類竹者幾希矣 嗚呼 竹以蟲而失其常 人以欲而喪其性 心受病則人物何擇焉 古人有言 觀物反己 病竹說之作 余豈徒然哉"

적극적으로 활용한 면모이다.

4. 맺는말

하수일의 학문적 연원은 가학을 전수받은 것임과 동시에 남명학파의 학맥을 계승한 것이었다. 하수일이 어릴 적부터 수학하여 오랫동안 곁에서 모신 각재 하항이 집안의 종숙부이면서 학문적 스승이라는 사실을 통해서도 그 점은 분명하게 이해할 수 있다.

그는 하항으로부터 전수받은 남명학의 요체에 관해, 선과 이익을 엄밀하게 분별하여 선을 행하기 위해 힘을 다하며 이익을 도모하는 탐욕을 철저하게 제거하는 것이라고 이해했다. 따라서 그것을 실현하기 위한 학문 방법으로 치지와 역행을 추구했다. 치지를 통해 실천의 토대를 확립하며, 실천으로 치지의 공부를 완성하고자 한 것이다. 그리고 실천의 과정에서 가장 우선적이고 본질적인 것은 자신을 엄밀하게 성찰하여 올바르게 세우는 위기지학이었다. 남명의 학문적 특징은 명선과 성신이라는 말로 집약할 수 있는데, 하수일이 중시한 치지와 역행의 학문 방법은 곧 남명의 학문과 사상을 계승한 것이었다.

또한 이와 같은 학문 방법을 견지한 가운데 궁극적으로 지향한 학문의 목표는 사물의 이치를 밝히고 이를 통해 자신의 마음을 밝히는 데에 있었다. 그는 사물의 이치를 탐구하여 무엇이 선하고 악하며 어떤 것이 바르고 그른 지를 엄밀하게 분별하려 했다. 그런 후 이러한 앎을 토대로 자신에게 돌이켜 내면에서 일어나는 모든 생각과 감정이 선한 본성에서 나온 것인가 아니면 악한 욕망에서 나온 것인가를 철저하게 성찰하고자 했다. 선한 본성에서 나온 생각과 감정을 확충하고 악한 욕망에서 나온 것들을 억제함으로써, 사람이 본래 가지고 타고난 선한 본성의 온전한 모습을 회복하는 데에까지 나아가려 한 것이다.

그러므로 하수일이 작품을 창작하는 중요한 동인은 사물을 관찰하여 그 속에 담긴 이치를 통찰하고, 그것을 다시 자신에게 돌이켜 성찰하는 계기로 삼기 위함이었다. 관찰과 통찰을 통해 얻은 깨우침을 문학적 상상력을 통해 형상화했으며, 이 과정을 거치면서 깨우침이 더욱 분명해지고 오랫동안 남을 수 있는 효과를 얻을 수 있는 것이다.

하수일이 견지한 관물반기의 수양 방법은 작품 창작의 중요한 동인으로 작용했으며, 그렇기에 작품의 창작이 관물반기의 수양을 심화시키는 연장선에 있었다고 이해된다. 그의 학문과 문학은 서로 상보적인 관계에 있으며, 수양과 실천을 강조한 남명학파의 학문적 특성이 문학에까지 확장된 형태라고 파악할 수 있다. 다만 남명은 시를 짓는 것이 수양을 하는 데에 방해가 된다고 경계한 반면에, 하수일은 수양을 위한 하나의 방법으로 문학을 적극적으로 활용함으로써 그 효용적 가치를 인정한 점이 다르다고 말할 수 있을 뿐이다.

앞으로의 과제는 하수일이 추구한 학문과 문학의 상보적 연관성과 그 의미를 남명학파의 다른 학자들과 비교 고찰하여 동이점(同異點)을 분별해야 할 것이며, 더 나아가 16세기 사림파 작가들의 사물관 및 문학정신과는 어떠한 관련성을 맺고 있는지도 면밀하게 살펴보아야 할

것이다.[89]

89 이 문제와 관련하여 정우락, 「사림파의 사물관과 남명학파 문학의 구조」, 『남명학파의 문학적 상상력』, 도서출판 역락, 2009은 앞으로의 연구에 중요한 방향성을 제시하고 있다고 생각된다. 정우락 교수가 제시한 '觀物察物', '觀物察理', '觀物察世' 등의 세 가지 사물 인식 방법론과 하수일이 자신의 저술에서 밝힌 '觀物反己'의 사물인식 및 수양방법이 종합된 형태는 서로 어떠한 공통분모와 차이점을 가지는가에 관한 문제를 우선적으로 살펴보아야 할 것이다. 그리고 이와 관련한 다양한 주제들에 관해 심도 깊은 고찰이 앞으로 이루어질 수 있기를 기약한다.

3

16~17세기 초반
남명학파의 잠箴 작품에 나타난 수양론

1. 여는말

지리산권 지역의 동쪽에 자리한 진주를 중심으로 형성된 남명학파는 종장인 남명 조식의 가르침에 따라 철저한 수양을 바탕으로 사회적 실천에 힘쓰는 학풍을 가졌다. 특히 남명은 '시황계'를 강조하여 시 창작을 극히 절제했으며, '정자·주자 이후로는 저술을 할 필요가 없다[程朱後不必著術]'라는 사상에 입각하여 새로운 학설을 지어내기보다는 이미 알고 있는 지식을 실천하기를 추구했다. 어떠한 일이든 그 속에는 명암(明暗)이 공존해 있듯이, 남명학파의 이와 같은 성향은 지행(知行)의 일치를 확고하게 밀고나가는 모습을 보인 반면, 후세에 그들의 삶과 사상을 구체적으로 고찰할 수 있는 근거 자료를 많이 남겨놓지 않았다.

따라서 이 장에서는 남명학파의 실천적 학풍을 파악할 수 있는 자료가 제한적이라는 상황을 극복하기 위한 대안으로서 잠(箴) 작품에 주목하게 되었다. 잠이라는 문류명(文類名)의 유래는 고대 중국 의사들이 병을 치료하는 데 쓰던 잠(箴)의 자의(字意)가 타인이나 자기를 규계(規戒)하는 문장의 효용성과 일치되어 문류명으로 전차(轉借)된 것이다.[90] 더욱이 성찰과 경계를 통해 자신의 정신을 각성시키고 삶의 자세를 견실하게 붙잡으려는 의지를 담은 작품인 경우, 그 내용 속에 작가가 추구하는 삶의 지향과 함께 그것에 도달하기 위한 실천 방법이 선명하게 제시되어 있다. 그러므로 잠 작품은 작가의 사상과 수양론을 문학적으로 형상화하여 담아낸 것이라고 말할 수 있다.

---

90 김종철, 「漢文文類『箴』의 淵源과 文體特性」, 『동방한문학』 제11집, 동방한문학회, 1995, 127~128면.

잠이 가지는 이러한 성격에 근거하여 이 장에서는 남명을 비롯하여 그의 제자 및 재전 제자에 이르기까지 16~17세 초반에 창작된 20편의 작품을 모두 살펴보기로 한다. 이 작업을 통해 잠 작품에 드러난 남명학파 학자들의 수양 목표와 방법 등을 파악할 수 있는 한 지점을 마련하고자 한다.

이 시기에 창작된 잠 작품을 중요하게 다루는 까닭은 남명학파의 역사적 굴곡에 기인한다. 1623년 인조반정에 의해 내암 정인홍을 중심으로 한 대북(大北)이 무너지면서 남명학파는 심각한 타격을 입었으며, 1728년 무신란(戊申亂)이 일어나 경상우도는 반역향(反逆鄕)으로 지목되어 상황이 더욱 악화되었다. 따라서 17세기 후반부터 18세기에 이르기까지 남명학파 학자들의 정치적·학문적 활동이 매우 미미했다. 이러한 상황에 비례하여 18세기에는 오직 서계(西溪) 박태무(朴泰茂, 1677~1756)가 지은 5편의 잠 작품만이 존재한다.

1796년 정조(正祖)가 남명을 배향한 덕천서원에 친제사제문(親製賜祭文)을 내려 특별한 관심과 존모의 마음을 나타낸 일을 계기로, 경상우도에는 학문과 덕행이 뛰어난 학자들이 대거 출현했다. 또한 잠 작품 역시 활발하게 창작되었는데, 만성(晩醒) 박치복(朴致馥, 1824~1894) 1편, 단계(丹溪) 김인섭(金麟燮, 1827~1903) 5편, 면우(俛宇) 곽종석(郭鍾錫, 1846~1919) 17편, 회봉 하겸진 7편 등 총 30편이 지어졌다.

하지만 18세기를 거치는 동안 학문 전수의 연결 고리가 끊어지게 되어 이 시기의 학자들은 다양한 사승 관계를 맺고 있었으므로, 이전 시기의 남명학파 학자들과는 또 다른 측면에서 접근해야 하는 문제가 있다. 집안의 가학과 지역의 학문 분위기를 통해 근본적으로는 남명학파의 체질을 이어받았으나, 당대의 사승 관계는 기호 남인 성재(性齋)

허전(許傳)과 영남 남인 정재(定齋) 유치명(柳致明)·한주(寒洲) 이진상(李震相)을 비롯한 호남 노론 노사(蘆沙) 기정진(奇正鎭)에 이르기까지 다양하게 구성되어 있기 때문이다.

그러므로 남명학파의 잠 작품을 시기별로 나누어볼 때, 남명학파가 형성된 16세기로부터 인조반정이 일어나기 전인 17세기 초반에 이르기까지 창작된 작품들이 남명학파의 성향을 분명하게 드러낸다고 판단된다. 이러한 이유에 근거해 이 장에서는 남명학파의 전성기인 16~17세기 초반에 창작된 잠 작품들로 시기를 한정하여 살펴볼 것이다.

2. 잠 작품에 나타난 수양의 실천 양상

환자의 아픈 부위에 침을 찔러 병을 치유하듯이, 잠을 짓는 이유는 자신이나 타인의 잘못을 드러내어 통렬하게 반성하고 새롭게 변화하기 위해서이다. 이러한 잠의 효용성에 주목할 때, 잠 작품의 주제와 내용을 분석하여 병상(病狀)에 관한 진단과 치료 방법으로 구분해 보는 것도 수양론적 의미를 읽어내는 하나의 접근 방식이 될 수 있다.

이 관점을 적용하여 남명학파의 잠 작품을 분류한 결과, 세 가지 양상으로 구분할 수 있었다. 첫째는 수양론의 핵심사상을 제기하여 그것에 따른 실천 의지를 촉구한 작품군이다. 이것은 보다 근원적·본질적 측면에서 자신이나 타인을 규계하는 것이므로, 치료 방법 중에서 원인치료(原因治療)에 해당한다고 볼 수 있다. 둘째는 특정한 병폐나 구체적인 실천 덕목을 적시하여 그것에 따른 수양 방법을 모색한 것으로, 어떤 증상에 관해 직접적인 처방을 하는 대증치료(對症治療)의 명목으로 구분할 수 있다. 셋째는 어느 시기나 어떤 사건이 계기가 되어 새롭게 전환하려는 시도를 할 때 지어진 작품으로, 이것은 주위 환경이나 생활 습관을 개선하여 병을 호전시키는 개선치료(改善治療)와 같다고 말할 수 있다.

세 가지 치료 방식에 따라 주제를 분류하고 해당 작품을 정리한 것이 아래의 표이다.

<table>
<tr><th>수양론의 표현 양상</th><th>작자 및 생몰년</th><th>작품명</th><th>편수</th></tr>
<tr><td rowspan="4">성과 경의의 수양론 확립을 통한 원인치료</td><td>曺 植(1501~1572)</td><td>誠箴</td><td rowspan="4">5</td></tr>
<tr><td>成汝信(1546~1632)</td><td>學一箴, 惺惺齋箴</td></tr>
<tr><td>文 後(1574~1644)</td><td>敬義箴</td></tr>
<tr><td>權 濤(1575~1644)</td><td>心者形之君箴</td></tr>
<tr><td rowspan="8">구체적 실천 조목의 정립에 의한 대증치료</td><td>曺 植(1501~1572)</td><td>贈叔安(箴)</td><td rowspan="8">10</td></tr>
<tr><td>河 沆(1538~1590)</td><td>誡酒箴</td></tr>
<tr><td>金宇顒(1540~1603)</td><td>進聖學六箴,
進御書存心養性箴</td></tr>
<tr><td>曺以天(1560~1638)</td><td>儆身箴</td></tr>
<tr><td>崔 晛(1563~1640)</td><td>友愛箴</td></tr>
<tr><td>曺 璭(1569~1652)</td><td>八戒箴</td></tr>
<tr><td>朴壽春(1572~1652)</td><td>言行箴</td></tr>
<tr><td>權 濤(1575~1644)</td><td>養心寡欲箴, 自養箴</td></tr>
<tr><td rowspan="4">새로운 전환의 계기 마련을 위한 개선치료</td><td>河應圖(1540~1610)</td><td>自警箴</td><td rowspan="4">4</td></tr>
<tr><td>成汝信(1546~1632)</td><td>晩寤箴</td></tr>
<tr><td>鄭 蘊(1569~1641)</td><td>元朝自警箴</td></tr>
<tr><td>朴壽春(1572~1652)</td><td>自警箴</td></tr>
<tr><td>기타</td><td>郭再祐(1552~1617)</td><td>調息箴</td><td>1</td></tr>
<tr><th>수양론의 표현 양상</th><th>작자 및 생몰년</th><th>작품명</th><th>편수</th></tr>
<tr><td>합계</td><td></td><td></td><td>20</td></tr>
</table>

1) 성과 경의의 수양론 확립을 통한 원인치료

16~17세기 초반에 지어진 남명학파의 잠에서 어느 무엇보다 강조되는 수양론의 핵심사상은 성(誠)과 경의(敬義)이다. 남명학파의 종장인 남명은 성에 주목하여 「성잠(誠箴)」이라는 작품을 지었다.

> 사악함을 막아 성을 보존하며,
> 말을 닦아 성을 세우라.
> 정밀하고 한결같음 구하려면,
> 경을 통해 들어가라.[91]

남명은 「좌우명(座右銘)」에서, "언행을 신의 있게 하고 삼가며, 사악함을 막아 성(誠)을 보존하라. 산처럼 우뚝하고 못처럼 깊으면, 움 돋는 봄날처럼 빛나고 빛나리라"[92]라고 말하여 자신이 추구하는 삶의 지향을 표현했다. 이 「좌우명」에서도 '사악함을 막아 성을 보존하는 일'을 수양의 핵심적인 것으로 밝히고 있다.

남명의 학문과 사상은 경과 의 두 글자로써 요약할 수 있다. 남명 스스로 "경과 의를 함께 지킬 수 있다면 아무리 사용해도 다하지 않는다. 내 집에 이 두 글자가 있는 것은 마치 하늘에 해와 달이 있는 것과 같다. 만고에 걸쳐 바뀌지 않을 것이니, 성현의 천 가지 만 가지 말씀도 그 귀결하는 요점이 여기에서 벗어나지 않는다."라고 그 중요성에 관해 강조했다.

그리고 몸에 지닌 칼에 '안으로 마음을 밝히는 것은 경이며 밖으로

91 曺植, 『南冥集』 卷5, 「誠箴」. "閑邪存 修辭立 求精一 由敬入"

92 조식, 남명학연구소 옮김, 『국역 南冥集』, 「座右銘」(한길사, 2001, 161면). "庸信庸謹 閑邪存誠 岳立淵沖 燁燁春榮."

행동을 결단하는 것은 의이다.[內明者敬 外斷者義]'라는 문구를 새겨놓은 사실이 「패검명(佩劍銘)」을 통해 확인된다. 또한 「행장」·「행록」 등의 자료를 보더라도 남명의 삶과 학문에서 뚜렷하게 드러나는 점은 경과 의에 관한 강렬한 추구이다.

이 잠에서는 경만 언급하고 의에 관한 말이 없다. 남명의 학문과 사상을 핵심적으로 드러내고 있는 「신명사도명」에서도 경만 표기했고 의에 관한 설명이 없다. 주희는 "경은 비유하자면 거울과 같으니, 의는 이 거울이 사물을 비출 수 있는 것이다."[93]라고 했다. 경이라는 거울이 깨끗하면 의의 비춤은 저절로 통명하게 된다. 남명이 「성잠」과 「신명사도명」에서 경에 관해서만 언급한 까닭은 경과 의가 가지는 이와 같은 체용(體用)의 관계 때문이라고 이해된다. 경의 수양이 지극하면 지극할수록 의의 효과도 함께 높아질 수밖에 없는 것이다.

「성잠」에서는 정밀하게 분석하여 참된 성을 행하고, 한결같이 실천하여 언제나 성을 유지할 수 있는 출발점이 경이라고 말한다. 경을 통해 마음과 자세가 올바른 이후에, 성의 보존과 실천이 가능한 것이다. 경은 성의 바탕이 되며, 성은 경을 실현하는 방식이 된다고 이해할 수 있다.

부사(浮査) 성여신(成汝信, 1546~1632)은 '주일무적(主一無適)'의 경과 관련해 「학일잠(學一箴)」이라는 작품을 지었다.

> 성현의 훈계
>
> 서책에 실려 있으니,
>
> 안자의 사물(四勿)과 증자의 삼성(三省)이요,

93 朱熹, 『朱子語類』 69卷, 「易五」. "朱子曰 敬比如鏡 義便是能照底"

맹자의 양기(養氣)와 자사의 일야(一也)라.
밝고 분명하게 드러나 있어,
내 마음 내 눈 환하게 비추니,
생각을 모으고 가지런히 하며,
아침에 더하고 저녁에 익히네.
밝은 창가 한낮의 고요한 때,
깨끗한 책상 한밤의 적막한 때,
나의 천군(天君)을 섬기는 일은
하나에 집중하여 딴 데로 가지 않는 것이라.[94]

성여신은 성현의 훈계가 서적을 통해 밝고 분명하게 드러나 있어 자신의 마음과 눈을 환하게 비춘다고 한다. 그가 대표적으로 제시한 성현의 훈계는 안회(顔回)의 사물(四勿), 증삼(曾參)의 삼성(三省), 자사(子思)의 일야(一也), 맹자(孟子)의 양기(養氣) 등이다.

사물은 안회가 공자에게 인이 무엇인지 여쭙자 자신의 욕심을 이겨내어 올바른 도리인 예의를 회복하는 일[克己復禮]라고 말한 후, 실천해야 할 구체적인 조목으로 예의가 아니면 보지 말며[非禮勿視], 예의가 아니면 듣지 말며[非禮勿聽], 예의가 아니면 말하지 말며[非禮勿言], 예의가 아니면 행동하지 말라[非禮勿動]는 네 가지 금기를 제시한 것을 가리킨다.

공자는 안회에게 자신의 욕심을 이겨내어 사람이 따라야 할 올바른 도리인 예의를 회복하는 일이 인이라고 설명해주었다. 자신의 내면에

---

94 成汝信, 『浮査集』 卷4, 「學一箴(丙戌)」. "聖賢之訓 布在方冊 顔勿曾省 孟養思一 昭然的然 照我心目 凝思齊慮 朝益暮習 明牕晝靜 淨几夜寂 事我天君 主一無適"

뿌리내리고 있는 끊어지지 않는 질긴 욕심을 치열한 수양을 통해 이겨내어 사람이 추구해야 할 보편적 도리인 예의를 회복하라는 말이다. 이것은 마치 저울과 같아서 한쪽이 무거우면 다른 쪽이 기울어질 수밖에 없다. 자신의 사사로운 욕심이 가득하면 그만큼 올바른 도리인 예의는 줄어들게 되며, 욕심을 이겨내어 사그라지게 하면 그만큼 예의는 가득 차게 된다.

그런데 욕심을 이길 방법은 특별한 무엇이 아니라, 자신의 눈·귀·입·행동을 단속하여 삼가는 일이다. 자신의 눈과 귀에 나쁜 것이 들어오지 않게 하며, 자신의 입과 행동에 나쁜 것을 내보내지 않는 것이다. 들어오는 것이 올바르고 내보내는 것이 올바르다면 자신의 욕심을 이겨내고 예의를 회복할 수 있다는 말이다.

증삼의 삼성은 '세 가지를 반성한다.'라는 뜻으로 해석할 수 있는데, 『논어』에 있는 말이다. 증삼은 날마다 자신을 돌아보며 세 가지를 반성했는데, ① 다른 사람을 위해 어떤 일을 추진할 때 최선을 다했는가? ② 벗과 교유할 때 진실했는가? ③ 전수받은 내용을 스스로 익혔는가? 등이다.

맹자의 양기는 호연지기(浩然之氣)를 기르는 것을 말한다. 맹자 스스로가 자신은 '말을 이해하고 호연지기를 기르는 일을 잘 한다[我知言我善養吾浩然之氣]'고 밝혔다. 그리고 호연지기는 일시적인 의분에 의해 일어나는 것이 아니라, 의로움이 지속적으로 쌓일 때 생기는 것이라고 말했다. 이것에 근거한다면, 호연지기란 산에 올라 탁 트인 시야를 보면서 생기는 것도 아니며 의협심을 가진 호걸의 기상도 아니다. 평소에 의로움이 무엇인지 생각하고 실천하는 삶이 오랫동안 축적되어야 차츰차츰 내면을 가득 채우는 기운이라고 이해할 수 있다.

자사의 일야는 『중용』에 나오는 말이다. 온 세상에 모두 적용될 수 있는 보편적인 다섯 가지 도리[達道]와 세 가지 덕[達德]이 있다고 한다. 다섯 가지 도리는 군신(君臣), 부자(父子), 부부(夫婦), 곤제(昆弟), 붕우(朋友) 등의 관계를 가리킨다. 세 가지 덕은 그 다섯 가지 관계를 행할 수 있는 덕성으로, 지혜[知], 사랑[仁], 용기[勇] 등이다. 그리고 일야는 다섯 가지 관계를 세 가지 덕성으로 행할 수 있는 가장 근원적인 요소로, 성(誠)이다. 『중용』은 다양한 표현으로 하늘의 도와 사람의 도리를 말하면서 끝내 성으로 귀결시키고 있다. 따라서 일야는 『중용』의 핵심인 성을 가리키는 말이다.

성여신은 안자의 사물, 증자의 삼성, 맹자의 양기, 자사의 일야 등과 같은 성현의 훈계가 서책을 통해 밝고 분명하게 드러나 있어 자신의 마음과 눈을 환하게 비추어준다고 깨달았다. 그러므로 생각을 모으고 가지런히 하여 아침에는 새로운 공부를 더하고 저녁에는 배운 것을 복습하는 학업의 일상을 꾸준히 실천했다.

그리고 밝은 창가 한낮의 고요한 때이든 깨끗한 책상 한밤의 적막한 때이든 간에, 언제나 자신의 마음을 주재하는 천군(天君)을 섬기는 일은 하나에 집중하여 딴 데로 가지 않는 것[主一無適]이라고 이 잠의 핵심을 마지막 부분에서 밝혔다. 천군은 마음을 다스리는 일을 하늘로부터 내려온 임금에 비유한 말로, 남명이 「신명사도」에서 사용한 '태일군(太一君)'과 같은 뜻이며, 동강 김우옹이 「신명사도」와 「신명사명」을 부연하여 지은 「천군전(天君傳)」과 같은 용어이다.

성여신은 이 천군을 섬기는 일은 주일무적(主一無適)의 경을 통해 가능하다고 말했는데, 이것 역시 「신명사도」에서 천군을 보좌하는 총재경의 역할과 성격을 나름대로 이해한 것을 바탕으로 표현한 것이다.

따라서 이 잠의 전체적인 내용을 요약하자면, 서책에 실려 있는 성현의 훈계를 아침저녁으로 부지런히 배우고 익혀야 하며, 그런 일상의 학업을 행할 때 가장 근원적이고 핵심적인 요소는 자신의 마음을 하나에 집중하여 딴 데로 가지 않는 경의 상태를 유지하는 것이라고 말했다.

다음의 잠은 성여신이 아들 성황(成鎤, 1595~1665)을 격려하기 위해 지은 작품이다.

나의 다섯째 아들 황(鎤)은 기상과 국량이 있어 원대한 일을 이룰 그릇인 듯하다. 그런데 뜻과 기질이 혼미하고 나태하여 태평스레 게으르다. '썩은 나무는 조각할 수 없다.'라는 것은 재여(宰予)에게 배운 것이며, '게으름은 어느 누구도 비할 수 없네'라는 것은 도잠(陶潛)의 아들을 본받은 것이다. 내가 그런 점을 근심했었다.

어느 날 나에게 고하길, "종이붙이를 얻어 한 권의 책으로 묶어 제가 지은 시를 적어놓고 성취와 변화의 기틀을 살펴보고자 하는데, 어떠하십니까?"라고 말했다. 내가 기뻐하면서 "좋구나. 네가 구하고자 하는 대로 하라. 네가 구하고자 하는 대로 하라. 날마다 공부한 것을 점검하는 것은 매우 좋은 일이다. 만약 진보하거나 퇴보하며 생소하거나 익숙한 부분에 관해 고찰하여 잘못된 점은 처방하고 미치지 못한 점은 나아가도록 할 수 있다면, 훗날 성취한 것을 헤아릴 수 있겠구나."라고 말했다. 이에 한 묶음의 종이를 내어 손수 책으로 만들어 그 제목을 '성성재사고(惺惺齋私稿)'라고 썼다. '성성'이라는 글자는 진실로 게으름의 아교(阿膠)[95]이다. 인하여 잠을 지어 스스로 성찰하게 하노라. 잠은 다음과 같다.

한 몸의 주인은 오직 마음이다.

한 마음의 주인은 오직 경일 뿐이다.

마음은 몸의 주인이며, 경은 마음의 주인이다.

주인이 주인 노릇하면 집안에 빛이 난다.

주인이 주인 되지 못하면 집안이 황폐하게 된다.

지키는 방법은 항상 깨어있는 것일 뿐이라.

귀한 손님 접대하듯 큰 제사 받들 듯, 의관을 정제하고 시선을 존엄하게 하라.

닭과 개를 잃어버린 듯 찾아 반드시 존재하게 하라.

몹시 취한 듯 혼몽하다면, 불러 깨우쳐 잠들지 않게 하라.

고요할 땐 존양해야 하며, 움직일 적엔 성찰해야 하네.

닭이 알을 품고 있는 듯, 고양이가 쥐구멍을 지키듯이 해야 하네.

반드시 삼가하고 경계하며 잠시라도 중단하지 말라.

이 일 생각하며 부지런히 행한다면, 걸어 다니는 시체를 면할 수 있으리라.

---

95 아교(阿膠): 흐린 물을 맑게 하는 물질이다. 『書經』「禹貢」에 나오는 '윤수를 인도하되 동쪽으로 흘러 제수가 되어[導沇水 東流爲濟]'라는 구절의 集傳에 말하기를, "東阿는 濟水가 경유하는 곳인데 우물물을 취해 갖풀[膠]을 끓인 것을 아교라 하니, 이를 혼탁한 물에 넣어 흔들면 맑아진다."라고 했다.

애비가 잠을 지어 고하노니, 네가 선하게 되기를 권면하노라.[96]

재여는 공자의 제자이다. 어느 날 그가 낮잠을 잤었는데, 공자가 "썩은 나무에는 조각할 수 없으며, 썩은 흙으로 만든 담장에는 흙손질을 할 수 없다. 재여에게 무엇을 책망하랴? 처음에는 내가 다른 사람에 관해 그의 말을 듣고 그의 행실을 믿었는데, 이제 나는 다른 사람에 관해 그의 말을 듣고 그의 행실을 살피노라. 재여로 인해 이것을 바꾸게 되었다."[97]라고 심하게 꾸짖었다.

도잠이 지은 「책자(責子)」라는 시를 보면, 그에게는 다섯 아들이 있었는데 모두 공부를 좋아하지 않았다. 서(舒)는 열여섯 살인데 게으르기가 짝이 없고, 선(宣)은 열다섯 살이 되었으나 문장과 학술을 좋아하지 않으며, 옹(雍)과 단(端)은 열세 살인데도 6과 7을 구분하지 못하며, 통(通)은 아홉 살이지만 단지 배와 밤만 찾는다고 탄식했다.

성여신은 다섯째 아들 성황을 재여 및 도잠의 아들에 견주어 염려하는 마음을 표현했다. 그런데 그 아들이 어느 날 마음을 새롭게 하여 공부에 힘쓰기를 각오했다. 그리고 부친에게 공책을 묶어 자신이 지은 시를 적어놓고 성취와 진보의 정도를 점검하면 어떻겠냐고 말씀드렸다. 성여신은 매우 기뻐하며 그렇게 하라고 허락한 후, 그 공책의 제목

---

96 成汝信, 『浮查集』 卷4, 「惺惺齋箴」. "翁之第五男曰鎤 有氣像有局量 似是遠大之器 而志氣昏惰居然而倦 朽木不可雕 學宰予 懶惰古無匹 效陶兒 余嘗患之矣 一日告余曰 欲得紙地 束作一卷 書兒所作詩 觀其成就轉移之機何如 余喜之曰 善 如爾之求也 如爾之求也 日點其所爲做工夫 極好底事 苟能考進退生熟之節 病者藥之 不及者進之 則他日所就 其可量耶 於是出紙一束 手自粧綴書其題目曰惺惺齋私藁 爲惺惺字 實是懶惰者之阿膠 因作箴 俾自省焉 箴曰 一身之主 曰惟心矣 一心之主 曰惟敬耳 心爲身主 敬爲心主 主而爲主 光生門戶 主而失主 茅塞堂宇 守之之法 惺惺是已 賓焉祭焉 正冠尊視 放如鷄犬 求而必在 昏若沉醉 喚而勿寐 靜須存養 動必省察 如鷄伏卵 如猫守穴 必謹必戒 無間食息 顧諟孜孜 期免走肉 父作箴告 勉爾式穀"

97 『論語』, 「公冶長」. "宰予晝寢 子曰 朽木不可雕也 糞土之牆不可杇也 於予與何誅 子曰 始吾於人也 聽其言而信其行 今吾於人也 聽其言而觀其行 於予與改是"

을 '성성재사고'라고 붙이고 아울러 이 잠을 지어주었다. 성황의 호가 성성재인데, 이 일을 계기로 부친이 지어준 것임을 알 수 있다.

경에 관한 해석은 정이(程頤)의 '하나에 집중하여 다른 곳으로 흐트러지지 않는 것[主一無適]'과 '행동을 반듯하게 하고 몸가짐을 엄숙하게 하는 것[整齊嚴肅]', 사량좌(謝良佐)의 '마음이 깨어있는 것[常惺惺]', 윤돈(尹焞)의 '마음을 수렴하여 어떠한 사물도 용납하지 않는 것[其心收斂 不容一物]' 등의 네 가지가 있다. 따라서 성여신이 아들에게 성성(惺惺)을 통해 게으름의 병통을 고칠 것을 권면한 것은 경에 관한 사량좌의 설을 인용해 말했다고 볼 수 있다. 그리고 남명이 자신의 마음을 항상 깨어있게 하려고 성성자라는 방울을 차고 다닌 일을 상기할 수 있다.

성여신은 잠에서 한 몸의 주인은 마음이며 마음의 주인은 경이라고 정의했다. 주인이 주인 노릇을 하면 그 집안은 빛이 나고 제대로 하지 못하면 황폐하게 되는 것처럼, 마음을 지키는 방법은 항상 깨어있는 것[惺惺]을 통해 가능하다고 일깨웠다.

'귀한 손님을 접대하듯이 큰 제사를 받들 듯이 한다.'라는 말은 『논어』에 나오는 말이다. 중궁(仲弓)이 인에 관해 여쭙자, 공자는 "문 밖을 나가면 귀한 손님을 만난 듯이 하며, 백성을 부릴 적엔 큰 제사를 받들 듯이 해야 한다. 자기가 하고 싶은 않은 일을 남에게 시키지 말라. 나라에 있을 때도 원망하는 이가 없고 집안에 있어서도 원망하는 사람이 없어야 한다."[98]라고 말해주었다.

'의관을 바르게 하고 시선을 존엄하게 한다.'는 말은 주희가 지은 「경재잠(敬齋箴)」의 '의관을 바르게 하고 시선을 존엄하게 가진다.[正其

98 『論語』, 「顏淵」. "仲弓問仁 子曰 出門如見大賓 使民如承大祭 己所不欲 勿施於人 在邦無怨 在家無怨 仲弓曰 雍雖不敏 請事斯語矣"

衣冠 尊其瞻視]'를 줄여서 표현한 것이다. '닭과 개를 잃어버린 듯이 찾아 반드시 마음을 보존하라.'는 구절은 맹자가 사람들이 닭과 개를 잃어버리면 찾을 줄을 알면서 자신의 마음은 잃어버리고도 찾지 않는다고 탄식한 말에 근거한 것이다. '닭이 알을 품고 있는 듯, 고양이가 쥐구멍을 지키듯이 해야 한다.'는 표현은 남명의 「신명사명」 부주(附註)에 보인다. 원문을 인용하자면, "용이 여의주를 보살피듯 마음에 잊지 말며, 닭이 알을 품듯 기운을 끊지 말며, 고양이가 쥐구멍을 지키듯 정신을 흩트리지 말라.[如龍養珠心不忘 如鷄伏卵氣不絶 如猫守穴神不動]"라고 했다.

성여신은 마지막 부분에서 이런 일을 생각하고 부지런히 행한다면, 걸어 다니는 시체가 되는 것을 면할 수 있다고 말했다. '걸어다니는 시체'는 마음을 잃어버린 채 살아가는 사람을 비유한 말이라고 이해된다.

연강재(練江齋) 문후(文後, 1574~1644)는 남명학의 핵심 사상인 경의에 관해 해설한 「경의잠(敬義箴)」을 지었다.

> 나는 예전에 남명 선생의 사당에 참배한 적이 있었다. 살아계실 때 문하에 나아가지 못한 것을 깊이 안타까워하고 물러나 남기신 문집에서 가르침을 찾다가 경의 두 글자를 얻었다. 마치 얼굴을 뵈오며 가르침을 받는 듯해 진심으로 기뻤는데, 목이 탈 때 마실 것을 얻은 것 같았다. 이 일로 인해 '경하여 내면을 곧게 하고 의로워 바깥일을 바르게 처리한다[敬以直內 義以方外]'라는 여덟 글자를 정자의 벽에 적었다.
>
> 지금 백발의 늙은이가 되어 하릴없이 세월만 보내고 있을 뿐 조금도 발전한 효과가 없으니, 자질이 남들만 못하다는 사실을 비로소 깨닫게

된다. 마침내 분발하여 잠을 짓고 인하여 전말을 서술한다.

> 위대한 역(易)의 관문이며, 세 성인의 깊은 뜻이라네.
> 학문을 하는 데에 절실하니, 두 글자 경의라네.
> 하늘이 우리나라를 열어주어 우리 남명을 내려주셨네.
> 먼저 몸소 부절을 지니셨으니, 경과 의라네.
> 곧게 하고 바르게 한다면 안과 밖이 극진하리라.(결락)[99]

문후는 1574년에 태어났으므로, 1572년에 별세한 남명에게 배울 수 있는 기회가 없었다. 그래서 깊이 안타까워하며 문집을 통해 가르침을 구하다가 '경의' 두 글자를 깨닫게 되었다. 그때의 기쁨을 마치 얼굴을 뵈오며 가르침을 받는 듯했고 목마른 자가 마실 것을 얻은 것 같았다고 표현했다. 이 일을 계기로 기거하는 정자의 벽에 '경하여 내면을 곧게 하고 의로워 바깥일을 바르게 처리한다.[敬以直內 義以方外]'라는 여덟 글자를 써놓았다고 한다.

'경이직내 의이방외'라는 말은 『주역』 곤괘(坤卦) 문언전(文言傳)에 나오는 구절이다. 그러므로 잠의 첫 구절에서 위대한 역(易)의 관문이라고 표현했다. 문후의 잠을 통해 남명의 학문과 사상이 경과 의에 있다는 사실을 거듭 확인할 수 있다. 그리고 '하늘이 우리나라를 열어주어 우리 남명을 내려주셨네.'라는 말을 통해 그가 조선의 도학사에서 남명이 차지하는 위상을 어떻게 이해했는지를 짐작할 수 있다.

---

99 文後, 『練江齋集』 卷2, 「敬義箴」. "余頃年 謁南冥先生廟 深恨未及摳衣 退而求之於遺集 得敬義二字 若承面命 誠心喜之 如渴得呷 因書敬以直內義以方外八箇字於亭壁 今白首荏苒 無分寸裨效 始覺才質之不如人 遂發憤爲箴 因叙始末 大易之門 三聖奧旨 切於爲學 二字敬義 天啓大東 降吾南冥 先自佩符 是義是敬 直之方之 內外斯盡 (缺)"

동계(東溪) 권도(權濤, 1575~1644)는 「양심과욕잠(養心寡欲箴)」·「심자형지군잠(心者形之君箴)」·「자양잠(自養箴)」 등 3편의 잠 작품을 지었다. 그 중에서 「심자형지군잠」은 천지 가운데 사람이 존재하여 살아가는데, 육신의 형체는 마음에 의한 다스림이 중요하고 마음의 다스림은 경의 수양을 통해 유지되고 보존된다는 사실을 해설한 작품이다.

> 아득한 하늘과 땅, 아무리 둘러봐도 끝이 없네.
> 사람은 그 사이에서, 좁쌀만한 형체라네.
> 홀로 형체를 이루지 못하니, 군주가 있어야 하네.
> 스스로 군주가 되지 못하니, 붙잡아 보존해야 하네.
> 어떻게 해야 보존될까? 경이 근간을 이루네.[100]

거대한 하늘과 땅 사이에서, 사람은 좁쌀처럼 미미한 존재이다. 그렇지만 만물 가운데 사람이 가장 신령스러우며 천지와 함께 삼재(三才)에 참여할 수 있는 것은 마음이 있기 때문이다. 마음은 몸을 다스리는 군주이므로, 마음 없는 몸은 군주 없는 나라와 같아 존속할 수 없다.

권도는 마음이 군주로서의 다스림을 수행하기 위해서는 경의 도움을 받아야 한다고 생각했다. 경은 마음의 근간이 되는 것으로, 올바르게 유지되도록 붙잡아 보존하는 역할을 하기 때문이다. 남

100 權濤, 『東溪集』 卷6, 「心者形之君箴」. "茫茫堪輿 俯仰無形 人於其間 渺然有形 形不自形 以其有君 君不自君 以其操存 存之如何 敬爲之根"

명은 「신명사도」에서 마음을 '태일진군(太一眞君)'이라 하여 주재자(主宰者)로 표현하고, 경을 '총재(冢宰)'라고 하여 주재자를 돕는 재상으로 그렸다.

같은 맥락에서, 권도는 사람에게 마음이 중요한 까닭과 경의 필요성을 이해했다. 사람이 자신의 몸을 수양하기 위해서는 먼저 마음을 온전하게 보존하여 제 역할을 다할 수 있어야 한다. 그리고 마음을 보존하는 방법은 경에 의지해야 가능할 수 있기 때문이다.

2) 구체적 실천 조목의 정립에 의한 대증치료

대증치료를 위해 창작된 잠 작품으로서 먼저 각재 하항의 「계주잠(誡酒箴)」을 살펴보자면, 이 잠은 술에 관해 경계하는 내용이다.

> 봄물 일렁이고 싱그런 풀들 무성한데,
> 강가에서 이별 안타까워 아쉬움으로 속 태우네.
> 이런 때 술로 깊은 근심 쏟아내지 않을 수 없네.
> 밝은 창가 깨끗한 책상에 앉아 밤은 고요하고 티 없이 맑은데,
> 작은 화로에 청아한 향 피우고 성현을 대하네.
> 이런 때 술로 혼미하여 취해 잠들어선 아니 되네.
> 중용이란 먹고 마시며 움직이고 고요할 때에
> 어느 상황에서도 있지 않은 적 없네.
> 음식을 절제하고 행동을 절제하는 것이 이른바 중용이라네.
> 지금은 힘써 절제해야 할 때이니,

취해 혼몽해서는 아니 되네.[101]

하항은 술에 관한 경계를 하면서 무조건 마시면 안 된다고 말하지 않았다. 봄이 되어 강물이 새롭게 불어나고 풀들은 푸르름이 더해지는데, 강가에서 이별을 하게 된다면 어찌 술로 깊은 근심을 쏟아내지 않을 수 있겠느냐고 말했다. 이럴 때는 술을 통해 서로의 마음을 나누고 위로하는 것이 필요하기 때문이다.

하지만 고요하고 맑은 밤, 작은 화로에 청아한 향을 피우고 깨끗한 책상에 앉아 성현의 책을 대할 적에는 술로 혼미하여 취한 채 잠들어서는 안 된다고 경계했다. 맑은 밤의 기운 속에서 책으로 나아가 성인을 뵙고 대화를 나누기 좋은 때이기 때문이다.

하항은 술이 귀하게 쓰이는 경우가 있고 술을 삼가야 하는 때가 있는 점을 거론한 후 중용을 언급했다. 중용은 형이상학적인 철학이 아니라, 일상생활의 모든 상황에 적용되는 덕목이라고 설명했다. 먹고 마시며 움직이고 멈추는 모든 일상의 행위들이 중용에 따라 절제되어야 한다.

중용은 고정된 중간이 아니라, 시간과 장소에 따라 그 상황 속에서 가장 적절한 상태라고 이해할 수 있다. 지나친 것은 모자라는 것과 같다는 뜻의 '과유불급(過猶不及)'이라는 말이 『논어』에 있다. 중용은 모자라지도 지나치지도 않는 그런 상태이다.

봉곡(鳳谷) 조이천(曺以天, 1560~1638)의 「경신잠(儆身箴)」은 자기 몸을

---

101 河沆, 『覺齋集』 卷之中, 「誡酒箴」. "春流蕩漾 碧草綿芊 惜別江頭 離思黯然 此時不可無酒寫幽悁 明牕淨几 夜寂塵淸 一炷淸香 對越聖賢 此時不可有酒昏醉眠 蓋中 於飮食於動靜 無處不在 節飮食節動靜 所謂中 今當剛制 不用醉蒙蒙"

공경하는 점에 관해 경계하는 내용으로, 몸을 공경히 해야 하는 이유로부터 실천의 구체적 방법에 이르기까지 두루 기술했다.

사람이 하늘과 땅 사이에서, 자그맣게 이 몸이 있네.
어디에서 받았나? 부모의 인자함이라네.
떨어져 있든 함께 있든, 은혜롭고 부지런하셨네.
낳아주심을 돌이켜 생각하니, 내가 어찌해야 할까?
온유와 공경 스스로 본받으며, 네 행동 정숙하고 삼가라.
때에 따라 점검하여 혹시라도 감히 게으르지 말라.
깊은 연못 아니지만 곁에 선 듯, 얇은 얼음 아니라도 밟고 있는 듯 삼가라.
곳에 따라 전전긍긍해서 혹시라도 감히 실추하지 말라.
하늘 높고 땅은 낮아 직립의 사람 용납되지 못할 듯하네.
궤적 따르고 행적 좇아 자신을 세울 방도 생각하라.
너의 등 뒤 너의 곁에, 질곡과 칼날 도사리고 있네.
분수에 넘치거나 도리에 어긋나지 말며, 조급하지도 느긋하지도 말라.
한 생각 보존되지 못하면, 멸망이 잇달아 끊으리라.
그 오는 것 헤아릴 수 없는데, 하물며 후손을 보호할 수 있으랴?
누가 이런 일들 부리는가? 너에게 달려있지 않음이 없네.
아, 몸이 있음이여! 오히려 온전한 상태로 돌아가길 생각하네.[102]

---

102 曺以天,『鳳谷逸稿』卷2,「儆身箴」. "人於天地 藐此有身 受之於何 父母慈仁 離于屬于 恩斯勤斯 追 惟厥生 我若何其 溫恭自儆 淑愼爾止 隨時點檢 罔或敢怠 非淵亦臨 不冰亦履 隨處戰兢 罔或敢墜 穹高壤下 如不容直 循軌迹轍 思所以立 爾背爾側 桎梏刀鋸 無僭無貸 匪棘匪徐 一念不存 滅踵截耳 其來莫測 矧及覆嗣 孰是使者 在爾莫非 嗚乎有身 尙思全歸"

이 잠은 세 부분으로 나누어 생각해 볼 수 있다. 처음 부분은 자신이 이 세상에 존재하게 된 이유를 생각하는 것으로부터 시작했다. 자신이 세상에 태어난 것은 부모님의 인자함 때문이며, 떨어져 있든 함께 있든 언제나 은혜롭고 부지런히 돌보아주셨다고 회고했다. 그리고 부모님이 낳아주시고 길러주신 은혜를 기억하면서 자신이 어떻게 살아야 할까를 생각했다.

본론 부분은 부모님의 사랑과 은혜로 인해 이 세상에 존재하고 살아갈 수 있다는 깨우침을 실천하는 내용이다. 온유와 공경을 본받고, 행동을 정숙하고 삼가야 한다. 수시로 자신을 점검하여 혹여 게으르지 않도록 해야 한다. 깊은 연못가에 서 있는 듯, 얇은 얼음을 밟는 듯, 항상 삼가고 조심하는 마음을 가져 혹시라도 실추하는 일이 없도록 해야 한다. 하늘과 땅 사이에서 사람답게 살아가려면, 성현의 궤적을 따르고 행적을 좇아 자신을 올바르게 세울 방도를 찾아야 한다. 질곡과 칼날이 도사리는 세상에서 위험에 빠지지 않으려면, 분수에 넘치거나 도리에 어긋나지 말며 조급하지도 느긋하지도 않게 생활해야 한다.

마지막 부분은 평생의 노력이 하나의 생각으로 무너지고 멸망할 수 있다는 사실을 마음에 새겼다. 그리고 자신에게 닥쳐올 일도 알지 못하는데, 후손을 보호할 수 있다는 생각을 감히 할 수 없다는 점을 생각했다. 그러므로 오로지 자신이 어떻게 생각하고 행동하느냐에 따라 그 결과를 받아들일 수밖에 없다는 점을 분명히 인식하며, 부모님이 주신 온전한 몸을 온전한 상태로 간직해서 돌아가기를 기약했다.

인재(訒齋) 최현(崔晛, 1563~1640)의 「우애잠(友愛箴)」은 영해에 사는 어떤 형제가 불화하여 소송에까지 이르게 되자 그들을 깨우쳐주기 위해 지은 작품이다.

영해에 사는 어떤 형제가 송사를 벌이며 크게 다투었다. 병중에 이 잠을 써서 보여주니, 그 사람이 슬퍼하며 마음이 움직여 돌아가서는 서로 권면하여 마침내 송사를 그만두었다. 하늘로부터 받은 선한 본성을 속이기 어렵다는 사실을 비로소 알겠다.

형이 되고 동생이 된 것, 한 몸에서 나누어졌네.

용모가 함께 닮았고, 언어가 서로 비슷하네.

동생이 두서너 살 때, 형이 그 동생 업어주었네.

동생이 숟가락 잡지 못할 때, 형이 그 동생 먹여주었네.

밖으로 나가면 함께 갔고, 집으로 들어오면 같이 거처했네.

먹을 적엔 상을 함께 했고, 잠잘 땐 이불을 같이 덮었네.

슬프면 함께 울었고, 즐거우면 같이 웃었네.

어른이 되어선 형은 사랑하고 동생은 공경했네.

어찌 억지로 그리했으랴? 선천적으로 알고 본성적으로 타고났네.

아내와 자식이 있게 되자, 각자 생계를 꾸려갔네.

길고 짧음을 비교하고 헤아리며, 사심이 싹트기 시작했네.

남종과 여종 참소하고 투기하며, 동서 간에 서로 반목했네.

원망하고 욕하며 원수가 되니, 길 가는 사람도 이같이 않겠네.

관리에게 소송해 재산을 다투며, 잘못을 파헤치고 비밀을 들추었네.

동기간이 초월처럼 원수 되고, 천륜이 짐승같이 무너졌네.

세상 도리 이런 지경에 이르니, 통곡할 만한 일이로다.

이 착한 형제는 그 마음이 넉넉하고 여유롭네.

의로움 숭상하고 재물을 멀리하며, 노여움 감추지 않고 원망을 묵히지

않네.[103]

형이 우애하고 동생이 순종하며, 나이가 들수록 더욱 돈독해지네.

거짓으로 꾸며 참소하지만, 비집고 들어갈 틈이 없네.

그 아래는 노여움 참으며, 다투고 따지는 행동 억제하네.

저가 작은 잘못 있더라도, 나를 자책해야 할 일이라네.

해치지 않고 탐내지 않으니, 어찌 화목하지 않겠는가.

구대(九代)가 함께 사는 비결 묻자, 인(忍)자를 백번 써서 올렸네.[104]

고을에서 효자라고 칭송하고, 천자가 절효(節孝)를 포상하네.

귀신이 몰래 도와주니, 자손에게 복이 많다네.

아, 형의 뼈는 아버지의 뼈요, 동생의 살은 어머니의 살이네.

한 기운이 두루 흘러 간격 없으니, 몸은 둘이지만 근본은 하나라네.

형제가 화순하면 부모가 기뻐하고, 형제가 틀어지면 선조 영령 슬퍼하네.

사해가 한 집안이 되는데, 하물며 가까운 친족의 천륜임에랴.

옛사람 말했으니, 부부는 윗도리와 치마요, 형제는 손과 발이라네.

윗도리와 치마 찢어졌을 때 바꿀 수 있지만,

손과 발 끊어졌을 때 어찌 붙일 수 있으랴.

「상체(常棣)」와 「각궁(角弓)」의 시편, 내 마음을 근심스럽게 하네.

옛사람의 격언 이어받아 단편을 지어 자책하노라.

이 잠은 세 부분으로 나누어 볼 수 있다. 처음 부분은 형과 동생이

---

103 노여움 …… 묵히지 않네: 『맹자』「萬章」상편에, "어진 이는 아우에게 노여움을 간직하지 아니하고 원망을 묵혀 두지 아니하며 그를 친애할 뿐이다[仁人之於弟也 不藏怒焉 不宿怨焉 親愛之而已矣]"라고 했다. 이 구절은 순(舜)임금이 무도한 짓을 하는 아우 象에 관해서도 친애한 사실을 가리킨다.

104 九代가 …… 백번 써서 올렸네: 당나라 때 사람인 장공예(張公藝)의 집안은 9대가 함께 살았다. 고종(高宗)이 그 집에 들러 그 많은 사람이 화목하게 지내는 방법을 묻자, 장공예가 종이에 인(忍)자 100여 자를 써서 올렸다고 한다.

어릴 적에 우애롭게 지내는 모습을 그렸다. 둘째 부분은 각자 가정을 이루어 가족이 생기고 생계를 꾸려가게 되면서 불화가 일어나는 과정을 묘사했다. 셋째 부분은 완곡한 표현으로 형제간에 우애할 것을 말하여 다툼을 그치도록 권면하는 내용이다.

사건의 결말을 말하자면, 이 잠을 통해 그 형제는 마음이 움직여 송사를 그만두게 되었다. 작가인 최현은 이들이 뉘우친 까닭을 선한 본성 때문이라고 생각했다. 사람에게는 태어날 적부터 선한 본성이 있으므로, 잠시 가려지는 경우가 있을지라도 다시 회복되면 원래의 모습을 가진다고 믿었다.

「상체(常棣)」는 『시경』 소아(小雅)에 실려 있는 시편으로, 형제간 우애의 소중함을 노래하는 내용이다. 「각궁(角弓)」도 『시경』 소아에 있는 시편으로, 형제를 비롯한 친족 간에 서로 화목하게 지내고 원망하거나 다투지 말 것을 권면하는 내용이다.

봉강(鳳岡) 조겸(曺磏, 1569~1652)은 마음·행실·말·일·사귐·유희·성냄·탐욕 등의 8가지를 경계하는 「팔계잠(八戒箴)」을 지었다.

> 여덟 가지는 마음[心]·행동[行]·말[言]·일[事]·사귐[交]·놀이[戱]·분노[忿][105]·욕심[慾] 등이다. 마음을 경계하지 않으면 방향을 알지 못해 주관하는 바가 없게 된다. 행동을 경계하지 않으면 그 나머지는 볼만한 것이 없어 자립할 수 없게 된다. 말을 경계하지 않으면 입에서 나오는 것이 어그러지고 나에게 돌아오는 것이 어긋나 재앙의 시작됨이 깊어지게 된다. 일을 경계하지 않으면 많은 사람이 분노하고 시기하여 비방을 받게 된다. 사귐을 경계하지 않으면 저속한 부류에 들어가 욕을 당하는 일이 생기게

105 원문에는 '盆(분)'자로 되어 있으나, 이것은 '忿(분)'자의 오자인 듯하다.

된다. 놀이를 경계하지 않으면 분노가 문득 가해져 원망과 틈이 싹트게 된다. 분노를 경계하지 않으면 장곡(臧穀)[106]에 가까워 생사와 관련되게 된다. 욕심을 경계하지 않으면 불의에 빠지게 되어 송사가 반드시 일어나게 된다.

마음을 보존하고 행동을 민첩하게 하며 말을 삼가고 일을 신중하게 하며 사귐을 가려서 하고 놀이를 살피며 분노를 뉘우쳐 삼가고 욕심을 막아야 한다. 그런 연후에 사람이 될 수 있으며 끝내 짐승과 같이 되는 데로 귀결되지 않으리라.

효성과 공손함, 충성과 신실함, 자신을 수양함과 집안을 공평하게 다스림, 나라를 다스림과 천하를 평정함 등의 모든 공부는 모두 마음과 행동에서 만들어져 나오는 것이 아님이 없다. 힘을 쏟고 생각을 써서 경계하고 삼가며 두려워하고 조심해야 할 것으로 마음과 행실을 버리고서 무엇이 있겠는가? 그러므로 마음과 행동으로써 경계의 으뜸으로 삼아야 한다.

인하여 탄식하며 마음속으로 말하길, "선비가 천지 사이에서 태어나 온갖 선이 모두 갖추어져 높은 하늘을 이고 두터운 땅을 밟고 있다. 그런데 취하고 꿈꾸는 것과 다름없어 마음을 놓쳐버리는 경우가 많지만, 붙잡아 자신에게 들어오게 하는 자를 보지 못했다. 내가 매번 이것으로써 경계를 하여 알게 된 지는 며칠이 되었건만, 하루의 행실은 하루의 잘못을 면하지 못하며 일각의 행위는 일각의 어긋남을 면하지 못하고 있다. 묵묵히 생각하고 곰곰이 사색하니 두렵고 떨린다. 이미 예순이 넘었으니 거백옥(蘧伯玉)이 지난 날의 잘못을 안 일은 아닐지라도, 나이를 아흔으로 여겨 매양 무공(武公)이 지은 「억(抑)」의 경계를 생각하노라."라고 했다.

---

106 장곡(臧穀): 臧과 穀 두 사람이 양을 돌보던 중에, 장은 책을 읽다가 양을 잃어버리고 곡은 노름을 하다가 양을 잃어버렸다는 이야기가 『莊子』「騈拇」에 나온다. 여기서는 동기와 과정이 다를지라도 초래하는 결과는 같아지게 된다는 의미로 사용되었다고 이해된다.

이에 여덟 가지 경계를 게시하고 잠을 지어 길이 평생의 표준으로 삼노라. 하루종일 삼가하고 게으르지 않는다면 마침내 이 말에 부끄러움이 없을 것이다.

한 가지를 삼가지 않더라도 우리에서 달아날 것인데, 하물며 경계하지 않아 여덟 가지에 이르게 됨에 있어서랴! 군자는 홀로 있는 곳에서 삼가는 것으로써 경계하도다.[107]

조겸은 사람이 사람답게 되려면 여덟 가지를 경계해야 한다고 제시한다. 여덟 가지의 대상, 경계해야 하는 이유, 수양 방법을 조목별로 정리하자면 다음과 같다.

①마음[心]

· 경계하지 않으면 어느 곳으로 달아날지 알지 못해 몸의 주인을 잃게 됨.

· 보존하여 지켜야 함.

②행동[行]

· 경계하지 않으면 그 나머지는 볼만한 것이 없어 한 인격체로 자립할 수 없음.

---

107 曺𤩪,『鳳岡集』卷之二下,「八戒箴」. “八者 心行言事交戲忿慾也 心不戒 則莫知其向 而無所主 行不戒 則餘無足觀 而無以立 言不戒 則出悖來違 而禍胎深 事不戒 則衆怒羣猜 而誹毁至 交不戒 則入於下流 而僇辱生 戲不戒 則怒輒相加 而怨隙萌 忿不戒 則近於臧穀 而死生係 慾不戒 則陷於不義 而訟獄起必也 存其心 敏其行 謹其言 愼其事 擇其交 察其戲 懲其忿 窒其慾 然後可得以爲人 而終不爲禽獸之歸矣 然則孝悌也 忠信也 修齊也 治平也 凡百這箇工夫 皆莫不心行底做出 則着力用意 戒愼恐懼者 舍心行 何以哉 故以心行爲戒之首 仍嘅然心語口曰 士生兩間 萬善俱備 而戴高履厚 無異醉夢 一心多放 未見要取入身來者 余每以此戒之者 知幾日矣 而一日之行 未免一日之失 一刻之爲 未免一刻之差 黙慮潛思 悚然瞿然 六旬已過 雖未籧子之知非 九十其年 每念武公之抑戒 玆揭八戒而爲箴 永作平生之準的 庶幾夕惕而不怠 畢境無愧乎斯言也 一不愼 尙亡牿 矧不戒而至八 君子以愼其獨戒兮”

· 올바른 도리를 민첩하게 실천해야 함.

③말[言]

· 경계하지 않으면 자기 입에서 나오는 말이 어그러지고 자신에게 돌아오는 말이 어긋나 재앙의 시작이 깊어짐.

· 삼가 조심해야 함.

④일[事]

· 경계하지 않으면 많은 사람이 분노하고 시기하여 비방이 닥쳐옴.

· 신중하게 처리해야 함.

⑤사귐[交]

· 경계하지 않으면 저속한 부류에 들어가 욕을 당하는 일이 생김.

· 신중하게 가려서 사귀어야 함.

⑥놀이[戱]

· 경계하지 않으면 문득 분노가 가해져 원망과 틈이 싹트게 됨.

· 놀이 중에도 지나치거나 방종하지 않도록 살펴야 함.

⑦분노[忿]

· 경계하지 않으면 나쁜 결과로 귀착되어 목숨이 위태롭게 됨.

· 뉘우쳐 삼가야 함.

⑧욕심[慾]

· 경계하지 않으면 불의에 빠지게 되어 송사가 반드시 일어남.

· 억제하여 막아야 함.

조겸은 이 여덟 가지 중에서 특히 마음과 행동이 중요하다고 지적했다. 효성, 공손함, 충성, 신실함, 자신을 수양함, 집안을 공평하게 다스림, 나라를 다스림, 천하를 평정함 등의 모든 일이 마음과 행동에서 만들어져 나오는 것이기 때문이다. 그러므로 더욱 힘을 쏟고 생각을 써서 경계하고 삼가며 두려워하고 조심해야 할 것이 마음과 행동이라고 강조했다. 그리고 스스로 하루종일 삼가고 부지런히 실천하여 이 잠에 부끄러움이 없기를 기약했다.

국담(菊潭) 박수춘(朴壽春, 1572~1652)의 「언행잠(言行箴)」은 말과 행동의 중요성을 환기해 삼갈 것을 경계하는 내용이다.

> 말을 어찌 삼가지 않으랴? 복의 근원이네.
>
> 행동을 어찌 삼가지 않으랴? 재앙의 문이네.
>
> 한마디 말 한 가지 행동에 영화와 욕됨이 뒤따르네.
>
> 중요한 기틀이 된다는 말을 누가 알 수 있으랴.[108]

작자는 말을 복의 근원이라고 했는데, 선한 말일 경우에 해당할 것이다. 행동을 재앙의 문이라 말한 것도 악한 행동일 때를 가리킨다. 그러므로 한마디 말을 어떻게 내느냐, 한 가지 행동을 어떻게 하느냐에 따라 영화와 욕됨이 뒤따르게 된다. 이처럼 말과 행동이 어떠하냐

---

108 朴壽春, 『菊潭集』 卷2, 「言行箴」. "言何不謹 福之根也 行何不謹 禍之門也 一言一行 榮辱隨之 樞機之說 孰能知之"

에 따라 자신에게 주어지는 결과는 크게 달라진다.

남명의 「신명사도」에는 마음을 지키는 세 관문을 그려놓았는데, 귀에 해당하는 이관(耳關), 눈의 목관(目關), 입의 구관(口關)이다. 남명은 세 관문 가운데, 특히 구관을 중요하게 생각하여 '진실하고 미덥게 언어로 표현한다.[忠信修辭]'라는 말을 적어놓았다. 그리고 국가의 중요한 기밀을 출납하듯이 구관이 언어를 출납한다는 의미에서 승추[承樞]라는 글자를 써놓았다. 이처럼 철저하게 경계한 까닭은 사람의 인격에서 말이 차지하는 비중이 그만큼 지대하기 때문이다.

북송의 이천 정이가 지은 「사물잠(四勿箴)」에서 말을 경계한 부분을 인용하자면, "마음의 움직임은 말을 통해 표현된다. 말할 적에 조급하고 함부로 내뱉는 것을 막아야 내면이 고요하고 안정된다. 하물며 말은 핵심적인 기틀이므로, 전쟁을 일으키기도 하고 우호를 만들기도 한다. 길흉과 영욕이 말에 의해 초래되니, 쉽게 말하는 잘못이 있으면 허탄하게 되며 번잡하게 말하는 병통이 있으면 지루하게 된다. 자기가 함부로 말하면 남이 미워하며, 나가는 말이 나쁘면 돌아오는 말도 좋지 않다. 법도가 아니면 말하지 말 것이니, 훈계하는 말씀을 공경히 받들지어다."[109]라고 했다.

행동에 관해서는 "지혜로운 사람은 기미를 알아 생각을 성실하게 가지며, 지조 있는 선비는 행동에 힘써 하는 일에서 지킨다. 이치를 따르면 마음이 여유롭고 욕심을 따르면 불안하다. 짧은 순간에도 잘 생각하여 삼가고 조심하여 자신을 붙잡아라. 습관이 본성과 함께 이루어

---

109 程顥·程頤, 『二程集』 卷9, 「四勿箴」. "人心之動 因言以宣 發禁躁妄 內斯靜專 矧是樞機 興戎出好 吉凶榮辱 性其所召 傷易則誕 傷煩則支 已肆物忤 出悖來違 非法不道 欽哉訓辭"

지면, 성현과 같은 경지에 이르게 되리라."[110]라고 서술했다.

정이가 말과 행동에 관해 경계한 내용을 자세히 살펴보면, 더 근원적인 측면에서 설명하고 있다는 사실을 발견할 수 있다. 입으로 나오는 말이나 겉으로 드러나는 행동은 마음의 움직임과 밀접하게 연관되어 있음을 드러내고 있다. 말은 마음의 움직임이며, 행동은 마음의 실현이다. 마음이 올바르고 안정되면 말과 행동도 그대로 표현된다. 거꾸로 말과 행동을 바르고 안정되게 하면 마음도 그것에 따라 차분하고 고요해진다. 사람의 안과 밖이 이렇게 유기적으로 연관되어 움직이고 있다는 사실을 알게 된다.

권도(權濤)는 「자양잠(自養箴)」을 지어 자신을 수양하기 위해 무엇보다 겸손한 마음을 가져야 한다는 사실을 짚어보고 스스로 경계했다.[111] 그리고 「양심과욕잠(養心寡欲箴)」이라는 잠을 통해 마음을 수양하기 위해 욕심을 줄여야 한다고 밝혔다. 이 중에서 「양심과욕잠」의 전문을 살펴보자면 다음과 같다.

> 묘(苗)를 어떻게 키우랴? 가라지를 제거해야 하네.
>
> 어떻게 길러야 하나? 잡초를 뽑아야 하네.
>
> 만물이 모두 그러하니, 마음은 더욱 심하도다.
>
> 마음을 기르고자 한다면, 욕심을 막아야 하네.
>
> 욕심을 줄이지 않는다면, 천성의 작용이 민멸되리라.

---

110 程顥·程頤, 『二程集』 卷9, 「四勿箴」. "哲人知幾 誠之於思 志士勵行 守之於爲 順理則裕 從欲惟危 造次克念 戰競自持 習與性成 聖賢同歸"

111 權濤, 『東溪集』 卷6, 「自養箴」. "鬼神伊何 害盈福謙 人道伊何 惡盈好謙 地中有山 可以觀象 君子以之 觀其所養"

오당(吾黨)의 젊은이들아! 어찌 삼가지 않겠는가?[112]

마음을 기르는 일[養心]은 욕심을 막고 줄이는 것[寡欲]이라고 했다. 그리고 욕심을 줄이지 않는다면, 하늘이 부여한 천성의 작용[天機]이 민멸될 것이라고 지적했다. 그는 마음을 기르려면 욕심을 줄여야 한다고 했는데, 이 말을 거꾸로 뒤집어 본다면 욕심을 줄이면 마음을 기를 수 있다는 말이 된다. 어린 묘가 잘 자라기 위해서는 성장을 방해하는 잡초를 먼저 제거해야 하듯이, 마음에 부여된 인·의·예·지·신의 천성이 제대로 발현하기 위해서는 사악한 것이 방해하지 않도록 해야 한다는 뜻이다.

권도는 천성의 발현을 방해하는 것으로, 무엇보다 욕심을 지적했다. 천성과 욕심 가운데 무엇이 가득 차느냐에 따라 마음은 생장할 수도 있고 시들어버릴 수도 있다. 이것을 다른 말로 표현하자면, '인욕을 막는 것[遏人欲]'이 곧 '천리를 보존하는 것[存天理]'이다. 악한 것을 '비움'으로써 선한 것이 '충만'하게 되는 것이다.

이외에 남명의 「증숙안(贈叔安)」은 박흔(朴忻)에게 지어준 작품으로, 그가 겸허히 남의 의견을 받아들이는 것은 훌륭한 일이지만, 스스로 주체성을 가지지 못한다면 자신을 지킬 수 없다고 깨우쳐주는 내용이다.[113] 박흔의 단점을 고치기 위해 창작된 대증치료 작품에 해당한다고 말할 수 있다.

동강 김우옹의 「진성학육잠(進聖學六箴)」은 1574년 부수찬(副修撰)으로 재직할 당시 '학문을 하는 요체'에 관한 잠을 지어 올리라는 선조(宣祖)

---

112 權濤, 『東溪集』 卷6, 「養心寡欲箴」. "長苗伊何 必除稂莠 養之伊何 必去蓁蕪 物皆然兮 心爲甚兮 欲心之養 心欲之禁 欲苟不寡 天機必泯 吾黨小子 盍愼旃兮"

113 曺植, 『南冥集』 卷5, 「贈叔安」. "虛受人 其中也水 塵或汨之 無主何守"

의 명을 받고서 창작한 것이다. 김우옹은 '뜻을 정함[定志]', '학문을 강론함[講學]', '몸을 공경히 함[敬身]', '자기를 극복함[克己]', '군자를 가까이 함[親君子]', '소인을 멀리함[遠小人]' 등의 여섯 가지 주제로 선조에게 학문을 하는 요체에 관해 서술했다. 그리고 다음 해인 1575년에는 「진어서존심양성잠(進御書存心養性箴)」을 지어 선조에게 마음을 보존하고 본성을 함양하는 방법에 관해 아뢰었다. 「진성학육잠」과 「진어서존심양성잠」은 선조를 위해 지은 관잠(官箴)으로, 학문을 하는 요체 및 마음을 보존하고 본성을 함양하는 방법에 관한 덕목을 해설했다.

3) 새로운 전환의 계기 마련을 위한 개선치료

잠 창작의 주된 동기가 지난날의 과오를 반성하고 새로운 각오로 향상된 삶을 살고자 하는 데에 있다는 점을 상기할 때, 가장 전형적인 형태는 '자경(自警)'이라는 제목의 작품 계열일 것이다. 여기에 해당하는 작품으로 총 5편이 있는데, 먼저 영무성 하응도의 「자경잠(自警箴)」을 고찰하자면 다음과 같다.

> 망령되게 말하지 않는 것,
> 성에 들어가는 시작이라.
> 자신을 속이지 않는 것,
> 경에 거하는 관문이라.
> 공경하고 성실하면,
> 성인 현자 되기 어찌 어려우랴?
> 온몸이 기쁘게 따르리니,

차분하고 편안할 수 있으리.

큰 도가 여기에 있나니,

희구한다면 안연처럼 되리라.[114]

먼저 작자의 호인 '영무성'이 어떠한 의미를 가지는지에 이해하는 것이 작품의 내용을 보다 분명하게 파악할 수 있는 단서가 될 수 있다. 북송의 학자 명도(明道) 정호(程顥)는 제갈량(諸葛亮)에 관해, "제갈공명은 훌륭한 임금을 보좌할 마음이 있었지만, 추구한 방법은 미진했다. 훌륭한 임금은 하늘과 땅처럼 사사로운 마음이 없으므로, 한 가지 불의한 일을 행해 천하를 얻을 수 있더라도 그렇게 하지 않는다. 그런데 제갈공명은 반드시 성취하기를 원하여 유장(劉璋)을 취했다. 성인은 차라리 성취함이 없을지언정 이런 짓을 할 수 없다."[115]라고 평가했다.

정호는 제갈공명이 훌륭한 임금을 보좌해 세상을 평정할 뜻이 있었지만, 일을 추진한 방법에 있어서는 부족한 점이 있었다고 평가했다. 그 예로서 어리석고 나약한 유장이라는 인물이 유비에게 구원을 청해 끌어들였다가 오히려 촉을 잃게 된 사건을 지적했다. 그리고 성인은 한 가지 불의한 일을 행해 천하를 얻을 수 있더라도 그렇게 하지 않기 때문에, 차라리 성취함이 없을지언정[寧無成] 이런 짓을 할 수 없다고 단언했다.

하응도가 자신의 호를 '영무성'이라고 지은 근거가 정호의 이 말에 있다고 판단된다. 차라리 목표를 이루지 못할지언정 추구하는 방법을

---

114 河應圖, 『寧無成齋先生逸稿』 卷1, 「自警箴」. "不妄語 入誠之始 毋自欺 居敬之關 敬之誠之 聖賢何難 百體喜從 靜而能安 大道在是 希之則顔"

115 程顥·程頤, 『二程遺書』 卷24. "孔明有王佐之心 道則未盡 王者如天地之無私心焉 行一不義 而得天下 不為 孔明必求有成 而取劉璋 聖人寧無成耳 此不可為也"

그릇되게 할 수는 없다는 의미이다. 위의 잠에서도 이러한 그의 의식이 분명하게 드러난다. 성인과 현자가 되는 길이 고원한 데에 있는 것이 아니라 단지 성과 경에 있다고 말한다. 성과 경은 유학자들이 어떤 무엇보다 중요하게 여기는 개념이므로, 이것에 관한 다양한 해석들이 있다. 하응도는 망령되게 말하지 않는 것이 성에 들어가는 시작이며, 자신을 속이지 않는 것이 경에 거하는 관문이라고 이해했다.

자신을 속이지 않는 것[毋自期]은 『대학』에 있는 말이다. 『대학』 전6장의 '자기의 뜻을 참되게 한다[誠意]'는 말은 자기를 속이지 않는다는 뜻인데, 마치 악취를 싫어하는 것과 예쁜 여자를 좋아하는 것처럼 진정으로 하는 것이다. 그리고 스스로 흡족하다[自謙]고도 표현할 수 있다. 군자는 이러한 상태를 얻기 위해 항상 홀로 있을 때를 삼간다고 설명한다. 결국 자신을 속이지 않는 것은 자신이 알고 있는 올바름을 어기지 않는 일이며, 그런 실천을 남들이 보지 않는 홀로 있을 때도 엄격하게 지키는 태도이다.

성여신은 62세의 고령에 새로운 마음으로 다시 자신을 수양하기 위해 「만오잠(晩寤箴)」을 지었다.

> 네 나이 많지만, 네 덕은 높지 않구나.
> 네 형체 온전하건만, 네 모습 불초하도다.
> 그 이유 차분히 생각해보니, 마음을 붙잡지 못함이라.
> 어떻게 마음을 붙잡아야 하나? 성인의 지극한 가르침 있네.
> 박문약례(博文約禮) 한 말씀, 지결이며 요체이네.
> 아침 일찍부터 삼가 부지런하고, 시간을 아껴 독실하게 힘써야 하네.
> 게으르지도 거칠게도 하지 말지니, 예의가 아니면 행하지 말라.

아침에 도를 듣고 저녁에 죽더라도, 나의 할 일은 끝이 났네.[116]

그는 고령에 이른 자신의 모습을 돌아보며, '나이는 많지만 덕은 높지 않고, 형체는 온전하나 모습은 불초하다.'라고 고백했다. 그런 후 그 이유를 생각해보니, 마음을 붙잡지 못했기 때문이라는 사실을 알게 되었다. 그리고 마음을 붙잡기 위해서는 공자의 '널리 문장을 배우고 예의로써 요약한다[博文約禮]'라는 말씀이 지결이며 요체라는 사실을 깨달았다.

문장을 통해 지식을 확장하고 예의에 의해 행동을 단속하는 것이 박문약례이다. 지식과 행동 가운데 어느 쪽으로도 기울지 않고 조화로운 균형을 이루는 삶이다. 성여신은 이런 균형을 '마음을 붙잡는 것'이라고 표현했다. 끝없이 지식만 추구하다 보면 마음은 걷잡을 수 없는 곳으로 치달아 귀착점이 없게 된다. 앎이 없이 행동만을 내세우게 되면 마음은 어디로 가야할지 방향성을 잃게 된다. 그러므로 지식을 통해 마음이 추구해야 할 다양한 길을 폭넓게 알 수 있으며, 예의에 의해 마음을 단속하여 자율적인 삶을 살아갈 수 있다.

성여신은 박문약례에 담긴 중요한 의미를 예순의 노인이 되어 더욱 깊이 깨닫게 되었다. 그래서 늦게나마 깨달은 사실에 관한 잠을 지어 남은 여생은 아침 일찍부터 삼가 부지런하며 시간을 아껴 독실하게 힘쓰길 원했다. 여생이 얼마 남지 않았다고 여겨 게을러지지도 말고 조급하게 생각해서 거칠게 대충 하지도 말며 오직 예의에 따라 살아가기를 바랐다. 공자가 '아침에 도를 듣는다면 저녁에 죽더라도 괜찮겠다.'

116 成汝信, 『浮査集』 卷4, 「晩寤箴(丁未)」. "爾年雖高 爾德不邵 爾形雖具 爾貌不肖 靜思厥由 由心未操 操之何以 聖有至教 博約一語 旨而且要 惕鷄孜孜 惜陰慥慥 無怠無荒 非禮勿蹈 朝聞夕死 吾事已了"

라고 말씀했듯이, 성여신은 이런 삶을 살아가다 어느 순간 숨이 멈춘다고 하더라도 '나의 할 일은 끝이 났다.'라고 담담하고 편안하게 말할 수 있다고 생각했다.

정온(鄭蘊)은 50세 되는 새해 첫날에 지난 삶을 돌아보고 새로운 출발을 기약하는 「원조자경잠(元朝自警箴)」을 지었다.

아, 나는 올해 어느덧 쉰 살이 되었다. 지난 49년 동안 가졌던 마음가짐과 몸가짐의 방도를 돌이켜 생각해보니, 마음에 부끄러워할 만한 것들이 많았다. 어버이를 섬길 적에 볼 만한 행실이 없었으며, 조정에 섰을 때 스스로 일으킨 재앙이 있었다. 공자가 말씀한 '마흔이나 쉰이 되어서도 좋은 명성이 없다.'는 것은 나를 말한 경우가 아니겠는가? 그리하여 근심에 싸여 마음을 돌아보고 하늘의 밝은 명을 저버리지 않을 것을 생각하며 그러기 위해 잠을 지어 스스로 경계하노라. 그 말은 아래와 같다.

나는 어리석게 태어난 데다, 기질에 얽매이고 외물에 골몰했네.
이 몸을 비루하게 하여 하루도 마치지 못할 듯했네.
근본이 잘못되었으니, 어디를 간들 막히지 않겠는가?
어버이 섬길 적엔 정성스럽지 못했고, 임금을 섬길 땐 의로움 없었네.
자신을 모멸하고 남을 멸시하니, 소와 말 같은 짐승이었네.
나이가 젊었을 적엔 혹 생각지 못했다고 용납되었네.
지금 쉰 살이 되었으니, 노쇠하기 시작하는 때라.
중니는 천명을 알았으며, 거백옥은 이전 잘못을 깨달았네.
나는 하품(下品)의 사람이지만, 역시 하늘이 주신 선한 본성 받았네.
이미 알고 있는데, 어찌 이것을 돌아보지 않는가?

이것을 돌아보는 건 무엇일까? '경(敬)'일 따름이네.

의관은 반드시 정제하고, 거처는 반드시 공경스럽게 하라.

행동은 반드시 독실하고, 언어는 반드시 충실하게 하라.

성을 지키듯 욕심을 막아내고, 비로 쓸어내듯 분노를 제거하라.

옛 훈계에 잠심하고, 상제를 마주 대한 듯이 하라.

정(情)이 발하기 전엔 기상을 구하고, 일어난 후엔 그릇됨을 경계하라.

움직임과 고요함 서로 길러주고, 안과 밖이 함께 유지되네.

영대가 깨끗하게 맑아지고, 방촌이 환하게 빛나네.

진실로 이와 같다면, 이제야 사람이라 하겠네.

환난을 당할지라도, 평소 바탕을 잃지 않아야 하네.

안락에 처하더라도, 교만하거나 방자하지 않아야 하네.

다리를 세움이 늦었지만, 과실을 고치는 일이 귀하네.

성인도 현인도 사람이니, 그들같이 한다면 그들처럼 되리라.

봄은 한 해의 으뜸이며, 오늘은 새해의 첫날이라.

이 경계하는 말을 써서 죽을 때까지 간직하려 하노라.[117]

정온은 지난 49년의 세월을 돌이켜 보면서 자신의 모습을 가감 없이 마주하게 되었다. 지능, 기질, 삶의 태도 등 모든 부분에서 부족한 자신을 깨달았다. 이렇게 근본이 잘못되어 있으므로 가는 곳마다 문제

---

117 鄭蘊, 『桐溪集』 卷2, 「元朝自警箴」. "噫 余今年忽五十矣 追思四十九年前處心行己之道 多有可愧於心者 事親 無可觀之行 立朝 有自作之孽 夫子所謂四十五十而無聞焉者 非余之謂乎 於是惕然反諸心 思所以不負乎天之明命者 而爲之箴以自警焉 其辭曰 余生之惷 氣拘物汩 傀焉厥躬 如不終日 本旣失矣 何往不窒 事親不誠 事君無義 自侮人侮 牛已馬已 齒之尙少 容或不思 今焉五十 始衰之時 仲尼知命 伯玉知非 余雖下品 亦受天畀 旣已知之 胡不顧諟 顧諟伊何 曰敬而已 衣冠必整 居處必恭 行必篤實 言必信忠 防慾如城 除忿如篲 潛心古訓 對越上帝 未發之前 求其氣象 旣發之後 戒其邪枉 動靜交養 內外夾持 靈臺澄澈 方寸光輝 允若乎玆 是曰人而 以之患難 不失素履 以之安樂 不至驕恣 立脚雖晩 改過爲貴 聖賢亦人 爲之則是 春維歲首 日乃元始 書玆警辭 服之至死"

를 일으켰다고 했다. 어버이 섬길 적엔 정성이 없었고 임금을 섬길 때는 의로움이 없었으며, 자신을 모멸하고 남을 멸시하는 태도로 살았다. 정온은 이런 자신의 모습을 소와 말 같은 짐승이었다고 술회했다.

젊었을 때는 생각이 부족하다는 이유로 이해를 받을 수 있었지만, 쉰 살이 된 상황에서 더 이상 변명을 댈 수도 없다. 공자는 무한한 가능성을 가진 후배에 관해 두려워할 만하다고 말했다. 하지만 그 사람이 사오십 대가 되어서도 좋은 명성이 없다면 두려운 대상이 아니라고 조건을 붙였다.

공자는 50세에 천명을 알았다고 말했다. 그리고 공자가 존경한 위(衛)나라의 거백옥(蘧伯玉)은 50세에 49년 동안의 잘못을 깨달았다고 한다. 정온은 공자나 거백옥과 비교하면 자신은 훨씬 모자라는 하품(下品)의 사람이지만, 하늘이 내려주신 선한 본성은 동일하다는 사실에 주목했다. 자신은 모든 면에서 부족하지만, 열심히 수양하면 그분들처럼 될 수 있다는 가능성의 근거가 바로 선한 본성에 있는 것이다.

정온은 수양의 핵심을 경으로 파악하고 구체적인 내용을 자세하게 서술했는데, 이를 실천할 수 있다면 진정한 사람이라고 단언했다. 정온의 말에 따른다면, 짐승과 사람 사이의 간극이 그리 멀지 않은 듯하다. 경으로써 자신을 수양할 수 있다면 사람이며, 자기 마음이 이끄는 대로 살아간다면 짐승과 다를 바 없다.

50세 되는 정월 초하룻날, 정온은 자신의 모습을 직시하고 사람과 짐승의 차이를 생각한 후 새로운 각오를 다졌다. 자신을 일으켜 세운 때가 늦었다고 할 수 있지만, 시간의 선후보다 더 중요한 건 잘못을 고치는 일이라고 생각했다. 그리고 성인과 현인도 똑같은 사람이므로, 그분들이 실천한 것처럼 행동한다면 그분들과 같이 될 수 있다는 목표를 세웠다.

박수춘의 「자경잠」은 사람이 윤리적 삶을 살아야 하는 당위성과 실천 방법으로서의 '예와 인'을 제시한 작품이다.

> 사람으로 태어남이 어찌 우연이겠는가?
> 어머니는 땅이며 아버지는 하늘이라네.
> 명을 내리고 명을 받으니 부여받은 것이 균등하네.
> 기질은 맑고 탁함이 다르지만, 본성은 어리석거나 현명하거나 간에 동일하다네.
> 부여한 것이 막중하니, 감히 힘쓰지 않으랴?
> 오륜이 다음이고 삼강이 먼저라네.
> 무엇으로 지킬까? 예와 인이라네.
> 붙잡으면 군자가 되며 놓아버리면 소인이 되네.
> 덕을 숭상하느냐 힘을 숭상하느냐 모두 나로부터 말미암네.
> 세상 사람들이여! 깊이 경계하는 것이 마땅하네.
> 지금 내가 잠을 지어 자신의 규범으로써 경계하노라.
> 아, 소자야! 어찌 이것을 생각하지 않으랴?[118]

작자는 사람의 탄생이란 결코 우연으로 이루어지는 일이 아니며, 하늘의 아버지와 땅의 어머니가 함께 낳아주신 것이라고 전제했다. 그리하여 '명을 내리고 명을 받으니 부여받은 것이 균등하다.'고 말했다.

『중용』의 첫 부분은 '하늘이 명하신 것을 본성이라고 한다.[天命之謂

---

118 朴壽春, 『菊潭集』 卷2, 「自警箴」. "維人之生 夫豈偶然 母兮爲地 父兮爲天 命之受之 稟賦均焉 氣殊淸濁 性同愚賢 付畀旣重 敢不勉旃 五倫爲次 三綱其先 何以守之 曰禮與仁 操則君子 放則小人 尙德尙力 皆由於我 世之人兮 宜其深戒 今余作箴 警以自規 嗚乎小子 曷不念玆"

性]'는 구절로부터 시작된다. 이것은 성선설의 중요한 근거가 되는 내용이다. 하늘이 사람에게 명하여 부여했다는 측면에서는 '명을 내린다.'고 말하며, 사람이 하늘로부터 명을 받아 품부되었다는 측면에서는 '명을 받는다.'라고 표현한다. 그 명은 어느 누구에게나 균등하게 부여되는 선한 본성이다.

앞에서 이미 서술했듯이, 개인마다 기질적인 차이는 있지만 본성에 있어서는 어리석거나 현명하거나 간에 동일하다는 것이 성선설의 근본 개념이다. 그런데 조선 후기에 이르면 선한 본성이 사람들 간에는 차이가 없다고 말할지라도 사람과 사물 사이에도 그대로 적용될 수 있는가? 하는 문제가 제기된다. 이것이 바로 '인물성동이(人物性同異)' 논쟁이다.

작자는 선한 본성을 부여받은 것이 막중하므로 힘써 발현해야 한다고 말했다. 삼강오륜(三綱五倫)은 선한 본성에 바탕하여 사람 사이에 지켜야 할 도리를 제도화·체계화한 것이다. 또한 본성을 지키는 방법은 인과 예이며, 이것을 붙잡으면 군자가 되고 놓아버리면 소인이 된다고 설명했다.

이 말에 따른다면, 군자와 소인은 태어날 적부터 정해진 것이 아니다. 올바른 도리를 실천하면 군자가 되고 멀리하고 떠나가면 소인이 된다. 그러므로 어떤 한 사람이 하루에도 수없이 군자와 소인 사이를 왔다 갔다 한다고 말할 수 있다. 사람들을 군자와 소인으로 양분하는 것보다 한 사람의 마음가짐과 행동에 관해 '군자다움'과 '소인스러움'으로 구분해서 살피는 것이 사실에 가깝다고 이해할 수 있다.

작자는 마지막 부분에서 덕을 숭상하느냐 힘을 숭상하느냐 하는 결정은 자신이 선택하는 일이므로, 어떠한 삶을 살아갈 것인지를 깊이 경계해야 한다고 지적했다. 따라서 잠을 지어 자신의 규범으로써 경계할 뿐만 아니라, 젊은이들이 이 문제를 생각해보길 권면했다.

마지막으로 살펴볼 작품은 지금까지 논의한 수양론의 표현 양상과 달리 독특한 면모를 지닌 것이다. 서두의 도표에서 기타로 분류한 잠으로, 망우당(忘憂堂) 곽재우(郭再祐, 1552~1617)의 「조식잠(調息箴)」이다.

> 비워짐이 지극하고 고요함이 독실하면 맑고도 깨끗해지네.
>
> 상념을 그치고 생각을 끊으면 깊고도 아득해지네.
>
> 물은 생겨나 스며들고 불은 일어나 타오르네.
>
> 정신과 기운 혼연히 합하여 내면이 안정되고 단전이 이루어지네.[119]

이 잠은 호흡법을 통해 내면을 수양하는 방법에 관해 기술한 것이다. 이런 수양 방법은 성리학적 수양 방법과는 자못 성격이 다른 것으로, 불가(佛家)의 수식법(數息法) 및 도가(道家)의 기수련(氣修鍊)과 상통하는 부분이 많다고 보인다. 하지만 주희가 「조식잠」[120]을 지은 사실이나, 조선 초기의 한훤당 김굉필이 첫닭이 울면 콧숨을 헤아려 마음을 통일하는 수식(數息)을 행한 일[121]로 미루어 볼 때, 곽재우가 추구한 수양 방법이 불가와 도가의 방법이라고 단정할 수는 없다. 다만 조선시대의 일반적인 유학자가 추구한 성리학적 명제에 근거한 수양 방법과는 성격을 달리한다는 점을 지적해 볼 수 있다.

---

119 郭再祐, 『國譯 忘憂先生文集』(李載浩 譯註, 集文堂, 234면), 「調息箴」. "虛極靜篤 湛湛澄澄 止念絶慮 杳杳冥冥 水生澆灌 火發熏烝 神氣混合 定裏丹成"

120 朱熹, 『晦庵集』 卷85, 「調息箴」. "鼻端有白 我其觀之 隨時隨處 容與猗移 靜極而噓 如春沼魚 動極而翕 如百蟲蟄 氤氳開闢 其妙無窮 孰其尸之 不宰之功 雲卧天行 非予敢議 守一處和 千二百歲"

121 조식, 남명학연구소 옮김, 『국역 南冥集』, 「書景賢錄後」, 한길사, 2001, 378~379면.

곽재우는 이 잠언에서 비워짐이 지극하고 고요함이 독실하면 내면의 상태가 맑고도 깨끗해진다고 말했다. 그리고 상념을 그치고 생각을 끊으면 정신이 깊고도 아득해진다고 묘사했다. 물은 생겨나면 아래로 스며들고 불은 일어나면 위로 타올라 서로 다른 성질과 지향을 갖는다. 정신과 기운도 이것과 유사한 면모를 가지는데, 이 두 가지가 혼연하게 합해진다면 내면이 안정되고 단전이 이루어질 수 있다고 설명했다.

3. 맺는말

16~17세기 초반은 남명 조식이 학파를 형성하고 그의 제자 및 재전제자가 활발한 활동을 전개한 시기였다. 남명학파가 1623년 인조반정으로 인해 심각한 타격을 입고 학문적·정치적 활동에서 전면에 나서기 어려웠던 점을 생각할 때, 그 이전에 해당하는 이 시기는 남명학파의 전성기라고 이해할 수 있다.

잠의 효용성에 주목해 작품의 주제와 내용을 분석하여 수양의 실천 양상을 분류한 결과, 세 가지 유형으로 구분할 수 있었다. 첫째는 수양론의 핵심사상을 제기하여 그것에 따른 실천 의지를 촉구한 작품군이다. 이것은 보다 더 근원적·본질적 측면에서 자신이나 타인을 규계하는 것이므로, 치료 방법 중에서 원인치료에 해당한다고 볼 수 있다.

둘째는 특정한 병폐나 구체적인 실천 덕목을 적시하여 그것에 따른 수양 방법을 모색한 것으로, 어떤 증상에 관해 직접적인 처방을 하는 대증치료의 명목으로 구분할 수 있다. 셋째는 어느 시기나 어떤 사건이 계기가 되어 새롭게 전환하려는 시도를 할 때 지어진 작품으로, 이것은 주위 환경이나 생활 습관을 개선하여 병을 호전시키는 개선치료와 같다고 말할 수 있다.

3가지 유형 가운데 편수가 가장 많은 것은 대증치료에 해당하는 내용으로, 총 10편이 여기에 속한다. 원인치료는 5편이 있으며, 개선치료는 4편이다. 곽재우의 「조식잠」은 호흡법에 관한 내용으로 다른 잠 작품의 일반적인 성향과 구별되어 기타로 분류했다.

16~17세 초반 남명학파 학자들이 창작한 잠 작품은 총 20편인데, 비슷한 시기에 지리산권의 서부인 호남지역에서는 잠 작품의 수량이 6편 정도에 불과하다. 그 내용도 2편이 임금을 위해 지은 관잠(官箴)이 2편이고 나머지 4편은 경전을 해석하거나 전대의 작품에 차운한 것이다.[122] 이처럼 호남지역의 잠 창작 양상과 대비해 보자면, 남명학파 학자들의 잠 작품은 수양의 내용 및 방법을 서술한 것이 매우 구체적이며 실질적이다. 따라서 16~17세기 초반 남명학파의 잠 작품은 수양 방법을 제시하고 실천하려는 의지가 강하게 나타난다고 그 특징을 요약할 수 있다.

---

122 전병철, 「호남지역 유학자의 箴 창작에 관한 통시적 고찰」, 『남명학연구』 제37집, 남명학연구소, 2013, 258면.

제3부 17~18세기 남명학파의 정치적 수난과 새로운 모색

1

하진河溍의 정치적 활동과 『태계집台溪集』의 간행 양상

1. 여는말

사람은 시대를 선택해서 태어날 수 없다. 하지만 자신이 살아가는 시대에서 어떻게 살아갈 것인가의 문제는 스스로 선택하고 의지와 노력에 따라 달라질 수 있다. 조선 중기 경상우도 진주에서 출생한 태계(台溪) 하진(河溍, 1597~1658)은 일평생 혹독한 시련을 겪으며 살아간 학자였다. 그가 태어난 해에 정유재란이 일어나 강보에 싸여 피난을 다니는 동안 몇 차례 죽을 뻔한 위기에서 살아났다. 1623년 인조반정으로 인해 남명학파가 정치적으로 몰락했을 당시 소과(小科)에 급제하여 출사를 위한 첫걸음을 떼었다. 1633년 문과에 급제하여 관직에 나아갔지만, 3년 뒤에 병자호란을 당해 국가의 위기 상황에 직면했다. 병이 들어 고향으로 돌아와 만년을 보낼 때는 당시의 사회적·정치적 상황 속에서 남명학파를 존속하기 위해 고심하고 노력했다.

이처럼 하진은 개인적으로나 국가적으로나 매우 어려운 상황 속에서 일생을 살아갔는데, 그 삶의 고뇌와 지향이 그의 문집인 『태계집』에 오롯이 담겨 표현되어 있다. 따라서 『태계집』을 통해 하진이 인식한 시대적 과제가 무엇이며 해결하기 위해 어떻게 실천했는가를 고찰하는 작업은 인조반정 이후 남명학파의 정치적 활로 모색과 병자호란을 겪은 뒤 국가적 위기상황의 극복 방안이라는 두 가지 측면에서 중요한 시사점을 얻을 수 있으리라 기대한다. 그리고 하진은 남명학파의 일반적인 성향과 달리 문학에 깊은 관심을 가져 다양한 형태의 시 작품을 창작했으며, 산문 작품을 통해 자신의 학문과 사상을 드러냈다. 『태계집』에 수렴된 하진의 문학적 성취를 밝혀내는 일은 남명학파의 문학 연구에 새로운 관심을 불러일으킬 마중물이 될 수 있지 않을까?

현재까지 『태계집』에 관한 연구는 류진희의 석사학위논문[1], 한국문집총간 제101책으로 수록된 『태계집』에 관한 해제[2]가 있을 뿐이다. 그런데 기존 연구에서는 『태계집』의 간행 양상과 판본에 관한 고찰이 다뤄지지 않아 명확하게 파악되지 못했다. 그러므로 이 장에서는 『태계집』이 몇 차례나 간행되었으며 각 판본의 구성 내용과 특징은 무엇인지를 면밀히 고찰하여 기존 연구를 보완하는 데에 목적이 있다. 아울러 맨 마지막에 간행된 사간본(四刊本)을 검토하여 하진의 시문이 가지는 주요 특징을 밝혀보고자 한다.

먼저 아래의 장에서는 하진의 삶과 주요 행적을 살펴보아 『태계집』에 수록되어 있는 다양한 작품들의 수사적 특징과 심층적 의미를 이해할 수 있는 안목을 확보하려 한다.

2. 태계 하진의 주요 행적과 남명학파의 활로(活路) 모색

진양하씨(晉陽河氏)는 사직공파(司直公派), 시랑공파(侍郎公派), 주부공파(主簿公派) 세 계통이 있다. 사직공파는 고려 정종과 문종에 걸쳐 사직(司直)을 역임한 하진(河珍)을 시조로 하며, 시랑공파는 고려 현종 때 좌사시랑(左司侍郎)을 지낸 하공신(河拱辰)을 시조로 한다. 그리고 주부공파

1 류진희, 「태계 하진 연구」, 경상대학교 교육대학원 석사학위논문, 2004.

2 김경희, 「태계집 해제」, 한국문집총간 제101책 『태계집』, 한국고전번역원, 1999.

는 고려 때 주부(主簿)를 지낸 하성(河成)을 시조로 한다. 하진(河溍)은 세계파 가운데 사직공파에 속한다.

하진의 9대조 송헌(松軒) 하즙(河楫)은 고려조에 벼슬하여 진주부원군(晉川府院君)에 봉해졌으며, 시호는 원정(元正)이다. 하즙의 아들 고헌(苦軒) 한윤원(河允源)은 공민왕 때 대사헌을 지냈으며, 진산부원군(晉山府院君)에 봉해졌다. 하윤원의 아들 목옹(木翁) 하자종(河自宗)은 고려 말기에 병조판서를 지냈다. 하자종의 셋째 아들 경재(敬齋) 하연(河演)은 세종 때 영의정에 제수되었으며, 시호는 문효(文孝)이다. 하진은 하자종의 넷째 아들 대사간 하결(河潔)의 계통을 이었다. 하결은 중훈대부(中訓大夫) 하추(河樞)를 낳았으며, 그의 아들 부사직(副司直) 하중산(河仲山)은 하진의 고조이다. 증조는 하기곤(河起崑), 조부는 증통정대부 하한(河澣)이다. 부친은 하공효(河公孝)이며, 모친은 군자감봉사 윤기(尹起)의 딸인 파평윤씨(坡平尹氏)이다.

하진은 1597년(선조 30) 7월 15일에 진주 가귀곡(加貴谷)에서 태어났으며, 3남 1녀 중 장남이다. 출생한 지 두 달도 되지 않아 강보에 싸여 호서 지역으로 피난을 갔는데, 초계에서 밤중에 나루를 건너다가 하진을 물에 떨어뜨려 수십 보를 떠내려갔다가 건져내어 살아나는 등 죽을 고비를 여러 차례 겪었다. 3년이 지나 1600년 가을에 고향으로 돌아와 진주 북쪽 성태동(省台洞)에 터를 정해 살았다. 그는 어릴 적의 어려움에 관해, "내 태어난 때 어찌 그리 안 좋았나? 질병은 세 살 아이 때부터 시작되었지. 난리 끝에 풍찬노숙을 하여 온갖 증세 몰려들어 심각한 병폐가 되었다오. 경자년에 고향으로 돌아와서 글을 읽어 오히려 성명을 알게 되었네."[3]라고 술회했다.

하진은 어릴 적부터 총명하여 공부에 남다른 자질을 보였다. 하진의 첫 스승은 모송재(慕松齋) 하인상(河仁尙)이며, 당시 12살의 나이[4]로 집상(執喪)하는 곳에 나아가 배웠다. 이듬해에 남명 조식의 문인 영무성 하응도에게 『대학』과 『중용』을 배웠다. 14세 때 단성의 매헌(梅軒) 이구(李穀)에게 나아가 『춘추』와 『시전』을 배웠다. 함께 수학한 동학 중에 논변을 벌이다가 분노하여 하진의 새 가죽신을 망가뜨린 사람이 있었는데, 그가 꾸지람을 들을까 염려하여 이 일을 내색하지 않았다. 어린 나이임에도 하진의 큰 국량을 볼 수 있는 일화이다.

하진의 청소년 시절에 매우 특기할 만한 일이 있다. 17세에 겸재 하홍도와 함께 덕천서원에 들어가 『남명집』 교정에 참여한 것이다. 당시는 인조반정 이전으로 내암 정인홍이 남명학파를 이끌어갈 때였다. 정인홍의 총애와 인정이 없었다면, 매우 젊은 두 사람이 『남명집』 교정이라는 중대한 일에 참여하기 힘들었을 것이다. 이 일을 통해 하진과 하홍도가 이른 나이부터 남명학파의 선배들로부터 촉망을 받았다는 사실을 알 수 있다. 그리고 1620년에 지은 "일월이 대송(大宋)의 하늘에 거듭 밝으니, 문채 빛나는 이락(伊洛)에 여러 현인 성대했네. 천년 후 방장산 삼한 밖에서, 위대한 우리 선생 끊어진 학문 계승했네."[5]라고 표현한 내용에서, 하진의 남명에 관한 존모와 도통 의식을 읽을 수 있다.

---

3 河溍, 『台溪集』 卷2, 「次尹參奉善叔承慶韻」. "我生我生何不辰 疾病粤自三歲嬰 風餐露宿亂離餘 百證來萃沈痾成 維年庚子返故土 讀字猶能知姓名"

4 하홍도가 지은 「행장」에는 10세로 되어 있으나, 하진의 제문에서 "지난 무신년(1608)에 나는 옷깃을 거머쥐고 가르침을 청했다."라고 말한 것에 근거해 12세로 기술했다.

5 河溍, 『台溪集』 卷1, 「洗心亭次河滄洲憕韻(庚申)」 "日月重明大宋天 彬彬伊洛蔚群賢 千年方丈三韓外 偉我先生繼不傳"

그런데 무엇 때문에 하홍도는 하진의 「행장」에서 이처럼 중요한 행적을 기술하지 않은 것일까? 이뿐만 아니라, 24세 때인 1620년에 하진이 가장 오랫동안 깊은 영향을 받은 스승인 부사(浮査) 성여신(成汝信)에게 나아가 고종형 봉강 조겸, 매당(梅堂) 이성(李城), 막내 아우 하직(河稷)과 함께 학업을 익힌 사실에 관해서도 기록하지 않았다. 미수(眉叟) 허목(許穆)이 지은 하진의 「묘갈명」도 마찬가지다.

그리고 1785년에 간행된 『부사집(浮查集)』의 「종유제현록(從遊諸賢錄)」에는 하진이 본문에 실리지 못하고 '추가로 보충하여 덧붙임[附追補]'에 들어가 있다. 하지만 정고본(定稿本)으로 추정되는 밀양 미리벌민속박물관 소장의 『부사집』 「사우록(師友錄)」에는 하진이 본문에 수록되어 있다. 이것은 단순히 기록의 누락으로 치부할 문제가 아니다. 『태계집』에서 드러내지 않으려고 한 이면의 감추어진 사실을 이해하는 단서로 보인다. 이 문제는 아래에서 서술할 하진이 만년에 남명학파의 존속을 위해 선택한 방법들과 함께 연관하여 살펴보기로 한다.

27세 때인 계해년(1623) 가을에 생진과(生進科)에 입격하고, 이듬해에 진사시(進士試)에 합격했다. 이후 1626년 2월에 성균관에 들어가 공부했다. 1632년 별과(別科) 초시(初試)에 합격했으며, 다음 해 4월에 갑과 제3인으로 문과에 급제했다. 관례대로 같은 달에 무공랑(務功郎) 사재감직장(司宰監直長)에 제수되었으며, 5월에 선무랑(宣務郎)으로 승진했다. 1634년 1월에 선무랑 겸 춘추관기사관(春秋館記事官)으로 광해실록찬수청(光海實錄纂修廳)의 등록관(謄錄官)으로 차정(差定)되었다. 출사한 지 일년 만에 선발된 것은 이례적이라고 할 수 있으며, 이때 등록관으로 함께 종사한 사람으로 이응시(李應蓍)·김정현(金鼎鉉)·오달제(吳達濟)·정지익(鄭

之益)·강대수(姜大遂) 등이 있다.[6]

1635년 봄에 휴가를 청하여 양친을 보살피기 위해 고향으로 내려왔는데, 이듬해 12월에 병자호란이 일어났다. 고을 사람들이 의병을 일으켜 하진을 의병장으로 추대하여 부장(副將) 진사(進士) 손석윤(孫錫胤)과 함께 군대를 이끌고 한양으로 향해 갔다. 그런데 상주에 이르렀을 때 부고를 듣게 되어 고향으로 급히 내려왔다. 하진은 부친상을 마치고 난 후에도 신음하고 애통해 하다가 몸에 병이 생겼으며, 홀로된 모친에 관한 염려로 관직에 나아갔다가도 번번이 사직하고는 귀향했다. 1645년 49세 때 모친상을 당했을 때 집상하는 동안 전에 앓던 병이 더욱 심해져 귀가 잘 들리지 않고 눈이 침침하며 손발이 마비되는 지경에까지 이르러 거의 일어날 수 없었다.

하진은 1640년부터 1645년까지 6년 사이에 병조좌랑이 된 것이 세 번, 사간원 정언이 된 것이 네 번, 사헌부 지평이 된 것이 네 번, 사간원 헌납이 된 것이 한 번인데, 반 달을 재직하기도 하고 몇 달을 종사하기도 하면서 병을 이유로 사직했다. 그가 병을 이유로 계속해서 관직을 사양한 까닭이 서인(西人) 정권 속에서 경상우도 출신이 정치적 이상을 펼치기 어려운 상황이었다고 이해할 수 있다. 하지만 실제로 양친의 상을 겪으면서 건강이 크게 손상되어 심각한 병을 얻은 것도 사실로 보인다.

1640년 5월에 성균관 전적이 되었으며, 같은 해 9월 예조 좌랑, 12월 병조좌랑에 제수되었다. 1642년 1월에 사간원 정언이 되어 당시의 4가지 폐단과 이에 관한 해결책을 진언했지만, 비답이 내리지 않자 사직하고 고향으로 내려왔다. 다음 해 11월 사헌부 지평으로 제수되어

6 류진희, 「태계 하진 연구」, 경상대학교 교육대학원 석사학위논문, 2004, 21~22면.

부름에 나아갔지만, 얼마 후 시사(時事)를 진언한 후 다시 고향으로 돌아왔다. 이후로 사간원 정언, 사헌부 지평, 부사직, 사간원 헌납 등에 제수되어 사직하기도 하고 잠시 부임하기도 했는데, 53세 때인 1649년 7월 사헌부 지평을 끝으로 더 이상 부름에 나아가지 않았다.

고향에서 병을 조리하며 만년을 보낼 때 남명학파가 처한 난국을 타개하기 위해 깊이 고심하고 새로운 활로를 모색했다. 1650년 8월에 하홍도와 함께 덕천서원에 들어가 유적(儒籍)을 수정했다. 1652년 9월에 정인홍이 지은 남명집 발문에 퇴계를 모멸한 내용이 있으므로 반드시 삭제해야 한다고 판단하여 하홍도와 의논하여 수정했으며, 1657년 2월에는 덕천서원에 들어가 『남명집』을 정리했다.

이처럼 하진이 덕천서원 원생록과 『남명집』을 수정하는 일에 고심한 까닭은 정인홍과 관련된 기록을 삭제하기 위해서였다고 보인다. 이것은 결국 당시의 정치적 상황에서 남명학파가 존속하기 위해서는 퇴계학파를 비롯한 다른 학파로부터 비판을 받을 만한 문제들을 제거하는 일이 시급하다고 판단했기 때문일 것이다.

하진은 조정에서 벼슬을 하는 동안 정치적 현실 상황을 직접 겪으면서 남명학파가 존속하기 위해서는 이 방법 외에는 선택의 여지가 없다고 판단했을 것이다. 광해군 대에 대북이 정권을 잡았을 때도 정인홍은 회퇴변척(晦退辨斥)으로 인해 다른 학파로부터 맹렬한 비판을 받았다. 그런데 1623년 인조반정 이후 대북 세력이 다시는 재기의 가능성이 없다고 판단되는 상황에서 정인홍과 관련된 자취를 그대로 남겨둘 수 없었을 것이다. 이 작업을 마칠 수 있어야 남명학파는 퇴계학파·율곡학파 학자들로부터 받아들여질 수 있었다.

그러므로 인조반정 이후 남명학파가 선택한 『남명집』 수정과 남인화

또는 서인화는 하진의 고심에서 비롯되었다고 이해된다. 이런 생각에 공감하고 동참한 대표적 인물이 하홍도와 허목이다. 하진 사후인 1670년에 이 문제는 『남명집』 훼판 사건으로 비화되어 지역사회에 큰 물의를 가져왔는데, 훼판을 시도한 하자혼(河自渾)과 이집(李集)은 하홍도의 제자였다. 하홍도와 허목이 하진의 생애 기록에서 성여신과의 사승 관계를 드러내지 않으려 한 의도 역시 같은 맥락에서 이해될 수 있는 문제이다.

하진이 남명학파가 처한 위기 상황을 타개하기 위해 노력한 모습은 교유 양상에서도 분명하게 드러난다. 하진은 1633년(인조 11)에 함께 급제한 목행선(睦行善)·민응협(閔應協)·유형길(兪亨吉)·서변(徐忭)·조수익(趙壽益)·이빈(李彬)·목성선(睦性善)·성이성(成以性)·정호인(鄭好仁) 등을 비롯해, 그 전후 시기에 출사한 인물들 중 김소(金素)·남훤(南翧)·김휼(金霱)·이만승(李曼勝) 등과 친밀한 관계를 유지했다. 이들은 대부분이 남인이거나 남인과 가까이 지낸 인물들로 정치적 상황에 관한 인식에서 하진과 함께 존주양이(尊周攘夷)의 입장에서 척화를 강하게 주장했으며, 소현세자빈인 강빈(姜嬪)의 옥사와 관련해 동정하는 입장에 섰던 인물들이다.

다른 교유 모임으로 1634년에 결성된 동도회(同道會)가 있었다. 주청부사(奏請副使) 김영조(金榮祖)가 청나라에서 돌아왔을 때 영남 출신의 관료 31명이 장원서(掌苑署)에 모여 환영회를 겸하여서 모임을 했다. 이 중 26명이 경상좌도 인물이며, 하진을 비롯한 권준(權濬)·강대수·심자광(沈自光)·조시일(曺時逸) 등의 경상우도 인물이 참여했다. 그리고 1645년 사간원 헌납으로 있을 때 생년일시를 순서로 삼아 동경계(同庚契)를 만들어 길흉상조 및 봄가을 친목 모임을 가졌다. 계원은 모두 40명인데, 『태계집』에 보이는 인물로 윤강(尹絳)·정두경(鄭斗卿)·이행진(李行

進)·이빈 등은 서인 계열이며, 목성선·민응협은 당색이 분명치 않고, 정호인은 여헌(旅軒) 장현광(張顯光)의 문인이다.

용주(龍洲) 조경(趙絅, 1586~1669)과의 만남은 1636년에 그가 잠시 거창에 머물고 있을 때 하진이 방문한 이후로 서로 도의를 강론하는 사이로 지냈다. 두 사람 모두 강경한 척화론자였다는 점, 조경이 요청하여 그의 생질 강제태(姜齊泰)를 하진이 둘째 사위로 삼은 사실 등을 볼 때 서로에 관한 공감과 인정이 깊었으리라고 이해된다.

그리고 하진은 부친상을 마치고 이듬해 1640년 4월에 조정으로 복귀하는 도중에 황간(黃澗) 냉천(冷泉)으로 가서 우암(尤庵) 송시열(宋時烈, 1607~1689)을 방문했다. 이 당시의 여정을 시로 기록한 「서정기행(西征紀行)」에서 송시열에 관해 "현의 남쪽 산수는 냉천이 빼어나니, 송군이 여기에 살 터전 열었네. 송군(宋君)은 연방(蓮榜)의 장원랑이니, 성명이 누차 조정의 부름을 받았네. 한 칸 서실은 고요하여 티끌이 없고, 『주역』 괘와 「하도」를 네 벽에 걸었네."[7]라고 표현하여 매우 긍정적으로 그려냈다. 이후 1645년에 송시열은 지평으로, 하진은 헌납으로 제수되어 같이 사헌부에 근무하여 더욱 가까워진 것으로 추정된다.[8]

하진이 영남 지역의 사람들뿐만 아니라 당파와 지역을 넘어 광범위하게 교유 관계를 확장한 까닭을 정치적 관점에서 유추해본다면, 이 역시 남명학파가 처한 난국을 타개하고 새로운 활로를 모색하기 위한 실천 방법이었다. 결국 하진이 선택한 방법은 후대에 남명학파가 남인화하거나 서인화하는 길을 열게 했다. 이 방법의 공과(功過)를 이 글에서 논하기는 어렵겠지만, 당시에 하진이 『남명집』 수정과 광범위한 교

7 河溍, 『台溪集』 卷1, 「西征紀行」. "縣南山水冷泉勝 指點纔容數里隔 趁暮催登陟岸上 宋君此焉新基闢 宋君蓮榜壯元郎 姓名屢被公府辟 一架書室靜無塵 易卦河圖掛四壁"

8 류진희, 「태계 하진 연구」, 경상대학교 교육대학원 석사학위논문, 2004, 18~19면.

유 확장을 선택할 수밖에 없었던 고심이 얼마나 절박한 것이었을까는 충분히 짐작할 수 있다.

1657년 12월에 사헌부 집의에 임명되어 이듬해 1월에 교지로 부름이 있었지만, 병이 위독하여 나아갈 수 없었으며, 얼마 후 2월 18일에 별세했다. 부고가 알려지자, 임금이 특별히 명하여 부의를 내렸다. 4월에 진주 북쪽 성태동의 구둔담(久遯潭) 해좌(亥坐) 등성이에 안장했다. 향년 62세였다. 사후 5년 뒤인 1663년에 하홍도가 행장을 지었으며, 같은 해에 허목이 묘갈명을 썼다. 1697년(숙종 23)에 하홍도를 제향하는 종천서원(宗川書院)에 추가 배향되었다.

하진은 1619년 23세 때 부호군 정임룡(鄭霖龍)의 딸인 서산정씨(瑞山鄭氏)와 결혼했다. 정임룡은 남명의 문인 매촌(梅村) 정복현(鄭復顯)의 손자이다. 그 사이에 3남 3녀를 낳았는데, 아들은 하해우(河海宇)·하해용(河海容)·하해관(河海寬)이며, 사위는 허훈(許塤)·강제태·임동우(林東遇)이다.

3. 『태계집』의 간행 양상과 판본 비교

1) 판본의 종류와 간행 과정

현재 한국문집총간 제101책으로 영인된 『태계집』의 저본은 1900년에 간행된 판본으로, 규장각장본(奎11983)이다. 원집 6권과 부록 2권의 8권 4책이다. 원집의 표제(標題)는 태계집, 판심제(版心題)와 내제(內題)는 태계선생문집(台溪先生文集)이라 되어 있다. 사주쌍변(四周雙邊)에 계선(界線)이 있으며, 판심(版心)에는 상하내향화문어미(上下內向花紋魚尾)가 있다. 반곽(半郭)의 크기는 가로 15.8㎝ 세로 20㎝이고, 책의 크기는 가로 21.5㎝ 세로 32㎝이다. 반곽은 10행으로 되어 있으며, 각행에는 20자씩 들어 있고, 주석은 소자쌍행(小字雙行)이다. 부록 앞에 세계도(世系圖)가 실려 있는데, 판심제와 내제가 태계선생세계도(台溪先生世系圖)라 되어 있다. 부록의 판심제와 내제는 태계선생문집부록(台溪先生文集附錄)이라 되어 있다.

이 판본은 권5의 계(啓) 뒤에 갈암(葛庵) 이현일(李玄逸)이 지은 발문, 문집의 끝부분에 성호 이익, 광뢰(廣瀨) 이야순(李野淳), 강고(江皐) 유심춘(柳尋春) 등의 발문과 면우 곽종석의 연보발(年譜跋)이 수록되어 있다. 이러한 4편의 문집 발문과 1편의 연보 발문에서 속집과 부록 간행에 관해 언급하고 있지만, 실제의 판본에 근거하지 않으면 정확하게 언제 어디에서 간행되었는지 파악하기 어렵다.

필자가 조사한 바에 의하면, 『태계집』은 네 차례 간행되었다. 안동대학교 서파동산문고(西坡東山文庫) 소장본(古西810.819하79ㅌ)의 『태계집』에는 제2책의 표지 안쪽에 "무인년 9월에 내가 명을 받아 진양으로 갔었다.

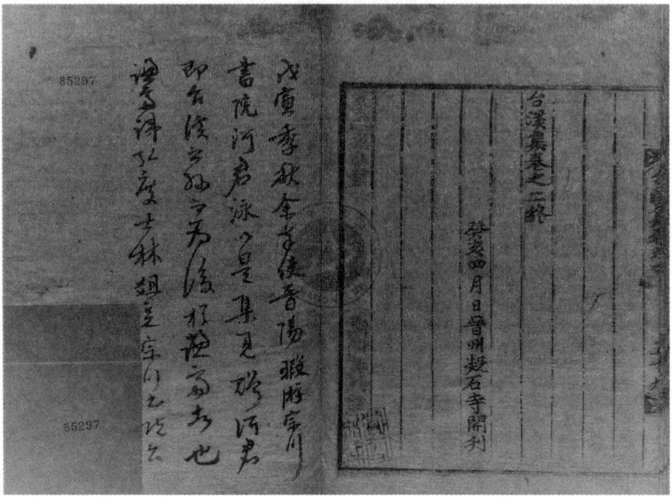

그림 1 『태계집』 안동대학교 소장본

여가에 종천서원을 가보았는데, 하영(河泳) 군이 이 문집을 주었다. 하군은 태계의 손자로, 겸재의 후사가 된 사람이다. 겸재의 휘는 홍도(弘度)이며, 사림이 종천서원에 제향했다고 한다."[9]라고 소장하게 된 경위를 밝혀놓았다. 당시에 『태계집』을 받은 사람이 누구인지 현재로선 알 수 없으나, 기증한 사람은 하진의 장남 하해우의 아들이자 하홍도에게 양자로 나간 하영(1649~1720)인 점은 분명하다. 기증받은 사람의 기록과 하영의 몰년에 근거한다면, 이 책은 1683년에 간행된 초간본이라고 판단되며, 계해년(1683) 4월 모일에 진주 응석사(凝石寺)에서 간행했다고 간기가 새겨져 있다.

초간본에는 설봉(雪峯) 강백년(姜栢年)의 서문만 있을 뿐, 발문은 없다.

---

9 필사자 미상, "戊寅季秋 余奉使晉陽 暇游宗川書院 河君泳以是集見贈 河君卽台溪之孫 而爲後於謙齋者也 謙齋諱弘度 士林俎豆宗川書院云"

서문에 "공의 아들이 내가 평소에 공에게 사사로운 인연이 있음을 알고 유고를 모아 가지고 와서 서문을 청했다."[10]라고 짓게 된 계기를 밝혔다. 2권 2책으로 구성되어 있으며, 표제는 태계집, 판심제와 내제도 모두 태계집이라 되어 있다. 사주쌍변에 계선이 있으며, 판심에는 상하내향화문어미가 있다. 반곽의 크기는 가로 16.1㎝ 세로 20.4㎝이고, 책의 크기는 가로 20.1㎝ 세로 28.6㎝이다. 반곽은 10행으로 되어 있으며, 각행에는 20자씩 들어 있다.

전남대학교 중앙도서관 소장의 『태계집』(4B1)은 본집 2권 2책, 속집 2권 1책, 연보 1책으로 총 4책이다. 본집의 표제는 태계집, 판심제는 태계선생문집, 내제는 태계집이라 되어 있다. 사주쌍변에 계선이 있으며, 판심에는 상하내향화문어미가 있다. 반곽의 크기는 가로 15.9㎝ 세로 20.3㎝고, 책의 크기는 가로 21.2㎝ 세로 32.2㎝이다. 반곽은 10행으로 되어 있으며, 각행에는 20자씩 들어 있고, 주석은 소자쌍행이다. 속집의 표제는 태계집, 판심제와 내제는 태계선생속집(台溪先生續集)이라 되어 있다. 연보의 표제는 태계집, 판심제와 내제는 태계선생세계도와 태계선생연보(台溪先生年譜) 두 부분으로 나뉘어 다르게 판각되어 있다.

본집 끝에 이현일과 이익이 지은 발문 2편이 수록되어 있으며, "갑인년 12월 모일에 응석영당에서 속간했다.[甲寅臘月日凝石影堂續刊]"라고 간기를 새겨놓았다. 이 판본을 안동대학교 소장본과 비교해 볼 때, 본집은 초간본을 복각(覆刻)한 후에 2편의 발문을 덧붙인 것으로 추정되며, 재간본에 해당한다고 말할 수 있다.[11]

---

10 姜栢年, 「台溪先生文集序」. "今其胤子 知不佞乎昔獲私于公 裒遺藁而來 乞一言弁諸卷首"

11 귀중한 자료를 연구에 활용할 수 있도록 도움을 주신 전남대학교 도서관 고문헌 자료실의 오정환 선생님께 진심으로 감사를 드린다.

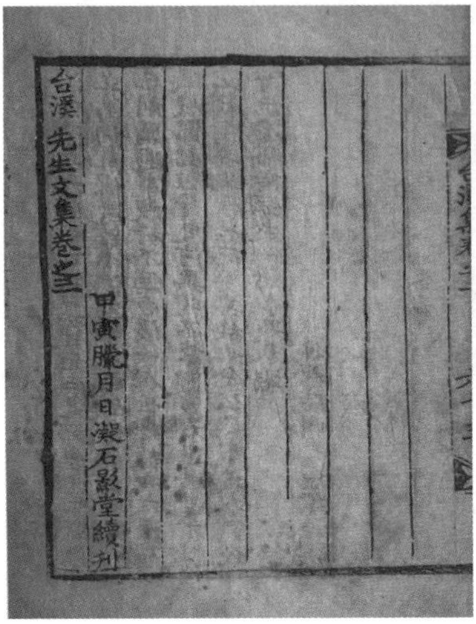

그림 2 『태계집』 전남대학교 소장본- 속간 간기

그림 3 『태계집』 전남대학교 소장본- 중간 간기

1700년에 지은 이현일의 발문에서는 "정축년(1697, 숙종23) 겨울, 현일은 죄폐(罪廢)되어 남북으로 떠돌며 귀양살이를 했다. 공의 증손(曾孫) 하덕장(河德長, 1672~1736)이 희양(晞陽, 광양)의 유배지로 나를 찾아와 공이 전후로 올렸던 소장을 보여주면서 한마디 말로 발문(跋文)을 써 주기를 청했다."[12]라고 기록했다. 이 내용에 근거한다면, 본집을 복각한 갑인년은 1734년으로 판단된다. 성호 이익의 발문에서는 "공의 현손 하대관(河大觀, 1698~1776) 씨가 유고의 부록을 부쳐서 보여주고 한마디 말을 구했다."[13]라고 했는데, 이 글을 지은 시기가 불분명하다.

속집 끝부분에 수록한 유심춘의 발문에 '숭정 기원 후 네 번째 계미년(1823) 11월 상순'이라고 작성 시기를 표기했다. 그리고 연보의 마지

---

12 李玄逸, 「書河中丞奏議後」. "丁丑冬 玄逸罪廢淪落 投北移南 公之曾孫德長見訪於晞陽瘴海之濱 辱示公前後疏章 請一言以識之"

13 李瀷, 「台溪集附錄跋」. "公之玄孫大觀氏 寄示遺稿附錄 求一語"

막에는 "갑신년 4월 모일에 진주 청운암(靑雲菴)에서 중간하다."라고 간기를 새겨놓았는데, 이 갑신년은 1824년으로 추정된다. 이야순이 신사년(1821)에 지은 발문에서 "문집이 이미 인쇄되어 세상에 전해졌는데, 뒤이어 수집하고 편집하여 연보와 만사 제문 등을 부록으로 하여 장차 함께 오래도록 전하려고 했다. 5대손 하옥(河鋈, 1774~1845)이 종형 하횡(河鐄, 1768~1822)의 뜻으로 5백 리 먼 길에 산을 넘고 물을 건너와서 나에게 부탁을 했다."[14]라고 기록한 내용도 이것을 뒷받침한다.

경상국립대학교 고문헌도서관 소장의 『태계집』(古아천 D3B 하79ㅌa)은 앞의 두 판본과 체제가 완전히 다르다. 재간본은 초간본의 본집을 그대로 복각했으므로, 시를 형식에 따라 분류하지 않았다. 그러나 속집의 시들은 오언절구, 오언율시, 오언배율, 오언고시, 칠언절구, 칠언율시, 칠언배율, 칠언고시 등으로 구분하여 수록했다. 이에 비해 경상국립대학교의 판본은 본집과 속집의 구분 없이 본집(권1~7)과 부록(권8)의 8권 4책으로 편성되어 있으며, 별도로 연보 1책이 간행되었다.

전남대학교 소장 『태계집』의 연보는 '무진년(1809) 1월 병진에 같은 산록 임좌(壬坐) 등성이로 이장하다.'라는 기사가 마지막이다. 그런데 경상국립대학교 소장본의 연보에는 '갑신년(1824) 순종대왕 25년에 속집이 완성되다.[甲申純宗大王二十五年 續集成]', '신축년(1841) 금상(今上, 헌종) 5년에 전후의 문집 목판이 선생의 구거 계당 위 건물에 간직되어 있었는데, 이해에 계당이 화재를 입어 목판도 소실되었다.[辛丑今上五年 前後文集梓板 藏於先生舊居溪堂上棟宇間 是歲溪堂失火 而藏板亦遭燼]', '무신년(1848) 금상(今上, 헌종) 12년에 중간문집이 완성되었다.[戊申今上

---

14 李野淳, 「台溪先生文集跋」. "文集已鋟 行于世矣 續有掇輯 附以編年及挽誄之屬 將幷壽其傳 來孫鋈以其從父兄鐄之意 跋涉五百里之遠 謬命於野淳"

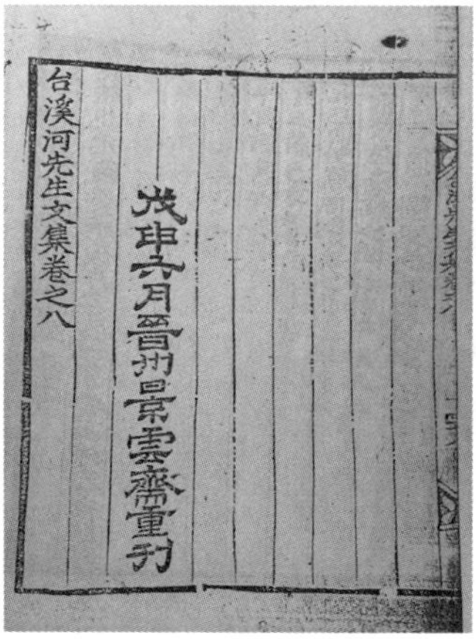

그림 4 『태계집』 경상국립대학교 소장본

十二年 重刊文集成]'라는 기록이 추가되었다. 이러한 내용을 종합해본다면, 1848년에 간행된 판본은 이전의 목판이 소실되어 완전히 새롭게 판각한 것이며, 삼간본이라고 지칭할 수 있다. 삼간본 권8의 끝부분에 '무신년 6월 진주 경운재(景雲齋) 중간'이라는 간기가 새겨져 있다.

본집의 표제는 태계집, 판심제는 태계선생문집, 내제는 태계하선생문집이라 되어 있다. 사주쌍변에 계선이 있으며, 판심에는 상하내향화문어미가 있다. 반곽의 크기는 가로 16.7㎝ 세로 21.2㎝이고, 책의 크기는 가로 21.5㎝ 세로 31.6㎝이다. 반곽은 10행으로 되어 있으며, 각행에는 20자씩 들어 있고, 주석은 소자쌍행이다. 부록의 판심제와 내제는 본집과 동일하게 판각되어 있다. 연보 1책의 표제는 태계연보라 적혀 있으며, 내용은 세계도와 연보로 나뉜다. 세계도의 판심제는 태계선생세계도, 내제는 태계하선생세계도, 연보의 판심제는 태계선생연보, 내제는 태계하선생연보로 새겨져 있다.

한국문집총간 제101책으로 영인된 『태계집』은 후산(后山) 허유(許愈)가 지은 「문집중간고성문(文集重刊告成文)」에 의하면, 문집이 여러 차례 화재를 겪었고 1894년에는 동학의 화를 당하여 중간을 하지 않을 수 없었다고 했다. 그리하여 1899년 봄 산청 여사촌(餘沙村)의 종약소(宗約所)에 간역청을 설치하여 교정을 마쳤으며, 경자년(1900) 5월 24일에 태계 선

생에게 문집 중간을 고한다고 밝혔다.[15]

2. 각 판본의 체제와 구성 내용 비교

각 판본의 체제와 구성 내용에 관해 차례대로 살펴보기로 하자. 강백년의 서문은 서체와 형태를 근거한다면, 초간본부터 삼간본까지는 동일한 목판을 사용했거나 복각한 것으로 보이며, 사간본은 새롭게 판각했다.

초간본은 3권 2책으로, 제1책 권1은 시 383제 500수가 수록되어 있다. 형식이나 창작 시기에 따라 분류하지 않은 점으로 볼 때, 집안에 소장되어 있던 원고본(原稿本)의 형태대로 판각한 것으로 추정된다. 제2책 권2는 소(疏) 13편과 잡저(雜著) 3편(「조승선충열기발문(趙承宣忠烈記跋文)」, 「신명사기(神明舍記)」, 「천설변(天說辨)」)이 실려 있다. 권3은 부록으로, 행장(하홍도 찬), 묘갈(허목 찬), 보유(「문운운법제(問云云法制)」 등이 있다.

재간본은 본집 3권 2책, 속집 2권 1책, 연보 2권 1책으로 간행되었다. 본집은 초간본의 판본을 복각한 것으로 판단되며, 끝부분에 이현일과 이익의 발문을 추가하고 '갑인납월일응석영당속간(甲寅臘月日凝石影

15 許愈, 「文集重刊告成文」. "維崇禎紀元後五回甲庚子五月二十四日甲子 後學許愈等 謹齊沐敢昭告于台溪河先生 恭惟我先生沒于世 二百四十有三年矣 文集板本 屢經回祿 今甲午 又被東燹 衆議以爲先生文集 不得不重刊 肆於己亥春 設役于餘沙約所 略加讎校 比舊尤爲精審 遠近學子 靡不盡力 乃於今月日訖功 先生學問名節扶持世道者 見於集中 今茲之役 實是斯文之慶 茲敢吉蠲 用伸虔告"

堂續刊)'이라는 간기를 기록한 점이 다르다. 속집 권1은 부(賦) 1편(「야관초과(夜灌楚瓜)」), 오언절구 14제 26수, 오언율시 48제 59수, 오언배율 3제 3수, 오언고시 6제 6수, 칠언절구 44제 67수, 칠언율시 43제 51수, 칠언배율 4제 5수, 칠언고시 5제 5수 등이 수록되어 있다. 권2는 계(啓) 2편, 서(書) 4편, 책(策) 1편, 논(論) 2편, 주(奏) 1편, 서(序) 4편, 명(銘) 1편, 제문(祭文) 3편, 묘갈명 6편 등이 실려 있다. 마지막에 유심춘의 발문이 있다. 연보 권1은 세계도와 연보로 구성되어 있으며, 권2는 부록으로, 만시, 제문, 「봉안문(奉安文)」, 「춘추고향문(春秋告享文)」 등이 열거되어 있다. 끝에 이야순의 발문이 있으며, '갑신사월일진주청운암중간(甲申四月日晉州靑雲菴重刊)'이라는 간기가 새겨져 있다.

삼간본은 8권 4책의 문집과 1권 1책의 연보로 구성되었다. 권1~2는 부와 시가 실려 있는데, 이전 판본에 수록되지 않은 「의암위옥(倚巖爲屋)」이 추가되어 부 2편이다. 오언절구 65제 93수, 오언율시, 161제 205수, 오언배율 3제 3수, 오언고시 7제 9수, 육언(六言) 2제 2수 등이 있다. 권3은 칠언절구 146제 464수가 있으며, 권4는 칠언율시 137제 322수, 칠언배율 5제 6수, 칠언고시 6제 6수 등이 수록되어 있다. 권5는 소 12편이 있으며, 권6은 계 3편, 책 3편, 논 2편, 주 1편, 서(書) 6편이 있다. 권7은 기 1편, 서(序) 5편, 발 1편, 명 1편, 제문 3편, 묘갈명 6편이 있다. 권8은 부록으로, 행장, 묘갈명, 만시, 제문, 언행록, 봉안문, 춘추고향문 등이 있다. 끝에 4편의 발문(이현일, 이익, 이야순, 유심춘 찬)이 부첨되어 있으며, '감신육월진주경운재중간(戊申六月晉州景雲齋重刊)'이라는 간기가 기록되어 있다. 별책의 연보는 세계도와 연보로 구성되어 있는데, 재간본의 연보에 비해 무신년(1824) 속집 완성, 신축년(1841) 목판 소실, 무신년(1848) 중간문집 완성 등의 내용이 더 추가되었다.

사간본은 본집 6권과 부록 2권의 4책으로 간행되었다. 권1~4에는 시와 부 1편(「의암위옥부」)이 실려 있다. 시는 오언절구 41제 69수, 오언율시 122제 160수, 칠언절구 118제 197수, 칠언율시 87제 104수, 기타 24제 26수로 총 392제 554수이다.[16] 권5는 소 12편과 계 3편이 있는데, 마지막에 이현일의 발문을 실었다. 권6은 책 3편, 논 1편, 변(辨) 1편(「천설변」), 명(銘) 1편, 주 1편, 서(書) 5편, 서(序) 2편, 기 2편, 발 1편, 제문 3편, 묘갈명 5편, 묘표 1편 등이 실려 있다. 부록 권1에는 세계도와 연보가 있으며, 권2는 행장, 묘갈명, 만시, 제문, 「송천서원봉안문(宗川書院奉安文)」, 「춘추고항문」, 「문집중간고성문(文集重刊告成文)」 등이 있다. 마지막에 부록 발문 1편(이익 찬), 문집 발문 2편(이야순, 류심춘 찬), 연보 발문(곽종석 찬) 등이 부첨되어 있다.

4. 사간본(四刊本) 수록 시문의 주요 특징

허유가 고성문에서 사간본이 가지는 판본적 의미를 '정밀함'이라고 밝혔듯이, 4종의 판본 중에서 사간본이 가장 완정된 형태를 지닌다고 이해할 수 있다. 그리고 작자의 행적과 작품의 내용을 고찰하여 시 작품을 창작 시기순으로 열거하고 있는 점도 작품의 내용을 보다 더 정확하게 파악할 수 있도록 도와준다. 그러므로 이 장에서는 사간본을

16 류진희, 「태계 하진 연구」, 경상대학교 교육대학원 석사학위논문, 2004, 48면.

대상으로 수록된 시문을 살펴보기로 한다.

1) 한시 작품의 특징

『태계집』에 수록된 운문 작품으로는 부(賦)와 시가 있다. 먼저 부에 관해 살펴보자면, 사간본 『태계집』에는 「의암위옥부」 1편밖에 실리지 않았지만, 재간본 속집과 삼간본 권1에는 「야관초과(夜灌楚瓜)」라는 글이 더 있다. 이 작품은 하진이 갑자년(1624) 사마시에서 지은 것으로, 양(梁)나라 대부 송취(宋就)가 초나라 수령이 자기들의 오이에 해를 끼쳤지만 보복하지 않고 오히려 밤중에 물을 대어주어 마침내 두 나라가 우호를 맺었던 일에 관해 긍정하는 관점에서 의론을 전개했다. 「의암위옥부」는 신라의 마의태자(麻衣太子)가 부친 경순왕(敬順王)이 고려에 항복하기를 결정하자, 통곡하며 왕과 하직하고 금강산에 들어가 바위를 의지하여 집을 짓고서 마의를 입고 풀을 먹으며 일생을 마친 일에 관해 읊은 것이다. 하진이 어떤 계기로 이 작품을 지은 것인지 구체적 사실을 확인할 수 없지만, 명나라가 멸망하고 청나라가 중원을 차지한 상황에 관해 통탄하는 심정을 우의적으로 담은 것이라고 볼 수도 있지 않을까?

시는 총 392제 554수이다. 칠언절구가 118제 197수로 작품 수가 가장 많고, 그다음이 오언율시로 122제 160수이다. 남명은 시를 짓는 일이 교만한 마음을 일으키게 한다고 생각하여 '시황계'를 견지했으며, 『남명집』에는 190제 218수라는 비교적 적은 수량의 시가 전한다. 그리고 남명의 제자들도 이 영향으로 인해 시 창작에 힘쓰지 않은 경향이 두드러진다. 남명학파의 일반적인 성향에 비하면, 하진이 남긴 시 작품은 많은 수량이라고 말할 수 있다.

하진이 다수의 시를 지은 이유를 헤아려본다면, 첫째로 성여신과 조겸 등 당시 경상우도 지역에서 시문으로 이름이 알려진 사람들과 가까이 지냈던 점을 거론할 수 있다. 남명학파 학자들이 가지는 보편적 경향을 전제한 가운데, 그중에서 다시 덕행(德行)·정사(政事)·언론(言論)·문학(文學) 등으로 분과를 나눈다면, 성여신·조겸·하진·하수일 등은 문학에 속할 수 있는 인물들이다.

둘째는 조정에 출사한 이후 폭넓은 교유를 통해 많은 문인의 시를 접하게 되었으며, 당시에 성행하던 문예 조류에 영향을 받았다고 이해할 수 있다. 남명이나 그 문인들의 시는 대체로 치열한 자기 수양의 모습을 보여주는 내용이나 일상의 필요 때문에 지은 서정성이 적은 시가 많다. 이에 비해 하진의 시는 당시풍(唐詩風)의 문학적 취향이 두드러진 감상적 서정시와 서경시가 많다는 점이 그 사실을 확인시켜준다.[17] 그리고 기존의 전통적인 틀에 얽매이지 않고 다양한 형태의 잡체시를 상당수 지은 것도 당시 유행하던 문예 조류에 영향을 받은 것으로 이해된다.[18]

당시풍과 관련해 두시(杜詩)를 집구하거나 차운한 「집두구 기우인(集杜句 寄友人)」, 「집구 사수(集句 四首)」, 「집두시 차윤선숙집두시운(集杜詩 次尹善叔集杜詩韻)」, 「집두구 증윤선숙(集杜句 贈尹善叔)」, 「차성이진차두시삼십운(次成而振次杜詩三十韻)」 등을 거론할 수 있다. 하진이 두시를 집구한 것은 그의 시적 성향이라는 점과 함께 연군애민(戀君愛民)의 충심과 혼란한 시국에 관한 비탄을 표현하는 적실한 방법으로 활용된 것이라고

17 류진희, 「태계 하진 연구」, 경상대학교 교육대학원 석사학위논문, 2004, 79~80면.
18 류진희, 「태계 하진 연구」, 경상대학교 교육대학원 석사학위논문, 2004, 49면.

볼 수 있다.

잡체시로는 「차성이진 증정태동일자지칠자체운 삼수(次成而振 贈鼎台洞一字至七字體韻 三首)」, 「옥련환체 기성이진(玉聯環體 寄成而振)」 등이 있다. 두 작품 모두 성여신의 넷째 아들 성순(成錞)에게 준 시라는 점도 부사(浮査) 문하(門下)의 문학적 성향을 이해하는 하나의 구체적 정황으로 볼 수 있다. 또한 하진은 다수의 영물시를 지었는데, 그 소재가 이[蝨], 고양이[貓], 뱀[蛇], 까마귀[烏], 마갑주[馬甲柱], 참게[蠏], 낙지[章擧], 매화, 소나무, 대나무, 국화, 연꽃 등 다양하다. 그리고 사간본에는 「원포귀범(遠浦歸帆)」과 「산시청람(山市晴嵐)」 두 편만 실렸지만, 초간본에는 「사상면구(沙上眠鷗)」, 「강촌어화(江村漁火)」, 「광야목적(廣野牧笛)」, 「평사낙안(平沙落雁)」 등이 더 있다. 이 작품들은 풍경 묘사가 뛰어난 서경시이다.

시 작품의 내용은 창작 시기에 따라 구분해서 살펴보는 것이 특징을 더 선명하게 드러낼 수 있겠다. 12세 때 하인상에게 함께 배우던 학우들과 작별하며 지은 「증별단지동학반(贈別丹池洞學伴)」부터 37세 때 문과에 급제하기 전까지 지은 작품들에는 남명에 관한 흠모를 읊은 「세심정 차하창주징운(洗心亭 次河滄洲憕韻)」, 자신의 포부를 말한 「아유팔음(我有八吟)」, 향교와 성균관에서 월과로 지은 시 등이 눈에 띈다. 이 작품들은 권1의 전반부에 실려 있다.

1633년 과거에 급제하여 벼슬에 나아갔다가 더는 관직 제수에 응하지 않는 1649년 53세 때까지 지어진 작품들은 권1의 「창방인정전(唱榜仁政殿)」부터 권3까지 실려 있는 시들이 이 시기에 해당한다고 판단된다. 또한 이 시기 안에서도 병자호란을 기점으로 서정적 표현이 크게 달라진다. 병자호란 이전에는 관직 생활이나 한양에서의 일상과 교유를 읊은 작품들이 많으며, 병자호란 이후로는 시국에 관한 근심과 청나라로부터 재앙을 당한 인물들에 관한 애통한 심정을 표현한 작품들이 다수를 차지한다.

이와 관련한 시들로 「숙남한산성 차동양위신공익성운(宿南漢山城 次東陽尉申公翊聖韻)」, 「차청음김상국상헌운(次淸陰金相國尙憲韻)」, 「차홍학곡서봉이택당식 이동악안눌 위성중운(次洪鶴谷瑞鳳 李澤堂植 李東岳安訥 圍城中韻)」, 「건천동 문북경실수(乾川洞 聞北京失守)」 등을 대표적으로 꼽을 수 있다. 그리고 「임거감흥(林居感興)」에서 "연옥에서도 견지한 삼 년의 절개, 당가 구묘의 터를 차마 보리오?[堅持燕獄三年節, 忍覩唐家九廟墟]"라고 말한 시구가 있는데, 병자호란 때 심양(瀋陽)에 끌려가 모진 고문과 회유에도 척화(斥和)의 뜻을 굽히지 않아 참형을 당한 홍익한(洪翼漢)·윤집(尹集)·오달제(吳達濟) 등 삼학사(三學士)의 절개를 기린 말이다. 특히 오달제는 광해실록찬수청의 등록관으로 함께 근무한 인연이 있기도 했다.

병으로 인해 관직에서 완전히 물러나 고향에서 여생을 보낸 시기에 지어진 시들에는 전원에서의 한가로움과 현실에 관한 관조를 보인다. 그리고 자제들과 학생들에게 학문의 핵심을 깨우쳐주는 시들도 지었는데, 「증학자(贈學者)」에서는 "세상 만물의 이치 내 몸에 갖추어 있으니, 벗에겐 신(信) 임금에겐 충(忠) 어버이껜 효(孝)를 행함일세.[人間萬物備吾身 信友忠君與孝親]"라고 가르쳤다.

그러나 이 시기에도 임금에 관한 연모는 그치지 않았는데, 「사휴음(四休吟)」에서 "쇠한 모발이 눈처럼 비치니 첫째 쉴 만하고, 병든 눈 안개가 낀 듯하니 둘째 쉴 만하고, 시속이 형세를 따라 변하니 셋째 쉴 만하고, 일이 마음과 어긋나니 넷째 쉴 만하여, 이제 내가 쉬게 되어 쉴 수 있으나, 오직 임금님 그리운 마음만은 쉬지 못하네."[19]라고 충심을 표현했다.

한 가지 덧붙일 것은 하진의 시에서 어느 시기를 막론하고 기저에 흐르는 마음은 효성과 충심이다. 관직에 있을 때 꿈속에서 홀로 계신 어머니를 뵙고 "꿈에서 어머니 방에 이르러 절하니, 서로 만난 기쁨 지극하여 눈물이 흘러내렸네. 깨어보니 고향길은 여전히 천 리, 오직 눈물 자국만 베갯가에 남았네."[20]라고 간절한 그리움을 표현했다. 이처럼 하진의 시에서 두드러져 나타나는 효성과 충심은 스스로 "우리 집은 옛적 니구 아래 있었으니, 충효를 서로 전하여 덕을 쌓은 가문이었네."[21]라고 자긍심을 드러내기도 했다.

2) 산문 작품의 특징

하진은 다수의 시를 지었지만, 문예에 관한 이론을 개진하지는 않았다. 또한 그의 문집에는 성리학에 관한 논설이 보이지 않는다. 이런 측면은 남명학파의 일반적 경향과 일치하는 점이다. 더욱이 『태계집』에서 가장 돋보이는 곳은 상소문이라고 할 수 있는데, 이 역시 남명이 지녔던 천인벽립(千仞壁立)의 기상과 절의를 닮은 부분이다. 그래서 이익은 부록의 발문에서, "하씨(河氏)는 진주의 대성이고 진주는 옛적 남명 조식 선생의 고을이라고 한다. 조 선생은 만 길의 절벽이 선 듯한 기상이 있어서 그 영향이 사라지지 않았기 때문에 진주의 풍속이 대체로

19 河溍, 『台溪集』 卷1, 「四休吟」. "衰毛映雪一可休 病眼隔霧二可休 時隨勢變三可休 事與心違四可休 今吾得休便可休 惟是戀君心未休"

20 河溍, 『台溪集』 卷1, 「夢拜慈闈 二首」. "夢到慈闈拜母前 相逢喜極涕潺湲 覺來鄉路還千里 惟有啼痕在枕邊"

21 河溍, 『台溪集』 卷4, 「述懷」. "吾家舊在尼丘下 忠孝相傳積德門"

절의를 숭상하고 명교(名教)를 수립하여 자신의 몸가짐을 엄격하게 하고 사변을 당해서는 과감하게 행한 것이 태계 옹(翁) 한 사람뿐이 아니다. 세상에서 사대부의 고풍준절(高風峻節)을 말할 때 반드시 진주의 하씨를 말하는데, 후일 불행하게 국가의 일이 이런 경우에 처하게 된다면 반드시 하씨에게 의지할 것이니, 이것은 또 처음을 바탕으로 하여 그 끝을 기대하는 것이다."[22]라고 하진이 남명의 고풍준절을 계승한 사실을 가리켜 말했다.

『태계집』에서 산문에 해당하는 부분은 권5와 권6이다. 권5에는 상소문 12편, 계(啓) 3편과 함께 이현일의 발문 1편이 부록되어 있다. 권6에는 계유년(1633) 증광시에 지은 「법제책(法制策)」, 같은 해 증광복시에 작성한 「경전요지책(經傳要旨策)」, 「중회책(重恢策)」 등의 책(策) 3편, 「금작속형론(金作贖刑論)」의 논(論), 「천설변(天說辨)」의 변(辨), 「참사검명(斬蛇劍銘)」의 명(銘), 「의한대사마곽광청가상부새랑질이등주(擬漢大司馬霍光請加尙符璽郎秩二等奏)」의 주(奏), 서(書) 5편, 서(序) 2편, 기(記) 2편, 발(跋) 1편, 제문(祭文) 3편, 묘갈명(墓碣銘) 5편, 묘표(墓表) 1편 등이 실려 있다.

이상의 산문 중에서 하진의 학문 사상을 고찰하기 위해 「신명사기(神明舍記)」를 먼저 검토해보기로 한다. 이 글은 37세 되는 해인 1633년 4월 문과에 급제한 후, 그해 겨울 지은 것이다. 그가 문과에 급제하여 처음 벼슬에 나아갔을 때 남명 사상의 핵심이 담겨 있는 「신명사도명」을 계승하여 「신명사기」를 저술한 사실은 시사하는 의미가 심장하다고 할 수 있다.

「신명사기」는 5단락으로 구분해 볼 수 있다. 첫째 단락은 신명사의

---

22 李瀷, 「台溪集附錄跋」. "吾聞河氏 晉之大姓 晉故남명曺先生之鄕 曺先生有壁立萬仞氣象 遺韻未沫 其俗大抵尙節義立名教 持己刻厲 遇事敢行 不獨台翁一人 世之談士大夫高風峻節 必曰晉之河 異時不幸國事有進於是者 其必賴焉 此又原始而要其終也"

유래를 설명했다. 격현(膈縣)은 인의향(仁義鄕)으로, 예로부터 성현이 많이 배출된 곳이다. 태초 원년에 무극옹(無極翁)이 인산(仁山)의 서쪽 및 지수(智水)의 동쪽에 집터를 잡아 신토(信土)를 다지고 인목(仁木)을 모으며 의금(義金)을 주조하여 몇 길의 담장을 둘러 집을 완성했는데, 이 집이 바로 신명사라고 했다. 이 단락은 마음의 유래를 비유의 수사법을 통해 표현했다.

둘째 단락은 신명사의 주변 환경을 묘사하고, 수행하는 공부 방법을 제시했다. 활수(活水)의 근원이 두로산(頭顱山, 머리)으로부터 솟아나서 두 협곡 사이로 쏟아져 남쪽으로 흐르다가 물이 모여들어 반묘(半畝) 정도의 네모난 연못을 이루었는데, 맑고 깨끗하며 물결이 요동치지 않아 보는 사람의 정신이 상쾌해져 살아서 약동하는 뜻이 있게 된다고 했다. 그리고 신명사가 위치한 지세가 매우 높아 위로는 천근(天根)과 월굴(月窟)에 접해 있고, 아래로 주전(丹田)과 흉해(胸海)에 임해 있으며, 눈 아래에 한 점의 티끌도 없어 장관을 이루고 있다고 묘사했다. 이외에도 아침과 저녁의 기이한 풍경, 하늘 위로 나는 소리개(솔개)와 연못에서 뛰는 물고기, 사물과 접하지 않은 새벽녘의 고요함과 환히 빛나는 별빛 등을 다채롭게 표현했다.

둘째 단락이 끝나는 부분에선 신명사에서 정진해야 할 공부의 방법을 구체적으로 제시했다. 미간(楣間)에 '삼자부(三字符)'를 붙이고, 벽에 '성성(惺惺)' 두 글자를 크게 쓰며, '신독(愼獨)'·'성찰(省察)'·'조존(操存)'·'과욕(寡慾)' 등의 말을 베껴 그림으로 그려 네 모퉁이에 걸어 놓는다고 했다. 그리고 이것이 공부의 바탕이 된다고 설명했다. '삼자부'는 '직(直)·방(方)·대(大)'를 뜻하는데, 성여신의 「삼자해(三字解)」에서 영향을 받았다고 판단된다.

셋째 단락은 물욕과 탐리에 빠져 방황하다가 뒤늦게 신명사에 관심을 가져 돌이킨 것에 관한 탄식과 기쁨을 말했으며, 넷째 단락은 '신(神)'과 '명(明)'의 개념과 신명사의 기능을 설명했다. 마지막인 다섯째 단락에서는 신명사를 찾아가는 방도와 유지하는 방법을 제시했다.

「신명사기」는 남명의 「신명사도명」에 담긴 경의(敬義) 사상과 마음 수양법을 계승하되, 스승인 성여신이 남명학의 핵심을 '삼자부'로 파악한 체계 속에서 그 맥을 잇고 있다. 그리고 천군에 관한 언급이 보이지 않는데, 하진은 신명사를 보존하는 방법으로 천군의 역할에 초점을 맞추기보다는 경에 의한 주재를 강조했기 때문이다. 이 두 가지 점은 하진의 「신명사기」가 가지는 특징이다.

또한 하진의 「신명사기」와 강대수의 「신명사기」가 제목이 같을 뿐만 아니라, 내용상에서도 유사한 점이 많아 주목을 끈다. 강대수의 「신명사기」는 1620년에 지어졌고 하진의 「신명사기」는 1633년에 완성되었다. 강대수와 하진 둘 다 1634년에 광해실록찬수청의 등록관으로 파견되어 함께 근무했으며, 동도회에 참여하여 같이 활동했다. 두 가지 사실에서 하진의 「신명사기」가 강대수의 「신명사기」로부터 영향을 받았을 것이라고 추측해 볼 수 있다. 첫째, 하진이 1633년 4월에 첫 발령으로 사재감(司宰監) 직장(直長)에 제수되고, 강대수가 영광(靈光) 군수를 지내다가 11월에 홍문관(弘文館) 부수찬(副修撰)으로 임명되어 조정에 다시 돌아왔으므로, 일반적으로 비추어 볼 때 경상우도 출신으로 함께 조정에 있으면서 서로 교유하며 지냈으리라 생각되기 때문이다. 둘째, 하진이 「신명사기」를 저술한 시기가 바로 이 해 겨울이라는 점이다. 따라서 이 두 가지 사실에 근거해 볼 때, 하진이 「신명사기」를 저술한 배경에 강대수의 「신명사기」가 영향을 끼쳤을 것이라고 이해할 수 있

다.[23]

「신명사기」에 이어 하진이 작성한 상소문에 관해 살펴보기로 하자. 『태계집』의 서문과 발문을 지은 작자들이 공통적으로 거론하여 칭송하는 내용은 하진의 상소문에 드러난 충직과 절의의 사상이다. 강백년은 서문에서 하진이 '천지의 정대한 기'를 타고나 세상에 서서 행한 것이 정대하고 말한 것이 정대하여 시종을 훌륭하게 해서 천성을 온전히 하여 세상을 마친 사람이라고 평론하면서, 그 증거로 "전후로 올린 소장(疏章)은 충심을 쏟아내어 강직한 언론이 모두 남들은 감히 말하지 못할 것이었다."[24]라고 제시했다.

곽종석은 연보의 발문에서, "남명 선생이 경의를 전하여 지리산 아래에서 도를 창도함으로부터 그 연원(淵源)을 계승한 이는 누구나 그 심결(心訣)을 따라 이어서 직방(直方)에서 공효를 거두어 초야에 물러나서는 지킴이 있고 벼슬에 나가서는 행함이 있었다. 선생은 남명을 사숙한 분인데, 일찍이 13세에 선배가 이미 보고 성경(誠敬)을 깨달았다고 인정했으니, 이것은 선생의 평생에 덕의(德義)와 명절(名節)의 바탕이 된 것이다. (중략) 세상에서 논하는 사람들이 모두 말하기를, '선생이 충직으로 임금을 사랑한 것은 급장유(汲長孺, 급암[汲黯]) 같고, 정사를 논함에 지적이 절실한 것은 육경여(陸敬輿, 육지[陸贄])같고, 강포한 자를 회피하지 않은 것은 진중거(陳仲擧, 진번[陳蕃]) 같고, 뜻을 높게 하고 간곡한 심정을 피력하여 강상을 부지하여 세운 것은 또한 마땅히 김청음(金淸陰, 김상헌[金尙憲])·정동계(鄭桐溪, 정온[鄭蘊]) 등 제현과 자취는 달라도 노선은

---

23 전병철, 『남명의 심학』, 경상대학교출판부, 2016, 230~237면.

24 姜栢年, 「台溪先生文集序」. "其前後疏章 寫出忠赤 而危言儻論 皆人所不敢言者"

같은 것이다.'라고 하니, 이미 아는 것이 적지 않다."[25]라고 서술하여 하진의 충직과 절의는 남명을 계승한 것이며, 김상헌·정온과 구체적인 행적은 다르지만 추구한 방향성은 같았다고 서술했다.

상소문의 경우, 초간본부터 사간본에 이르기까지 삭제한 것이 없다. 다만 삼간본에서는 1645년 3월 16일에 올린 계문인 「헌납피혐계(獻納避嫌啓)」를 상소문에 포함하여 13편으로 편성한 점이 다를 뿐이다. 첫 번째 상소문은 하진이 46세 때인 1642년 1월 사간원 정원에 제수되고 올린 것인데, 당시에 시급히 혁파해야 할 폐단 4가지를 지적하고 그것에 관한 대안책을 제시했다. 폐단의 내용은 ①기강의 해이함, ②병비(兵備)의 무너짐, ③인심의 흩어짐, ④상벌의 어긋남 등이다. 당시는 병자호란을 당한 지 6년이 지난 때로, 하진이 지적한 폐단을 통해 조선의 참담한 상황을 절실하게 느낄 수 있다.

하진은 상소문에서 천민 출신인 역관(譯官) 정명수(鄭命壽)가 청나라를 등에 업고 온갖 농간을 부리는 일, 청나라가 의심할까 두려워서 국경 수비를 방치하고 있는 인조, 지리산 이십삼봉 별장이라고 하면서 승려와 무당까지도 신포(身布)를 거두고 산골짜기 화전민조차 일체 찾아내어 세금을 징수하는 일 등을 구체적으로 거론했다. 그리고 김자점(金自點)의 죄상은 만 번 죽어도 마땅하니, 그를 단호히 처벌하라고 촉구했다.

김자점은 병자호란이 일어났던 당시 서북 방어를 책임지는 도원수로 있으면서 청군의 침입을 알리는 봉화가 올랐음에도 그것을 무시했고,

---

25 郭鍾錫, 「台溪年譜跋」. "蓋自남명曹夫子之以敬義之傳倡道于頭流之下 而其淵源所及 莫不遵承心訣 收功于直方 其處也有守 其出也有爲 先生則其私淑艾者也 早在舞勺之年 而先進已見 許以曉達誠敬 此先生生平德義名節之所本也 (中略) 世之論者 咸謂先生忠戆愛君 似汲長孺 論事指切 似陸敬輿 不避彊禦 似陳仲擧 其抗志瀝懇 扶植綱常 又當與金淸陰鄭桐溪諸賢 爲異蹟而同科者 則已知者無幾矣"

나아가 그 사실을 조정에 한참이나 늦게 보고함으로써 인조가 강화도로 피신할 수 있는 시간적 여유를 박탈했던 장본인이었다. 그뿐만 아니라 그는 인조가 청군에게 포위되어 남한산성에서 악전고투하고 있었던 1637년 1월에도 황해도 신계(新溪)에 머물면서 근왕(勤王)에는 전혀 성의를 보이지 않았다. 따라서 병자호란 이후 김자점은 군율에 따라 치죄되어야 할 대상이었다. 그럼에도 인조는 1638년 2월 김자점을 처벌하라는 홍문관의 요구를 거부했고, 반발에 밀려 위리안치시킨 직후에도 바로 가시울타리를 제거해 주었다. 또한 얼마 후에는 특지를 내려 병조판서에 임명했고, 최명길을 삭직시킨 뒤에는 우의정에 임명했다.[26]

또한 당시에 병자호란 때 청나라로 끌려갔다가 도망쳐온 피로인[주회인(走回人)]을 다시 붙잡아 보내는 문제[쇄환(刷還)]를 놓고 민심이 험악해졌다. 홍타이지[太宗 崇德帝]는 '청나라에서 도망쳐 오는 피로인은 다시 붙잡아 보내야 한다'는 약조를 조선 조정에 강요한 바 있다. 주회인들을 쇄환할 경우, 그들은 청나라에서 발뒤꿈치를 절단당하는 혹형을 받기도 했다. 주회인들 중에는 쇄환을 피하려고 스스로 신체의 일부를 절단하는 경우도 있었다. 1640년 무렵 청나라의 쇄환 요구는 더욱 강경해졌고, 조정이 주회인들을 색출하려 골몰하면서 민심이 흉흉해졌다. 인조는 1641년에 민심을 달래기 위해 "이번 일을 당한 백성들이 아무리 나를 꾸짖고 원망한다 해도 이것은 나의 죄이니 어찌 피할 수 있겠는가?"라고 유시문을 내렸지만, 결국 살겠다는 일념으로 수천 리를 걸어 탈출해온 주회인들을 붙잡아 청나라로 묶어 보내는 일을

26 한명기, 『정묘·병자호란과 동아시아』, 푸른역사, 2009, 204면.

감행했다.[27]

하진은 상소문에서 그들의 실상을 통곡하는 심정으로 고했다.

> 청나라에 잡혀간 백성들이 고향이 그리워 산을 넘고 골짜기를 지나 백방으로 도망해 돌아와서 그 부모와 처자를 찾는데, 구슬피 위로하는 소리가 채 멎기도 전에 잡아 돌려보내는 일이 곧 닥치게 됩니다. 그러나 오히려 목숨을 아까워하지 않고 부모가 계시는 나라라서 반드시 돌아가야 한다고 하고는, 서로 뒤를 이어 돌아옵니다. 하지만 압록강 강가에 당도하면, 변방을 지키는 체제는 국법을 두려워하고 그곳에 사는 백성들은 죄를 받을까 두려워하여, 밤낮으로 막아 지키면서 강을 건너오지 못하게 하고 있습니다. 이들은 강둑에서 통곡하며 여러 날 방황하다가, 오도가도 하지 못한 채 강물에 뛰어들어 죽거나 목을 매어 죽거나 굶어서 죽기도 하여, 창성(昌城)과 삭주(朔州) 지역 압록강 강가 위아래에는 백골이 널려 있으니, 보고 들은 사람마다 누구나 눈물을 흘리지 않는 이가 없습니다. 그 부모와 처자들이 길거리에서 불러대면서 통곡하니, 허둥대며 억장이 막혀 하는 모습을 어찌 차마 말할 수 있겠습니까.[28]

하진은 네 가지 폐단을 지적한 후, 당시의 국가적 위기에 관해 "계란을 쌓아놓은 것보다 더 위태롭고 불타는 집의 제비 둥지보다 더 다급하며, 만 길 높이의 썩은 나무가 몰아치는 회오리바람 속에 서 있는

---

27 한명기, 『역사평설 병자호란-2』, 푸른역사, 2013, 266~267면.

28 河溍, 『台溪集』 卷5, 「陳時弊疏」. "被俘之民, 思念鄕土, 逾越山谷, 百計逃還, 尋其父母妻子, 悲慰之聲未絶, 刷送之擧旋迫。而猶不惜死, 以父母之國爲必可還, 相繼來歸。至于(鴨綠江)邊, 則邊守畏禁, 居氓懼罪, 晝夜拒守, 使不得渡。此輩痛哭江岸, 彷徨累日, 進退無所, 或投江而死, 或結項而死, 或飢餓而死, (昌)、(朔)(綠江)上下, 白骨相枕, 凡在瞻聆, 莫不隕涕。爲其父母妻子者, 其行號巷哭, 皇皇抑塞之狀, 尙忍言哉"

것처럼 재난이 조석으로 곧 닥칠 상황"[29]이라고 표현했다. 그러나 인조는 이 상소문을 어전에 머물러 둔 채 아무런 비답도 내리지 않았다. 당시 김자점의 위세가 대단하여 하진이 해악을 당할까 염려하는 사람들이 많았다. 그러나 선략장군(宣略將軍) 용양위부사과(龍驤衛副司果)에 체직되었을 뿐 달리 처벌을 받지는 않았으며, 하진은 사직하고 고향으로 내려왔다.

소현세자(昭顯世子)가 죽고 원손(元孫)은 아직 어렸는데, 1646년에 강빈(姜嬪)의 옥사(獄事)가 일어났다. 인조는 강빈을 사사(賜死)하고 세 아들을 제주도로 유배 보냈는데, 이경여(李敬輿), 심노(沈櫓), 홍무적(洪茂績) 등이 강빈의 옥사를 반대하다가 인조의 심기를 거슬러 이경여는 진도(珍島)에 위리안치되고, 심노는 남해에 정배되고, 홍무적은 정의(旌義)에 정배되었다. 그리고 이응시(李應蓍)는 상소를 올렸다가 북쪽 변방으로 유배되었다. 이런 일들이 있고 나서, 이에 관해 언급하는 것은 임금의 역린을 건드리는 사안으로 보았다. 그러나 하진은 1647년 9월 26일에 지평을 사직하는 상소를 올리면서, 네 사람의 죄를 용서해 줄 것과 소현세자의 세 아들을 궁궐로 돌아오게 하라고 간언했다. 이 상소문으로 인해 용양위(龍驤衛) 부사직(副司直)으로 체직되었다.

하진의 죽음을 애도하는 만시에서 그가 올린 상소문에 관해 기억하고 칭송하는 표현들이 많은 까닭은 이처럼 죽음을 각오하고 쏟아낸 충직한 언론 때문이었다고 이해된다. 앞에서 거론한 두 편의 상소문 외에도 1650년 헌납을 사직하는 상소를 올리면서 몸의 질병에 비유하여 당시 상황을 적절하게 지적한 것 등 하진의 충직과 절의를 드러내

---

29 河溍, 『台溪集』 卷5, 「陳時弊疏」. "危於累卵 急於焚宇 禍敗之至 迫在朝夕 如萬丈朽木 立於衝飆之中"

고 있는 상소문들이 많지만, 이 글에서는 우선 이 정도로 마치려 한다.

4. 맺는말

태계 하진은 삶을 관통하는 개인적·학파적·국가적 고난을 어떻게 극복해야 할 것인지에 관해 고민하고 실천 방안을 모색했다. 하진은 정유재란이 일어난 해에 태어나 전후의 불안하고 궁핍한 생활 가운데서도 공부에 매진하여 과거에 급제하고 청요직을 역임했다. 병자호란의 국가적 위기 상황을 당해서는 죽음을 각오하고 당시의 폐단을 통렬히 지적하고 대안을 제시했다. 인조반정으로 인해 남명학파가 정치적으로 몰락한 상황에서 남인은 물론 서인과도 교유를 확장하고 『남명집』에서 문제가 될 만한 부분을 수정하여 새로운 활로를 모색했다.

『태계집』에는 이러한 그의 삶과 행적이 형상화되어 다양한 작품의 형태로 드러나 있다. 기존 연구에서는 『태계집』의 간행 양상이 분명하게 밝혀지지 않았는데, 이번 조사에서 네 차례나 이루어졌다는 사실을 밝혔다. 초간본 2권 2책은 1683년 4월에 진주 응석사에서 간행되었다. 재간본은 본집 2권 2책, 속집 2권 1책, 연보 1책으로 구성했는데, 본집은 1734년 12월에 진주 응석영당에서 초간본을 복각한 것으로 추정되며, 속집과 연보는 1824년 진주 청운암에서 중간했다. 삼간본은 1841년에 화재로 인해 이전의 목판이 소실되어 1848년 6월에 진주 경운재에서 완전히 새롭게 판각했다. 사간본은 1894년에 동학의 피해를 보아 1899년 봄 산청 여사촌의 종약소에 간역청을 설치하여 1900년 5월 24일에 중간을 마쳤다.

사간본에 수록된 시문의 내용을 살펴보면, 남명학파의 일반적인 성향과 달리 하진은 총 392제 554수라는 비교적 많은 수량의 시 작품을 남겼다. 또한 당시풍의 문학적 취향이 두드러진 감상적 서정시와 서경시를 많이 지었으며, 다양한 형태의 잡체시도 상당수 창작했다. 상소문에서는 하진의 충직과 절의를 선명하게 볼 수 있다. 『태계집』의 서발문을 지은 작자들과 하진의 죽음을 애도하는 만시에서 공통적으로 칭송하는 내용은 죽음을 무릅쓰고 올린 상소문의 강직한 언론에 관한 것이다. 『태계집』에는 성리학에 관한 논설이 보이지 않는데, 이런 측면은 남명학파의 특성과 일치하는 점이다. 이런 맥락에서 하진이 1633년 4월 문과에 급제하여 처음 벼슬에 나아갔을 때, 남명 사상의 핵심이 담겨 있는 「신명사도명」을 계승하여 「신명사기」를 저술한 사실은 그 의미가 심장하다.

즉, 『태계집』의 간행 의미는 다음과 같다고 말할 수 있겠다. 첫째, 『태계집』을 통해 인조반정 이후 남명학파 학자들이 당시의 정치적 타격을 극복하고 활로를 모색하기 위해 어떠한 노력을 기울였는지 살펴볼 수 있다. 둘째, 17세기 중기에 활동한 관리로서 하진은 병자호란이라는 국가적 위기 상황을 어떻게 인식했으며, 극복하기 위한 실천 방안으로 무엇을 제시했는가를 고찰할 수 있다. 셋째, 『태계집』에 수록된 작품들로서 하진의 문학적 성취를 파악할 수 있으며, 이것을 통해 남명학파 내에서도 문학 방면에 뛰어난 성과를 이룬 인물들이 있었고 그들에 관한 발굴과 연구가 진행되어야 한다는 사실을 환기하게 되었다.

2

니계尼溪 박내오朴來吾의 은일적 섭세涉世와 산수유람

1. 여는말

어떤 인물이 남긴 시문과 그의 삶에 관한 기록을 읽을 때, 그것이 담아내지 않은 혹은 담아내지 못한 행간 사이의 의미를 이해하고자 한다면, 그가 살아간 시대의 배경 속에 놓고 파악할 필요가 있다. 어떤 인물이 선택한 사회적 참여나 은일적 섭세(涉世)[30]를 어떻게 이해할 것인가라는 문제를 해결하기 위해 그 시대의 상황이 과연 어떠했는지가 분명하게 설명되어야 한다. 그리고 그런 시대 속에서 그 인물이 선택한 섭세는 정당한 것이었는가를 평가해야 할 것이다.

『필원산어(筆苑散語)』의 저자로 널리 알려진 교와(僑窩) 성섭(成涉, 1718~1788)은 18세기 영남의 고사(高士) 삼인(三人)을 꼽았는데, 태백산 아래의 두릉(杜陵) 이중광(李重光, 1709~1778), 예천(禮泉) 김곡촌(金谷村)의 남야(南野) 박손경(朴遜慶, 1713~1782), 두류산 밖의 니계(尼溪) 박내오(朴來吾, 1713~1785)이다.[31] 성섭은 박내오와 가까이 지내고자 진주 남사(南沙)와 가까운 거리에 있는 소남(召南)으로 내려와 살겠다고 마음먹을 정도로 두 사람은 학문과 우정을 주고받으며 평생의 가장 막역한 동지로서 서로를 믿고 의지했다.[32]

그런데 지금까지는 박내오에 관한 논문이 한 편도 작성되지 않았으며, 남명학파의 연구에서도 거의 언급되지 않은 것으로 파악된다. 박내오의 삶에서 남명학파와 관련된 적극적인 활동이 드러나지 않은 점

30 섭세의 사전적 의미는 '세상을 살아나간다'라는 뜻이다. 이 글에서는 한 개인이 시대라는 역사적 흐름을 헤쳐나간다는 의미에서 섭세라는 말을 사용했다.

31 朴來吾, 『尼溪集』 卷12 附錄, 輓詞[成涉]. "於嶺之南 見高士三人 太白山下有杜陵李公 金谷村中有南野朴公 頭流山外有尼溪朴公 此三公者 不佞幸而見之 而皆遯跡衡門 自樂無求 而經學文章不下於古人"

32 임규완, 「僑窩 成涉의 생애와 저작, 학문경향」, 『한국학논집』 39집, 계명대학교 한국학연구원, 2009, 103면.

에 연유할 것이다. 하지만 1728년 무신란(戊申亂) 이후 남명학파가 겪어야 했던 큰 시련과 경상우도 지역의 급격한 침체를 생각한다면, 그 시대 속에서 박내오가 추구한 삶의 방식에 관해 다시 상고할 필요가 있다.

이 장은 이러한 문제의식을 바탕으로 작성되었다. 그러므로 다음의 절에서는 박내오가 살아간 일생의 궤적을 따라가면서 그가 선택한 섭세의 방식을 이해하고자 한다. 그런 후 제3절에서는 박내오가 마흔이 되는 해에 떠났던 지리산 유람의 기록을 통해 그의 삶에 자리하는 지리산의 상징성과 산수 유람의 수양론적 의미를 살펴보기로 한다.

2. 굽음[屈]의 시운(時運)과 은일적 섭세

박내오의 본관은 밀양(密陽)이며, 자는 복초(復初)이다. 호는 니계(尼溪)·쌍백정(雙白亭)·정와(定窩) 등인데, 니계는 그가 거주한 단성현 남사의 니구산(尼丘山) 아래에 흐르는 시내 이름에 연유한 것이다. 쌍백정은 백사(白沙)와 월백(月白)의 두 흰빛을 가리키는데, 기문에서 "일에 임할 때 이치를 변석하여 명백함으로써 자신을 단속하고, 사물을 볼 때 의로움을 생각하여 청백함으로써 집안 대대로 전하여, 쌍백의 아름다움을 이루는 것이 옳다."[33]라고 의미를 밝혔다. 정와는 만년에 쌍백정 뒤

---

33 朴來吾, 『尼溪集』 卷6, 「雙白亭記」. "臨事析理以明白律其身 見物思義以淸白世其家 以成雙白之美可也"

편에 작은 집을 짓고서 『대학』의 ‘그칠 곳을 안 이후에 뜻이 정해짐이 있다.[知止而後有定]’라는 말을 마음에 새기려고 내걸은 당호이다.

그의 시조는 박현(朴鉉)이며, 고려조에 벼슬하여 동삼품(同三品)의 지위에 올랐다. 4대를 지나 박침(朴忱)이 조선의 개국공신에 책록되어 아들 부제학(副提學) 박강생(朴剛生)과 손자 정자(正字) 박절문(朴切問)이 찬성(贊成)에 증직되었다. 박절문의 아들 박중손(朴仲孫)은 이조판서를 역임했으며, 공효(恭孝)의 시효를 받았고 정난공신(靖難功臣)으로서 밀산군(密山君)에 봉해졌다. 아들 박미(朴楣)는 예조참의를 지냈으며, 이조참판에 증직되었다. 아들 형조참판 박광영(朴光榮)은 밀성군에 습봉(襲封)되었으며, 그 뒤를 이은 박이(朴苡)는 음직으로 부정(副正)을 지냈다.

박내오의 고조는 박승희(朴承熙), 증조는 박세장(朴世章), 조부는 박충언(朴忠彦)이다. 부친은 박경일(朴慶一)이며, 모친은 장대연(張大衍)의 딸인 인동장씨(仁同張氏)로 문강공(文康公) 장현광(張顯光)의 5세손이다. 그 사이에서 1713년(숙종 39) 음력 6월 14일에 단성현 사월리에서 출생했으며, 1남 3녀 중에서 첫째이다.

현손인 사촌(沙村) 박규호(朴圭浩, 1850~1930)가 1878년에 지은 「유사(遺事)」를 토대로 박내오의 행적에 관해 살펴보면, 어릴 적에 특기할 만한 일은 식산(息山) 이만부(李萬敷, 1664~1732)를 뵙게 된 것이다. 이만부가 지리산을 유람하고 돌아가는 길에 조부 박충언을 찾아왔다가, 박내오가 지은 시문을 보고선 큰일을 할 수 있는 천리마 같은 아이라고 칭찬했다. 당시 9세의 나이였는데, 이후로 더욱 분발하여 공부에 힘을 쏟아 성동(成童)의 나이 때 이미 학문과 문장이 크게 진보했으며, 인격이 성숙하게 다듬어졌다.

처음 향시에 응시했을 때 입격을 했으나 시험장에서 어떤 노인이 대필해주었다는 사실을 부친이 알고선 “벼슬길에 나아가는 처음부터 국법을 어겨서는 안 된다.”라고 꾸짖고 회시에 나아가지 못하도록 했다. 1743년 31세 때 부친상을 당했으며, 상을 마친 후에는 과거공부를 그만두고 자신이 하고 싶은 공부에 힘썼다. 주자(朱子)와 퇴계 이황의 저술을 몹시 좋아하여 깊이 터득했다. 막내아들 박재기(朴在冀)가 과거에 급제하자 주자의 상소문과 서간문을 손수 베껴 두 권으로 만들어주면서 “나라를 경영하는 방책과 출처 의리가 여기에 있으니 유념하라.”고 권면했다.

이 기록에 의거한다면, 박내오는 퇴계학에 심취한 인물로 보인다. 하지만 18세기 이후 남명학파의 학자들이 남인화되거나 노론화되는 거취에 따라 선조의 행적도 같은 당색으로 서술하는 경향이 많았으므로, 박규호의 「유사」도 그와 같은 견해를 가진 것으로 보인다. 오히려 박내오가 직접 지은 「유두류록」에서는 남명을 존모하고 닮고자 하는 의식이 뚜렷하게 드러난다. 또한 고을의 선현이자 남명의 벗인 안분당(安分堂) 권규(權逵, 1496~1548), 청향당(淸香堂) 이원(李源, 1501~1568) 및 제자인 죽각(竹閣) 이광우(李光友, 1529~1619) 등의 행장을 지은 것에서도 박내오의 그런 의식이 반영되어 있다.

그리고 정시의(鄭時毅)가 지은 만사에서는 박내오의 학문에 관해 “우리 영남에 군자가 많으니, 공이 오늘날 다시 발휘했었네. 퇴계의 성학(性學)을 전수했으며, 남명의 심기(心機)를 터득했네.”라고 표현했다. 박내오가 퇴계의 성리학에 조예가 깊었을 뿐만 아니라, 남명의 심학도 깊이 터득했다는 점을 밝히고 있는 것이다.

「유사」에 따르면 퇴계의 「성학십도」와 추만(秋巒) 정지운(鄭之雲)의 「천명도」 구(舊)·신(新) 두 그림을 합하여 한 책으로 편찬하여 ‘도동편(道東

編)'이라는 이름을 붙였다고 한다. 이후로 한주(寒洲) 이진상(李震相)의 「행장(行狀)」, 후산(后山) 허유(許愈)의 「묘갈명」, 면우 곽종석의 「문집교정후소지(文集校正後小識)」 등에서 모두 『도동편』을 특기하여 서술하고 있다.

하지만 필자는 박내오가 『도동편』을 편찬했다는 서술에 관해 의구심을 가진다. 박내오는 생전에 자신의 저작을 정리하여 성섭(成涉)·하일호(河一浩)·이우육(李宇錥)·박규순(朴奎淳) 등에게 서문(序文)을 받았는데, 이 글들에는 『도동편』에 관한 언급이 없으며, 박내오 자신이 지은 서문도 문집에 없다. 또한 그를 추모하는 만사(輓詞)와 제문(祭文)에도 『도동편』이 언급되지 않았다.

그렇다면 그와 같은 시대를 살아간 사람들에게는 『도동편』이 알려지지 않다가 100년이 지나서 원고 상자에서 발견된 것일까? 필자의 견해로는 이만부가 1708년 45세에 편찬한 『도동편』(20권)[34]을 박내오가 일부 베껴놓은 것을 후대 사람들이 그의 저술로 오인한 것이 아닌가 추론된다. 하지만 이만부의 『도통편』(20권)과 동일한 이름으로 1책의 『도동편』이 편찬되었을 가능성도 충분히 있다. 왜냐하면 박내오가 지은 「퇴도선생십도의본개모서(退陶先生十圖依本改摹序)」와 「정추만천명신구도개모서(鄭秋巒天命新舊圖改摹序)」의 서문은 남아 있기 때문이다. 하지만 박내오가 편찬한 『도동편』이 현존하는지 확인할 수 없는 상황에서 사실의 진위를 확정하기는 어렵다.

박내오의 행적에서 뚜렷하게 드러나는 특징은 산수 유람을 즐겨 했다는 것이다. 그는 40세 때 지리산을 유람하여 천왕봉에 올랐다. 40대 무렵 정필신(鄭弼臣)과 진주의 남강을 주유(舟遊)했으며, 지인들과 함께 사천과 진주를 유람했다. 53세 때에는 안음(安陰)의 삼동(三洞)을 유람

34 정재훈, 「息山 李萬敷의 학문과 『道東編』」, 『국학연구』 23집, 한국국학진흥원, 2013, 119면.

했다. 지리산과 삼동에 관한 유람기는 한 책으로 묶어 '인지총화(仁智總話)'라 이름하고, 직접 서문도 지었다. 그 후로도 권길(權佶)과 통영·마산·창원 등을 유람했으며, 권길·강석복(姜錫復)·이천목(李天木)과는 고흥·광양 등지를 유람하기도 했다. 최주화(崔柱華) 등과 사천의 남양동(南陽洞)·와룡사(臥龍寺) 등을 유람했으며, 성섭과 경주·대구·영천·안동 등지를 유람했다.

박내오는 왜 이렇게 유람을 많이 했을까? 제3절의 지리산 유람을 서술하면서 자세한 논의를 하겠지만, 우선 여기에서는 그가 처한 시대적 상황을 짚어보려 한다. 성섭이 박내오에게 준 「굴신설을 지어 니계 박우에게 주다(屈信說贈尼溪朴友)」라는 글을 통해 그 시대의 분위기와 경상우도 지역 학자들의 정서를 실감할 수 있다.

박내오는 자기 집안이 한양에 있을 적에는 7대가 연이어 공경(公卿)을 지냈지만, 향촌에 낙향한 이후로는 6대가 계속해서 흥기하지 못하는 상황을 고민하면서 한양에 돌아가고 싶지만 집안의 힘이 부족해서 그럴 수도 없다고 한탄했다.[35] 성섭은 이 말을 듣고 『주역』「계사하전(繫辭下傳)」의 굴신(屈信)에 관한 공자의 말씀을 토대로 그의 답답한 마음을 풀어주었다.

공자는 "자벌레가 몸을 굽힘은 펴짐을 구하기 위해서요, 용과 뱀이 칩거함은 몸을 보존하기 위해서요, 의리를 정밀히 연구하여 신묘한 경지에 들어감은 쓰임을 이루기 위해서요, 쓰임을 이롭게 하여 몸을 편안히 하는 것은 덕을 높이기 위해서다."[36]라고 말씀했다.

---

35 成涉, 『僑窩文稿』 人, 「屈信說贈尼溪朴友」. "尼溪言吾之家在京時 連七代爲公爲卿 今其落於鄕連六世不振 欲歸京 而家力不足 常自恨歎"

36 『周易』「繫辭下傳」 제5장. "尺蠖之屈 以求信也 龍蛇之蟄 以存身也 精義入神 以致用也 利用安身以崇德也"

성섭은 이 말씀을 부연하여 다음과 같이 설명했다.

> 천지 만물은 굽음이 있으면 펴짐이 있고 펴짐이 있으면 굽음이 있습니다. 두 가지가 서로 감응하여 번갈아 왕복하니, 활이 이완하고 긴장하는 것과 같으며, 두레박이 오르고 내리는 것과 같습니다. 그 기틀이 본래 그러하고 그 형세가 반드시 그러하니, 그 이치가 실로 당연합니다. 우리 공자께서 역전(易傳)에서 이 의미를 밝히셨는데, 해와 달의 운행과 추위와 더위의 변화를 통해 특별히 상세하게 말씀하셨으며, 용사(龍蛇)와 자벌레의 미물에까지 미루어 지극히 한 후에 결국 우리 사람에게 귀결하셨으니, 그 뜻이 심장합니다. 그러나 이 의미는 지혜로운 사람은 밝게 알고 어리석은 사람은 알지 못합니다. 현명한 사람은 그것에 순응하고 불초한 사람은 그것을 거스릅니다. 니계는 이것에 관해 강론한 것이 밝아 실로 마음에 지키고 있을 것입니다.[37]

활의 이완과 긴장, 두레박의 오르고 내림, 해와 달의 운행, 추위와 더위의 변화, 용·뱀·자벌레의 굴신 등과 같이 세상 모든 만물은 굽음이 있으면 펴짐이 있고 펴짐이 있으면 굽음이 있다고 설명했다. 지혜로운 사람은 그 이치를 밝게 알고 어리석은 사람은 모르며 현명한 사람은 그 이치에 순응하고 불초한 사람은 그것을 거역하는데, 박내오는 이 말씀에 관해 강론한 것이 분명하므로 마음에 지키고 있을 것이라고 말했다.

---

37 成涉, 『僑窩文稿』 人, 「屈信說贈尼溪朴友」. "天地萬物 有屈卽有信 有信卽有屈 二者相感 迭爲往復 如弓之張弛 如桔槹之俯仰 其機自然 其勢必然 而其理固當然也 吾夫子易傳發明此義 特詳自日月之運寒暑之變 推以極乎龍蛇尺蠖之微 而卒返於吾人 則其旨深矣 然斯義也 智者晰焉 愚者昧焉 賢者順焉 不肖者悖焉 尼溪於此 講之明 而固宜秉矣"

그런 후 박내오의 집안이 처한 상황에 관해 다음과 같이 해명했다.

그대의 집안이 펴졌을 때는 과거에 급제하는 일이 지푸라기를 줍듯이 쉬웠습니다. 이치상 오래도록 펴질 수는 없습니다. 그러므로 지금은 굽어진 것입니다. 굽음이 극에 달하면 반드시 펴짐이 있습니다. 그대의 아들이 작년에 과제 급제를 했으니, 점차 펴지고 있는 것입니다. 양(陽)이 돌아오는 처음에 만물이 소생하니, 집안 운명의 흥기를 이 일로부터 점칠 수 있습니다.

오직 굽음에 처할 수 있은 연후에 펴짐에 처할 수 있습니다. 군자는 천명이 있는 줄을 알기 때문에 영화와 욕됨이 그의 지킴을 흔들 수 없으며, 기쁨과 슬픔이 그의 마음을 어지럽힐 수 없습니다. 때론 굽어지고 때론 펴지는 일은 오직 자기가 만나는 상황일 뿐입니다. 성인께서 굽음과 펴짐을 논하신 것이 실로 이러한 데에 깊은 의미가 있었으니, '쓰임을 이롭게 하여 몸을 편안히 하는 것은 덕을 높이기 위해서이다.'라고 하셨습니다.

그대가 덕으로써 몸을 편안히 했으며, 그대의 아들이 다시 덕으로써 나아가고 있습니다. 이러한 겨를이 있을 때 더욱 성인의 학문에 힘을 쏟아 조급히 나아가는 것으로 마음을 삼지 말아야 합니다. 존양성찰(存養省察)과 실천의 공부를 함께 성취하게 된다면, 앎이 분명하지 않음이 없고 행실이 진실하지 않음이 없어 쓰임을 이루고[致用] 덕을 높이는[崇德] 결실과 굴신(屈信)과 감응(感應)의 이치가 모두 자기 몸에서 체험할 수 있을 것

입니다.[38]

박내오의 집안이 7대가 연이어 높은 벼슬에 오른 때는 펴짐의 시기인데, 이치상 오래도록 계속 펴질 수는 없기 때문에 지금은 굽어진 시기를 만난 것이라고 해석했다. 하지만 작년에 그의 아들이 문과 급제를 한 일은 집안의 운명이 점차 흥기하는 데로 나아가는 시작이라고 말했다. 그러므로 점차 펴지기 시작하는 지금의 겨를에 미치어 더욱 성인의 학문에 힘을 쏟아야 하며, 조급히 나아가려고만 해서는 안 된다고 권면했다. 공자의 말씀처럼 굽음의 때에 자신을 수양하여 마침내 쓰임을 이루고[致用] 덕을 높이는[崇德] 결실을 이룰 수 있어야 한다고 거듭 면려했다.

박내오는 이제후(李濟厚)의 딸인 전의이씨(全義李氏)와 혼인하여 5남 2녀를 낳았는데, 아들의 이름은 주혁(胄赫)·재신(在新)·재승(在承)·재검(在儉)·재기(在冀) 등이다. 이 중에서 막내아들 박재기가 1783년(정조 7) 계묘(癸卯) 식년시(式年試)에 병과 7위로 급제했다. 이 연도에 의거한다면, 성섭이 이 글을 지은 시기는 1784년이며, 박내오가 별세하기 한 해 전에 받았다는 사실을 알 수 있다.

성섭은 이 일을 통해 박내오의 집안이 흥기할 거라고 전망했을 뿐만 아니라, 경상우도 지역이 장차 새롭게 일어나리라고 예견했다.

---

38 成涉, 『僑窩文稿』 人, 「屈信說贈尼溪朴友」. "君之家方其信也 取科第如拾芥 理無長信 故今則屈矣 而屈之極 則必有信矣 君之子 去年登第 此乃信之漸也 陽來之初 而萬物昭蘇 則家運之興 自此可卜矣 夫惟能處屈 然後可以能處信 而君子知有命 故榮辱不能撓其守 欣戚不能膠其心 時屈時信惟其所遇而已 聖人之論屈信 固有深於是者曰 利用安身以崇德也 君旣以德而安身矣 君之子又以德而將之 及此暇時 益加勉於聖人之學 勿以躁進爲心 而存省踐履 交致其功 則知無不明 行無不誠 而致用崇德之實 屈信感應之理 皆可卽其身而驗之矣"

> 다시 지역의 운명을 말한다면, 역시 굽음과 펴짐의 이치가 있습니다. 두류산 아래의 고을 중에서 일컬어졌던 곳은 진주와 단성입니다. 국초(國初)에 현달한 관리와 영달한 사람이 많이 배출되었는데, 선조(宣祖) 이후로 적막했습니다. 오래도록 굽어지면 마땅히 펴지게 될 것이니, 이때가 그러합니다. 그러므로 작년 식년 문과에 단성에서 3명이 급제했으며, 그대의 아들이 그 중 한 명입니다. 집안 운명과 지역 운명이 형통해지려는 시기를 만났으니, 어찌 반드시 한양에 올라가야 마음에 흡족하겠습니까? 면면히 이어져 끊어지지 않았음을 볼 것이니, 그 펴짐을 굳이 말할 수 없겠습니까?[39]

성섭이 거론하는 것처럼, 경상우도 지역은 조선 태종 때 영의정을 역임한 호정(浩亭) 하륜(河崙, 1347~1416)을 비롯하여 조선 전기에 현달한 인물을 많이 배출했으며, 진주와 단성이 대표적인 곳이었다. 하지만 선조 이후로 적막한 상황이 계속되었다고 성섭은 표현했는데, 현달한 관리가 나오지 않았을 뿐만 아니라 1623년 인조반정과 1728년 무신란을 겪으면서 남명학파의 핵심지인 경상우도 지역은 학자의 명맥이 거의 끊어졌다고 평가할 만큼 혹독한 침체의 시기를 맞았다.

그렇지만 굽음의 시기가 바뀌어 다시 펴짐의 때로 접어들었다는 증거로 1784년 식년시에 단성에서 박재기를 포함하여 3명이 급제한 일을 거론했다. 따라서 경상우도 지역도 이제 점차 부흥할 시기를 맞이하고 있으므로, 굳이 한양에 올라갈 필요가 있겠냐고 반문했다.

---

39 成涉, 『僑窩文稿』 人, 「屈信說贈尼溪朴友」. "且以地之運而言之 亦有屈信之理 頭流山下邑 以爲號者晉與丹 而國初達官顯人多出 而穆廟以後寂然矣 久屈而宜信者 惟此時爲然 故去年式科三人登第於丹 而君之子卽其一也 家運與地運 方値亨通之會 則奚必上於京 而爲快於心乎 將見綿綿不絶 而其信固不可言矣"

결말에서는 "선비가 세상을 살아갈 때 사환출입(仕宦出入)과 존비원근(尊卑遠近)에 있어 굽음과 펴짐이 아닌 것이 없으니, 전적으로 하늘을 탓하고 천명에 책임지게 해서는 안 될 것입니다. 그대가 저의 말을 아들에게 고해주어 더욱 의리를 정밀하게 연구하여 신묘한 경지에 들어갈 수 있다면, 쓰임을 이룰 수 있을 것입니다."[40]라고 글을 맺었다.

성섭이 예견한 대로 경상우도 지역은 1796년 정조가 남명을 제향하는 덕천서원에 친제사제문(親製賜祭文)을 내려 특별한 관심과 존모의 마음을 보인 이후 부흥의 기운이 크게 일어나 조선 말기를 대표하는 학자들이 성대하게 배출되었다.

그러나 그의 표현대로 박내오의 삶은 '덕으로써 몸을 편안히 해야 하는' 시기를 보내고 있었다. 따라서 하늘을 탓하고 천명에 책임지울 것이 아니라, 항상 자신을 존양성찰하고 몸소 행하는 삶을 부단히 노력하여 굽음[屈]의 시기에 할 수 있는 최선의 삶을 살아야 했다. 박내오의 삶을 이와 같이 이해한다면, 벗인 성섭뿐만 아니라 그와 교유한 인물인 명암(明庵) 정식(鄭栻, 1683~1746)과 춘암(春庵) 소응천(蘇凝天, 1704~1760)이 보인 은일적 성향에 관해서도 향후 심도 있는 논의가 진행되어야 할 것이다.

특히 박내오는 지리산 천왕봉을 올랐다가 돌아오는 길에 화개 회강동(會講洞)에서 우거하고 있던 소응천을 방문한 후 다음과 같이 그의 삶을 칭송했다.

> 방향을 바꾸어 회강동의 소처사(蘇處士) 집에 도착했다. 대숲 속의 초가

40 成涉, 『僑窩文稿』 人, 「屈信說贈尼溪朴友」. "夫士行於世 其仕宦出入 尊卑遠近 蓋莫非屈信也 不可全歸於天而責之命也 君以吾言告其子 而又能精義入神 則可致其用也"

엔 그윽하고 한적한 즐거움이 있었고, 책상 위의 도서를 보니 학문을 강론하고 연마한 흔적이 있었다. 이른바 '이름난 사람치고 헛된 선비가 없다.'라는 말이 믿을 만하지 않은가?[41]

그리고 소응천의 인품과 학문에 관해 다음의 시를 지어 예찬했다.

가까이 대숲은 맑은 노을 속에서 그림자를 다투고,	鬪影淸霞近竹塢
멀리 석문의 단풍나무들 울창하게 서 있네.	石門紅樹望依然
거문고와 책들 방안 가득 넉넉한 풍류요,	琴書一室風流足
세상 피한 발자취 지상의 신선일세.	遯世遐蹤亦地仙

소응천이 지향한 은일의 자적한 삶에 관해 공감하고 칭송하면서 그와 같은 삶을 살고 싶은 뜻을 드러내고 있다. 소응천은 여러 차례의 당화(黨禍)를 보고서는 과거에 뜻을 두지 않고 지리산으로 들어가 띠풀을 묶어 집을 짓고는 하루종일 책을 읽었다고 한다. 이때부터 소응천은 풍월과 함께 초연히 자적하여 아름다운 산수가 있다는 소리를 들으면 반드시 찾아갔다. 이후 사방의 학자들이 소응천을 흠모하여 모여든 이가 많았는데, 정해진 법도에 근거하여 몸소 실천하면서 가르쳤다. 당시 사람들은 남명 이후 200년 만에 다시 처사(處士)를 보게 되었다고 칭송했다. 소응천은 원래 산음(山陰)의 자연동(紫烟洞)에 살다가 하동의 화개로 옮겼으며, 다시 덕유산 양악(陽嶽)에 들어가 30여 년을 살

41 朴來吾, 『尼溪集』 卷10, 「遊頭流錄」. "遂轉至會講洞蘇處士家 竹裏茅廬 頗有幽閒之樂 案上圖書已成講磨之業 所謂名下無虛士者 不其信乎"

았다. 마지막에는 전주의 우사(寓舍)에서 생애를 마쳤다.[42]

소응천의 삶이 지향했던 것처럼, 박내오도 30대 초반에 과거 시험을 단념한 후 학문을 탐구하고 산수를 유람하면서 생애를 보내다가 73세 되는 해인 1785년 10월 11일에 남사의 정와(定窩)에서 삶을 마쳤다.

문집으로 『니계집』 12권 5책이 전한다.

3. 지리산 유람을 통한 성찰과 각성

박내오는 마흔이 되는 해인 1752년 음력 8월 10일부터 19일까지 9박 10일 동안 지리산 동남쪽 지역을 유람했다. 동행한 사람은 종숙(從叔) 박내수(朴來叟), 벗 이성년(李聖年)·허노첨(許老瞻)·하성지(河成之), 종제(從弟) 박향초(朴享初)와 재종제(再從弟) 박수오(朴秀吾)·박태오(朴台吾) 등이다. 재종제 두 명을 제외하고는 이름을 확인할 수 없다. 유람 일자별로 여정을 정리하면 다음과 같다.

음력 8월 10일: 사월→도구대→입덕문→세심정→덕천서원

11일: 덕천서원→공전촌→신천리→광암→보문암→동당촌

12일: 동당촌→종추→중산촌→산신당→애당암→법계당→중봉→측측

---

42 이기훈, 「『春庵遺稿』 해제」, 『국학기초자료사업 해제자료』, 계명대학교 한국학연구원, 2007, 249면.

암→천왕봉→신인당→일월대→신당

13일: 신당→일월대→혈암→호귀당→제석당→백무당→호귀당→영신사 옛 터→좌고대→삼지촌

14일: 삼지촌→범왕촌→칠불암→아자방→옥보대→영지→삼신동→신흥사

15일: 신흥사→세이암→쌍계사→쌍계석문→회강동 소처사 집

16일: 회강동 소처사 집→화개

17일: 화개→도탄→삽암→악양현→섬진나루→하동부→우리곡

18일: 우리곡→전두촌

19일: 전두촌→문암→혹정촌→곡현→길동→사월

당시의 지리산 유람을 「유두류록(遊頭流錄)」이라는 작품으로 남겼는데, 첫 부분에서 동행들에게 가을날 유람을 떠나야 하는 이유에 관해 "명산의 가을 경치는 매우 빼어나고 기이하다 들었습니다. 붉은 단풍나무와 진홍빛 계수나무는 녹음이 우거진 여름이나 싱그런 싹이 돋는 봄보다 더 낫다고 합니다. 날씨가 서늘해지고 운기(雲氣)도 활짝 개었으니, 만 리 밖에서 해와 달이 뜨고 지는 것을 환히 볼 수 있을 것입니다."[43]라고 설명하면서 함께 유람을 가자고 권유했다.

아래에서는 박내오의 지리산 유람이 가지는 의미를 고찰하기에 앞서 그가 산수 유람을 통해 추구하고자 한 목표가 무엇이었는지를 이해하는 선행 작업을 가지기로 하자.

---

43 朴來吾, 『尼溪集』 卷10, 「遊頭流錄」. "名山秋景 聞甚絶奇 赤楓丹桂 勝於綠陰芳草之時 而天氣初涼 嵐靄方豁 則庶可以明見萬里之外烏兎出沒"

1) 산수 유람과 반신체인(反身體認)의 계기

자연을 대하는 입장, 자연과의 거리와 관계 등에 따라 자연을 인식하는 관점은 감상자와 탐구자로 구분하여 그 차이점을 대별할 수 있다. 감상자의 관점은 자연 경물의 외형적 아름다움을 즐기는 입장에 기반하여 자연을 대하며, 탐구자는 경물의 내재적 이치를 통찰하여 그 속에 담긴 의미를 발견하려는 입장에서 자연을 인식한다. 물론 같은 한 사람에게서 감상자와 탐구자의 관점이 혼재하여 나타나는 경우도 흔히 발견할 수 있지만, 혼재되어 있는 양상에서도 어떠한 관점에 더 큰 비중을 두고 있는가를 엄밀하게 따져본다면, 그 사람이 자연을 인식하는 태도와 지향성을 변별할 수 있다.[44]

남명을 비롯한 남명학파 학자들은 감상자보다는 탐구자의 입장에 더 가깝다. 남명의 재전문인 감수재(感樹齋) 박여량(朴汝樑, 1554~1611)은 1610년 9월 지리산을 유람한 후 「유두류산일록(頭流山日錄)」을 지었는데, 그는 유람하는 과정에 겪은 사건과 감회를 통해 경전의 말씀과 고인의 훈계를 구체적 상황에 적용하는 계기로 삼았으며, 사물과 경물에 담긴 이치를 통찰한 후 자신에게 돌이켜 성찰하는 기회를 가졌다. 전자는 '일로 인해 말을 돌아본다[由事顧言]'는 것으로, 후자는 '사물을 관찰하여 자신에게 적용한다[觀物適己]'는 말로 요약할 수 있다.[45] 또한 송정 하수일은 사물을 관찰하여 그 속에 담긴 이치를 통찰하고 그것을 다시 자신에게 돌이켜 성찰하는 계기로 삼았으며, 이러한 사물을 관찰하여 자기를 반성하는[觀物反己] 수양 방법이 문학적 상상력으로

---

44 전병철, 「感樹齋 朴汝樑의 지리산 유람과 그 인식」, 『경남학』 31집, 경상대학교 경남문화연구소, 2010, 189~190면.

45 앞의 책, 192~193면.

형상화되어 작품 창작의 중요한 동인이 되었다.[46]

박내오가 산수 유람을 즐겨한 원인은 남명학파 학자들이 산수 유람을 자기 성찰과 각성의 계기로 삼고자 한 의식에 맥이 닿아 있다. 앞에서 언급했듯이, 그는 1752년 8월 지리산 유람에 관한 기록인 「유두류록」과 1765년 안음 삼동 유람을 마친 후 지은 「유삼동록(遊三洞錄)」을 '인지총화(仁智總話)'라는 제목으로 묶고 그것에 관한 서문을 지었는데, 그가 산수 유람을 통해 궁극적으로 얻고자 한 결실이 무엇인지를 분명하게 밝히고 있다.

박내오는 산수를 유람하는 이들이 "나는 어지럽고 시끄러운 곳을 벗어나 명승을 유람하며 울적하고 쓸쓸한 심회를 펴서 우뚝하고 호탕한 기운을 키울 수 있다."라고 말하지만, 이것은 그들이 떠벌리는 말일 뿐이라고 생각했다. 왜냐하면 그들의 자취를 찬찬히 살펴보면 하등의 사람은 눈을 힘들게 하고 나막신을 닳게 할 따름이며, 상등의 사람은 시를 읊조리고 마음대로 노래하여 한 때의 입을 수고롭게 하지만 결국 청광(淸狂)과 방종(放縱)에 그칠 뿐이라고 보았기 때문이다. 이러한 유람자들은 사마천이 젊은 시절 천하를 두루 돌아보아 견문을 넓히고 문장을 성취하는 바탕으로 삼은 일과 거리가 먼 것으로, 천하의 장관을 돌아다니며 모두 본다고 한들 자신의 기상을 돕고 문장을 성취하는 데에 도움이 되지 않는다고 했다.[47]

그런 후 유학자의 유람은 '자신에게 돌이켜 체인하는 방법[反身體認之道]'을 추구한다고 제시했으며, 그것의 연원에 관해서는 공자가 "인

46 전병철, 「송정 하수일의 학문과 문학」, 『동방한문학』 46집, 동방한문학회, 2011, 55면.

47 朴來吾, 『尼溪集』 卷6, 「仁智總話序」. "世之爲山水之遊者夥矣 其言曰余能脫去紛囂 歷覽名勝 以叙其幽欝寂寥之懷 以長其奇偉跌宕之氣 此遊者之侈舌也 徐而究其迹 下者役眼費屐而止 上者行吟謾詠 只勞一時牙喙 而卒不免淸狂散誕之歸 若此類雖學子長之遊 行盡天下之大觀 而至於助吾氣成文章 亦左矣" "

자(仁者)는 산을 좋아하고 지자(知者)는 물을 좋아한다."라고 한 말과 주자가 "인자는 의리(義理)에 편안하여 중후하게 있으면서 옮겨가지 않으니, 산과 유사한 점이 있다. 그러므로 산을 좋아한다. 지자는 사리(事理)에 통달하여 두루 다니면서 정체하지 않으니, 물과 유사한 점이 있다. 그러므로 물을 좋아한다."라고 해석한 것에서 찾았다.

그런데 공자의 이 말씀은 "지자는 물을 좋아하고 인자는 산을 좋아한다. 지자는 동적이며 인자는 정적이다. 지자는 즐거워하고 인자는 장수한다."라고 하여 산수의 자연적 속성과 인자·지자의 인격적 덕성을 세 가지 측면에서 유비(類比)하여 설명하고 있다. 이것은 자연의 산수에 인간의 도덕적 관점을 투사하여 인식한 것으로, 공자가 자연을 대하는 인식의 태도를 엿볼 수 있는 부분이다. 그러나 좀 더 자세히 살펴본다면, 공자가 무엇 때문에 이 말을 했으며, 지향하는 뜻은 어디에 있는 것인가에 관해 의문이 든다.

산수의 자연적 속성을 이해하기 위해 지자와 인자의 인격적 덕성을 대비하여 말한 것인가? 추상적인 지자와 인자의 인격적 덕성을 설명하기 위해 눈으로 직접 볼 수 있는 산수에 나아가 유비하여 설명한 것인가? 이 의문은 공자가 지자와 인자에 관해 '요산(樂山)·요수(樂水)', '동(動)·정(靜)', '낙(樂)·수(壽)' 등으로 나누어 말한 것을 다시 지자와 인자로 묶어 종합해 본다면 분명하게 파악할 수 있다.

'지자는 물을 좋아하고 동적이며 즐거워한다. 인자는 산을 좋아하고 정적이며 장수한다.'는 것으로 정리할 수 있는데, 종합해 볼 때 이 구절은 산수의 자연적 속성보다는 지자와 인자의 인격적 덕성을 묘사하는 데에 더 비중을 두고 있음을 알 수 있다. 주어인 지자와 인자를 설명하기 위해 산수의 자연적 속성을 끌어와 비유한 것이다.

‘요산요수(樂山樂水)’장의 의미 비중이 지자와 인자의 인격적 덕성을 말하는 데에 있다는 사실을 이해하게 될 때, 또 다른 의문이 일어난다. 인자는 물을 좋아하지 않고 지자는 산을 좋아하지 않는가? 지자는 동적이기만 하고 인자는 정적이기만 한 것일까? 지자는 어떤 일을 당하든 간에 항상 즐거워만 하는가? 모든 인자는 예외 없이 장수하는 것일까? 지자와 인자는 어떤 연유에서 이러한 인격적 덕성을 가지는 것일까? 이와 같은 의문이 제기되는 까닭은 공자가 ‘요산요수’장에서 지자와 인자의 인격적 덕성을 묘사하여 열거했을 뿐, 그 이유에 관해서는 설명하지 않았기 때문이다. 그리하여 후대의 학자들은 그 이유를 해명하기 위해 노력했는데, 해석의 관점과 이론의 근거에 따라 다양한 논의들이 전개되었다.[48]

박내오는 공자의 이 말씀을 어떻게 해석하고 있는지 차례대로 살펴보자.

> 하늘이 음양·오행으로써 만류(萬類)를 낳고 기르며 기(氣)로써 형체를 이룰 적에 이(理)도 같이 부여되니, 이(理)는 곧 성(性)이다. 만약 한 개체에 나아가 말한다면 사람이 사물과 실제로 형체는 다르지만, 성은 동일한 점이 있다. 지금 저 사람이 다 같이 혼후한 성을 가지고 있으니, 혼후한 성은 정(靜)에 속하고 정은 인(仁)의 본체이다. 또한 사람이 다 같이 통효(通曉)한 성을 가지고 있으니, 통효한 성은 동(動)에 속하고 동은 지(知)의 본체이다. 지금 저 산이 발육(發育)의 뜻을 간직하고 있는 것은 동의 측면인데, 하나의 기운이 광대하여 안정되고 중후하여 옮겨가지 않는 것은 그 본체가 정

48 전병철, 「『論語』 ‘樂山樂水’章에 관한 조선시대 학자들의 해석과 내재적 수양론」, 『동방한문학』 50집, 동방한문학회, 2012, 428~429면.

을 위주로 하기 때문이다. 지금 저 물이 깊은 근원을 함축하고 있는 것은 정의 측면이지만, 도도하게 흘러 밤낮으로 쉬지 않는 것은 그 본체가 동을 위주로 하기 때문이다.[49]

모든 만물이 생성되는 근원적인 측면을 살펴본다면, 하늘이 음양·오행으로써 온갖 종류를 낳고 기르며, 기(氣)에 의해 형체가 이루어질 적에 이(理)도 함께 부여된다고 이해했다. 그러므로 한 개체를 대상으로 볼 때, 기(氣)에 의해 이루어진 형체는 개체마다 서로 다르지만, 각각의 개체에 내재하고 있는 성(性)은 이(理)가 부여된 것이므로 본질적으로 동일하다. 모든 존재는 기에 의해 서로 다른 차별성을 가지게 되지만, 이(理)라는 측면에서 근원적으로 동질성을 가진다는 뜻이다.

그리고 모든 사람이 가지고 있는 성(性)을 인(仁)·의(義)·예(禮)·지(知)의 네 가지 속성으로 구분할 수 있는데, 이 중에서 혼후(渾厚)한 측면은 정(靜)에 속하고 정(靜)은 인(仁)의 본체이며, 통효(通曉)한 측면은 동(動)에 속하고 동(動)은 지(知)의 본체이다. 그런데 인과 지의 속성을 구별해서 말한다면 이와 같이 설명할 수 있지만, 근원적인 측면에서는 하나의 성(性)이며 이(理)이다. 산이 초목을 피우고 키우는 일은 동적인 측면이다. 그러나 하나의 기운이 광대하여 안정되고 중후하여 옮겨가지 않는 것은 그 본체가 정을 위주로 하는 것이다. 물이 깊은 연원을 함축하고 있는 점은 정적인 측면이다. 하지만 도도하게 흘러 밤낮으로 쉬지 않는 것은 그 본체가 동을 위주로 하는 것이다. 따라서 산과 물이 모두

---

49 朴來吾,『尼溪集』卷6,「仁智總話序」. "天以陰陽五行 化生萬類 氣以成形而理亦賦焉 理卽性也 而若就其一體而言則人之於物 實有形不同 而性則同者 今夫人有一般渾厚底性 而其性屬靜 靜者仁之體也 亦有一般通曉底性 而其性屬動 動者知之體也 今夫山包藏發育之意者 是動也 而至於一氣磅礴 安重不遷 則其體主於靜 今夫水含畜淵深之源者 是靜也 而及其滔滔而流 日夜不息 則其體主於動"

동적인 측면과 정적인 모습을 가지고 있지만, 그 본체가 무엇을 위주로 하느냐에 따라 구분될 수 있다고 생각한 것이다.

인과 지의 속성에 관한 이해를 바탕으로, 인자가 산을 좋아하고 장수하는 것과 지자가 물을 좋아하고 즐거워하는 성향을 아래와 같이 해석했다.

> 인자가 산을 좋아하여 그의 마음이 혼후하고 안중하여 외물에 의해 옮겨지지 않는 것은 산과 같기 때문이다. 지자가 물을 좋아하여 그의 마음이 두루 다니면서 곡진하여 한 모퉁이에 정체되는 경우가 없는 것은 물과 같기 때문이다. 그렇지만 인자의 정(靜)은 덩그러니 사수(死守)하는 것을 말하지 않는다. 그는 천지간에 모든 일과 온갖 이치가 모두 내 마음에 상관되지 않음이 없다는 사실을 터득하기 때문에 고요할 적에도 본래 움직이지 않은 적이 없다. 그리하여 산의 본체가 정을 위주로 하지만, 정 가운데 동이 있는 것이 인자와 닮았다. 지자의 동(動)은 수고롭고 번잡한 것을 말하지 않는다. 그는 허다한 도리가 분명하여 인위적으로 일을 만들지 않는 것을 행하면서 그 이치는 매우 간략한 사실을 터득하기 때문에 움직일 적에도 고요하지 않은 적이 없다. 그리하여 물의 본체가 동을 위주로 하지만 동 가운데 정이 있는 것이 지자와 닮았다. 이와 같다면 공자께서 동정 두 글자로 인지(仁知)의 본체를 형용하고 말미에 낙수(樂壽) 두 글자로 인지(仁知)의 효과를 분명하게 말씀하신 까닭은 한 개체는 이와 같지만 이치는 다름이 없다는 점을 말씀하신 것이다. 어찌 이른바 '혼연한 천리가 인지(仁智)의 전체(全體)를 극진하게 겸비하고 있다.'라는 말이 아니겠는

가?[50]

인과 지가 동정의 측면을 모두 가지고 있는 것과 마찬가지로, 인자의 고요함은 덩그러니 사수하는 것만을 말하지 않으며, 지자의 움직임은 수고롭고 번잡한 것을 말하지 않는다. 인자는 천지간에 모든 일과 온갖 이치가 내 마음과 관련되지 않는 것이 없다는 사실을 터득하므로 고요할 적에도 본래 움직이지 않은 적이 없다. 이것은 산의 본체가 정적인 측면을 위주로 하지만 정 가운데 동이 있는 것과 닮은 모습이다. 지자는 허다한 도리가 분명하여 인위적으로 무엇을 만들지 않고 자연스러운 이치에 따라 일을 진행하며, 그 이치란 것도 본래는 매우 간략한 것이라는 사실을 터득하기 때문에 움직일 적에도 고요하지 않은 적이 없다. 따라서 물의 본체가 동적인 측면을 위주로 하지만 동 가운데 정이 있는 점과 닮았다.

그러므로 박내오는 공자가 동·정으로 인(仁)·지(知)의 본체를 형용하고 낙(樂)·수(壽)로 인(仁)·지(知)의 효과를 말한 까닭은 한 개체의 측면에서 표현한 것이며, 본질적인 측면에서 말한다면 혼연한 천리가 인·지의 전체를 극진하게 겸비하고 있다는 견해를 가졌다. 또한 이와 같은 생각에 근거하여 산수를 유람하면서 자신에게 돌이켜 인·지를 체인하는 방법을 추구한다고 밝혔다.

박내오의 「유두류록」에 기록된 다음과 같은 구절들은 그가 지리산

50 朴來吾, 『尼溪集』 卷6, 「仁智總話序」. "然則仁者之樂山 以其心之渾厚安重 不爲外物之所移者 與山同故也 知者之樂水 以其心之周流委曲 未嘗或滯於一隅者 與水同故也 雖然仁者之靜 非塊然死守之謂也 其所以見得天地間 百事萬理 皆在吾心 無不相關 則其靜也固未嘗不動 而山之體主於靜 而靜中有動者似之 知者之動 非勞攘煩擾之謂也 其所以見得許多道理分明 行其所無事 而其理甚簡 則其動也亦未嘗不靜 而水之體主於動 而動中有靜者似之 夫如是則夫子之以動靜二字 形容仁知之體 而末乃以樂壽二字 明言仁知之效者 盖言其一體之如是 而其理則無不同也 豈非所謂渾然天理 兼盡仁智之全體者乎"

유람을 통해 반신체인의 수양을 실천하고자 한 모습을 역력하게 드러내고 있다.

①동구 두세 개를 지나 합탄에 이르렀는데, 덕천서원의 하인들이 오래전에 와서 기다리고 있었다. 그들의 등에 업혀 무사히 시내를 건넜다. 바람은 높고 물결은 거세어 물에 빠지면 어쩌나 하는 걱정이 없지 않았다. 내가 동행을 돌아보며 “물이 우리에게 경계하는 것이 깊습니다. 우리가 일에 임할 적마다 이 마음을 유지하며 변치 않는다면, ‘깊은 못 가에 임한 듯이, 얇은 얼음을 밟는 듯이 하라’는 교훈을 어찌 체득할 곳이 없겠습니까?”라고 말했다.[51]

②산신당을 지난 뒤에 시냇가로 난 길을 따라가지 않고 산길로 접어들었다. 층층의 절벽이 험준했고, 벼랑으로 난 길은 갈수록 급경사였다. 나 혼자 “건강한 사람의 빠른 걸음으로도 오히려 마음대로 나아가기 어려운 길인데, 우리는 십리 길도 걸어보지 않은 사람들이 아닌가? 그렇지만 우리는 오히려 산처럼 높고 물처럼 부단히 흐르는 것과 같이 장쾌하게 유람하고자 하는 한 가닥 마음을 가지고 있다.”라고 생각했다.[52]

③이번 유람은 정말 고달픈 길이었다. 내가 웃으면서 동행에게 말하기를 “심하구나! 길을 가는 어려움이여. 삼가 살펴보건대 세상에 유자(儒者)라고 자처하는 사람들은 신선세계에 발을 들이지 못하여 소경이 지팡이로 땅을 두드리며 가는 것 같다. 세상길로 정신없이 달려가는 자들이 전후로 얼마나 많겠는가? 다행히 지금 우리의 유람은 반나

---

51 朴來吾, 『尼溪集』 卷10, 「遊頭流錄」. “小頃發向合灘渡口 數三院吏已遲待矣 借其背負之力 僅得利涉 而風高浪翻 不無顚覆之慮 余顧謂同行曰水之警吾輩深矣 吾輩之每每臨事 持此心不變 則其於臨深履薄之訓 豈無體認地乎

52 朴來吾, 『尼溪集』 卷10, 「遊頭流錄」. “過此之後 不由澗路 而行層壁峻險 崖路轉急 窃想健步疾足尙難任意投進 而況吾輩之不省十里行者乎 猶有一端壯遊之心 如山之聳如水之流”

절 정도만 길을 헤매고 머지않아 제 길로 돌아가게 될 것이다. 훗날 이런 일을 당했을 때 어찌 이를 통해 반성해 봄이 없겠는가?"라고 했다. 그리하여 절구를 읊조려 스스로 경계하는 뜻을 붙였다.[53]

한나절 길 헤매어 마음도 지쳤는데,	迷行半日一心勞
여기 있는 푸른 산 우리를 비웃네.	分內靑山笑我曹
옳은 길 따르지 않은 지금 경계하니,	舍正不由今可戒
다시 어디로 발을 들어올려야 할까?	更從何地着跟高

2) 지리산의 장소성과 현실 극복의 바람

박내오는 왜 하필 마흔이 되는 해에 지리산으로 유람을 간 것일까? 그가 「유두류록」의 서두에서 언급한 것처럼 단순하게 지리산의 가을 풍경을 보러 갔다고 말한다면, 산수 유람을 통해 반신체인의 계기로 삼는 의미와는 상관이 없어 보인다. 그렇다면 그가 험한 산길을 오르는 고생을 마다하지 않고 지리산을 찾아간 진정한 이유는 무엇일까?

박내오는 「유두류록」의 곳곳에서 지리산을 영악(靈嶽)·영산(靈山)·영잠(靈岑)·영구(靈區)·영경(靈境)·영계(靈界) 등으로 지칭하여 신령한 산으로 표현하고 있다. 유람을 시작한 지 이튿날에 산청의 곡점마을 절골에 있었던 것으로 추정되는 보문암을 지나 산길을 걷다가 멀리 서쪽으로 천왕봉이 바라보이자 "우뚝하게 높구나! 웅장하고도 거대한 산이여. 우리가 며칠 동안 산을 오르고 물을 건넌 까닭이 오로지 저 봉우리에

53 朴來吾, 『尼溪集』 卷10, 「遊頭流錄」. "此行良可苦也 余笑謂同行曰甚矣行路之難也 窃觀世之以儒名者 旣未得駐脚眞界 而冥趍埴 奔波於多歧世路者 前後何限 而幸今吾輩之行 半日失路 不遠而復 則他日臨事 豈無因此省發處乎 遂吟短什 以寓自警之意"

오르기 위해 길을 나선 것이다."라고 찬탄한 후 다음과 같은 시를 읊었다.

우뚝하구나! 만 길의 산이여,	崒乎萬仞山
영호남 사이에 웅거하고 있네.	雄據嶺湖間
산이 텅 빈 하늘을 채우고,	嶽補天官豁
골짜기에 널찍한 지세가 없네.	洞無地勢寬
운무는 태고의 기운을 머금었고,	雲烟多古氣
짙푸른 산색이 새로운 모습을 보이네.	蒼翠露新顔
돌길에 울리는 경쾌한 청려장 소리,	石路輕藜響
맑은 가을날 저절로 마음이 한가롭네.	清秋意自閒

박내오는 며칠 동안 산을 오르고 물을 건넌 이유가 오로지 천왕봉에 오르기 위해서라고 밝혔다. 멀리서 그 천왕봉을 바라보면서 이 산이 가지고 있는 웅장하고 거대한 모습을 찬탄했다. 만 길 높이의 산이 영남과 호남 사이에 웅장하게 솟아 텅 빈 하늘을 가득 메우고 있는 형상을 그렸으며, 산을 두르고 있는 운무는 태고의 기운을 머금고 있다며 상상하고, 짙푸른 산색이 가을빛으로 물드는 모습을 '신안(新顔)'이라고 묘사했다. 울퉁불퉁한 돌길에 청려장이 부딪히며 일으키는 소리가 경쾌하여 마음도 저절로 한가로워진다고 표현했다.

다음날 매우 힘들고 위태로운 산길을 올라 마침내 천왕봉에 도착했다. 일행은 모두 일월대의 바위에 걸터앉아 손뼉을 치면서 "우리가 오랫동안 꿈꾸며 한번 보고 싶었던 곳이 특별히 이 천왕봉이었네. 오늘 과연 천왕봉에 오른 것인가?"라고 감격에 사로잡혀 꿈만 같이 느껴지는 심정을 말했다. 천왕봉 정상의 신인당(神人堂)에는 당직과 신장(神長) 등이 거주하고 있었는데, 그들로부터 지리산이 웅거한 지형과 원근에 보이는 곳들에 관한 자세한 설명을 들은 후 다음과 같이 예찬했다.

> 기이하구나, 이 산이여. 이곳이 바로 해동 삼신산 가운데 하나로구나. 웅장한 형세와 삼엄한 기상이 그 어디에 이 산과 같은 곳이 있으랴? 관동(關東)의 풍악(楓岳)은 신령스럽기로 말하자면 신령스럽기는 하다. 그러나 바닷가 한쪽 귀퉁이에 치우쳐 있다. 탐라(耽羅)의 한라산(漢拏山)은 높이로 말하자면 높기는 하다. 그러나 바다로 둘러싸인 구자국(龜玆國) 영역을 벗어나지 못한다. 이 두 산은 자리하고 솟은 모습이 멀리 펼쳐지고 웅장하게 진압하는 형세가 없다. 그러나 이 두류산은 그렇지 않다. 모인 기가 넓고 크며 영호남에 걸쳐 웅거하고 있다. 그 높이로 말하자면, 위로 건문(乾門)의 적제(赤帝)의 궁궐에까지 닿아 있다. 그 크기로 말하자면, 아래로 지축(地軸)의 현신(玄神)의 도읍까지 진압하고 있다. 포괄한 것이 길게 이어져 있고, 펼쳐진 것은 넓게 뻗어 있으니, 이는 참으로 해동의 표극(標極)이며 남방의 조종(祖宗)이다."라고 했다.[54]

해동의 삼신산으로 지리산과 함께 관동의 풍악산[금강산] 및 탐라의 한라산을 일컫는데, 박내오는 세 곳의 산 중에서 지리산이 제일이라고 생각했다. 금강산도 신령스럽기는 하지만 바닷가 한쪽 귀퉁이에 치우쳐 있으며, 한라산도 높기는 높지만 바다로 둘러싸인 섬의 영역에서

---

54 朴來吾, 『尼溪集』 卷10, 「遊頭流錄」. "異哉山乎 此乃海東三神之一 而其雄偉之形勢 森嚴之氣像 孰有如玆山者乎 關東之楓岳 靈則靈矣 而只跼於沿海一邊之界 耽羅之漢拏 高則高矣 而不踰乎環海龜玆之域 其所以盤據樹立者 無遠布雄鎭之勢 而玆山則不然 鍾氣磅礴 雄據湖嶺 而其高也上逼於乾門赤帝之宮觀 其大也下壓乎坤軸玄神之都府 包括綿長 排布廣遠 則此誠海東之標極 天南之祖宗也"

벗어나지 못한다. 그러나 지리산은 모인 기가 넓고 크며 영호남에 걸쳐 웅거하고 있다. 하늘에 닿을 정도로 높이 솟아 있으면서 길게 이어지고 넓게 뻗어 있는 산세로 말한다면, 금강산과 한라산은 비교가 안 된다고 말했다. 그러므로 그는 지리산이야말로 해동의 표극이며 남방의 조종이라고 칭송했다.

이처럼 박내오는 지리산에 관한 자부심이 대단했다. 웅장한 형세와 삼엄한 기상이 그 어떤 산도 비교할 수 없을 만큼 빼어나기 때문이다. 또한 지리산은 백두산의 한 줄기가 흘러내려 이곳에 이르렀기 때문에 '두류산(頭流山)'이라 하기도 하며, 바닷가에 이르러 멈춰 이곳에 모였기 때문에 '두류산(頭留山)'이라고도 한다는 설명을 덧붙였다. 남쪽에 치우쳐 있는 하나의 산으로 지리산을 인식한 것이 아니라, 백두대간의 줄기가 흘러 내려와 그 기운이 뭉쳐져 이루어진 산으로 보는 것이다. 이런 까닭으로 지리산은 우리나라 산들 가운데 표극이 되며 남방 지역의 조종이 될 수 있는 것이다.

이와 같은 지리산에 관한 예찬과 감격을 두류가(頭流歌) 한 곡으로 담아냈다.

험하디 험한 두류산 높고 큼이여!	頭流之山崒嵂而高大兮
백두산 한줄기 남쪽으로 천리를 내려왔네.	白頭一脈從南而千里來
천기(天機)가 출입하는 곳이요,	天機之所含吐
원기(元氣)가 모여 있는 곳이라네.	元氣之所胚胎
이 산이 광대하게 펼쳐진 줄 알겠으니,	吾知其盤據之廣遠兮
사방으로 영호남을 빙 둘러 감쌌다네.	四面湖嶺之界環且回
존엄하구나! 천왕봉(天王峯)이라 일컬음이여.	尊嚴兮以天王稱其峰兮

의미 있구나! 일월대(日月臺)라 명명함이여.	有意哉以日月名其臺
동방의 삼신산 가운데 이 산이 제일이니,	此特東海外三神之第一兮
탐라의 영주산 관동의 봉래산 말하지 말게.	愼莫道耽之瀛關之萊
온 산 가득 검푸른 빛 감상할 만하고,	滿山蒼翠之佳可賞兮
아름다운 꽃들이 날마다 자라고 피어나네.	瑤草一長兮琪花開
속세 사람들 어찌 감히 여기 와서 구경하랴?	塵人俗子安敢到底而遊觀兮
신선들이 내려와 배회하고 있을 텐데.	應有仙翁兮下降而徘徊
시절은 팔월이라 날씨는 서늘한데,	時維八月之天氣凉兮
먼 곳에 있던 나는 어찌하여 왔는가?	嗟我遠道之人胡爲乎來哉
나는 속세를 벗어나고픈 큰 꿈을 품고서,	我有出塵之遐想兮
바람을 타고 구천(九天)을 뛰어넘고 싶었네.	每欲御泠風而超九垓
원대하게 품었던 그 소원 이루려고,	今乃志願之及伸兮
호방하게 멀리 와서 오르고 올랐네.	浩然長往兮陟崔嵬
하늘의 문 두드려 상제께 기원하노니,	上扣天關兮祈上皇
경장(瓊漿)을 내리셔서 거듭거듭 마시게 하소서.	願借瓊漿兮一盃復一盃

두류가의 후반 부분에서 자신이 지리산 천왕봉에 오른 이유를 밝혔다. 속세를 벗어나고픈 큰 꿈을 품고서 바람을 타고 구천을 뛰어넘고 싶었다고 토로했다. 원대하게 품었던 그 소원 이루려고 호방하게 멀리 와서 오르고 올랐다고 말했다. 결국 박내오에게 있어 지리산은 높고 거대한 산이라는 자연적 형세를 넘어 속세를 벗어나 하늘로 올라갈 수 있는 지상의 극점으로 상정되는 곳이다. 세상에 쓰일 기회가 없는 현실 상황에서 자신을 새롭게 일으켜 세울 수 있는 정신적 표상으로서의 지리산을 그는 오르고 싶었던 것이다.

한밤중에 달빛을 받고 있는 지리산의 모습을 보면서 “세상에 태어나서 임금을 보필해 백성들에게 은택을 입히지도 못하고, 세속에서 골몰하며 살아온 것이 반평생이나 되었네. 다행스럽게도 오랜 인연으로 지금 물외(物外)를 유람하게 되어 명산의 높은 꼭대기에 올라 좋은 밤의 기이한 경관을 만나 평생의 소원을 다 누리게 되었으니, 나는 열자(列子)의 바람을 타고서 지금 여기로부터 옥황상제가 사는 태청궁에 오를 수 있으리라. 저 은교(銀橋)를 건넌 당명황(唐明皇)과 뗏목을 타고 바다를 건너온 나그네. 아! 어찌 그들만 옛날 아름다운 사람들이겠는가?”[55] 라고 일행에게 말한 것은 현실의 불우를 지리산에 의지해 초월하고 싶은 바람을 고백하는 말이다. 그리고 시를 통해 다음과 같이 자신의 심회를 표현했다.

땅을 자리로 하늘을 이불로 자유로이 살던 사람,	席地衾天自在人
우연히 흥이 일어 첩첩의 높은 봉우리에 올랐네.	偶然乘興陟嶙峋
어제는 바람 타고 속세를 뛰어넘고,	御風昨日超塵界
오늘밤엔 달빛 속에 은하나루 물어보네.	步月今宵問漢津
온 숲 위에 구름 덮여 생각마저 몽롱한데,	千秣雲烟渾意思
외마디 난학의 울음소리에 정신이 깨어나네.	一聲鸞鶴最精神
일평생 살아온 길 곰곰이 생각하니,	沈吟想得平生計
하루살이 같은 인생 허송한 사십년.	虛送蜉蝣四十春

55 朴來吾,『尼溪集』卷10,「遊頭流錄」. “余顧謂同行曰人生世間 旣未得致澤君民 而汨沒於塵土氛埃之中者 俱是半平生也 幸今劫緣將盡 得成物外之遊 陟名山之高頂 際良宵之奇觀 則列子之風 今可以御矣 太淸之家 從此而入矣 吾知夫銀橋之皇 海槎之客 豈獨專美於古耶”

3) 남명이 걸어간 길을 걷는 의미

박내오가 지리산과 천왕봉에 관해 신령스러움을 가졌던 까닭은 자연의 형세가 주는 웅장함과 함께 그 산에 내재한 선현의 자취가 중첩되어 형성된 것이라고 이해할 수 있다. 성호 이익이 우리나라 산맥의 조종인 백두정간(白頭正幹)을 설명하면서, “퇴계는 태백산과 소백산 밑에서 출생하여 우리나라 유학의 으뜸이 되었다. 그 계통을 이은 인물들은 깊이 함양하고 돈후하며, 예의가 있고 겸손하며, 문채가 찬란하여 수사(洙泗)의 유풍이 있었다. 남명은 지리산 밑에서 출생하여 우리나라에서 기절(氣節)이 가장 뛰어났다. 그 뒤를 이은 인물들은 마음과 힘을 다해 극진히 실천하며, 의로움을 즐거워하고 자신의 목숨을 가볍게 여겼다. 그리하여 이로움 때문에 뜻을 굽히지 아니하며 해로움에 의해 절개가 변하지 않는 우뚝한 지조가 있었다. 이것은 영남 북부와 남부의 다른 점이다.”[56]라고 했다. 그리고 이것을 요약하여 퇴계학의 영남 북부는 ‘인을 숭상함[尙仁]’이라 하고, 남명학의 영남 남부는 ‘의를 중시함[主義]’이라고 정의했다.[57]

이처럼 지리산은 남명을 낳아준 산이며, 남명 역시 ‘어찌 두류산과 같으랴? 하늘이 울어도 오히려 울지 않네.’라고 표현하여 지리산의 준절한 기상을 찬탄하며 닮고자 노력했다. 그리고 61세에 지리산 자락인 덕산에 산천재를 마련한 후 ‘단지 천왕봉이 상제 거처 가까이에 닿은 모습 사랑해서라네.’라는 시를 지어 지리산 천왕봉의 웅장한 모습을 바라보며 남은 삶을 마칠 수 있기를 바랐다.

---

56 李瀷, 『星湖僿說』, 天地門, 「白頭正幹」. “退溪生於大小白之下 爲東方之儒宗 其流深涵濃郁 揖遜退讓 文彩彪暎 有洙泗之風焉 남명生於頭流之下 爲東方氣節之最 其流苦心力行 樂義輕生 利不能屈 害不能移 有特立之操焉 此嶺南上下道之有別也”

57 李瀷, 『星湖僿說』, 天地門, 「東方人文」. “中世以後 退溪生於小白之下 남명生於頭流之東 皆嶺南之地 上道尙仁 下道主義”

그러므로 박내오의 지리산 유람은 남명이 걸어간 자취를 뒤따라 걷는 길이었다. 유람의 첫째 날 덕천서원에 도착하여 세심정에서 다음의 시를 지었다.

시냇가에 서 있는 자그마한 정자,	溪上小亭子
날아갈 듯 서원 문과 마주하네.	翼然對院門
산의 인덕(仁德)을 보면서 지극한 즐거움을 구하고,	觀仁求至樂
덕 있는 곳에 들어와 참된 근원을 찾아가네.	入德溯眞源
선생의 자취처럼 삼나무 소나무 노성하고,	遺躅杉松老
선생의 위의는 사당에 보존되어 있네.	威儀廟宇存
우리 여기 와서 긴 밤을 보내며,	我來終永夕
반평생 마음의 번거로움을 씻네.	一半洗心煩

지리산 유람을 통해서는 산의 인덕을 체인하면서 지극한 즐거움을 추구할 것이며, 남명의 유적지인 덕천서원에서는 참된 근원을 찾아간다고 심회를 밝혔다. 그리고 여기서 긴 밤을 보내고 나면 마흔 반평생 동안 쌓인 마음의 번거로움을 씻어낼 수 있을 것이라고 생각했다. 남명이 「욕천(浴川)」의 시에서 "사십 년 동안 더렵혀진 몸, 천 섬 되는 맑은 못에 말끔히 씻어버리네. 티끌이 오장에서 생겨난다면 지금 바로 배를 갈라 흐르는 물에 부치리라."라고 말하여 격절한 자기 수양의 자세를 나타낸 마음을 박내오는 세심정 앞의 흐르는 물을 보면서 떠올렸기 때문일 것이다.

박내오 일행은 중봉에서 천왕봉에 이르는 험난한 길을 갈 때 각자의 힘에 따라 앞서가는 무리와 뒤처진 사람들로 나뉘게 되었는데, 박내오는 지쳐서 뒤편의 동행과 함께 서로 부축해 가며 험한 길을 뚫고 올라갔다. 한참 뒤에 먼저 올라간 사람들과 합류하게 되었을 때, 그들은 다음과 같은 대화를 나누었다.

> 내가 종제 박향초에게 면박을 주며 "동행할 적에 귀히 여기는 바는 위험에 처했을 때 서로 도와주기 위함일세. 자네는 한 때 잘 걷는 기세를 타고 앞으로 나아갈 줄만 알고 그칠 줄을 모르니, 훗날 선을 따르고 의로운 데로 나아갈 경우에도 이 정상에 오를 때처럼 한다면, 반드시 남들보다 앞에 있을 걸세. 그것도 좋은 일이 아니겠는가? 그러나 이런 습관이 점점 굳어져 금할 수 없게 되면, 남을 도와 선을 행하는 도리에 있어서는 까마득히 멀어지게 될 것일세."라고 말했다.
>
> 허노첨이 빙그레 웃으며 "그대가 반드시 이런 꾸지람을 할 줄 알고 있었네. 그러나 그대가 꾸짖는 말은 남의 말을 흉내낸 듯한 점이 많네."라고 말하여, 내가 "무슨 말인가?"라고 하자, 허노첨이 "그대는 남명 선생의 「유두류록」을 보지 않았던가? 가정(嘉靖) 연간(1522~1566) 남명 선생이 이 지리산 남쪽을 유람했는데, 삼가식령(三呵息嶺)을 오를 적에 황강(黃江) 이 선생에게 이와 같은 말씀을 한 것이 있지. 그대가 고사를 인용해 지금의 일을 증명하니 너무 과시하는 것이 아닌가?"라고 말했다.
>
> 내가 그에게 "그대의 말은 참으로 우활하구려. 우리가 평소에 배워 익히는 것은 천박하고, 자포자기하는 것은 날로 심하네. 남명·황강 두 선생의 학문적 성취에 관해서는 우리가 감히 따라갈 수 없지만, 지금 우리의 장쾌한 유람은 다행히도 그분들의 뒤를 따르는 것이니, 두 선생이 한때 서로 경책한 말씀에 따라 우리를 경계시킨 것인데, 어찌 과시하는 뜻이

있단 말인가?”라고 응대했다.[58]

먼저 도착해 있는 종제 박향초를 향해 잘 걷는 기세를 믿고서 앞으로 나아가기만 하고 그칠 줄 모르니 선을 따르고 의로움으로 나아갈 경우에 이와 같다면 훌륭한 일이지만, 남을 도와 함께 선을 행하는 도리와는 너무나 먼 행동이라고 면박을 주었다. 그러자 허노첨이 남명의 「유두류록」에 나오는 말을 흉내내어 표현하는 것은 너무 과시하는 태도가 아닌가라는 농담을 던졌다. 허노첨이 언급하고 있는 이 일은 그가 밝히고 있듯이 삼가식령을 오를 때 남명이 황강 이희안에게 한 말이다.

이우옹은 이강이의 말을 타고 채찍질하여 혼자 먼저 올라갔다. 고개 마루에 올라 말을 세우고 말에서 내려 바위에 걸터앉아 부채질하고 있었다. 우리 일행은 비가 오듯 땀을 흘리며 조금씩 올라가, 한참 후에야 도착했다. 내가 느닷없이 이우옹에게 면박하기를 “그대는 말 탄 기세에 의지하여 나아갈 줄만 알고 그칠 줄을 모르는구려. 만약 훗날 의(義)를 좇게 되면 반드시 다른 사람보다 앞장설 것이니, 또한 좋은 일이 아니겠소?”라고 하니, 이우옹이 사과하며 말하기를 “나는 이미 그대가 꾸지람할 줄 알

---

58 朴來吾, 『尼溪集』 卷10, 「遊頭流錄」. “及至余乃面折享從曰所貴乎同行者 爲其危險相濟矣 君憑一時健步之勢 知進而不知止 如使他日從善趍義 如登此頂 則必居人先 不亦善乎 然而此習漸長 不可禁遏 則其於與人爲善之道 遠矣遠矣 瞻友微笑曰吾知君必有此峭說 然而其譏人話頭 多有依㨾處也 余曰何謂也 瞻友曰子不觀南冥頭流錄乎 嘉靖年間 先生遊此山之南 登三呵息嶺 與黃江李先生有如此云云之戱 子之援古而證今者 不以泰乎 余曰君之言誠迂矣 吾輩之平日學業淺薄 暴棄日甚 其於兩先生階逕門路 雖不敢企仰 而今此壯遊之行 幸接前武 則得憑兩先生一時相警之談 以之警吾輩 何泰之有乎”

고 있었소. 내가 참으로 잘못했소."라고 했다.[59]

이처럼 박내오 일행은 지리산을 유람하는 동안 곳곳에서 남명의 자취를 떠올렸고 그분의 말씀을 되새겼다. 그렇기에 허노첨이 남명의 말을 흉내낸 것이 아니냐고 기롱하는 말에 관해, 박내오는 "지금 우리의 장쾌한 유람은 그분들의 뒤를 따르는 것이니, 두 선생이 한때 서로 경책한 말씀에 따라 우리를 경계시킨 것이 어찌 과시하는 뜻이 있겠는가?"[60]라고 대답하여 일행에게 자신들의 지리산 유람이 가지는 의미를 말했다.

남명은 지리산을 걸으며 느끼고 깨달은 의미를 "물을 보고 산을 보며, 사람을 보고 세상을 본다.[看水看山 看人看世]"라고 함축해 표현했다. 박내오도 하산할 때 배를 타고 섬진강을 따라 내려오면서 일두 정여창의 시에 차운하여 "노 젓는 소리 삐걱삐걱 푸른 물결 잔잔하고, 성긴 대숲으로 비추는 달빛 가을 정취 머금었네. 10리 먼 앞산이 점점 가까이 보이니, 기이한 이번 유람 산과 강을 겸했네."[61]라고 술회하여 지리산의 산수를 함께 볼 수 있었던 기쁨을 나타냈다.

'사람을 보고 세상을 본다'는 측면에서는 유람하는 동안 지났던 마을들과 그곳 사람들의 풍속을 평가하기도 하고, 지리산의 신령스러운 구역을 더럽히는 무속인들에 관해 강한 혐오감을 드러내기도 했다. 그러나 남명이 그러했듯이 옛사람의 행적을 생각하며 지금을 돌아보는

59 曺植, 『南冥集』 卷2, 「遊頭流錄」. "愚翁乘剛而馬 獨鳴鞭先登 立馬第一峯頭 下馬據石而揮扇 衆皆寸寸而進 人馬汗出如雨 良久乃至 植忽面折愚翁曰 君憑所乘之勢 知進而不知止 能使他日趨義必居人先 不亦善乎 翁謝曰 吾已料君應有峭說 吾果知罪"

60 朴來吾, 『尼溪集』 卷10, 「遊頭流錄」. "今此壯遊之行 幸接前武 則得憑兩先生一時相警之談 以之警吾輩 何泰之有乎"

61 朴來吾, 『尼溪集』 卷10, 「遊頭流錄」. "晨橈戛戛綠波柔 漏月踈篁帶晚秋 十里前山看漸近 玆遊奇絶峙兼流"

측면이 가장 두드러지게 기록되어 있다.

고운(孤雲) 최치원(崔致遠)의 자취와 필적이 남아 있는 곳을 돌아보며 감상을 기록한 내용은 다음과 같다.

①석면에 '삼신동'이라는 글자가 새겨져 있었는데, 최고운의 필적이었다. 일행이 어루만지며 탄식하기를 "세월이 흘러간 것이 몇천 년이건만, 선옹(仙翁)이 새긴 세 글자가 바람에 갈리지 않고 비에 씻기지 않아 오늘날 우리가 볼 수 있게 하는구나. 혹시 우리를 기다려 준 것일까?"라고 했다. 이에 절구를 지어 그리운 마음을 시에 담았다.[62]

아득한 옛날부터 있었던 삼신동,	千古三神洞
신선은 돌아가고 물만 절로 흐르네.	仙歸水自流
부질없이 남아 있는 몇 길 높이 바위,	空餘數丈石
이끼 낀 석면에 고운의 글자 남아 있네.	苔面寶鑱留

②세이암 위 옛 각자(刻字)는 완연히 어제 새긴 듯하여 선풍(仙風)은 없어지지 않고 도기(道氣)는 스미어 있었다.[63]

③법당 앞에는 진감선사비(眞鑑禪師碑)가 있었는데, 최치원이 쓴 글이다. 비석에는 조금 떨어져 나간 부분이 있었는데 전하는 사람의 말에 "이는 임진왜란 때 훼손된 것이다."라고 한다. 부처를 모신 법당 안에 들어가서 최고운의 초상을 경건히 구경했다. 그림의 모습에서도 의연히 신선의 풍모와 도인의 골상이 있었다. 점심을 먹은 후 정문 옆에서

---

62 朴來吾, 『尼溪集』 卷10, 「遊頭流錄」. "石面有三神洞刻字 卽孤雲筆也 一行摩挲而歎曰世之相後幾千百年 而仙翁三字之刻 風不得磨 雨不得洗 使吾輩獲覩於今日 則抑或有所待者存乎 玆成短律以寓緬仰之懷"

63 朴來吾, 『尼溪集』 卷10, 「遊頭流錄」. "巖上舊刻 宛然如昨 而仙風未沫 道氣襲人"

잠시 쉬면서 현판의 시에 차운했다.[64]

고찰의 종소리에 해는 이미 저물고,	古寺鍾鳴日已晩
골짜기엔 예불소리 어지러이 울려 퍼지네.	洞天花雨正紛紛
법당 안 최고운 초상엔 신선 모습 남아있고,	龕中彩幅留仙像
선사비석에는 불법을 수호했다는 내용.	碑面遺鑱護法門
떠난 청학 어느 날 돌아올지 모르겠고,	靑鶴不知何日返
빈산에 내달리는 푸른 물만 바라보네.	空山但見碧流奔
지팡이 짚고 다시 봉래전에 오르니,	携筇更上蓬萊殿
속세와 떨어진 선계를 문득 느끼네.	頓覺靈區隔世喧

④ 절문 밖을 나와 2리쯤 가니 두 바위가 마주보고 서 있는 것이 대문과 같았다. 동쪽 바위는 '쌍계(雙溪)'라고 새겨져 있고, 서쪽 바위는 '석문(石門)'이라고 새겨져 있었으니, 이 또한 최고운의 글씨이다.[65]

남명은 배를 타고 악양현(岳陽縣)을 지나면서 "강가에 삽암(鍤岩)이라는 곳이 있었는데, 녹사(錄事)를 지낸 한유한(韓惟漢)의 옛집이 있던 곳이다. 한유한은 고려가 어지러워질 것을 예견하고, 처자식을 이끌고 이곳에 와서 은거한 인물이다. 조정에서 그를 불러 대비원(大悲院) 녹사(綠事)로 삼았는데, 그날 저녁에 달아나 간 곳이 묘연했다고 한다. 아! 나라가 망하려고 할 적에 어찌 어진 이를 좋아하는 일이 있을 수 있겠는가? 어진 이를 좋아하는 것이 착한 사람을 표창하는 정도에서 그친다

64 朴來吾, 『尼溪集』 卷10, 「遊頭流錄」. "堂前有眞鑑國師碑 卽孤雲筆也 石面小有剝落處 傳之者言此乃壬辰兵燹時所傷云 因入佛存殿 奉玩孤雲遺像 幅中眞面 依然有仙風道骨也 午飯後小憩于正門上 次板上韻"

65 朴來吾, 『尼溪集』 卷10, 「遊頭流錄」. "因出寺門外 行數里許 見有兩石對峙如門 東邊一石刻雙溪字 西邊一石刻石門字 此亦孤雲筆也"

면, 오히려 섭자고(葉子高)가 용을 좋아한 것만도 못한 일이니, 나라가 어지러워지고 망하려는 형세에는 아무런 도움이 되지 않는다."[66]라고 한유한과 그가 살았던 고려 말의 어지러운 시대를 회상하며 탄식했다.

박내오도 남명이 지나갔던 뱃길을 따라 가면서 "악양현 나루 상류에 삽암이 있는데, 이는 녹사 한유한의 옛 집터가 있던 곳이다. 녹사는 고려 왕조가 혼란스러워지려 하고 권신들이 정사를 멋대로 하는 것을 보고서 처자식을 이끌고 여기에 와서 살았으니, 과연 명철한 사람이 아니겠는가?"[67]라고 회고하며 혼란한 시대에 한유한이 선택한 은거의 명철함에 관해 찬탄했다.

도탄(陶灘)에 이르러선 1리 쯤 떨어진 곳에 정여창의 유허지가 있다고 들었지만 날이 새지 않아 배에서 내리기가 어려웠기 때문에 그곳을 둘러보며 맑은 풍도를 경건히 추모할 수 없는 점이 매우 애석하다고 아쉬움을 드러냈다.[68]

---

66 曺植, 『南冥集』 卷2, 「遊頭流錄」. "江上有鍤岩者 乃韓錄事惟漢之舊庄也 惟漢見麗氏將亂 携妻子來栖 徵爲大悲院錄事 一夕遁去 不知所之 意 國家將亡 焉有好賢之事乎 善善之好賢 又不如葉子高之好龍 無補於亂亡之勢"

67 朴來吾, 『尼溪集』 卷10, 「遊頭流錄」. "岳陽縣渡口上流有鍤巖者 卽韓錄事惟漢之舊庄也 錄事見麗氏將亂 權臣擅政 挈妻携子 來居于此 是果明哲之徒也歟"

68 朴來吾, 『尼溪集』 卷10, 「遊頭流錄」. "斯須之頃 已至于陶灘 水道甚急 風帆如飛 雖有捩柁之神工 而不得容其力也 及過險灘 聞沿江一里許 有鄭先生故居 而時日未曉 下陸甚難 不得往觀遺址 揖遡淸風 此重可惜也"

4. 맺는말

18세기 경상우도 지역은 1623년 인조반정과 1728년 무신란으로 인해 100년 가까이 깊은 침체를 벗어나지 못했다. 이 시기의 남명학파는 복류(伏流)처럼 숨죽인 채 겨우 명맥을 유지하고 있었다. 박내오의 삶은 이런 상황에 놓여 있었다. 그는 자기 집안이 한양에 있을 적에 7대가 연이어 공경(公卿)을 지낸 사실을 떠올리며 상경을 도모하기도 하고, 과거 시험에 응시하여 출세를 꿈꾸기도 했다. 하지만 그가 뜻하는 대로 이루어지지 않았다. 벗인 성섭이 권면했듯이, 그는 굽어진 시기를 건너가야 했으며, 자신을 수양하여 쓰임을 이루고 덕을 높이는 결실을 이루기 위해 준비하는 삶을 살아야 했다. 그의 삶이 가지는 은일적 섭세는 이런 시대적·지역적 상황 속에서 고찰할 때, 그것이 지닌 의미를 보다 온전하게 이해할 수 있다.

박내오는 30대 초반에 과거 시험을 단념한 뒤 학문을 탐구하고 산수를 유람하면서 생애를 보냈다. 그는 벗들과 함께 많은 곳을 여행했으며, 지리산과 안음 삼동에 관한 유람기를 한 책으로 묶어 '인지총화'라 이름했다. 박내오는 산수 유람을 통해 자신을 돌아보고 이치를 체득하는 계기로 삼았다. 특히 마흔이 되는 해에 떠난 지리산 유람은 그에게 지리산의 영험함을 느끼고 남명이 걸어간 길을 뒤따라 걷는 기회가 되었다. 이렇게 그는 어렵고 힘든 시대적·지역적 여건 속에서 자신의 덕성을 닦으며 다음 세대를 기약했다.

이처럼 18세기 경상우도라는 배경 속에서 박내오의 삶을 이해해 본다면, 같은 시기 이 지역에서 활동한 인물들을 새롭게 발굴하고 연구할 필요성을 깨닫게 된다. 우선 본문에서 언급한 명암 정식과 춘암 소응천을 거론해보더라도, 정식에 관해서는 3편의 연구성과[69]가 나왔으며, 소응천은 현재까지 한 편의 논문도 작성되지 않았다. 따라서 이러한 일군의 인물들이 가졌던 삶의 자세와 내적 정체성이 18세기 경상우도 지역의 시대적 상황 속에서 어떤 의미를 가지며, 남명학파의 전개에 있어 어떤 위치로 자리매김할 수 있을지를 탐구해야 할 과제가 우리에게 주어져 있다.

69 허권수, 「明庵 鄭栻의 生涯와 詩文學에 관한 考究」, 『남명학연구』 17집, 경상대학교 남명학연구소, 2004. 정시열, 「明庵 鄭栻의 漢詩 硏究」, 『동양고전연구』 33집, 동양고전학회, 2008. 노재현, 「明庵 鄭栻의 산청 武夷九曲 원림경영을 통해 본 구곡문화의 모방과 변용」, 『한국전통조경학회지』 33집, 한국전통조경학회, 2015.

3

순암順庵 안정복安鼎福의 『남명집』 차기箚記에 나타난 남명 조식에 관한 인식

1. 여는말

화담 서경덕과 남명 조식의 문인이 중심을 이루고 있던 북인은 인조반정으로 인해 큰 타격을 입었다. 특히 대북파는 대부분 처형되거나 유배를 갔었는데, 그 과정에서 북인은 남인으로 편입하는 경우가 많았고 일부 서인에 의탁하는 이들도 있었다. 근기남인(近畿南人)에 속하는 성호학파(星湖學派)는 이러한 일련의 역사적 전개와 밀접한 관련이 있었다.

인조반정 이후 서인(西人) 노론계(老論系) 학자들이 남명 조식을 의도적으로 폄하하는 상황 속에서,[70] 남명에 관한 올바른 평가를 주장하여 존숭과 선양을 촉구한 이들이 바로 성호 이익과 그의 제자들이었다. 조선후기에 남명학파가 매우 어려운 여건 속에서도 명맥을 유지할 수 있었던 까닭은 성호학파 학자들의 노력이 중요한 역할을 했다고 이해된다.

이런 점에 근거한다면, 성호학파 학자들이 어떠한 인식에 근거하여 남명을 존숭하고 선양하려 노력했는지를 파악하는 일은 조선후기 남명학파의 존속이라는 문제와 관련해 중요한 시사점을 가진다. 하지만 현재까지 남명학파와 성호학파의 관련성에 관한 연구는 매우 영성한 형편이다. 성호가 남명을 어떻게 인식했는지를 고찰한 연구는 이근호의 「이익의 영남 지역 인식과 퇴계·남명의 평가」[71]라는 논문 한 편이 있다. 그리고 근기남인의 남명에 관한 관심과 선양 노력을 고찰한 연

---

70 이것과 관련해서는 장원철, 「남명학의 역사적 평가의 한 국면-부정적 인식의 문제를 중심으로-」(『남명학연구』 제11집, 경상대학교 남명학연구소, 2001)에서 상세하게 밝히고 있다.

71 이근호, 「이익의 영남 지역 인식과 퇴계·남명의 평가-정치적 의의를 중심으로-」, 『성호학보』 제16·17호, 2015, 성호학회.

구 성과로 허권수의 「근기남인학자들의 남명에 관한 관심」[72]이 있다.

이 장에서는 성호의 제자인 순암(順菴) 안정복(安鼎福, 1712~1791)을 통해 그가 남명의 학문과 삶을 어떻게 인식했는지, 그 근거가 구체적으로 무엇이었는지를 살펴보고자 한다. 안정복의 남명에 관한 인식과 근거를 탐구하는 일은 그 자체로서 의미 있는 작업일 뿐만 아니라, 성호의 남명에 관한 평가 및 성호학파 학자들의 남명 변호와 선양 노력을 이해하는 데에 긴요한 단서를 제공할 수 있다. 이 연구를 토대로 남명학파와 성호학파의 연관성을 파악하고 조선후기 남명학파가 존속할 수 있었던 역사적 배경을 이해하고자 한다.

2. 안정복 차기본 『남명집』의 판본 및 교감 내용

고려대학교 해외한국학자료센터에서는 미국 버클리대학교 동아시아도서관에 소장되어 있는 『남명집』[73]을 조사하여 DB로 구축했다. 필자는 이 책을 살펴보다가 곳곳에 차기가 적혀 있는 것을 발견했으며, 그 작성자가 순암 안정복이라는 사실을 확인하게 되었다. 우선 책의 맨 앞부분에 안정복의 소장인이 아래와 같이 찍혀 있다.

72 허권수, 「近畿南人學者들의 남명에 관한 關心」, 『남명학연구』 제22집, 경상대학교 남명학연구소, 2006.

73 현 소장처: 미국 버클리대학교 동아시아도서관, 청구기호: 39.45, 형태사항: 4卷2冊, 四周雙邊, 반곽 크기: 22.0 × 16.0cm, 有界, 10行20字 註雙行, 內向2葉花紋魚尾, 전체 크기: 32.4 x 21cm

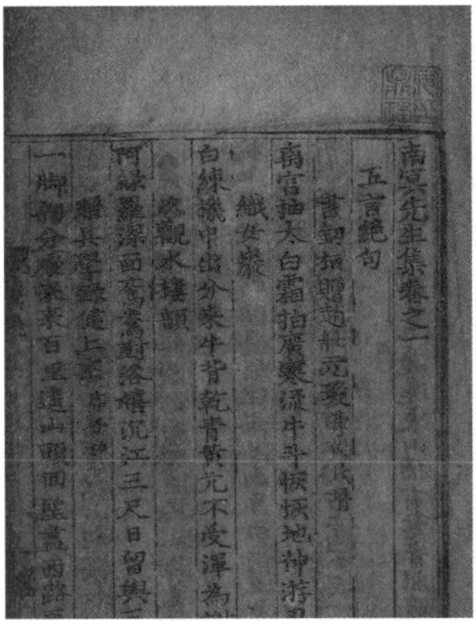

그림 5 안정복의 소장인(安鼎福印)

그림 6 안정복의 소장인(安鼎福印) 확대한 모습

또 다른 증거는 차기의 상당 부분이 안정복의 저술에 반영되어 나타나고 있다는 사실이다. 이 내용과 관련해서는 아래의 장에서 차기를 분석할 때 구체적으로 살펴볼 수 있다. 필자는 이 책이 안정복의 수택본이라는 가치뿐만 아니라, 그가 『남명집』 전체를 꼼꼼히 읽으면서 관련 사실을 증명하고 자신의 견해를 적어놓은 중요한 자료라는 점에 주목하게 되었다. 그러므로 이 글은 버클리대학교 소장본 『남명집』의 차기 내용을 분석한 후, 그것에 근거하여 안정복이 남명을 어떠한 인물로 인식하고 평가했는지를 살펴보려 한다.

『남명집』의 간행은 우리나라 문집 간행사에서 그 유래를 찾기 어려울 정도로 여러 차례 이루어졌다. 그 첫째 이유는, 퇴계의 경우처럼 글의 원본을 잘 남겨둔 것과는 달리 남명의 경우는 글의 원본이 거의 남아 있지 않은 데 기인한다. 또 다른 이유는 남명의 글이 갖고 있는 노장적 측면으로 인한 수정 문제와, 인조반정으로 인한 내암 정인홍의 정치적 패퇴로 인해 그의 이름을 삭제하는 문제 등 문집 내용의 개정 작업 때문이다.

『남명집』은 임인년(1602)부터 수집과 편집이 시작되어 갑진년(1604)에 초간본이 간행되었으며, 책이 널리 배포되지 못한 상황에서 장판각에 불이 나서 관찰사 유영순의 협조로 병오년(1606) 무렵에 재간되었고, 기유년(1609) 정월 제4권에 해당하는 32판의 보유(補遺)를 추각(追刻)하여 다시 간행하게 되었던 것이다. 임술본(1622년)은 기유본(1609년)에다 남명의 작품 「신명사도」 및 서(書) 2편과 묘갈 2편이 추가되었고, 권말(卷末)에 제문·상량문·신도비명 등 추록(追錄)이 7판 분량으로 추가되어 있다. 신해본(1671년)은 임술본(1622년)에서 내암 관련 문자를 삭제한 것이다.

그리고 신해본(1671년) 이후 1700년을 전후하여 『남명집』이 다시 새판으로 간행되었다. 이 문집을 『남명선생합집(南冥先生合集)』이라 하는데, 이는 『남명선생문집』과 『남명선생별집(南冥先生別集)』을 합친 것이기 때문이다. 『남명선생문집』은 기존의 신해본(1671년)에다 『학기유편(學記類編)』을 통합하여 간행한 것이고, 『남명선생별집』은 기존에 필사본으로 있던 『산해사우연원록(山海師友淵源錄)』을 개제(改題)하여 처음으로 간행한 것이다. 이 합집의 『남명선생문집』에 실린 남명의 시문은 신해본(1671년)까지 수습된 모든 글을 다시 문집 목차에 맞추어, 보유·추록 등의 흔적이 보이지 않도록 새롭게 재정리했다는 데 의의가 있다. 이후 이 판본을 바탕으로 갑신본(1764년)·무오본(1798년)·기미본(1799년)·을유본(1825년) 등 다섯 차례의 교정본 간행이 있었다. 그러다가 1894년에 이르러 다시 완전히 새로운 판으로 문집을 간행하기 시작하여 1897년 무렵에 이를 완성했는데, 이를 『남명선생전집』 갑오본이라 한다. 이 책은 문집·속집·학기(學記)·부록 등 4부로 이루어져 있다. 여기에는 이전까지 남명의 문집에 들지 못했던 남명의 시문이 상당히 수습되었으나, 노장 관련 문자 등 남명에게 누가 되는 모든 문자가 삭제되거나 변조되어 있다. 그래서 1899년에 다시 문집을 편간하자는 논의가 일어나, 1910년에 이르러 다시 새로운 판으로 간행하게 되었으니, 이를 경술본이라 한다. 이후 1915년(을묘본)·1931년(신미본)·1967년(신활자본)에도 간행이 있었다.[74]

이와 같은 제판본 가운데 안정복 차기본 『남명집』은 신해본에 해당한다. 그런데 안정복의 차기 내용 중에는 이 신해본 『남명집』을 다른 판본과 비교한 부분이 있다. 권1에 실려 있는 「기건숙(寄健叔)」이라는 시의 제2수 아래에 '6언 절구'라고 적어놓아 다른 판본에는 분류를 달리하고 있음을 밝혀놓았다.

그리고 「乙丑仲秋旣望 余夢見李大諫仲望於樹下 情話未畢 李君起去 余攬其袖 卽吟短絶以贈別 覺來益苦追感 今幸見河公 昨之夢遇李君 乃今見河公之兆也 尤用泣歎精靈之未泯也 河公卽大諫之外孫而余之姪女夫也 愛我 常自來訪 余亦以李君之故 又重姻恩之義 心事頗極繾綣 因述夢中所辭 識與之 又示夢贈之詩」라는 매우 긴 제목의 시가 다른 판본에는 「기몽증하군병소서(記夢贈河君幷小序)」라고 간략하게 되어 있다는 사실도 기록했다. 「기몽증하군병소서」라는 제목은 1700년 경진판 계통에만 이렇게 적혀 있고, 갑오본과 경술본 이후로는 「몽

74 이상필, 「『南冥集』 해제」, 『남명학 관련 문집 해제(Ⅰ)』, 경상대학교 부설 남명학연구소·사단법인 남명학연구원 공편, 도서출판 술이, 2006, 1~4면.

그림 7 시 차기(詩 箚記)-1

그림 8 시 차기(詩 箚記)-2

중작증하군병서(夢中作贈河君幷序)」라고 되어 있다.[75]

경진판 계통은 1700년 경진판, 1764년 갑신판, 1798년 무오인출본, 1799년 기미판, 1825년 을유판 등 5종이 있다. 안정복이 1791년에 별세한 점을 고려할 때, 차기본『남명집』과 비교한 판본은 앞의 두 종 가운데 하나일 가능성이 높다. 습유(拾遺) 부분의 시가 끝나는 공백에「무제(無題)」라는 제목을 적고 '『대학』 첫머리 열여섯 자의 말은, 반평생을 공부해도 그 근원을 만나지 못했네. 여러 학생은 총명을 충분히 타고 났으니, 시서(詩書)를 헤아려서 잘 응용하길 바라네.[大學篇初十六言　工夫半世未逢源　諸生剩得聰明在　經記詩書好吐呑]'라는 내용을 적어놓았는데, 이 시는 신해본 이전에는 없다가 경진본에 와서 비로소 첨입되었다는 사실에 근거할 때 이 점은 더욱 분명해진다.

---

75 남명집의 제판본에 관한 교감 내용은 김윤수 선생이『국역 남명집』(경상대학교 남명학연구소 옮김, 한길사, 2001)에 밝혀놓은 것을 근거로 삼았다.

이 외에 신해본『남명집』의 체제를 교감한 차기 내용을 문장으로 서술해보면 아래와 같다.

①5언절구 부분에 수록되어 있는「호접루(蝴蝶樓)」가 다른 판본에는 고풍(古風)에 들어 있다.

②「증오학록(贈吳學錄)」 아래에 '4운(四韻)'으로만 표기되어 있는데, 다른 판본에는 '5언4운(五言四韻)'이라는 이름으로 분류하고 있다.

③5언4운 부분에 실려 있는「만하희서(輓河希瑞)」[76]라는 제목 밑에 '이수(二首)'라고 차기하여 아래의「우(又)」도 2수 가운데 한 편이라고 밝혀 놓았다.[77]

④선조를 대신해 심의겸(沈義謙)이 지은 글이 '제문(祭文)'의 첫 부분에 실려 있는데, '사제문(賜祭文)'으로 수정하고 그 뒤의 대곡(大谷) 성운(成運)이 지은 글에 표기된 '우(又)'는 '제문(祭文)'이라고 해야 한다.

3. 남명 시의 진위 분변과 사실 고증

안정복이 적어놓은『남명집』의 차기를 살펴보면, 그가 얼마나『남명집』을 꼼꼼하게 읽었는지 확연하게 알 수 있다. 먼저 남명이 지은 시에 관해서는 어떠한 기록을 남겼는지 고찰하기로 한다.

76 신해본『남명집』七言四韻에도 河希瑞에 관한 만시 2수가「挽河希瑞」와「又」라는 제목으로 구성되어 있는데, 이것에 관해서는 달리 차기를 적지 않았다.

77 갑오본과 경술본 이후로는 이 시를 윗 편의 두 번째 시로 편입하고 있다.

신해본 『남명집』 권1에는 「무제(無題)」라는 제목으로 아래의 시가 실려 있다.

약을 먹어 장생하기를 바라지만,	服藥求長年
고죽도의 아들만도 못하네.	不如孤竹子
서산 고사리 한번 먹고는,	一食西山薇
만고토록 죽지 않으니.	萬古猶不死

안정복은 이 시의 제목 아래에, "이것은 원나라 사람 노처도(盧處道)가 지은 「이제채미(夷齊採薇)」라는 시이다. 호응린(胡應麟)이 편찬한 『시수(詩藪)』에 보인다. '불여(不如)'의 불(不)자가 숙(孰)자로 되어 있다."[78]라고 차기를 달았다. 남명의 시로 편입되어 있는 이 작품은 사실은 원나라 노지(盧贄, 1235~1300)가 지은 것이라고 밝혔다.[79] 『순암집』 「상헌수필(橡軒隨筆)하(下)」 '남명시집'에도 "남명의 시집에는 산정할 곳이 많이 있다. …… 이 시는 원나라 사람 노처도의 「이제채미」라는 시이다. 호응린의 『시수』에 나온다. 위의 불(不)자가 숙(孰)자로 되어 있다."[80]라고 서술한 말은 차기의 내용과 거의 일치한다.

또한 이어서 "「만성(謾成)」이라는 절구시에 '취했다 버렸다 하는 세상 인심 나무랄 것도 못되지만, 구름마저 대단하게 아첨할 줄 어찌 알았으랴? 먼저는 갠 날을 틈 타 다투어 남쪽으로 내려왔다가, 날이 흐리

---

78 "此元人盧處道夷齊採薇詩也 見胡應麟詩藪 不如之不字作孰"

79 『詩藪』 外編·六·元의 본문은 다음과 같다. "虞伯生題宣和雪竹 洒墨寫琅玕 深宮春晝閒 蕭條數枝雪 不似紇干山 盧處道題夷齊采薇 服藥求長年 孰與孤竹子 一食西山薇 萬古猶不死 雖語意新警 然已落議論關 初學最易傳染 當切戒之"

80 安鼎福, 『順菴集』 卷13, 「橡軒隨筆(下)」 '南冥詩集'. "南冥詩集 多有刪定處 其無題一絶曰 服藥求長年 不如孤竹子 一食西山薇 萬古猶不死 此元人盧處道夷齊採薇詩也 出胡應麟詩藪 上不字作孰"

면 다투어 얼른 북쪽으로 내달으니.'라고 했다. 이청강(李淸江)의 『후청록(鯸鯖錄)』에는 이 시를 「모재관운(茅齋觀雲)」이라 했으며, 선(先)자가 선(旋)자로 되어 있다."[81]라고 했는데, 역시 차기에서도 "이청강의 『후청쇄어(鯸鯖瑣語)』에는 이 시를 「모재관운」이라고 했다. 선(先)자가 선(旋)자로 되어 있다."[82]라고 동일한 내용을 기록했다.

이청강은 남명의 제자인 청강(淸江) 이제신(李濟臣, 1536~1583)을 가리키며, 『후청쇄어』는 그가 지은 수필집이다. 이 책은 동시대에 이름난 인물들과 관련해 일화를 기록하고 있는데, 남명의 시문과 일화에 관해서도 여러 가지 자세한 내용을 전하고 있다. 안정복은 『후청쇄어』에 실려 있는 남명에 관한 기록들을 활용하여 『남명집』의 시문 및 사실을 고증하는 자료로 삼았다. 이 시에서는 「만성」이라는 제목보다 「모재관운」이 더 적절하다는 견해를 『후청쇄어』의 기록을 통해 증명한 것이다.

『진양지(晉陽誌)』에 "가정(嘉靖) 경신년(1560)에 남명 선생이 합천 삼가 토동으로부터 가족을 데리고 와서 산청 사륜동(絲綸洞)에 터를 잡고 살았다. 산천재를 지어 은거하여 수양할 곳으로 삼았으며, 집 앞에 마룻대 없는 풀로 된 집을 한 칸 지어 바람을 쏘이고 시를 읊조릴 곳으로 삼았으니 곧 상정(橡亭)이다."[83]라고 한 내용에 근거하면, 시제(詩題)에서 말한 모재는 상정이라고 추론된다.

안정복이 『남명집』에서 남명의 작품이 아닌데도 편입된 것에 관한 변증은 노처도의 「이제채미」 외에는 보이지 않는다. 다만 「호접루」라는

---

81 安鼎福, 『順菴集』 卷13, 「橡軒隨筆(下)」 '南冥詩集'. "又謾成一絶曰 取舍人情不足誅 寧知雲亦獻深諛 先乘霽日爭南下 却向陰時競北趨 李淸江鯸鯖錄 以此爲茅齋觀雲詩 先作旋"

82 "李淸江鯸鯖瑣語 以此爲茅齋觀雲詩 先作旋"

83 成汝信 等, 『晉陽誌』 卷1. "嘉靖庚申 남명先生自三嘉兎洞 挈家卜居焉 築山天齋 以爲藏修之地 家之前 又草構無樑舍一間 以爲風詠之所 乃橡亭也"

시가 다른 판본에는 고풍(古風)에 수록되어 있다는 차기를 기록한 후, 상단 여백에 "'푸르른 대는 바람을 헤치며 눕고, 울창한 솔은 눈을 무릅쓰다 꺾이네. 주인의 마음이 솔을 사랑하고 대를 사랑하지 않는 까닭이라네.'라는 시가 있다. 권탄옹(權炭翁)의 문집에 '어떤 이가 이것은 남명의 시라고 하는데 남명이 입성(入聲) 산운(散韻)은 고풍이 아니라고 말했으니, 이 시는 반드시 남명의 시라고는 할 수 없다. 하지만 그 의사(意思)가 깊고 먼 것과 구법(句法)은 남명과 흡사하다."[84]라고 적어놓았다. 이 내용은 탄옹(炭翁) 권시(權諰, 1604~1672)의 『탄옹집』 권2에 수록된 시제에서 인용한 것이다.[85]

남명의 작품 가운데 아래의 「우음(偶吟)」은 조선 말기에 진위가 논란되었던 시이다.

사람들이 바른 선비 사랑하는 건,	人之愛正士
호랑이 털가죽 좋아하는 듯하네.	好虎皮相似
살아 있을 땐 죽이려 들다가,	生則欲殺之
죽은 후에야 아름다움 칭송하네.	死後方稱美

회봉 하겸진이 편찬한 『동시화(東詩話)』에 의하면, 당시에 이 시가 명나라 왕세정(王世貞, 1526~1590)이 지은 것이라는 설이 있었다고 한다. 그

---

84 "權炭翁集 或云此南冥詩 而南冥謂入聲散韻非古 此未必남명詩也 但其意思深遠 且句法似南冥"

85 權諰, 『炭翁集』 卷2, 「李春長相聞熟 無異相見 友壻邊威如子爲春長女壻 婚時迷兒惰往 春長待之如故人之子 臨別贈扇 扇面畫蘭寫詩 詩云 柔莖元不耐風霜 榮槁紛披靡有常 勁操讓他松與竹 火時方信一生香 蓋亦寓意 余因而有感 遂次其韻 續成五言三絶句如右 因念曾聞諸或人云 南冥有詩 翠竹披風偃 蒼松冒雪折 所以主人心 愛松不愛竹 南冥謂入聲散韻非古 此未必南冥詩也 但其意思深遠 實非偶然 且句法似南冥 余每欲爲竹解嘲 以寓各取所長之意 今爲四絶句 竝扶蘭如左 己丑」. "吾愛蘭松竹 俱超植物中 各全天賦性 貞操誰異同 異質猶同趣 蘭夭爇益香 竹虛枯愈勁 松脆老仍蒼 竹虛中外直 虛直道伊光 松性信剛質 決和德日彊 寧折安能偃 有偃終難折 松竹何愛憎 俱是歲寒節"

런데 회봉이 생각하기에 왕세정은 남명보다 늦게까지 생존했는데, 『남명집』이 처음 간행될 때 왕세정의 시가 우리나라에 전해졌을 리가 없다고 판단했다. 오히려 7언4운에 수록되어 있는 「무제」라는 시는 왕수인(王守仁, 1472~1528)의 『서정록(西征錄)』에 실려 있으며, '월수동두(越水東頭)'의 시어로 볼 때 분명히 남명의 시가 아니라고 판단했다.[86] 이 「무제」는 병오본에는 없고 기유본에는 보유(補遺)에 들어 있으며, 임술본 이후로 본집에 들어 있는데, 을유후판에 와서 삭제되었다. 갑오본에는 '구은(舊隱)'이라는 제목으로 되어 있고, 경술본 이후로는 이 시를 취하지 않았다. 실제로 이 시는 왕수인이 1519년에 칙명을 받고 반군을 평정한 후 강서순안이 되었을 때 지은 「귀흥(歸興)」이라는 작품이므로, 삭제하는 것이 옳다. 안정복이 왕수인의 작품인 「무제」에 관해 차기를 적지 않은 것으로 보아 진위를 고증하지 못한 듯하다.

앞에서 인용한 「우음」에 관해서는 남명이 이림(李霖, 1495~1546)의 억울한 죽음을 애도하는 시라고 생각했다.[87] 이림의 자는 중망(仲望)이며, 대사간(大司諫)을 지냈으나 을사사화에 화를 입었다. 남명은 그에 관해 "중망의 인품은 얼음을 담은 옥항아리처럼 깨끗하고 맑으며, 옥색처럼 곱고 부드럽다. 그를 바라본 사람은 노여움이 사라지고 분한 마음이 풀어진다. 이러한 점으로 그가 충직하고 신실한 사람인 것을 알 수 있다."[88]라고 칭송했다.

---

86 河謙鎭, 『東詩話』 卷1. "南冥先生詩 人之愛正士 好虎皮相似 生前欲殺之 死後方稱美 或有問於余者曰 此明儒王弇州詩也 子亦聞之乎 余曰 未也 然以年代考之 弇州生後於南冥 南冥集初刊時 弇州之詩 不應東出 何從而攙入於集中乎 未可知也 南冥集 有無題詩一首曰 一絲無補聖明朝 兩鬢徒看長二毛 自信淮陰非國士 由來康節是人豪 時方多難容安枕 事已無能欲善刀 越水東頭尋舊隱 白雲茅屋數峯高 此詩 亦載於王陽明西征錄中 以越水東頭之語 觀之 明是非冥翁詩 而爲陽明作無可疑"

87 "悼李仲望霖詩"

88 『德川師友淵源錄』 卷2. "先生曰 仲望氷壺玉色 望之者 恚消忿釋 知其爲忠信人也"

안정복이 「우음」은 이림을 애도한 남명의 시라고 판단한 것처럼, 지봉(芝峰) 이수광(李睟光, 1563~1628)도 이 시에 관해 "이 말은 반드시 격발된 일이 있었으니, 진정 당시의 병통에 적중했다."[89]라고 하여 구체적으로 어떤 일을 비판한 시로 해석했다. 그리고 상촌(象村) 신흠(申欽, 1566~1628)은 "세간의 정황을 익숙하게 겪고서 잘 형용했다."[90]라고 평했다. 이러한 비평의 말들과 하겸진의 고증을 종합해 볼 때, 「우음」은 남명의 시로 보는 것이 옳은 듯하다.[91]

이외에 안정복이 남명의 시에 관해 고증한 것으로 3군데의 차기가 있다. 「단속사정당매(斷俗寺政堂梅)」의 "절은 부서지고 승려는 파리하며 산도 옛날 같지 않은데, 전조(前朝)의 왕은 집안 단속 잘하지 못했네. 조물주가 추위에 지조 지키는 매화의 일을 정말 그르쳤나니, 어제도 꽃을 피우고 오늘도 꽃을 피우네."[92]라는 시에 관해, "정당(政堂)은 통정(通亭) 강회백(姜淮伯, (1357~1402)이다. 청강의 『후청쇄어』에 '이 시는 그가 절개를 잃은 일을 기롱한 것이다.'라고 했으며, 불(不)자가 석(石)자로 되어 있다."[93]라고 했다. 고려 말기에 정당문학(政堂文學)을 지낸 강회백이 조선조에서 다시 벼슬한 일을 남명이 매화에 빗대어 비판한 시라고 밝혔다.

「문이우옹환향(聞李愚翁還鄕)」의 "산해정에서 몇 번이나 꿈꾸었던가? 뺨에 흰 눈 가득한 황강 노인 모습을. 반평생 동안 금마문(金馬門)에 세

89 李睟光, 『芝峯類說』. "曹南冥詩曰 人之愛正士 愛虎皮相似 生前欲殺之 死後方稱美 此言必有激而發 正中時病矣"

90 申欽, 『晴窓軟談』. "南冥詩曰 人之好正士 好虎皮相似 生前欲殺之 死後方稱美 可謂慣涉世間情態而善形容矣"

91 지금까지 필자가 조사한 바에 따르더라도 다른 사람의 문집에 「우음」과 유사한 시가 발견되지 않는다.

92 曺植, 『南冥集』 卷1, 「斷俗寺政堂梅」. "寺破僧羸山不古　前王自是未堪家　化工正誤寒梅事　昨日開花今日花"

93 "政堂 姜通亭淮伯也 淸江瑣語云 此詩譏其失節也 不作石"

번 이르렀지만, 임금님은 뵙지도 못하고 돌아왔다지."[94]라는 시에 관해서는 청강의 『후청쇄어』에서 "조남명은 여러 번 부름을 받았지만 응하지 않았는데, 이황강은 전후로 세 번의 명을 받았다. 이 시는 기롱하는 말이다."[95]라고 언급한 내용을 인용했다.

이황강은 남명의 벗인 황강 이희안을 가리킨다. 황강이 남명과 벼슬하러 나가지 않기로 약속했지만, 그 후에 임금의 부름에 응해 관직에 부임한 일을 풍자한 시이다. 황강은 유일(遺逸)로 천거되어 장악원(掌樂院) 주부(主簿)에 제수되었다. 다시 고령현감에 부임했으나 2년도 되지 않아 사직했으며, 1550년 군자감(軍資監) 판관(判官)으로 승진한 후 얼마 지나지 않아 관직을 버리고 고향으로 돌아왔다. 남명·송계(松溪) 신계성(申季誠)과 함께 세상에서 뛰어난 인물로 존중받아 '삼고(三高)'라 일컬어졌다. 만년에 합천 황둔강(黃芚江) 가에 '황강정'을 지어 후학을 가르쳤다.[96]

「안음 옥산동을 유람하다[遊安陰玉山洞]」의 "푸른 봉우리 우뚝 솟고 물은 쪽빛인데, 좋은 경치 많이 담아도 탐욕 아니라네. 어찌 이 잡으며 세상사를 이야기하랴? 산수만 말해도 할 말이 많은걸."[97]라는 시에서는 갈천(葛川) 임훈(林薰, 1500~1584)과 동행한 사실과 그때가 병인년(1566)이라는 연도를 밝혀놓았다. 『남명편년』에 1566년 3월 갈천을 비롯한 옥계(玉溪) 노진(盧禛, 1518~1578), 개암(介庵) 강익(姜翼, 1523~1567) 등과 함

---

94 曺植, 『南冥集』 卷1, 「聞李愚翁還鄕」. "山海亭中夢幾回 黃江老叟雪盈腮 半生金馬門三到 不見君王面目來"

95 "淸江瑣語 曺屢徵不應 李前後三命 此詩 蓋譏辭也"

96 『德川師友淵源錄』 卷1.

97 曺植, 『南冥集』 卷1, 「遊安陰玉山洞」. "碧峯高揷水如藍 多取多藏不是貪 捫虱何須談世事 談山談水亦多談"

께 안음 옥산동을 유람한 사실이 기록되어 있다.[98]

차기를 적지는 않았지만, 비점을 친 두 작품이 있다. 「황강정사에 적다[題黃江亭舍]」의 "길 가의 풀은 이름 없이 죽어가고, 산의 구름은 자유롭게 피어오르네. 강은 가없는 한을 흘려보내지만, 바위와 다투지 않네."[99]라는 시와 「덕산 시냇가 정자에 적다[題德山溪亭柱]」의 "청컨대 천섬들이 종을 보게나. 큰 당목으로 치지 않으면 소리가 나지 않네. 하지만 어찌 두류산과 같으랴? 하늘이 울어도 울지 않네."[100]라는 작품이다. 성호는 『성호사설』에서 「덕산 시냇가 정자에 적다」를 소개하면서 "이 어떤 역량이며 기백이냐? 1월의 봄바람 같은 퇴계와 비교해 논할 수는 없지만, 이 시는 사람의 심장과 간담에 세찬 울림을 자아내게 한다."[101]라고 남명의 웅장한 기백을 찬탄했다. 「황강정사에 적다」도 남명의 웅혼한 기상을 느낄 수 있는 작품으로, 안정복이 이 두 작품에 비점을 찍은 까닭은 성호가 찬탄한 것과 마찬가지로 천인벽립과 같은 남명의 면모를 볼 수 있기 때문이라고 이해된다.

---

98 『南冥先生編年』. "三月 及林葛川盧玉溪姜介庵 遊安陰之玉山洞"

99 曺植, 『南冥集』 卷1, 「題黃江亭舍」. "路草無名死　山雲恣意生　江流無限恨　不與石頭爭"

100 曺植, 『南冥集』 卷1, 「題德山溪亭柱」. "請看千石鍾　非大扣無聲　爭似頭流山　天鳴猶不鳴"

101 李瀷, 『星湖僿說』 卷30, 詩文門, '南冥先生詩'. "又嘗有詩云 請看千石鍾 非大叩無聲 萬古天王峰 天鳴猶不鳴 此何等力量氣魄 雖不可比論於退溪之一月春風 令人心膽爲之壯浪"

4. 남명 서간(書簡)에 근거한 행적 고찰

안정복은 『남명집』에서 서간 부분에 가장 많은 차기를 적어놓았다. 앞에서 살펴본 시 부분에도 작품에 관한 품평이 전혀 없었다. 그리고 부(賦)와 명(銘)의 작품에 관한 차기나 비점이 있지 않다. 이런 점들을 미루어볼 때, 안정복이 『남명집』을 읽으면서 주의를 기울인 점은 남명의 학문과 행적에 관한 면밀한 검토이다. 그는 남명이 학문과 출처에 관해 언급한 내용들에 비점을 찍고 차기를 적었으며, 남명과 관련된 사건과 인물을 세심하게 살피면서 줄을 긋고 시기를 기입했다. 그러므로 안정복이 서간에 많은 비점을 치고 차기를 기록한 까닭은 남명의 학문과 행적을 구체적으로 파악할 수 있기 때문이다.

서간의 차기를 차례대로 살펴보자면, 1566년에 제자인 덕계 오건에게 보낸 「여오어사서(與吳御史書)」의 "손으로 물 뿌리고 비질하는 절도도 모르면서 입으로 천상의 이치를 말하는데, 그들의 행실을 공평히 살펴보면 도리어 무지한 사람만도 못합니다. 이 점에 관해 반드시 다른 사람의 꾸지람이 있어야 한다는 것은 의심할 나위가 없습니다. 이런 때에 과연 현자의 지위를 외람되게 차지하고서 허위의 우두머리가 되어야 하겠습니까?"[102]라고 말한 부분에 다음과 같이 차기를 기록했다.

> 이것은 퇴계의 학문을 가리킨 말이다. 퇴계는 학문이 끊어진 뒤의 시대에 태어나 학문의 근원이 밝혀지지 않았으므로, 사람들을 가르칠 적에 반드시 먼저 성명(性命)의 설을 밝히는 것으로써 가르침을 삼았다. 그러므로

102 曺植, 『南冥集』 권2, 「與吳御史書」. "手不知洒掃之節 而口談天上之理 夷考其行 則反不如無知之人 此必有人譏 無疑矣 當此時 果儼然冒居賢者之位 以作虛僞之首耶"

> 문인들 중에 이것을 업으로 삼는 자가 많아 실천에 부족함이 있었다. 퇴계가 실천의 중요함을 알지 못한 것이 아니라, 대체로 당시에 학문의 근본을 알지 못했기 때문에 퇴계는 그 시초를 근원하여 가르침을 설정했다. 그런데 문인들이 중도를 벗어나는 폐단이 없지 않아 참으로 선생이 말한 것과 같은 점이 있었으니, 이것은 진실로 오늘날의 학자가 깜짝 놀라 깨우치며 공부로 삼아야 할 곳이다.[103]

안정복은 남명이 퇴계를 빗대어 "손으로 물 뿌리고 비질하는 절도도 모르면서 천상의 이치를 말한다."고 비판한 것에 관해, 우선 퇴계의 입장에서 해명하는 내용을 서술했다. 퇴계가 하학(下學)의 실천을 중요하게 생각하지 않은 것이 아니지만, 퇴계가 살아간 당시는 도학의 학맥이 끊어져 학문의 근원이 분명하게 밝혀지지 않았으므로 제자들을 가르칠 적에 성명의 설을 우선적으로 가르쳤다고 설명했다. 하지만 제자들 중에는 성명의 설을 탐구하는 데에만 몰두한 나머지 실천을 소홀히 하는 경우가 있었으므로, 남명이 이러한 비판을 하게 된 것이라고 이해했다.

그런데 안정복의 입장에서는 남명의 이 비판이 그 당시에만 유의미한 것이 아니라, 자신들이 깜짝 놀라 깨우치며 공부로 삼아야 할 부분이라고 생각했다. 안정복은 당시의 학자들 중에는 남명이 말한 것처럼 하학의 공부를 소홀히 한 채 상달처(上達處)로 치닫는 사람들이 많다고 보았기 때문이다.

같은 맥락에서 남명은 오건에게 보낸 다른 서간에서 "시속이 숭상하

---

103 "此指退溪之學也 退溪當絶學之餘 學問原頭不明 故教人必以先明性命之說爲教 故門人多以此爲業 欠於踐履 退溪非不知踐履之爲重 而大抵當時不識爲學之本 故退溪原其始而設教 門人不無過中之弊 實有如先生之言者 則此誠今日學者聳然用工處也"

는 바를 자세히 들여다보면, 당나귀 가죽에 기린의 모형을 뒤집어씌운 것 같은 심각한 병폐가 있습니다. 온 세상이 모두 그러해 혹세무민하는 데 급급하니, 크게 어진 이가 있더라도 구제할 수 없을 것입니다. 이는 실로 사문(斯文)의 종장(宗匠)인 사람이 오로지 상달만 주로 하고, 하학을 궁구하지 않아 구제하기 어려운 습속을 이루었기 때문입니다. 일찍이 그와 서신을 왕복하며 논란을 빚었지만, 돌아보려 하지 않았습니다. 공은 지금 이 폐단을 구제하기 어렵다는 것을 알지 않으면 안 됩니다."[104]라고 퇴계를 향해 강하게 비판했다. 안정복은 이 말에 관해 "이것은 퇴계를 가리킨 말이다. 실행에 힘

그림 9 서간(書簡) 차기(箚記)-1

그림 10 서간(書簡) 차기(箚記)-2

---

104 曺植, 『南冥集』 卷2, 「與吳子强書」. "熟看時尙 痼成麟楦驢鞹 渾世皆然 已急於惑世誣民 雖有大賢 已不可救矣 此實斯文宗匠者 專主上達 不究下學 以成難救之習 曾與之往復論難 而不肯回頭 公今不可不知此弊之難救矣"

써야 한다는 뜻은 진실로 후학의 약석(藥石)이 된다."[105]라고 차기를 달았다. 안정복이 이해하기에 남명의 이 말은 지나치게 퇴계를 비판한 것인 듯하지만, 실천에 힘써야 한다는 측면에서 본다면 후학에게 꼭 필요한 약석이 될 수 있다고 생각했다. 따라서 안정복은 남명 학문의 무실(務實) 지향이 자신을 비롯한 당대의 학자들이 본받아야 할 절실한 가르침이 된다고 받아들인 것이다.

안정복이 남명의 학문에 관해 언급한 서간으로는 「시송파자(示松坡子)」가 있다. 송파자가 누구인지 확실하지 않다.[106] 남명은 그에게 답하는 편지에서 "고금의 학자들이 『주역』을 궁구하기를 매우 어렵게 여기는데, 이는 사서(四書)에 익숙하지 않기 때문입니다. 학자들이 사서를 정밀하고 익숙하게 읽어 진실함이 쌓이고 오래 힘쓴다면, 도의 상달처

105 "此言指退溪 而其務實行之義 則誠爲後學之藥石"

106 권오영은 남명의 이 편지와 동일한 내용이 李恒의 『一齋集』에도 실려 있음을 지적했다. (권오영, 「조식의 학문과 그 사상사적 위상」, 『조선 성리학의 의미와 양상』, 일지사, 2011, 121면 주석 24번)
그것은 『一齋集』 原集의 雜著 부분에 실려 있는 「示金君永貞」을 말하며, 이 詩의 序文에 해당하는 내용이 남명의 편지와 동일하다. 두 글의 진위 여부는 현재로선 확정하기 어려워 차후의 과제로 남긴다. 그 원문을 제시하면 아래와 같다.
曺植, 『南冥集』 卷2, 「示松坡子」. "古今學者 窮易甚難 此不會熟四書故也 學者須精熟四書 眞積力久 則可以知道之上達 而窮易庶不難矣 蓋精而未熟 則不可以知道 熟而未精 則亦不可以知道 精與熟俱至 然後可以透見骨子了 但大學 群經之綱統 須讀大學 融會貫通 則看他書便易 且敬者 聖學之成始成終者 自初學以至聖賢 皆以主敬爲進道之方 學而欠主敬工夫 則其爲學僞矣 孟子曰學之道無他 收其放心而已 此是主敬工夫 古者 群聖賢之書雖多 而於此一言 至矣盡矣 學者苟能收斂此心 久而不失 則群邪自息 而萬理自通矣 此非我妄言 乃聖賢之遺訓 而每於學者 以是告焉 世之學者 其於四書 厭其尋常 讀之無異俗儒記誦章句之習而求者 喜於聞見之書 好着枉功 此所謂索隱行怪者 不啻不知道體而已 終不能覬覦其門戶矣 朱子曰 平生精力 盡在大學 程子曰 語孟旣治 則六經可不治而明矣 學者博文之工夫 當如是矣夫"
李恒, 『一齋集』 原集, 「示金君永貞」. "古今學者 窮易甚難 此曾不精熟四書故也 學者須精熟四書 眞積力久 則可以知其道之上達 而窮易勢不難矣 蓋精而未熟 則不可以知道 熟而未精 則亦不可以知道 精與熟俱到 然後可以透見骨子耳 但大學 群經之領 須統讀大學 融會貫通 則看他書便易 且敬者 聖學之成始成終者也 自初學以至聖賢 皆以主敬爲進道之方 學而久主敬工夫 則其爲學僞矣 孟子曰 學問之道無他 收放心而已 此是主敬工夫 古者群聖賢之言雖多 而於此一言 至矣盡矣 學者苟能收斂此心 久而不失 則群邪自息 而萬理自通 此非我妄言 乃先聖之遺訓 而每於學者 以是告焉 世之學者 其於四書 厭其尋常 讀之無異記誦詞章之習 而求其稀於見聞之書 好着枉工 此所謂索隱行怪者 不啻不知道體而已 終不能覬覦其門戶矣 朱子曰 平生精力 盡在大學 程子曰 語孟旣治 則六經可不治而明矣 蓋學者博文之功 當如是矣夫 因詩曰 欲觀洪水須滄海 如見名區上泰山 大匠不爲廢繩墨 通明聖學諒非難"

를 알 수 있어 『주역』을 궁구하는 것이 어렵지 않을 것입니다. 대체로 정밀하기만 하고 익숙하지 않으면 도를 알 수 없고, 익숙하기만 하고 정밀하지 않아도 도를 알 수 없습니다. 정밀하고 익숙한 것이 모두 지극해야 골자를 꿰뚫어 볼 수 있습니다. 다만 『대학』은 여러 경전의 강령이니, 『대학』을 읽어 환히 꿰뚫어 알게 되면 다른 글을 보기가 쉬워질 것입니다. 또한 경은 성학(聖學)의 시작이 되고 끝이 되는 것으로, 초학자로부터 성현에 이르기까지 모두 경을 위주로 하는 것으로써 도에 나아가는 방법으로 삼았습니다. 배울 적에 경을 위주로 하는 공부가 부족하면 학문을 하는 것이 거짓되게 됩니다."라고 학문을 익히는 순서와 방법을 제시했다.

안정복은 이 내용에 관해 "이 편지는 진실로 학문을 하는 요체가 된다. 누가 선생이 학문에 성글다고 말했는가?"[107]라고 기록했다. 그리고 앞에서 인용한 부분과 함께 '이 마음을 거두어들여 오래도록 잃지 않을 수 있다면'에 비점을 찍었다. 차기에서 "누가 선생이 학문에 성글다고 했는가?"라고 반문한 까닭은 농암(農巖) 김창협(金昌協, 1651~1708)과 같은 노론계 학자들이 남명에 관해 "실상 학문을 알지 못하고 단지 처사로서 기개와 절조만 있는 사람일 따름이다."[108]라고 비평한 말들을 염두에 둔 것으로 보인다. 안정복은 이 편지에서 남명의 학문 방법이 핵심을 깊이 터득하고 있었음을 확인하게 되었으며, 이러한 인식을 통해 남명의 학문에 관해 비평한 말들이 실질과 다르다는 사실을 확인했다.

또한 남명이 문인 입재(立齋) 노흠(盧欽, 1527~1602)에게 보낸 서간에서

107 "此書 實是爲學之要務 孰謂先生疎於學乎"

108 金昌協, 『農巖集』 卷32, 「雜識」. "남명實不知學 只是處士之有氣節者耳"

"그대는 물을 거슬러 올라가는 배를 보지 못했습니까? 잠시라도 방심하면 열 길이나 밀려 내려갑니다."[109]라고 권면한 말에 관해 '공부가 긴요하고 절실하다.[工夫緊切]'는 견해를 적어놓았다.

출처에 관해서는 남명이 벗인 대곡(大谷) 성운(成運)에게 부친 서간에서 "무슨 마음으로 현임 재상의 잘잘못을 논하며 나의 거취(去就)를 정하겠습니까? 어떤 사람이 나에게 전하기를, 내가 원길(原吉)의 부당함을 꾸짖은 적이 있어 나아가려 하지 않는다고 합니다. 공이 나아가기를 어렵게 여기는 것도 내가 나아가기를 어렵게 여기는 것과 같을 것이니, 과연 정승 때문에 나아가고 물러나는 것입니까? 관직에 제수된 지 몇 달도 안 되어 내가 정승의 잘잘못을 따지더라도 사람들의 말이 충사(忠師)에 미칠 리는 없습니다. 이것이 바로 교위(校尉)에 임명된 지 열흘도 안 되어 물러났던 까닭입니다."[110]라고 말한 부분에 비점을 찍었으며, "출처가 마땅히 이와 같아야 한다.[出處當如是]"고 견해를 적었다. 남명이 성운에게 이 편지를 보낸 시기가 언제인지 명확하지 않다. 남명이나 성운이 벼슬에 나아가기를 어렵게 여긴 까닭은 출처의 대의를 생각했기 때문이다. 그런데 이 편지에서는 당시 사람들이 그런 뜻을 헤아리지 못한 채 남명이 당시 재상이자 벗이기도 했던 동고(東皐) 이준경(李浚慶, 1499~1572)의 부당한 행위를 꾸짖은 일로 인해 출사하지 않는다고 비난하는 상황이 언급되어 있다.

남명의 기질에 관해서는 역시 성운에게 보낸 서간에서 "생강(生薑)이나 육계(肉桂) 같은 저의 성품은 늘그막에 이르러도 더욱 매워지기만 합

---

109 曺植, 『南冥集』 권2, 「與盧公信書」. "君不見撐上水船乎 放寸則退下十丈"

110 曺植, 『南冥集』 卷2, 「與成大谷書(第二)」. "何心直爲時宰之得失 而爲吾行止也 有人傳我罵原吉不當 而吾不肯進云 公之難進 亦猶我之難進 果爲相君而去就耶 除官未數月 雖使僕有誚 無人言及於忠師之理 正是調校尉未十日者也"

니다. 밖에서 들려오는 말이 아무리 많더라도 매양 차가운 웃음으로 흘려버립니다. 목을 잘리게 되더라도 전혀 애석해하지 않을 것인데, 하물며 목을 잘리지 않는 데 있어서이겠습니까?"[111]라고 서술한 말에 비점을 찍었다. 그리고 "남명은 본래 기절이 우뚝했으니, 공경할 만하다."[112]라고 존모하는 마음을 드러냈다.

그런데 서간뿐만 아니라 『남명집』 전체에서 안정복이 가장 긴 차기를 달아놓은 부분은 하종악 음부옥에 관한 사건이다. 이 일에 남명은 깊이 관련되어 있었으며, 결국 이정과 절교하는 계기가 되었고 조정에까지 큰 파문을 일으킨 사건이었다. 남명은 조정에서 벼슬을 하고 있던 문인 덕계 오건과 약포(藥圃) 정탁(鄭琢, 1526~1605)에게 편지를 보내 음부옥에 연루되어 곤란을 겪고 있는 자신의 처지와 이정과 절교하게 된 일을 알렸다.[113] 이 일이 남명의 신변에 매우 중대한 문제였기 때문일 것이다.

---

111 曺植, 『南冥集』 卷2, 「與成大谷書(第三)」. "僕薑桂之性 到老猶辛 外來之言 雖或百車 每付之一寒笑 雖至於斷頭 萬不顧惜 況不至於斷頭乎"

112 "南冥本是氣節嵬巖 可敬"

113 曺植, 『南冥集』 卷2, 「與子强子精書」. "前月 獲承子强修復 想邇來仕履平康 未認子精起居何如 且作何官耶 只增黯懷 僕則荷賜不死 來月初一日 發還故棲 但晉山有淫婦獄大起 發之者 在中道而發時指我爲據者 爲淫婦之夫河宗岳 其先妻 乃吾亡兄之女也 門戶相連 而擧我爲辭 新監司之來 已放出矣 罪人三四輩囚係 死而復生 其爲怨毒 宜無所不至 潛懷兇計 必欲射殺云 非但丙丁而已 一日禍起 將及合族遇害 安知天作之禍 遽發於人事之外乎 之海則一家喪哭 之山則一室抱憫 身濱於死 雖欲自反而無地 唯自待天而已 十年之前 曾對剛而 李楨字 憤說淫婦之事曰 公爲一室之人 何不縛取行媒婢子 投之於江乎 剛而默然不肯答破 僕心甚不滿 及後聞之 則已受河宗岳漢江邊畓地及畓守奴數口於淫婦 今之事發也 極力伸救於監司及推官曰 此事曾聞於南冥 南冥乃聽之誤也 一家之事 吾自親見 孰與耳聞者乎 吾雖不能討賊 豈黨惡者乎 其言如此 故罪人全指我釋憾 是剛而置我於族滅之地也 其通書於我也曰 人言騰播已久 必先殺其婢與其夫 將此意 已通于監司推官云 其實不然 崔見叔 崔應龍字 時爲晉牧 訪我 問之則全無是言云 極力伸解之 朴監司將欲盡放 而在中道改牒曰 有識者之言 亦未出於正 更推十年前婢子 剛而於是 知不能掩盖 忽致書於我曰 燈下不明 知之太晩 無面目進見於左右 又首其不明之罪於朴監司 追及京中 又謝於推官曰 吾初爲人所瞞 公等爲我所瞞云 猶且委馳人於礪城尉 極陳其曖昧 都尉與吉元 情分自童穉深篤 到界卽欲放去 剛而復相對終日 無所不救 用是卽解放 剛而於此 三次反覆 初曰昧昧 中曰果然 終曰虛事 此果談聖賢書 嘗說敬義者事乎 曾諂彦久 尹椿年字 後事公擧 李樑字 更陷友人於禍中 受賂於淫婦 背棄亡友 義所當絶也 吾已謝絶 僉意如何 患難吉慶 朋友在所相知者 敢及之 曾聞士論方明 而公道黯黯 乃至此極 尙可以仕乎 尹子固去秋訪我 言及此事 聊陳之 公等雖欲舒禍 已無下手地矣 奈何奈何 十月二十七日 (先生嘗作李父碑銘 集中削去)

안정복은 우선 이 서간의 전체적인 내용에 관해, "이 편지는 너무 지나치다. 선생이 무고했다고 말할 수는 없지만, 사기(辭氣)가 크게 준엄하다. 마땅히 상량해야 할 곳이다."[114]라고 평가했다. 안정복이 생각하기에도 남명이 음부옥과 관련해 언급하고 있는 말들이 너무 과하다고 판단했다. 비록 남명이 거짓으로 말을 꾸며내지는 않았겠지만, 표현을 지나치게 준절하게 했기 때문이다.

또한 안정복은 이 일에 관한 두 편의 자료를 기록해놓았다. 사건의 전체적인 흐름 및 그것이 후세에 미친 영향에 관해 서술해놓은 기록 1편과 이 일을 당할 때 남명이 겪은 심경을 이해할 수 있는 자료 1편이다. 그런데 이 두 편의 자료는 안정복의 차기 외에는 현재 전하지 않는 기록이므로, 매우 소중한 가치를 지닌다.

위의 차기는 백암(栢巖) 안응창(安應昌, 1603~1680)의 「백암소설(栢巖小說)」에서 인용한 음부옥 관련 기사이다. 번역문은 아래와 같다.

> 하종악의 전처는 남명의 큰누이의 딸이며, 하종악의 서매(庶妹)는 구암의 첩이다. 당시 영백(嶺伯)은 박계현(朴啓賢)이었다. 구암이 박계현에게 "황강의 후실이 부녀자로서 삼가지 않는다는 말이 있는데, 내버려둔다면 옳겠습니까?"라고 말하자, 박계현이 김해부사 양희(梁喜)에게 붙잡아오도록 했다. 양희가 먼저 사위 정인홍에게 말했더니, 정인홍이 "이 일은 선생께 알리지 않을 수 없다."라고 하고서 마침내 남명에게 고했다. 남명이 크게 노하여 "이강이(李剛而) 일가에도 삼가지 않는 부녀자가 있는데 두둔한 채 드러내지 않으면서 지금 황강 집안의 일을 들추는 것은 매우 옳지 못하다. 반드시 먼저 하종악 일가의 일을 드러내야 옳을 것이다."라고 했다.

114 "此書過當 不可謂先生誣言 而辭氣大峻 當商量處"

> 그리하여 양희가 오히려 황강 집안의 일을 버려두고 먼저 하종악의 노비를 가두게 되니, 이것으로 인해 큰 옥사가 일어났다. 영남의 분당이 이 일에서 시작되었으니, 이정과 하종악의 두 집을 모두 헐어버리고 고을에서 쫓아냈다.[115]

위의 기록을 바탕으로 음부옥이 일어난 과정을 설명하면 이러하다. 여기에서는 남명의 맏누이의 딸이 하종악의 전처이며, 하종악의 서매(庶妹)는 이정의 첩이라고 했는데, 실제로는 남명의 맏형 조립(曺垃)의 딸이 하종악의 전처이다. 당시 경상도 관찰사인 박계현이 이정과 만나 이야기를 나누던 중에, 이정이 황강 이희안의 후실이 음행을 저지른다는 소문이 있으므로 잡아다가 죄를 다스려야 한다고 말했다. 이 일이 있었던 때가 1568년이므로, 이희안은 죽은 지 이미 10년이나 되었다. 박계현은 김해부사 양희에게 명하여 이희안의 후실을 잡아 오게 했는데, 양희는 사위 정인홍이 이희안의 집이 있는 합천에 거주하고 있었으므로 먼저 이 일을 알아보도록 말했다. 그러자 정인홍은 어릴 적부터 합천에 함께 살며 남명과 절친하게 지내던 이희안과 관련된 일이었으므로, 남명에게 먼저 고했다. 남명은 이정이 인척 관계에 있는 하종악의 후처 함안이씨의 음행에 관해서는 비호하면서 단지 소문에 의거해 이희안의 후실을 치죄하려는 것은 매우 부당하다고 판단했다. 그리하여 하종악의 후처와 음행을 저지른 노비를 구속하여 심문하게 함으로써 옥사가 발단되었다. 안응창은 영남이 남인과 북인으로 나누어지

115 "安應昌栢巖小說曰 河之前妻 南冥長姊之女 河之庶妹 龜巖之妾也 其時嶺伯朴啓賢也 龜巖言於朴曰 黃江後室 有閨中不謹之說 置之 可也 朴令金海府使梁喜捕捉 喜以其事 先言於女壻鄭仁弘 仁弘曰 此事不可不使先生知之 遂告于南冥 南冥大怒 李剛而一家 亦有不謹婦女 而牢護不發 今擧黃江家事 甚不可 必先擧河宗岳一家事 乃可矣 於是梁喜反棄黃江家事 先囚宗岳奴子 仍成大獄 嶺中分黨始此 幷毁李禎河宗岳兩家而黜之"

그림 11 안응창(安應昌) 백암소설(栢巖小說)-1

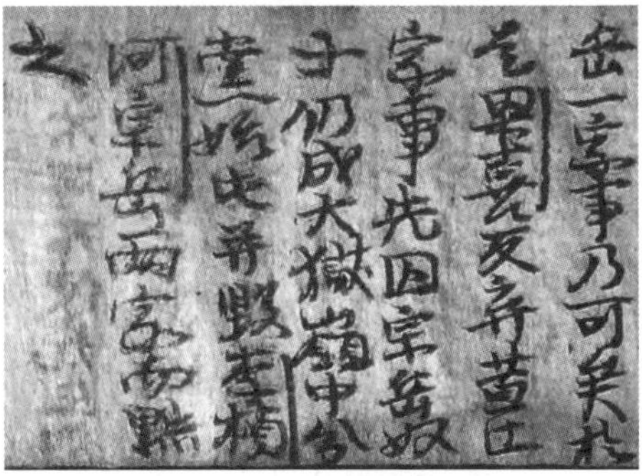

그림 12 안응창(安應昌) 백암소설(栢巖小說)-2

게 된 까닭이 바로 이 사건에서부터 발단되었다고 평가했다.

이와 같은 하종악 후처의 음행에 관한 음부옥 사건은 피의자 집안이 당대의 명사인 남명과 이정에게 모두 혼인 관계로 얽혀 있어서 발생 초부터 불필요한 오해와 의심을 불러왔다. 조사 과정에서 무옥설(誣獄說, 무고하여 일으킨 옥사라는 설)과 비호설(庇護說, 두둔하기 위한 변명이라는 설)의 혐의로 남명이 이정에게 절교를 선언하며, 뒤이어 음부 집안에 관한 남명 제자들의 훼가출향(毁家出鄕, 집을 허물고 고을에서 쫓아냄)과 이들에 관한 감사의 구금이라는 일찍이 없었던 사태까지 일어난 데다가, 그 처리를 둘러싸고 조정의 논의마저 갈라지는 등 파문이 크게 확산되었다. 이에 음행 혐의 피의자인 하종악 후처 함안이씨와 간부(奸夫)로 지목된 자들은 물론이고 집안의 시비(侍婢)들까지 옥에 갇혀 문초를 당했다. 또한 훼가출향 문제로 하항 등 남명의 문인으로 이름나 있던 유생들도 난민(亂民)으로 몰려 옥에 갇히는 수모를 당했다. 남명 자신도 산림처사다운 처신을 하지 못했다는 비난을 받아 곤경에 처했다. 이 사건은 양측에 상처만 남기고 별다른 결말 없이 종결되었지만, 그것이 후세에 미친 영향은 훨씬 크고 지속적이었다.

우선 남명 문인과 퇴계 문인 사이의 대립과 상호 배척을 불러오는 계기를 만들었다. 진주옥사와 관련해 퇴계가 이정에게 보낸 편지에 고절지사(高節之士)로서 처신을 잘못한 것은 자신으로서는 이해할 수 없노라고 남명을 비판했는데, 이 편지가 선조 33년(1602)의 『퇴계집』 간행으로 세상에 알려지자 정인홍을 비롯한 영남우도의 남명 문인들이 격렬한 반발을 보였다. 이것은 곧이어 『남명집』의 「발남명집설」을 통한 퇴계 비판과 뒤이은 회퇴변척으로 나타나 나라 안의 사림을 모두 떠들썩하게 만든 사문(斯文)의 대란(大亂)을 불러왔다. 나아가 남명 문인인 정인홍과 퇴계 문인인 유성룡 간에 남인·북인으로의 분열을 조장하는 요소로도 작용했다.[116]

다른 자료는 부사 성여신이 남명의 아들인 모정(慕亭) 조차마(曺次磨, 1557~1639)에게 보낸 편지를 수록해놓았다. 안정복이 『남명집』에 적어놓은 이 편지는 현재 전해지고 있는 『부사집』에 보이지 않는다. 그럼에도 불구하고 안정복이 어떻게 이 편지의 내용을 상세하게 기록할 수 있었는지를 유추해 본다면, 그가 성여신의 『부사집』을 교정한 사실에 주목

116 정만조, 「선조초 진주 음부옥과 그 파문」, 『한국학논총』 제22집, 국민대학교 한국학연구소, 2000, 92~93면.

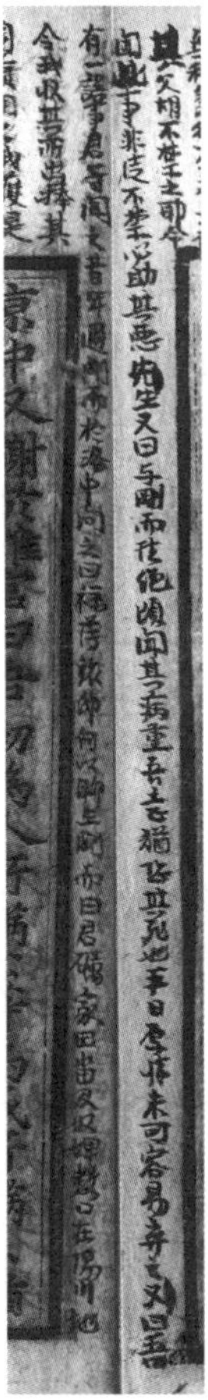

그림 14 조차마에게 보내는 편지-2

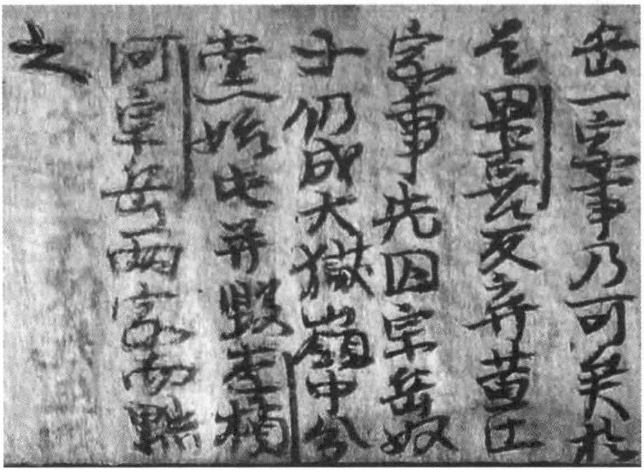

그림 13 조차마에게 보내는 편지-1

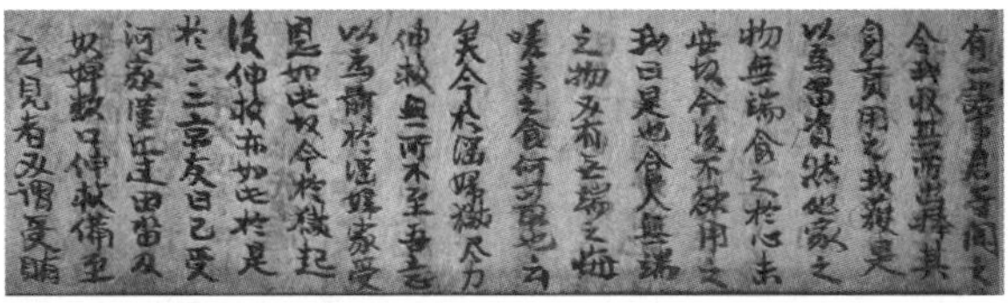

그림 15 조차마에게 보내는 편지-3

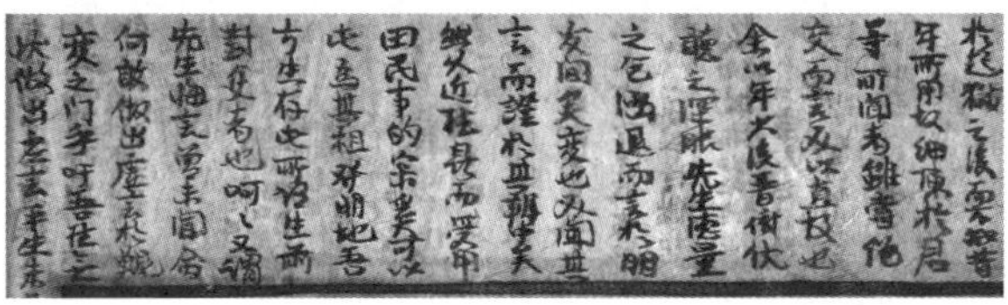

그림 16 조차마에게 보내는 편지-4

그림 17 조차마에게 보내는 편지-5

할 필요가 있다. 위의 편지가 『부사집』의 초고에는 수습되어 있다가 간행할 적에 결국 삭제된 것이 아니었을까 추론할 수 있지만, 현재로선 확인할 수 있는 자료가 없다.

차기에 적혀 있는 서간의 내용은 아래와 같다.

> 무진년(1568) 겨울 선생을 뵈올 때 수우당 최영경도 와 있었다. 선생이 음부옥사를 말씀하다가 구암과 절교한 일을 언급했는데, "말을 번복하면서 벗을 재앙에 빠뜨렸으니, 의리상 마땅히 절교해야 한다. 그러므로 관계를 끊은 것이다."라고 했다. 수우당이 무릎을 꿇고 큰 목소리로 말하길, "이전에 이응인(필자 주–이정의 아들)이 세금을 마구 거두어들이고 불의한 짓을 자행하는 일이 많다고 들었을 때, '그의 부친은 어찌하여 금지하지 않는가?'라고 마음속으로 생각했습니다. 지금 이 일을 들으니, 다만 금지하지 않았을 뿐만 아니라 반드시 그의 악을 도왔을 것입니다."라고 했다. 선생이 다시 말씀하길, "강이(剛而: 필자 주–이정의 자)와 절교는 했지만 근래에 그의 병이 위중하다고 들으니 내 뜻은 외려 그가 죽을까 두렵다. 평소의 두터운 정을 쉽게 버릴 수 없다."라고 하셨다.
>
> 또 말씀하길, "내가 한 가지 잘못한 일이 있으니, 그대들이 듣기를 바란다. 예전에 한양에서 강이의 집을 찾아간 일이 있었다. 그에게 '봉록이 적은데, 임시로 머무는 처소에서 어떻게 생활합니까?'라고 묻자, 강이가 '군려(君礪: 필자 주–하종악의 자) 집안의 전답과 노비 몇 명이 양천(陽川)에 있는데, 저에게 그 전답의 소출을 거두고 노비의 신공(身貢)을 받으며 쓰라고 했습니다. 제가 이것을 얻어 객지에 머무는 비용으로 삼고 있습니다. 하지만 다른 집안의 재물을 그저 먹는 일은 마음에 편치 않습니다. 그래서 지금 이후로는 사용하지 않으려고 합니다.'라고 했다. 내가 말하길, '그렇

습니다. 남의 재물을 그저 먹으면 반드시 그저 먹은 후회가 있을 것입니다. 그것을 먹지 않을지언정, 어찌 취할 수 있겠습니까?'라고 했다. 지금 음부옥이 일어나자 힘을 다해 변명하여 전적으로 구원하니, 내 생각으로는 이전에 음부의 집안에서 이러한 은혜를 받았으므로 지금 옥사가 일어난 후에 신구하는 것이 또한 이와 같다고 여겼다. 그리하여 한양에 있는 두서넛 벗에게 '하씨 집안 한강 가의 전답과 노비 몇 명을 받았으므로, 극진하게 신구한다.'고 편지로 말했던 것이다. 그런데 그 편지를 본 사람은 반드시 옥사가 일어난 이후에 뇌물을 받았다 생각하고 예전에 사용한 사실을 알지 못했을 것이다. 그래서 그대들이 듣는 곳에서 자세하게 말해주는 것이다. 비록 절교는 했지만 말은 반드시 정직해야 하기 때문이다." 라고 하셨다.

당시 나는 연소한 나이로 그 자리에 나아갔기 때문에 엎드려 듣기만 했습니다. 선생의 포용하는 덕량에 깊이 감복하여 물러나와 벗들에게 말해주었습니다. 곤변(鯤變, 이정의 손자)이 그 말을 듣고서 논변에 증거로 삼은 것이 틀림없을 것입니다. 하지만 시일의 오램과 가까움의 다름이 있더라도 전답과 노비를 받아 쓴 일은 적확한 사실이니, 어찌 이것으로써 자기 조부를 위해 변명할 수 있겠습니까? 제가 지금 살아 있으니, 이것은 이른바 생전에 대질 심문하는 것입니다. 하하. 또 선생이 후회하는 말을 했다고 일컫는데, 이전에 말씀을 들은 것이 없습니다. 어찌 감히 곤변의 집안에 헛된 말을 했겠습니까? 아! 제가 보잘것없는 사람이지만, 헛된 말을 하는 것은 평소에 배우지도 않았고 할 수도 없는 사람입니다. 벗들은 모두 알고 있지만, 그대들은 알지 못하는군요. 하물며 선생의 적지 않은 말씀을 어찌 차마 지어내어 이씨의 집안에 아첨하는 짓을 취하겠습니까?[117]

이 편지로 기존에 알려지지 않은 중요한 사실들을 확인할 수 있다. 남명은 이정과 절교를 했지만, 그의 병이 위중하다는 말을 듣고서 염려하는 마음을 가졌다는 사실이다. 이정은 자신이 벼슬을 그만두면 남명의 처소 곁에 집을 짓고 만년을 함께 보내겠노라고 약속했는데, 음부옥으로 인해 절교를 하게 되었다. 당시 남명의 나이는 68세였고 이정은 56세였다. 이정이 먼저 1571년 59세로 별세하고 남명이 이듬해에 72세로 운명했다. 그러므로 평생을 두터운 관계로 지내다가 죽음을 얼마 앞두지 않은 시기에 절교하게 된 것이다.

다른 한 가지 사실은 남명이 오건과 정탁에게 보낸 편지에 "뒤에 듣자 하니, 한강 강가에 있는 하종악의 전답과 그 전답을 지키는 노복 몇 명을 음부로부터 받았다고 하더군요. 지금 일이 터지자, 감사와 추관에 힘껏 구원하기를 ……"[118]라고 되어 있는데, 이 표현에 의하면 마치 이정이 옥사가 일어난 당시에 뇌물을 받고 하종악의 후처를 위해 신구한 것처럼 오해할 수 있었다. 그래서 남명은 수우당 최영경을 비

---

117 "成浮査汝信集與曺次磨書曰 戊辰冬謁先生 崔守愚來 先生說淫婦獄事 仍及與龜巖絶交事曰 反覆言辭 陷友禍中 義所當絶 故絶之矣 守愚勵聲危坐曰 曾聞李應寅聚斂無藝 多行不義 意謂其父胡不禁之耶 今聞此事 非徒不禁 必助其惡 先生又曰 與剛而雖絶 頃聞其病重 吾意猶恐其死也 平日厚情 未可容易棄之 又曰 吾有一誤事 君等聞之 昔年過剛而於洛中 問之曰 祿薄 旅邸何以聊生 剛而曰 君礪家田畓及奴婢數口 在陽川地 令我收其所出 捧其身貢 用之 我獲是 以爲留資 然他家之物 無端食之 於心未安 故今後不欲用之 我曰 是也 食人無端之物 必有無端之悔嗟 未之食 何可取也云矣 今於淫婦獄 盡力伸救 無所不至 吾意以爲前於淫婦家 受恩如此 故今於獄起後 伸救亦如此 於是於二三京友曰 已受河家漢江邊田畓及奴婢數口 伸救備至云 見者必謂受賄於起獄之後 而不知昔年所用 故細陳於君等所聞者 雖嘗絶交 而言必以直故也 余以年少後晉 俯伏聽之 深服先生德量之包涵 退而言於朋友間矣 變也 必聞其言 而證於其辨中矣 然久近雖異 而受用田民事的實 奚可以此爲其祖發明地 吾方生存 此所謂生前對隻者也 呵呵 又謂先生悔言 曾未聞命 何敢做出虛言於鯤變之門乎 吁 吾雖無狀 做出虛言 平生未學 而又未能焉者也 朋友之所共知 而左右不知也 況乎先生不小之言 何忍做作 而取媚於李門耶"

118 曺植, 『南冥集』 卷2, 「與子强子精書」. "及後聞之 則已受河宗岳漢江邊畓地及畓守奴數口於淫婦 今之事發也 極力伸救於監司及推官"

롯한 여러 제자가 있는 자리에서 올바른 사실을 알려 주고자 했다. 성여신이 이후에 벗들에게 이 일을 말해주었는데, 이것을 왜곡시켜 이정의 손자인 이곤변이 조부의 무죄함을 증명하는 말로 삼았다. 이곤변이 이정을 변호하는 입장에서 음부옥의 경위를 서술한 『졸변(拙辨)』을 짓자, 남명의 손자인 조준명(曺浚明)이 『반졸변(反拙辨)』을 지어 반박했다. 이 과정에서 성여신의 말이 중요한 근거가 되어 논란이 되었으며, 남명이 절교한 일을 후회했다는 식으로 와전되었던 것 같다. 이처럼 안정복의 차기로만 전해지는 이 편지는 음부옥 자체가 불미한 일인데다 성여신의 말이 시비의 논거가 되었으므로, 문집을 간행하는 과정에서 삭제된 것이 아니었을까 생각해 볼 수 있다.

안정복이 이 사건에 관해 『남명집』에 이와 같이 자세한 차기를 기록한 것은 남명의 행적을 파악하는 데에 중대한 사건이었으며, 또한 당시뿐만 아니라 후세에까지 심각한 영향을 끼쳤기 때문이었을 것이다. 그는 이 일이 벌어지면서 남명이 취한 말과 행동이 '과당(過當)'하다고는 생각했지만, 전체적인 책임은 이정에게 있다고 판단한 듯하다. 남명이 성운에게 보낸 편지에 "저의 경우는 심지어 함께 학문을 담론한 사람조차 서로 등을 돌리니, 어찌 사론(私論)에 음흉하고 간교함이 있겠습니까?"[119]라고 말한 대목에서 '지여운운자(至與云云者)' 옆에 '구암사(龜巖事)'라고 적었으며, 상단 여백에는 "선생이 어찌 무함하는 자이겠는가? 구암이 끝내 애석하구나. 군자의 마음가짐이 단지 미세한 사이에서 소인이 될 뿐이니, 두려워하지 않을 수 있겠는가!"[120]라고 이 사건에 관한 자신의 입장을 드러냈다.

---

119 曺植, 『南冥集』 卷2, 「又」. "至與云云者相失　夫豈有私論之陰譎也"

120 "先生豈誣言者哉 龜巖終是可惜 君子處心 只在毫釐之間 而爲小人 可不懼哉"

5. 맺는말

앞에서 우리는 안정복이 『남명집』의 내용을 매우 면밀하게 읽고 관련 사실이나 자료를 참조하면서 고찰한 점을 확인했다. 그렇다면 안정복은 무슨 이유로 『남명집』을 이처럼 정밀하게 연구한 것일까? 무엇보다 남명이 진정 어떤 인물인가를 깊이 이해하기 위한 노력이라고 판단된다. 남명의 문학 작품에 관한 품평이나 견해를 전혀 드러내지 않고 있다는 점, 인물·시기·사건 등에 집중적인 관심을 기울이며 사실과 진위를 정밀하게 고증한 점 등을 고려할 때, 그가 『남명집』을 읽을 때 무엇에 유의했는지를 충분히 유추할 수 있다. 또한 문집에 나타난 언급들을 통해 『남명집』 외에도 「연보」·『학기유편』 등을 자세히 읽고 고증한 사실이 확인된다.[121]

안정복은 남명에 관한 이와 같은 고찰을 통해 그 인물의 학문과 인품에 관한 평가를 스스로 확정할 수 있었을 것이다. 그리하여 자신이 알게 된 남명의 학문과 언행을 벗과 제자들을 권면할 때 인용하여 말

---

121 安鼎福, 『順菴集』 卷13, 「橡軒隨筆(下)」 '退冥二先生年譜'. "余觀南冥年譜云 嘉靖己丑六月 文定王后升位 同月晦日入宮 七月初一日大雪 兩尹相軋 先生因絶仕進之意 據國史及璿源錄 文定入宮在於丁丑 則此條爽實無疑 又乙巳年下註云 是年李芑等殺直筆史臣安名世 按名世之死在戊申 則此亦誤引 又丁卯年云 八月先生會東洲成先生于伽倻之海印寺 其下註云 去年先生自京南歸 入俗離山 訪大谷成先生 時東洲以邑宰在座 先生初面接話 若舊交 臨別 期以明年八月十五日 會於海印寺云 按東洲以正德丙寅生 嘉靖己未五月卒 此云丁卯 則東洲之喪已久矣 更按壬子年 東洲爲報恩縣監 乙卯棄歸 在官時東洲謁大谷 南冥適來云 此出於許草堂曄所記前言往行錄矣 據此則伽倻之會 似在乙卯丙辰年間也 南冥年譜 成於朴无悶絪河謙齋弘道趙澗松任道之手 三公皆嶺中文學士也 事蹟之顯著者爽實如此 信乎纂述之難也"
安鼎福, 『順菴集』 卷13, 「橡軒隨筆(下)」 '生薑樹頭生'. "近見南冥學記 古有二人初見生薑 一人以爲必樹上生 一人以爲土生 相難不已 主樹生者曰 如果土生 當輸一驢 遂就質于故老 故老云薑是土生之物 卽如約輸驢 又曰 驢雖輸矣 畢竟薑是樹上生者 盖俗語也 而康節戱伊川之執拗不信也 右並隨筆"

했으며,[122] 남명과 관련 있는 인물들의 글을 지을 때는 반드시 그 연관성을 드러내어 연원을 밝혔다.[123]

남명에 관한 안정복의 이러한 관심과 선양은 남명학파의 역사적 전개에서 중요한 의미를 지닌다. 1623년 인조반정 이후 남명의 수제자인 정인홍을 중심으로 하는 대북파가 몰락하여 남명학파는 심각한 타격을 입었다. 이후 1728년 무신란에 이르면 남명학파는 더 이상 존속하지 않았다고 말할 정도로 명맥이 거의 끊어진 것처럼 보였다. 게다가 서인 노론계 학자들이 의도적으로 남명과 그의 제자들을 폄하하는 견해를 다양한 방법을 통해 전개하자, 남명학은 학문적 정체성이 없는 듯이 인식되었다. 이렇듯 남명학파에게 18세기는 가장 암흑한 시기였다.

하지만 이러한 상황에서 이익과 안정복이 보여준 남명에 관한 존모와 선양은 어둠 속에서 빛나는 이정표와 같았다. 남명을 학자이기보다 협사로 폄하하고 남명의 문하에 정인홍·최영경·김우옹 등의 제자가 나온 것은 순경(荀卿) 문하에서 이사(李斯)가 나온 것과 같다고 기롱할 때, 이익은 남명이 퇴계와 더불어 우리나라의 학문이 성대하게 된 연원으로 존경했으며, 안정복은 남명이 학문의 핵심을 깊이 터득한 분으로서 학문에 성글다고 평가하는 말은 실상과 다르다고 말했다.

---

122 安鼎福, 『順菴集』 卷3, 「與邵南尹丈書」. "南冥之譏退溪 在當時未必然 而在今日實藥石 爲學必知其弊之所存而救正之 則自修敎人 無異道矣 但實然用力而無虛矯之習 誠難矣"
安鼎福, 『順菴集』 卷8, 「答南宗伯(漢朝)書」. "當時南冥有手不知灑掃應對之節 而口談天理之譏 此則不知老先生本意而然也 當今之世 義理之說 已爛漫矣 學者所行 實不出於南冥之語 僕亦閱歷多少歲月 見如此人多矣 欺天欺人欺心 而能有爲學乎"
安鼎福, 『順菴集』 卷9, 「答舍弟家兒書」. "南冥先生之言曰 人之平居 與妻孥共處 因循汨溺 無由成人 誠是喫緊語也"

123 安鼎福, 『順菴集』 卷18, "浮查集序嶺中山水 雄拔秀麗 淸淑之氣 鍾于人而爲英俊之士 由羅麗至聖朝 指不勝屈 地靈人傑 果不誣矣 中明之際 文化之盛 可以超漢唐而軼三代 于時有若退溪남명二先生 施敎於嶺南 及門之士 出而龍驤 爲需世之用 處而蠖屈 爲獨善之人 流風遺韻 實有感發而興起者焉 浮查成先生生于頭流之下 少踔厲不羣 於書無不讀 遊南冥龜巖之門 得聞敬義與孝悌忠信之訓 終身服習"
安鼎福, 『順菴集』 卷21, 「英陵參奉林泉裵公墓碣銘」. "南冥曹先生亦邀公於山海亭 連床咬菜 談討義理 其爲當時名德之所敬重如是"

성호학파의 학맥을 계승한 성재 허전(1797~1886)이 김해도호부사로 부임하여 공여당(公餘堂)에서 강학을 실시하자, 인조반정 이후 침체되어 있던 경상우도 지역의 학자들이 고무되어 그 문하에 구름처럼 몰려들었다. 또한 노백헌 정재규·월고 조성가·계남 최숙민 등 노론계 학자들을 비롯하여 만성 박치복·단계 김인섭·물천 김진호·면우 곽종석 등 남인계 학자들이 진주 인근에 거주하면서 활동했다. 이들은 각기 다른 학파적 사승 관계를 가졌음에도 불구하고 서로 간에 학문적 교유를 적극적으로 진행했는데, 그 중심에는 남명의 학문과 사상에 관한 조명과 선양이라는 공통된 기반이 자리하고 있었다.

그러므로 18세기에 남명학파가 혹독한 시련을 겪으면서도 명맥을 유지할 수 있었던 까닭은 이익과 안정복의 남명에 관한 지속적인 관심과 선양에 힘입은 바가 크다. 이런 점을 생각할 때, 순암의 『남명집』 차기를 단순히 공부의 흔적으로 치부할 수 없는 의미를 확인하게 된다.

제4부 조선 말기 국가 위기와 남명학에 관한 재인식

1

1862년 단성항쟁丹城抗爭의 원인과 김인섭金麟燮의 사회적 실천 자각

1. 여는말

1862년 2월 4일 단성 주민과 향리들 간에 격렬한 충돌사건이 발생했다. 이날 낮에 단성의 주민들은 관청 뜰에 몰려가 포흠(逋欠)[1]을 제대로 징수할 것과 이무(移貿)[2]도 감영(監營)에서 조치한 대로 민원에 따라 분급할 것을 요구했다. 그러나 단성현감이 오히려 화를 내고 주위의 향리들이 여러 행태로 협박하면서 서로 감정이 격화됐으며, 결국 돌멩이를 던지는 등 난투극이 벌어졌다. 충돌은 여기에서 끝나지 않고 저녁에 다시 향사당(鄕射堂)에서 몽둥이가 동원되는 등 유혈이 낭자한 일이 벌어졌다. 이 과정에서 사족(士族)인 김령(金欞, 1805~1865)과 김인섭(1827~1903) 등 많은 사람이 부상을 당했다. 김인섭이 기록한 『단계일기(端磎日記)』에 의하면 생사를 알 수 없을 정도로 많이 다친 사람만 해도 20여 인이나 되었다고 한다.[3] 이 사건이 바로 임술년(1862) 전국적인 농민 항쟁의 효시가 된 단성항쟁이다.

당시 단성의 주민들은 무엇 때문에 관청을 대상으로 집단적인 항의를 했으며, 그들이 요구한 것은 어떠한 것이었을까? 그 무리 속에 양반 사족층인 김령과 김인섭 부자가 함께 동참하게 된 원인과 계기는 무엇이었을까? 그리고 이 사건을 시작으로 1862년에 전국적인 농민 항쟁이 발생하게 된 근본적 원인은 무엇이었을까? 이 장에서는 이와 같은 문제의식을 기저로 삼아 경남 단성에서 일어난 항쟁의 원인과 전

---

1 포흠(逋欠)은 환곡의 원곡(元穀)에서 발생한 부족분을 말한다. 이 부족분은 흉년으로 인해 생기는 경우도 있지만, 서리층이나 민간에서 고의적으로 일으키기도 했다. 포흠이 늘어갈수록 농민의 부담이 커져 환곡제의 심각한 폐단이 되었다.

2 이무(移貿)는 지방관이 시세가 좋은 자기 고을 환곡을 비싼 값으로 팔고 다른 고을 곡식을 싸게 사서 채우는 방법으로 이익을 남겨 먹는 일을 말한다.

3 김준형, 『조선후기 단성 사족층연구』, 아세아문화사, 2000, 277~278쪽.

개 과정을 살펴보려고 한다.

2. 『단계일기』에 기록된 단성항쟁의 추이(推移)와 종국(終局)

단성항쟁이 발생한 과정에 관해선 『단계일기』에 의거해 시간적 흐름에 따라 추적할 필요가 있다. 다음으로 김인섭을 비롯한 단성 주민들이 관청에 시정을 촉구한 문제들은 어떤 것이었는지에 관해선 『감정록(勘定錄)』을 근거로 분석하는 것이 유용하다.

『감정록』은 김령의 유배일기인 『간정일록(艱貞日錄)』에 언급되고 있어 현재까지 그 이름만 알려졌을 뿐 실존 여부를 알 수 없었는데, 근래에 필자가 발견하여 이 글에서 처음으로 소개하려고 한다. 『단계일기』는 책력(冊曆)에 매일 일어난 사건을 간략하게 기록하는 형식으로 작성되었으므로, 어떠한 일이 있었는지는 확인되지만 그 이상 자세한 정보를 알 수 없는 한계가 있다. 이에 비해 『감정록』은 단성항쟁과 관련된 정문(呈文)과 제사(題辭)를 정리한 책이므로, 당시 단성의 현실 상황과 주민들의 입장을 자세하게 파악할 수 있다. 따라서 단성항쟁의 원인과 전개 과정을 종합적으로 고찰하기 위해 이 두 자료는 상호 보완적인 가치가 있다.

1862년 2월 4일에 발생한 단성항쟁의 직접적 계기는 모조결렴(耗條結

斂)[4], 환포충완(還逋充完)[5], 이무(移貿) 등에 있었다고 파악되며,[6] 그 세 가지는 결국 환곡(還穀)의 폐단과 관련된 문제라고 요약할 수 있다. 그리고 이 문제와 관련해 단성 사민(士民)이 극심한 분노를 일으킨 첫 번째 사건은 현감 임기상(任箕常, 재임기간 1858년 6월~1860년 12월)이 저지른 부정 때문이었다.

1859년 6월 17일에 김령은 임기상을 찾아가 면전에서 그가 저지른 불법과 악정을 낱낱이 지적했다.[7] 김인섭은 당시의 정황을 "임한(任漢)이 한결같이 악독을 부려 고을의 여론이 들끓었는데, 마치 큰 도적을 만난 듯했다."라고 묘사했다. 또한 진주는 목사 송단화(宋端和)의 잔학으로 백성들이 혹독한 피해를 입고 있어 애통할 일이라고 기록했다.[8]

이 일을 계기로 김인섭 부자는 구체적인 행동을 시작한 것으로 보인다. 5일 지난 22일에는 김인섭이 직접 대구 감영에 가려 했지만 뜻대로 되지 않았고, 다음날 족인(族人)을 대신 보냈다.[9] 당시 6월에 김인섭이 관찰사에게 올린 상서(上書)가 『감정록』에 실려 있는데, 날짜를 적지 않아 이 일과의 전후 관계는 분명하게 알 수 없다.

이 상소의 내용에 따르면, 김인섭은 경제적으로 어려워 이웃 마을의 부유한 세 사람에게 35냥을 빌렸는데, 현감이 이 일을 듣고는 갈취를 행한 것이라고 하면서 재실 고지기를 잡아가 혹독하게 곤장을 때리고

---

4 모조(耗條)는 손실분을 감안하여 환곡을 돌려받을 때 원곡의 1/10에 해당하는 모곡(耗穀)을 추가로 징수하는 것이다. 결렴(結斂)은 결에 따라 매기던 토지세인 결세(結稅)에 덧붙여 돈이나 곡식을 거두어들이던 일을 말한다. 따라서 모조결렴은 모조를 결렴의 방식으로 징수하는 것을 뜻한다.

5 환포(還逋)는 환곡의 포흠을 뜻한다. 따라서 환포충완은 환곡의 원곡에서 발생한 부족분을 본래대로 채워넣는 것을 말한다.

6 송찬섭, 『조선후기 환곡제개혁연구』, 서울대학교출판부, 2002, 89쪽 〈표 2-1〉.

7 金麟燮, 『端磎日記』. "午侍大人入邑庭 面數任哥枉法賊民之狀"

8 金麟燮, 『端磎日記』. "任漢一向肆毒 村中鼎沸 如逢大盜 晋牧宋端和 以大嘷聲 得寵於時人 圖差來晋 晋民酷被殘虐日甚 一日聞者痛心"

9 金麟燮, 『端磎日記』. "二十二日 如達城未果 二十三日 替送族人于達城"

가두었으며, 난적(亂賊)을 체포하듯이 김령을 잡아가 곤욕을 겪게 했다. 김인섭이 관청에 가서 호소하자 현감은 더욱 격노하면서 "그대가 과거지자(科擧之子)를 데리고 들어와서 무엇을 하려는 건가? 나를 위협하는 것인가? 나를 협박하는 것인가?"라고 말한 후 김인섭을 쫓아내게 했다. 그러나 김인섭이 대신해서 벌을 받게 해달라고 간청해 김령은 간신히 풀려나게 되었지만, 재실 고지기는 연일 매를 맞으며 35냥을 돌려주라는 닦달을 당했다. 김인섭은 관찰사에게 이런 상황을 호소하면서 해결해주기를 요청했다.[10] 이 상서의 내용이 17일 사건과 관련된 것인지는 명확하지 않으나, 당시 단성의 현감과 사인 간에 얼마나 극심한 대립이 있었는지를 충분히 짐작하게 해준다.

현감이 김인섭을 '과거지자'라고 표현한 까닭은 그가 1846년 20세 되던 해 3월에 문과에 급제했기 때문이다. 김인섭은 같은 해 12월에 승문원 권지부정자(權知副正字)에 처음 제수된 후 1848년 장녕전(長寧殿) 별검(別檢), 1851년 성균관 전적(典籍)에 임명되었다. 26세 되는 해인 1852년 9월 사간원(司諫院) 정언(正言)에 제수되었으며, 다음 해 11월에

---

10 인용하는 呈文의 편명은 필자가 〈표1〉에서 임의로 정한 제목을 표기하며, 면수는 본문의 첫 면부터 시작했다. 『勘定錄』에 관한 전반적인 서지사항은 제2장에서 서술했다.
金欞, 『勘定錄』, 「金麟燮上書」, 11~12면. "丹城居前正言金麟燮謹再拜上書于巡相國閣下 伏以生貧窮到骨 又當歉歲 菽水沒策 迫不獲已 遂從隣里最饒戶三人處 萬端乞哀 稱貸三十五兩錢矣 此事入聲於本官 本官以爲侵虐殘是如 生家無奴 故代捉生之齋室直 酷杖牢囚是遣 生則所謂侍從臣 故不爲下手 而移禍於老父 發軍卒動 旗幟有若逮捕亂賊者然 而掩迫捉致 捽曳官門 拏倒泥中 僇辱無所不至 于斯時也 爲人子者 安得晏然坐視哉 生遂乃挺身攔入 泣訴厥由 則官怒倍激 數罪生父曰 汝率科擧之子而入來 何也 將威制我乎 脅勒我乎 遂命下隸曰 逐出金正言 可也 於是吏校奴令 一齊俱ㅁ 極口呵叱 推背毆迫是遣 因桔梏生父 而拘囚之是去乙 生乞以身代 而艱辛解放ㅁㅁ乃 齋直段 連日鞭扑 必欲還推右錢三十五兩乃已 然有死而已 錢何ㅁㅁ也 六十老漢 命在頃刻 此所謂由我而死也 慙怛何極 大抵有財而周急貧ㅁㅁ好是厚德也 積穀而不恤飢乏者 未免薄行也 爲民牧者 導之以厚德 可乎 勸之以薄行 可乎 古之君子勸民爲善 今之君子遏民施惠 其亦異乎 周禮不恤之刑 朱子勸分之政也 夫嗟乎 顧念不肖無狀 通籍十四年 不能得一日之養於其親 而反以禍色餉之 不孝極矣 所謂曾經侍從者 不能涓埃報答於國家 而罷軟孱劣 見毆於奴隷之手 羞辱朝庭 玷汚名器 不忠大矣 以若不孝不忠 而何敢容貸於覆載之間乎 伏乞閤下察生罪狀 狀聞論列 亟施當律 俾勿溷于淸朝搢紳之班 千萬幸甚"
원문에서 ㅁ로 표시한 것은 원본의 훼손으로 인해 판독할 수 없는 부분이다.

사직했다.[11] 이후로 1857년 12월 봉옥보관(捧玉寶官)에, 1858년 정월 석전서무분헌관(釋奠西廡分獻官)에, 5월 휘경원단오제관(徽慶園端午祭官) 및 휘호섭행영녕전대축(徽號攝行永寧殿大祝) 등에 차출되기도 했으나, 이 제관의 임무를 마친 뒤 5월 18일에 낙향한 후 더는 관직에 나아가지 않았다.[12] 당시 그의 나이 32세였으며, 위의 사건이 일어나기 1년 전이었다.[13]

6월 23일에 김인섭을 대신해 대구 감영에 상서를 올리러 갔던 족인(族人)이 29일에 돌아왔으며, 감사(監司)가 시종신(侍從臣)이 올린 상서에 감히 제사(題辭)를 내릴 수 없어 면전에서 유시(諭示)하여 보냈다는 내용이 기록되어 있다.[14] 경상도 관찰사도 김인섭이 사간원 정언을 역임한 사람이므로 예우를 했다는 사실을 알 수 있다.

6월의 이 사건이 있고 난 이후로 얼마 지나지 않아 9월 16일 새벽에 진주 경상우병영에 들어갔으며, 일이 마침내 종결되었다는 기록이 있다. 그리고 식사 후 김령은 김인섭을 먼저 돌려보냈는데, 김인섭은 중도에 변란이 있다는 소식을 듣고서 곧장 되돌아가서 김령을 만났으며, 부친은 집으로 돌아가고 자신은 읍내에 들어가 향당(鄉堂)에서 묵었다. 이날로부터 6일이 지난 22일에는 김광진(金光振)이 김인섭에게 문장(門狀)을 받아 읍내로 들어갔고, 이튿날 법물(法勿)에 사는 사람이 와서 김

---

11 허권수, 「端磎 金麟燮의 生涯와 學問」, 『江右地域 南冥學派의 人物 硏究』, 보고사, 2017, 404~405면.

12 구경아, 「端磎 金麟燮의 學問性向과 詩世界」, 경상대학교 한문학과 박사학위논문, 2017, 18면.

13 구경아의 논문에 의하면, 김인섭이 젊은 나이에 관직을 단념한 까닭은 안동김씨의 세도가 굳어진 정치판에서 남인으로서는 승급이 쉽지 않고 말직의 녹봉으로는 한양에서 생계를 유지하기 힘들었으며, 경세제민을 위한 유학자로서의 포부를 펼치기 어려운 정치적 현실을 직시했기 때문이라고 설명했다. 또한 낙향하기 5년 전인 1853년에 스승인 정재(定齋) 류치명(柳致明, 1777~1861)에게 관직에 나아가고 물러나는 올바른 처신을 질문하면서 학자로 살고 싶은 지향과 관료로서의 생활에서 빗어지는 갈등을 토로한 것도 그 증거라고 밝혔다.

14 金麟燮, 『端磎日記』. "二十九日 族人回自大丘 監司以侍從臣狀 不敢下題 面諭送之"

광진이 구류되어 돌아오지 못했다는 소식을 고했다. 이날의 일기에 김인섭은 "무고한 이들을 해치고 학대하는 것이 한결같이 이 지경에 이르렀는가? 아! 너무 심하도다."라고 탄식했다. 그리고 28일에 자신이 직접 대구 감영으로 갔다.[15]

1859년 9월에 일어난 이 사건은 무엇일까? 일기의 내용만으로는 전후 상황을 이해하기 어렵다. 『감정록』에 수록된 「김씨문장(金氏門狀)」은 기미년(1859) 9월에 작성된 것이고, 『단계일기』에 김광진이 문장(門狀)을 받아 읍내로 들어갔다고 했으므로, 이 사건과 관련된 상소일 것이라고 추론할 수 있다.

「김씨문장」에 따르면, 지난 16일에 김령이 관찰사의 비밀 공문[秘關]을 누설한 일로 인해 부자가 함께 경상우병사에게 호소하여 용서를 받은 일이 있었다고 한다. 일기의 '일이 마침내 종결되었다.'라는 말은 경상우병사의 용서를 받아 일이 해결되었다는 뜻이다. 그런데 김령이 아들을 먼저 보내고 뒤따라가고 있었는데, 본읍의 경계에 도착하자 장교(將校) 송학준(宋學俊)·김득이(金得伊), 차사(差使) 김명필(金明必)·임재성(林在成), 이름을 모르는 두 명 등이 함께 둘러싸서 김령의 어깨를 붙잡고 다리를 걸어 거꾸러뜨린 후 진흙에 빠뜨리고 길에 메다꽂기도 하는 등 100보 가까이 변고를 당했다. 마침 주변 선비들의 도움으로 목숨을 보전했지만, 사인(士人)으로서 심한 능욕을 당한 일이었다. 또한 관찰사의 관지(關旨)를 다른 이들에게 전한 사람은 김인섭인데, 그에게 행패를 부릴 수 없어 부친이 패악을 당한 일은 참으로 비참한 일이니, 이 일을 저지른 6명을 감영에 보고하여 법률에 따라 징벌해주기를 요청했

---

15 金麟燮, 『端磎日記』. "九月十六日 晨入矗營 事遂已 食后大人命余先歸 聞中途變作 卽還馳下 遇大人反次 余入邑 宿鄕堂 二十二日 光振受門狀入邑底 二十三日 朝法勿漢來告 光振見留不還 賊虐無辜 一至此哉 噫 亦甚矣 二十八日 發大丘行"

다.[16]

하지만 위에서 언급했듯이, 오히려 단성현감은 문장을 가지고 간 김광진을 구류했다. 그리하여 김인섭은 9월 28일에 감영을 향해 출발하여 10월 7일에 관찰사를 만나 변고에 관해 상세하게 말했다. 12일에 읍내로 들어갔는데, 변고를 일으킨 7명을 엄밀히 조사하여 3명은 쫓아내고 원괴(元魁)인 송학준·김석갑(金錫甲)·김명필·임대운(林大云) 등은 수감하는 것으로 처리되었다.[17]

이듬해인 1860년에는 특기할 만한 사건 없이 지나갔다. 그러나 1861년 2월 17일에 김인섭은 경상도 관찰사 김세균(金世均, 재임기간 1860년 4월~1862년 1월)에게 단자(單子)를 올려 전 단성현감 임기상이 저지른 불법을 낱낱이 말했다.[18] 이 단자는 당시 단성현감과 향리들이 결탁하여 환곡과 관련해 어떠한 부정을 저질렀으며, 이로 인해 주민들이 얼마나 큰 피해를 당하고 있었는지를 상세하게 파악할 수 있는 자료이다. 이 단자의 상반부에 해당하는 내용이 『단계일기』에 기록되어 있어 단성 지역을 연구할 적에 중요하게 인용되었는데, 『감정록』에는 단성의 환곡 폐단을 조목조목 지적하는 내용이 함께 수록되어 있어 당시의 정황을 상세하게 파악할 수 있다. 이 단자의 내용은 제3절에서 자세히

---

16 金欞, 『勘定錄』, 「金氏門狀」, 12~14면. “伏以 向十六日良中 民等族親欞 以巡部秘關事 父子提携 匍匐訴冤于幨帷之下 即蒙寬宥 而其子正言奉親教先歸是遣 其父則追後還歸 歸當本邑之境是乎 則將校宋學俊金得伊 差使金明必林在成 名不知二漢 合打成一團 犯接于身 攫臂杠脚 橫打倒曳 敺之迫之 傎之越之 凌轢于泥中 逆輓于塗上 如是者 殆近數弓之地 于斯時也 若非觀光多士之救解 則性命幾不能保也 噫噫 天下之變怪 到此極矣 以堂堂朝士 雖尋常過去之言 斷不可以虛傳浪道 何況觀察使之關旨乎 嗚呼 造言欺人 是何等亂類 虛傳將令 是何等重辟 而渠敢以此亂法悖常之事 致意於持憲之臣 而行凶於侍從之父 吁其慘矣 其設心之巶忒 疑人於不當疑之地 擠陷於罔測之罪科 其奉令之悖亂 犯手於不敢犯之身 而殄滅了有國之風綱 究厥罪犯 合置何辟 天討之五刑於此ㅁ施 則王府之三尺 將焉用之 伏乞參商教是後 上項六漢等 一齊嚴查ㅁ治 箇箇得情 馳報上營依國典照律 一以正風化 一以徵凶頑 千萬望良只爲”

17 金麟燮, 『端磎日記』. “十月 初七日 見監司 備說事變 十二日 入邑 作變七漢 俱嚴查嚴處後 三漢放送 元魁宋學俊金錫伊金明必林大云等囚之”

18 金麟燮, 『端磎日記』. “二月 十七日 呈單方伯金世均 極言前遞去任漢姦狀不法事”

살펴보기로 한다.

김인섭이 관찰사에게 올린 이 단자는 당시에도 단성 사람들에게 큰 반향을 불러일으켰으며, 이 일이 단성항쟁의 발화점이 되었다고 판단된다. 3월 13일에 고을 사람들이 몰려와 단자를 보여줄 것을 요구했다. 3월 15일에 집안 조카[族姪]인 김명원이 비를 무릅쓰고 읍내로 들어갔다가 김인섭을 찾아왔으며, 다음날 16일에 김인섭은 읍내로 들어가 18일까지 계속 머물렀다. 그가 읍내에 있다는 소식을 듣고 근방의 친구들이 수없이 찾아왔다. 22일에도 읍내에 사람을 보냈으며, 23일에는 대구 감영에 이생(李生)을 가게 했다.[19]

4월에 들어서는 4일에 읍내로 들어가 6일까지 머물렀다. 8일에는 현감이 외창(外倉)으로 와서 만나기를 요청하여 들어가서 사실을 탐문했다. 20일에 읍내로 들어가 현감을 만나고 돌아왔으며, 22일에는 상소를 작성하고 다음날 대구 감영에 사람을 보냈다. 25일에는 읍내로 들어갔던 사람이 돌아왔으며, 27일에는 향인(鄕人)을 대신해 상소를 초안했다. 29일에는 대구로 갔던 사람이 돌아왔다.[20]

이 일은 한동안 소강기를 보이다가 8월 8일에 김인섭은 단성현감 임병묵(林昺默)에게 편지를 보냈다.[21] 이 편지는 문집이나 일기에 수록되지 않아 내용을 알 수 없다. 9월 7일에 다시 현감을 만났으며, 10월 28일에는 현감에게 올리는 글을 지었다. 11월 16일에 여러 사람과 함

---

19 金麟燮, 『端磎日記』. "三月 十三日 村人紛集 求見單子 十五日 族侄明元冒雨入邑來見 十六日 夕入邑 十七日 在邑邸 十八日 留邑邸 近地知舊 紛紛來訪 二十二日 送人于邑 二十三日 送李生于大丘"

20 金麟燮, 『端磎日記』. "四月 初四日 午后入邑 初五日 在邑 初六日 在邑 初八日 地主來外倉請見入探事實 二十日 入邑見地主而還 二十二日 夕書狀 二十三日 送人大丘 二十五日 道見自邑回 留宿 二十七日 草鄕人狀 二十九日 暮達漢回自大丘"

21 金麟燮, 『端磎日記』. "八月 初八日 與林昺默書"

께 읍내로 들어가 현감을 만났다.[22]

결국 12월에 이르러 단성현감 임병묵의 비리가 발각되는 사건이 발생했다. 23일에 대구 감영에서 단성현에 발급한 감결(甘結)이 도착하여 현감이 3,000석을 횡령한 사실이 들통나게 되었다. 그날 일기에 김인섭은 현감을 '병적도(肩賊盜)'라고 표현할 만큼 강한 분노를 드러냈으며, 이것을 계기로 단성 사민(士民)은 본격적으로 행동에 나섰다. 향회를 열어 이 문제를 논의했으며, 김령을 비롯한 많은 사람이 읍내로 들어가기도 했다.[23] 그리고 이듬해 1862년 정월 초나흘에는 청심정(淸心亭)에 온 마을 사람들이 모였다. 8일에 김인섭은 향중(鄕中)을 대표해서 관찰사에게 올리는 상소를 초안했다. 다음날 9일에 단성 사민 500여 명이 모여 장리(贓吏)를 성토하기 위해 대구 감영으로 출발했는데, 김령도 고을 사람들의 추대를 받아 함께 갔다.[24]

한편 김인섭은 11일에 단성현의 8개 리(里)에 보내는 통문을 만들어 다음날 발송했다. 16일에는 대구 감영에 갔던 사람을 만나 그간의 상황을 들었으며 감결도 보았다. 22일에 다시 비진(飛津)에서 고을 사람들이 모였다. 그런데 그날 밤 권재성(權再成, 1809~1862)이 대구 감영에서 돌아오다가 삼가 객점(客店)에서 죽는 일이 발생했다. 김인섭은 이 부음을 듣고 "참악(慘惡)하여 말로 표현할 수 없다."라고 일기에 적었다.[25]

『감정록』에 「의정구백김세균장(擬呈舊伯金世均狀)」이라는 상소가 실려 있는데, 생원(生員) 권정필(權正弼), 권헌정(權憲貞), 전정언(前正言) 박정현(朴

22 金麟燮, 『端磎日記』. "九月 初七日 入邑見地主 十月 二十八日 作呈本官"

23 金麟燮, 『端磎日記』. "十二月 初十日 代人作呈方伯書 二十三日 福元回自大丘 肩賊盜三千石呑下發覺 甘結來到 二十六日 法勿族親五人赴鄕會 入見而去 二十七日 大人與諸人 行次邑底"

24 金麟燮, 『端磎日記』. "正月 初四日 一鄕大會淸心亭 夕暫出見 初八日 夜草鄕中呈方伯狀 初九日 一鄕大小民人五百餘名 聲討贓吏 赴訴營門 大人爲衆所推 不獲已 行次大丘"

25 金麟燮, 『端磎日記』. "十一日 夜要五明書八里通文 十二日 會禹奎家 答通鄕射堂 又飛文各里 十六日 逢呈營回人 打話見得甘結 二十二日 鄕人會飛津 夜聞權丈凶訃終於三嘉客店 慘惡不可言"

定鉉), 유학(幼學) 김이검(金履檢) 등 143명이 연명한 것이다. 그러나 '의(擬)'라고 표기했으므로, 초안만 작성하고 실제로는 올리지 않은 것이다. 이 상소의 내용에 의하면, 장두(狀頭) 권재성은 문학과 명망이 남쪽에서 뛰어난 인물이었다. 그는 간악한 향리가 행정을 어지럽히는 일을 미워하고 피폐한 백성들이 처소를 잃은 상황을 불쌍하게 여겼다. 그리하여 강개한 심정으로 감영의 뜰에서 하루종일 설전을 벌인 후 심력(心力)이 모두 핍진하고 한질(寒疾)마저 걸려 단성으로 돌아오던 도중에 운명하게 되었다고 한다. 그러므로 단성의 환곡 폐단을 시정하여 죽은 사람의 억울함과 산 사람들의 질곡을 풀어주기를 요청했다.[26]

권재성이 죽은 다음 날 수많은 향원(鄕員)이 운집했으며, 25일에는 객사(客舍)에서 회의를 가졌다. 위기감을 느낀 현감 임병묵은 26일에 새벽을 틈타 감영으로 도망을 가다가 단성 사람들에 의해 도전(道田)에서 붙잡혀 돌아왔다. 김인섭은 27일 저녁에 향사당에 묵으며 밤새도록 품목(稟目)을 초안했다. 2월 1일에 임병묵이 다시 도망을 치다가 비진에서 붙잡혔다.[27]

2월 4일에 단성 고을 사람들은 객사에 모여 억울함을 호소하며 곡을 했으며, 이날 밤에 향리와 고을 사람들이 충돌하는 사건이 발생했는데, 이 사건이 단성항쟁이다. 『단계일기』에 의하면, 김인섭 부자는 몽둥이질을 당했으며, 그때 사인과 백성 중에 생사를 알 수 없는 자가

---

26 金欞, 『勘定錄』, 「擬呈舊伯金世均狀」, 42~43면. "前此民狀末 狀頭權(再)成 文學雅望 南州翹楚 疾姦胥之亂政 哀殘民之失所 不勝扼腕慷慨 躬赴營庭 終日舌戰 心力俱竭 重遘寒沴 載病歸來 中途隕逝 惻怛慘惜 當復何如哉 嗚呼 遂使一境 凄凄然喪其樂生之心 死者飮恨於九泉 生者抱冤於一時 靜思厥由 誰任其咎 生等不敢載之於書 而直不禁於邑痛哭而已 大抵所謂狀頭不有官灾 必有鬼禍 擧皆規避 無人擔當 一鄕大會 推生等爲首 生等義不敢辭 敢此粘連本邑稟目 仰呈閤下 試取一覽 可燭其狀 伏乞參商處分 收逋累萬 移貿三千 更下嚴關 一如向敎準給精鑿 救丹邑蕩析之患 活丹民溝壑之命 千萬幸甚"

27 金麟燮, 『端磎日記』. "二十三日 鄕員赴會者雲集 二十五日 入客舍會議 夜又出宿院旨 二十六日 官乘曉逃去營門 鄕人追及於道田 上使之還邑 夜宿道田 二十七日 暮入鄕射堂 草稟目 鷄鳴乃宿"

20여 명이었다고 한다. 그리고 현감은 밤을 틈타 도망을 갔다.[28]

일기에는 간략하게 기록되어 있어 당시 정황을 자세히 알 수 없는데, 안핵사(按覈使) 박규수(朴珪壽)에게 올린 「정안핵사장(呈按覈使狀)」에는 실제 상황을 핍진하게 표현했다. 그날 단성 사민이 관아에 몰려가 환곡 폐단을 시정해달라고 호소하자, 현감은 오히려 마구 분통을 터트렸다. 이러한 사태에서 서리(胥吏)·군교(軍校)·관노(官奴)·사령(使令) 등이 기염과 위력을 부리며 제압하려 했으므로, 대낮에 관아 뜰에서 투석전이 벌어지고 몽둥이질이 난무했다. 사민을 때려 선혈이 낭자하게 흐르는 이들이 있었으며, 노인들을 넘어뜨려 이마가 깨어진 이들이 있었다. 이러한 상황에서 현감과 향리들은 더욱 몰아붙이며 온갖 방법으로 위협했는데, 김인섭은 당시 정황을 전쟁터나 다름없었고 한바탕 통곡하는 곳이 되었다고 묘사했다.

이날 사람들이 향사당에 모여 있었는데, 밤이 되자 북과 호각이 크게 울리더니 서리와 군교 등이 사방을 둘러싼 다음 돌을 던지고 장봉을 내리쳐서 머리가 깨지고 뼈가 부러진 자는 부지기수이며 옆구리와 허리가 꺾인 사람들도 이루 헤아릴 수 없었다고 한다. 이런 와중에 김령은 남들보다 더 심하게 몽둥이질을 당했는데, 이 변고를 듣고 그곳으로 달려간 김인섭도 돌멩이와 몽둥이에 맞아 이마가 깨지고 입술이 터졌으며, 가슴과 다리에 심한 상처를 입은 채로 진흙에 나뒹굴어져

28 金麟燮, 『端磎日記』. "二月 初一日 官逃去 被留於飛津 往見 宿新溪書院 初四日 鄉民大會 哭客舍 二更亂作 余父子被凶鋒 大小民人 未分生死者二十餘人 賊魁乘夜逃去"

목숨이 거의 끊어졌다가 겨우 살아났다고 진술했다.[29]

김인섭은 다음 날 일기에 하루 동안 천 명이 넘게 문병을 와서 다 기록할 수 없을 정도라고 적었다.[30] 단편적인 기록이지만, 단성의 사민이 현감과 향리들의 불법과 폭압에 관해 뜻을 같이하고 함께 항거한 정황을 짐작할 수 있게 하는 내용이다.

이 사건으로부터 10여 일이 지난 2월 15일에 임병묵은 파직되었다. 단성 사람들은 대궐에 나아가 자신들의 입장을 호소하기 위해 복합유생(伏閤儒生)의 각 직분을 분담했으며, 김인섭은 밤새도록 상소를 작성했다. 신임 감사 이돈영(李敦榮)이 25일에 내려온다는 소식을 듣고 20일에 향원 10여 명이 상소를 가지고 출발했다.[31]

23일 일기에는 진주항쟁의 상황을 기록했는데, "진양 초부회(樵夫會) 10여만 명이 포리(逋吏) 5명을 불태워 죽였으며, 계산(溪山)에 참여한 모든 사람의 집을 모조리 헐었다. 청강(靑崗) 최씨, 남성동(南星洞) 성씨(成氏), 소남(召南) 조씨(趙氏), 사월(沙月) 두 이씨 등이 화를 면하지 못했다고 한다."[32]라고 썼다. 24일에는 "진주의 소식이 날마다 전해오는데, 청강이 특히 화를 입었다."[33]라고 했다.

---

29 金欞, 『勘定錄』, 「呈按覈使狀」, 25~26면. "是以群情咸咨 衆怨轉深 鄕之大小民人 一時齊會 入訴本官 反齎怒 無所顧藉 則吏校奴令 風趍影從 氣焰騰天 威稜奮地 白日公庭 石子飛流 朱門牢鎖 梃棒衝突 搏擊士民 鮮血迸流 顚越者耉 頭額破碎 而官威益猛 吏頑愈肆 脅之以肅靜之牌 動之以軍令之旗 獰風凜凜 殺氣陰陰 當時爻象 無異戰場 一境多民 盡迫屠戮之禍 則哀怨彌中 悲號發外 遂成一場痛哭者 乃臨死相弔之情 而就中老成之人 初欲挽止其經庭直行之擧 聚會鄕射堂(是加尼) 忽時夜將半 鼓角大鳴 毒吏悍校 獰奴猛差 打成一團 圍匝四面 飛石雹擊 長棒電掣 碎頭而碎骨者 不知幾人 折脅而折腰者 殆難數計 而第一尤所痛愕者 前正言金某之大人 亦隨鄕人之後 偶參是座(是如所) 酷中兇鋒 偏倍他人 四大俱傷 一縷垂盡 其子正言 適過近店 得聞此報 蒼黃奔赴之際 四面兇徒 或投以石 或擊以梃 額破膂裂 胸瘀脚傷 墮倒濘塗 絶而僅甦"

30 金麟燮, 『端磎日記』. "初五日 鄕人來問者 日千餘人 不能盡記"

31 金麟燮, 『端磎日記』. "十五日 賊魁黜罷 十八日 分定伏閤儒生 十九日 終夜書狀 二十日 新監司李敦榮以念五間到界 鄕員十餘人齎狀進去"

32 金麟燮, 『端磎日記』. "二十三日 晉陽樵夫會十餘萬 燒殺逋吏五漢 凡溪山往參者 盡毁其家 靑崗崔 南星洞成 召南趙 沙月兩李 皆不免云"

33 金麟燮, 『端磎日記』. "二十四日 晉邑所聞日及 靑崗尤被其禍"

김인섭의 기록과 같이 초부회 인원이 10여만 명이나 되었을까 하는 의구심이 든다. 하지만 이들이 2월 20일 밤 소촌역에 들이닥쳤는데, 6~7백 호에서 농민군을 대접할 정도였다고 하니, 상당히 많은 인원이 참여했음을 알 수 있다. 피해를 본 사람들은 평소 농민들을 괴롭혔던 양반 토호들이었다. 청강 최씨는 개천리 청강마을의 최운(崔雲)이며, 남성동 성씨는 대여촌리 남성동의 성석주(成奭柱)이다.[34]

계산은 안동김씨 김수근(金洙根)의 호이며, 철종의 장인 김문근(金汶根)의 형이다. 1861년 진주의 일부 부유한 사족들이 김수근을 위한 서원을 세우는 데 앞장선 일이 있었다. 안동의 김진형(金鎭亨)이 자기 고을에 먼저 그를 위한 서원을 세우자 영남 여러 고을의 호사가들이 그것을 본떠 서원을 세우려고 했다. 당시 그들은 권세가에 아부하여 관료로 진출하는 데 유리한 입지를 확보하고자 하는 부류들로 지목되었고 계산파라고 불리었다.[35] 농민군이 계산파를 공격한 이유는 긴급하지도 않은 서원을 건립하는 일은 농민들의 부역 문제와 연결될 뿐만 아니라, 그 행동의 비굴함 때문이라고 이해할 수 있다.[36]

이처럼 진주항쟁이 과격한 양상으로 번진 것에 비해, 단성은 자신들의 입장을 상소에 의해 호소하는 방법을 지켰다. 2월 25일 이후 여러 차례 단성 사람들이 한양으로 갔던 이유도 복합상소(伏閤上疏)와 관련된 것이라고 추측된다.[37]

한편 29일에는 향원들이 청심정에서 대회를 가졌으며, 이 자리에서

---

34 김준형, 『1862년 진주농민항쟁』, 지식산업사, 2001, 114면.

35 김준형, 『조선후기 단성 사족층연구』, 아세아문화사, 2000, 290~291면.

36 김준형, 『1862년 진주농민항쟁』, 지식산업사, 2001, 118면.

37 金麟燮, 『端磎日記』. "二十五日 李乃允去京 二十七日 柳而伯去京"

추천을 받아 좌수(座首), 이방(吏房), 호방(戶房)을 뽑았다.[38] 단성의 사민은 기존 향리들을 향한 적개심이 폭발하여 그들과는 절대 한 지역에 살 수 없다고 맹세하는 지경에 이르렀다. 그러므로 향리들도 단성 주민들의 격앙된 분위기 때문에 다른 곳으로 피해 흩어졌다.[39]

김인섭은 21일에 안핵사 박규수에게 올리는 글을 지었으며, 23일 저녁에 안핵사의 회제(回題)를 보았다. 박규수는 2월 29일에 진주안핵사로 임명되어 3월 1일에 현지를 향해 출발했으며, 3월 18일에 진주에 도착했다.[40] 『감정록』에 당시 올린 정문과 함께 제사도 수록되어 있다. 박규수는 3월 22일에 "단읍(丹邑)의 사변을 듣고서 매우 놀라고 통탄한 지가 오래되었다. 볏짚을 넣고 돌멩이를 채워 포흠(逋欠)을 전가하고 백성을 괴롭혔다고 하는데, 근래에 이러한 폐정(弊政)은 도처에 있다. 예전부터 개탄하던 일이니, 어찌 창고를 조사하여 눈을 크게 뜨고 자세하게 살핀 뒤에야 알 수 있다고 하겠는가? 본읍의 환곡 폐단이 한결같이 이런 지경에 이르렀으니, 복명하는 날에 마땅히 아뢰는 바가 있을 것이다. 우선 물러나 기다려라. 향리들의 무엄한 습속은 감영에서 응당 처분이 있을 것이다."[41]라고 회답했다.

그런데 4월 15일에 다시 정문을 올리자, 박규수는 엄중하게 꾸짖는 어투로 회답했다.

> 오늘날 영남은 모든 법도가 무너져 관리는 정사를 잘못하고 향리는 멋

---

38 金麟燮, 『端磎日記』. "二十九日. 鄕員大會淸心亭 薦出座首吏戶"

39 김준형, 『조선후기 단성 사족층연구』, 아세아문화사, 2000, 278면.

40 김명호, 「진주농민항쟁과 박규수의 안핵사 활동」, 『환재 박규수 연구』, 창비, 2008, 458~465면.

41 金欞, 『勘定錄』, 「呈按覈使狀-題音」, 27~28면. "本邑事變 聞甚駭痛者久矣 藁草充石 播逋病民 近來如此弊政 到處有之 夙所慨歎 豈待反庫閱倉 張目熟視 然後知之哉 本邑還弊 一至於此 復命之日 當有所仰達矣 姑爲退俟(爲𢝐) 吏屬無嚴之習 自巡營應有處分向事"

대로 간사한 짓을 하여 백성이 안심하고 살 수가 없다. 상황이 더욱 심해져 기강과 명분을 침범하여 윗사람의 명령을 받들지 않는 데에 이르렀다. 진주와 단성에서 사변이 있고 난 이후로 마을마다 모두 요동하여 거의 안정된 곳이 없으니, 이 무슨 징조인가?

소민(小民)이 이처럼 하는 것은 오히려 괴이할 것이 없지만, 대민(大民) 중에서 넉넉히 사리를 알 만한 자가 기꺼이 난리를 주창하고 변란을 격동하는 우두머리가 되는 것은 유독 괴이하다. 도처의 읍변(邑變)에서 모두 이런 무리가 있어 관장(官長)을 파직하고 임용하는 일이 그들의 손에서 나오고자 하며, 이서(吏胥)를 내쫓고 차출하는 일이 그들의 손에서 나오고자 하며, 폐단의 구제가 전적으로 그들의 손에서 나오고자 한다. 진실로 이와 같다면, 예악(禮樂)과 정벌(征伐)을 어디에서 명을 받아야 할 것인가? 말을 하다 보니 여기에까지 미치었구나. 기강과 명분을 침범한 사람은 왕법(王法)에 의하면 반드시 죽여야 할 자이다.

단성의 경우 애초에 향리와 서민의 다툼이니, 참으로 이른바 '천하에 일이 없는데 용렬한 사람이 소동을 피운다'라는 것이다. 비록 그렇지만 사민이 욕을 당하고 조관(朝官)이 구타를 입은 일은 그대로 둘 수 없다. 우두머리가 되어 먼저 해친 자를 모조리 엄히 조사하고 구속하여 보고할 것이다. 읍민 중에서 도소(都所)라고 일컬으며 읍저(邑底)에 모여 날마다 사단을 찾아다니는 부류에 관해선 만약 물러나 기다리지 않는다면 역시 이름을 지목해 보고하여 엄히 조처하는 것이 마땅하다.[42]

---

42 金欞, 『勘定錄』, 「又呈按覈使狀-題音」, 30~31면. "今日嶺南 百度隳壞 官失其政 吏肆其姦 民不聊生 轉而至於干紀犯分 顚越不恭 自晉丹之有事變 邑邑皆動 幾無寧靜之處 此何爻象乎 小民之如此 亦無怪矣 獨怪大民之優可識事理者 甘爲倡亂激變之首 到處邑變 皆有此一輩人 官長之黜陟欲出於渠手 吏胥之汰差 欲出於渠手 弊瘼之矯捄 悉欲出於渠手 苟如是 則禮樂征伐 其將於何稟命乎 興言及此 其爲干紀犯分 在王法 必誅者也 至於丹城段置 當初吏民之鬩 眞所謂天下無事庸撓之者耳 雖然士民之受辱 朝官之遇打 不可仍置 作頭先犯者 一倂嚴覈捉囚報來(是矣) 邑民之稱以都所 而聚會邑底 日尋事端之類 若不退待處(是去等) 亦爲指名報來 以爲嚴處之地 宜當事"

박규수는 양반 사족이 진주항쟁의 주도층이라고 판단했다. 그는 부임 도중인 3월 9일 진주로 발송한 관문에서 이미 농민항쟁의 가담자로 '무지한 백성' 외에 '식견 있는 자들'을 지목하고 자수를 촉구했다. 이어서 3월 12일자 편지에서도 과거 응시차 상경한 영남 선비들이 농민항쟁과 관련하여 소요를 일으킬지 모른다고 우려했다. 이처럼 박규수는 본격적인 조사에 임하기 전부터 영남의 사족을 항쟁의 주도층으로 의심하고 있었다.[43]

위에서 인용한 제사에서 확인되듯이, 박규수는 단성의 경우 김인섭 부자가 항쟁을 주도했을 뿐 아니라, 항쟁 이후에도 고을의 행정을 좌우하면서 계속 관에 맞서는 행동을 한다고 생각했다. 안핵사를 찾아와 양반 사족을 공격한 아전들을 처벌하도록 요구하는가 하면, 감영에서 파견한 조사관의 진상 조사 활동을 방해하고 안핵사의 조사 요구에도 불응하는 등으로 도전적인 자세를 취한다고 보았다. 그리하여 박규수는 김령을 단성의 '이명윤(李命允)'이라고 매도하면서, 진주와 마찬가지로 단성 등지에서도 양반 토호가 항쟁을 주도한 것으로 확신하게 되었으리라 짐작된다.[44] 이명윤은 홍문관 교리(校理)를 역임한 인물로, 박규수는 그를 진주항쟁의 '주괴(主魁)'라고 믿었다.[45] 안핵사가 단성항쟁에 관해 이와 같은 입장을 가지자, 김인섭은 더는 정문을 보내지 않았다. 5월 29일 일기에 안핵사가 탄핵을 받아 돌아갔다는 소식을 듣고 도로에서 서로 축하했다는 말을 기록한 점으로 보아 그 역시 강한 불만을 품었음을 알 수 있다.[46]

---

43 김명호, 「진주농민항쟁과 박규수의 안핵사 활동」, 『환재 박규수 연구』, 창비, 2008, 511면.

44 김명호, 「진주농민항쟁과 박규수의 안핵사 활동」, 『환재 박규수 연구』, 창비, 2008, 533면.

45 김명호, 「진주농민항쟁과 박규수의 안핵사 활동」, 『환재 박규수 연구』, 창비, 2008, 507면.

46 金麟燮, 『端磎日記』. "知按覈使朴珪壽遭劾而歸 道路相慶"

이에 앞서 신임 현감 이원정(李源鼎)이 2월 22일에 출발했다는 소식을 3월 1일에 들었다.[47] 그리하여 신임 현감을 맞이할 신연하인(新延下人)을 보냈는데, 4월 4일에 수원(水原)에서 퇴짜를 맞았다는 소식을 알게 됐다.[48] 박규수와 마찬가지로 신임 현감 이원정도 단성 사민에 관해 우호적인 관점에서 보지 않았다는 것을 드러낸다. 『감정록』에 신임 현감에게 올린 정문이 7건 수록되어 있다. 이원정은 4월 15일에 단성에 도착했다. 단성 사민은 22일에 처음으로 신임 현감에게 정문을 올렸는데, 안핵사의 관문에 따라 10년 동안의 창고 장부와 담당자를 발송하라는 내용이다.[49] 현감은 "창고 장부를 보내려 하는데 중간에 자못 편안치 못한 단서가 있다."[50]라고 회답했다.

같은 날에 다시 정문을 올려 수리(首吏)의 임명을 허락받았으니, 이방과 호방에 관한 성첩도 내려주기를 요청했다.[51] 현감은 "송지호(宋志顥)가 신연거행(新延擧行)을 했다면 마땅히 차첩(差帖)이 있을 것이며, 이창홍(李昌洪)도 향천(鄕薦)이라면 향회에서 내어준 첩이 있을 것이다."[52]라고 회답했다. 이 말에서 이원정은 향회에서 선출한 향리들을 수용하고 싶은 뜻이 없다는 것을 느낄 수 있다. 신임 현감이 이런 입장을 가진 데에는 이전 향리들의 개입이 있었다고 보인다.

47 金麟燮, 『端磎日記』. "三月 初一日 福元向草溪去 新官去月二十二日出 姓名李源鼎 京人"

48 金麟燮, 『端磎日記』. "四月 初四日 鄕中新延下人 回自京師 知行到水原被退斥"

49 金欞, 『勘定錄』, 「稟呈本官」, 49면. "伏以 按覈使家憫丹民之垂亡 哀矜丹邑之盡劉 特下嚴關 上使十年倉簿與該色者 殆近一望 而忨愒因循 慢不擧行 坐失天借之好 便可勝歎惜哉 伏望嚴加令勑 卽日上使 以蘇萬民切骨之痛冤 以延一方大命之近止者 豈非仁侯汲汲當務之急者乎 玆敢具由仰稟"

50 金欞, 『勘定錄』, 「稟呈本官-題音」, 49면. "倉簿將欲治送 而中間殆有難安之端"

51 金欞, 『勘定錄』, 「再呈本官」, 49면. "伏以 我閤下惠政子諒 春噓物茁 德施普洽 河決江注 克從民望 大慰群情 民等歡忻踊躍 髣髴乎生逢熙皡之世也 首吏旣承許施之題敎 戶長仰陳衆口公薦 而玆敢望記以納 伏望吏戶差紙 卽爲成帖 使之斯速擧行 則鄕所船主 亦當鱗次望定以進之意 緣由仰稟"

52 金欞, 『勘定錄』, 「再呈本官-題音」, 49면. "宋志顥旣曰 新延擧行 則當已有差帖 李昌洪亦是鄕薦 則自鄕會所出帖 宜當事"

기존의 향리들은 2월 4일의 충돌사건이 벌어진 이후 다른 곳에 피신해 있으면서 자신들의 입장을 옹호하기 위한 방법을 강구했다. 신임 현감을 맞이하러 간 사람들이 퇴짜를 맞은 이유도 기존 수리(首吏) 이동팔(李東八) 등 일부 향리들이 미리 가서 선수를 쳤기 때문이다. 그들은 이와 같은 방법을 동원해서까지 자신들의 죄상을 감추고 사족들을 갖가지로 모함하려 했다. 이외에도 박규수가 안핵사로 진주에 오자, 진주의 향리와 공모해 김령을 비롯한 단성 사족을 모함하고 자신들은 처벌에서 빠져나갈 수단을 강구하고 있었다. 결국, 단성 사족들의 눈치를 살피던 신임 현감은 선무사(宣撫使)가 단성에 도착하기 전날 사족이 선출한 향리들을 축출하고 기존 향리들을 불러들여 자신이 임명하는 형태를 취했다.[53] 따라서 전 현감 임병묵은 파직을 당했지만, 기존 향리들은 다시 직무를 담당하게 되었다.

한편 삼가 현감인 임사준(任思俊)이 회사관(會査官)으로 차정되어 단성 항쟁을 조사하기 위해 4월 14일에 도착했다.[54] 4월 21일에 단성 사민은 회사관에게 품목(稟目)을 올렸다. 삼가는 인근 고을이므로 회사관은 단성의 상황을 익숙하게 알고 있을 것이며, 관찰사와 안핵사에게 올린 상소 2편이 있어 이것으로 대신하여 첨부하니, 단성의 환곡 폐단과 관속(官屬)의 변괴를 상세하게 조사해서 보고해 달라고 호소했다.[55]

임사준은 이 품목의 회답에서, 자신이 인근 고을에 재임하고 있어

---

53 김준형, 『조선후기 단성 사족층연구』, 아세아문화사, 2000, 279~280면.

54 金麟燮, 『端磎日記』. “十三日 夜 大汝來 知三嘉倅(任思俊)定會査官 十四日 以新倅將到 査官繼來”

55 金欞, 『勘定錄』, 「稟査官」, 47면. “伏以 本邑還簿之痼弊 官屬之變怪 閣下莅在隣邑 想必稔聽而周知矣 今幸皂蓋臨止 擔夯會査之責 實丹民其蘇之秋也 其弊痼源委 作變顚末 已悉於呈巡相國按覈使兩狀中 今不必疊陳 而粘連仰訴 伏乞詳細鑑燭 而虛苞之還給於呈納者 移貿之推徵於倉色處 已有前巡相屢次甘飭 此豈非斷案乎 更伏請依此施行 而至若作諸凶 一一窮覈取招 論報上司 亟施當律 上以湔朝廷之羞辱 下以雪神人之冤忿 千萬祈懇之至”

단성민의 곤궁하고 고달픈 상황이 오래되었다는 것을 잘 알고 있으며 항상 근심하고 탄식했었다는 말로 시작했다. 그리고 조정에서 벼슬한 사람이 관속에게 구타를 당한 일은 더욱 예전에 없던 사건으로 언급조차 하고 싶지 않다고 했다. 하지만 상소에서 말한 명분을 바로잡고 폐단의 근원을 혁파하는 일은 조사를 마친 후에 시행할 일이라고 답변했다.

이어서 감영에 정문을 올려 4차례나 제사를 받았고 안핵사에게 글을 올려 환곡에 관해 신칙하는 관문(關文)이 있었는데, 계속해서 분분히 찾아오고 시끄럽게 소란을 피우는 것은 무슨 의도냐고 꾸짖었다. 그가 보기에 단성민이 '원통함을 부르짖는다[號冤]'는 말로 표현하지만 실상은 '협박하고 견제한다[脅制]'는 행태에 가까우며, '다 함께 호소한다[齊籲]'라는 말은 '위협하고 을러멘다[威喝]'는 것이나 다름없다고 했다. 게다가 단성민의 이러한 행동으로 향리들이 모두 달아나 숨었고 문서는 수집할 길이 없어 조사가 언제 종결될지 기약이 없으니, 명분을 바로잡고 폐단의 근원을 구제하는 것을 어느 때에야 이룰 수 있겠느냐고 말하여 소란의 책임을 단성민에게 따져 묻는 투를 드러냈다.[56]

회사관 임사준도 단성항쟁의 본질적 원인을 조사하여 보고하려는 의지보다 일시적으로 발생한 소요의 책임을 사민에게 물으려는 입장을 가졌다고 이해된다. 『감정록』에 회사관에게 올린 글은 품목 1편뿐이므

---

56 金欞, 『勘定錄』, 「稟查官-題音」, 48면. "丹民之困悴久矣 莅在接壤也 故尤所稔知而熟聞 常切憂歎 至於向來 朝士之被打於官屬輩事 尤是前古所未有之事 寧欲無言 官方以會查來到本縣 正名分革弊源 卽是行查後 次第件事 而但所可慨然於鄕中者存焉 旣呈營而營題以四件事 反覆懇惻 呈于按使 而至有倉色倉簿 亦使之關飭 則邑弊從可救矣 民願亦可遂矣 何不靜而竢之以觀下回 而乃反紛紛來會 喧聒不止者 抑何意也 雖曰號冤 而迹則近於脅制 雖曰齊籲 而計不出於威喝 安有如此駭妄之擧乎 官雖庸愚淟劣 必無安而受之理 且由是而吏校擧皆逋避 文簿莫可收集 然則行查末由出梢無期 名分將何以正乎 弊瘼將何以救乎 況當此農作之時 許久相持 延拖時月 則衆民之失農亦可不念哉 卽必散歸 各安其所 以待查報後營門處決 可也 如是曉喩 而若一直撓攘 則當以此由報營還官 咸須知悉 宜當向事 依營關 大民中解事三數人來待事"

로, 이후로 더는 상소하지 않은 것으로 보인다. 그리고 어떤 이유인지는 모르지만, 김인섭의 5월 26일 일기에 '사관 임사준이 도망하여 돌아갔다.'라는 내용을 기록했다.[57]

안핵사와 회사관 등은 단성항쟁의 원인이 현감과 향리들의 불법적 환곡 운영에서 비롯되었다는 사실을 분명하게 알고 있었지만, 책임은 사민에게 돌리려는 경향이 뚜렷했고 특히 사족이 주도하여 소요가 일어났다는 관점에서 사건의 전말을 판단하려 했다. 5월 2일에 철종이 영남 사민에게 교시하는 글이 내려왔으며,[58] 8일에 선무사 이삼현(李參鉉)이 단성 읍내로 들어오자 많은 단성민이 찾아가 자신들의 입장을 호소했다.[59]

선무사 이삼현이 처음으로 단성의 환곡 폐단을 보고함에 따라 단성의 환폐가 심각함을 알고는 철종은 경상감사에게 단성 등지의 환곡 포흠이 시작된 원인을 보고하라고 지시했다. 그 뒤 암행어사 이인명(李寅命)에 의해 보다 자세한 실상이 밝혀졌다. 특히 2만 7천여 석이나 되는 아전의 포흠을 충당하기 위해 민간에 열악한 곡식을 분급하고 강제 징수한 사실이 드러났다.[60]

하지만 조정이나 중앙에서 파견한 관리들의 시각은 달랐다. 이인명이 올린 별단에 의하면, 김령을 비롯한 단성항쟁 주모자들의 죄목은 몇 가지로 요약된다. 첫째, 대집회에 참여하지 않은 자들에게서 벌전을 5량씩 거두어 착복했다는 것이다. 둘째, 전임 수령을 여러 가지로 핍박하고 기존 관속들을 죽이려 했고 급기야 일부 관속들의 집을 불태

57 金麟燮, 『端磎日記』. "二十六日. 查官任思準逃歸"

58 金麟燮, 『端磎日記』. "五月 初二日 伏讀諭嶺南大小民敎書 宣撫使行護軍李參鉉下來"

59 金麟燮, 『端磎日記』. "初八日 宣撫使入邑 鄕人多往赴"

60 송찬섭, 『조선후기 환곡제개혁연구』, 서울대학교출판부, 2002, 120면.

웠으며, 대신에 자신들 멋대로 관속들을 뽑아 현감을 맞이하게 하고 수발을 들게 하여 현감이 자기 소신대로 통치하지 못하게 했다는 것이다. 셋째, 향회를 지속적으로 개최하면서 민간에서 1결당 1냥씩 함부로 돈을 거두어 주식비로 사용했고 이때 관문서를 모방해서 사용했다는 것이다.[61]

이에 관해 김인섭을 비롯한 단성 사족들은 적극적으로 항변했다. 하지만 지금까지 살펴본 것처럼, 중앙의 관리들은 영남의 사족들에 관해 상당히 부정적인 시각을 가지고 있었으며, 사족의 입장보다 현감과 향리들의 말을 수용하는 편이었으므로, 상황은 단성의 사족들에게 불리한 방향으로 진행되었다. 5월 12일에 단성의 사족들이 진주 감옥에 갇혔다가, 14일에 단성으로 이감되었다. 김인섭은 진주에 가서 목사를 만나기도 하고 관찰사와 접견하기도 하는 등 사태의 수습을 위해 분주하게 움직였다. 하지만 25일에는 단성에 수감된 사족이 모진 형벌을 받아 옥졸에게 업혀 나왔으며, 다른 사족들도 암행어사의 문책에 포함되어 위태로운 상태였다.

6월 2일 일기에는 암행어사가 4번이나 나와서 단성민들을 일망타진하려는 듯이 보였다고 적었다. 다음날 단성 사족들이 차례대로 중죄에 걸려들었다. 12일에 김령이 진주 감옥에 갇혔으며, 17일 새벽에 나장(羅將) 민득현(閔得鉉)이 내려와 김인섭을 의금부로 잡아갔다.[62] 김인섭은 의금부에서 3차례 신문을 받았는데, 3차 심문 때는 30대의 곤장을 맞았다. 하필 이날이 할아버지 제삿날이어서 자신도 모르게 눈물이 흘러

---

61 김준형, 『조선후기 단성 사족층연구』, 아세아문화사, 2000, 285면.

62 金麟燮, 『端磎日記』. "六月 初二日 繡關四出 鄕人一網打盡 令人危怖 初三日 可遠諸人 次第重罹 十二日 李寅明白日入晉陽城 大人不免就囹圄 憤恨欲死 十六日 鄕人皆畏縮散歸 獨族從兄致英氏不去 夜同宿主人(金道永)廳事 五更被拿命(羅將閔得鉉下來)"

내렸다는 내용을 일기에 적었다. 마침내 7월 14일에 김인섭의 관직을 삭탈하고 석방하라는 명을 내렸지만, 부친 김령은 임자도로 유배 갔다.

3. 단성의 폐정(弊政)과 김인섭의 문제 제기

이 절에서는 『감정록』에 수록된 「단자(單子)」를 통해, 김인섭이 단성의 읍정에 관해 어떤 문제 의식을 가졌으며, 그것이 단성항쟁을 일어나게 할 만큼 심각한 것이었는가를 고찰하기로 한다. 「단자」를 분석하기에 앞서 『감정록』이라는 책에 관해 개괄적인 설명을 할 필요가 있겠다.

김령이 임자도에 가서 기록한 유배일기인 『간정일록』에는 1862년 9월부터 이듬해 1월까지 12차례에 걸쳐 『감정록』을 정리했다는 기록이 있다.[63] '감정(勘定)'은 시비를 분별하여 결정한다는 의미가 있으므로, 김

63 김령, 오덕훈·심수철 번역, 『해기옹 김령의 임자도 유배생활』(민속원, 2016)에 다음의 기록이 보인다.

* 1862년 9월 22일. 머리를 빗고 『감정록』을 정리했다.
11월 12일. 새벽에 머리를 빗고 『주역』을 외웠다. 『감정록』을 정리했다.
11월 17일. 새벽에 머리를 빗고 『주역』과 『서경』을 외웠다. 『감정록』을 정리했다.
11월 18일. 새벽에 머리를 빗고 『주역』을 외웠다. 『감정록』을 정리했다.
11월 21일. 새벽에 머리를 빗고 『서경』을 외웠다. 『감정록』을 정리했다.
11월 22일. 새벽에 머리를 빗고 『주역』을 외웠다. 『감정록』을 정리했다.
12월 11일. 새벽에 머리를 빗고 『주역』을 외웠다. 『감정록』을 정리했다.
* 1863년 1월 21일. 새벽에 머리를 빗고 『주역』을 외웠다. 환약을 복용하기 시작했다. 『감정록』을 정리했다.
1월 22일. 새벽에 일어나 약을 복용했다. 머리를 빗고 『주역』을 외웠다. 『감정록』을 정리했다.
1월 23일. 새벽에 일어나 약을 복용했다. 머리를 빗고 『주역』을 외웠다. 『감정록』을 정리했다.
1월 24일. 새벽에 일어나 약을 복용했다. 머리를 빗고 『서경』을 외웠다. 『감정록』을 정리했다.
1월 26일. 새벽에 머리를 빗고 약을 복용하고 『주역』을 외웠다. 『감정록』을 정리를 마쳤다.

령은 단성항쟁의 전후 과정에서 작성한 상소 및 제사를 정리하여 이후에라도 공정한 감정을 받고 싶은 뜻을 가졌으리라 추론된다. 『단계일기』에서 확인되듯이, 상소문의 작성자는 대부분 김인섭이라고 판단된다. 김령이 단성민의 대표자 역할을 담당했다면, 김인섭은 각종 문서를 작성하는 책임을 맡은 것이다.

현재까지 『감정록』이 학계에 소개되지 못한 까닭은 이 책이 상산김씨 문중이나 영남 지역 도서관에 소장되어 있지 않고 전남대학교 도서관에 보관되어 있었던 데다, 서지사항에 편찬자를 이기연(李紀淵)으로 표기했었기 때문이다. 『감정록』에는 서문과 발문이 없으므로, 이 책의 내용만으로는 누가 언제 편찬했는지를 알 수 없다. 그래서 최초의 서지사항을 기입할 때 『감정록』의 첫 번째 정문의 수급자인 관찰사 이기연을 편찬자로 우선 표기해놓은 것이 아닐까? 『감정록』이 전남대학교에 보관된 까닭은 김령이 임자도에서 이 책을 편찬한 후 해배되어 돌아올 때 수습되지 못하여 전라도 지역에 남아 있었던 것이 아니었을까? 라는 추론을 할 수 있다.

현재 전남대학교 도서관 홈페이지에는 편찬자가 김령으로 표기되어 있으며, 발행사항은 1862년으로 기재되어 있다. 그리고 판사항은 필사본 1책 34장이며, 한 면당 10행이고 행마다 글자 수는 일정하지 않다. 크기는 가로 33.6cm, 세로 19.5cm이다.[64]

수록된 내용을 도표로 정리하면 다음과 같다.

---

64 귀중한 자료를 연구에 활용할 수 있도록 도움을 주신 전남대학교 도서관 고문헌 자료실의 오정환 선생님께 진심으로 감사를 드린다.

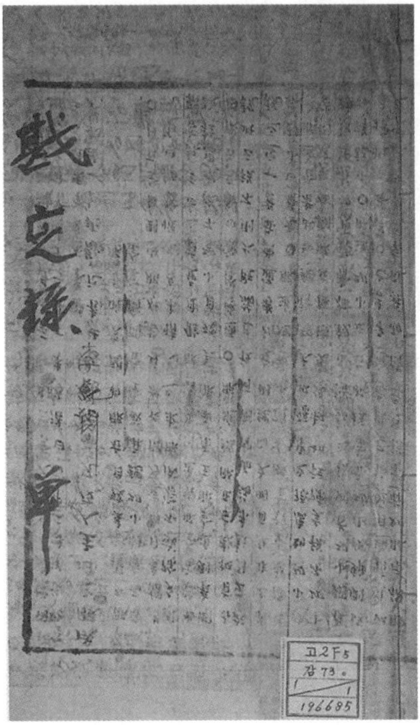

그림 18 『감정록』 표지

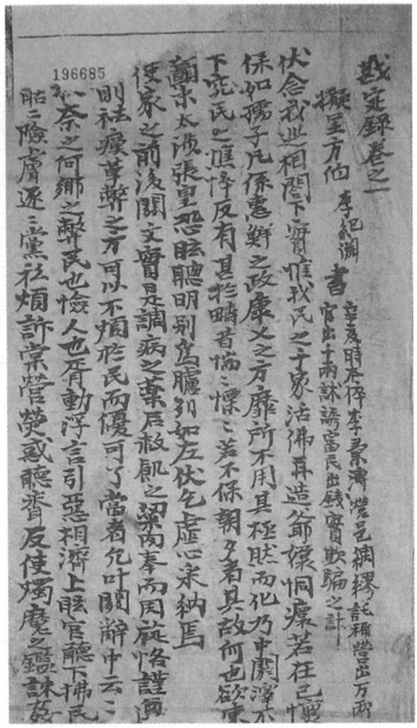

그림 19 『감정록』 본문 첫 면

<표-1> 『감정록』 수록 내용

번호	제목	발급자	수급자	일자	제사
1	擬呈方伯李紀淵書	丹城民	觀察使 李紀淵	1851년 2월 ~ 1852년 8월	無
2	金麟燮上書	金麟燮	觀察使	1859년 6월	無
3	金氏門狀	商山金氏 門中	觀察使	1859년 9월	無
4	單子(呈方伯金世均)	金麟燮	觀察使 金世均	1861년 2월	無
5	呈按覈使狀	丹城民	按覈使 朴珪壽	1862년 3월	有
6	又呈按覈使狀	丹城民	按覈使 朴珪壽	1862년 4월	有
7	原情	金麟燮	義禁府	1862년 7월	無
8	禁府啓目	金麟燮	義禁府	1862년 7월	有傳敎
9	呈按覈使書	丹城民	按覈使 朴珪壽	1862년	有
10	擬呈舊伯金世均狀	丹城民	觀察使 金世均	1861년	無
11	呈舊使金世均	丹城 幼學 申重遠 等	觀察使 金世均	1861년	有
12	擬呈舊伯金世均書	丹城民	觀察使 金世均	1861년	無
13	稟查官	丹城民	三嘉縣監 任思準	1862년 4월	有
14	稟呈本官	丹城民	丹城縣監 李源鼎	1862년 4월	有
15	再呈本官	丹城民	丹城縣監 李源鼎	1862년 4월	有
16	三呈本官	丹城民	丹城縣監 李源鼎	1862년 4월	有
17	四呈本官	丹城民	丹城縣監 李源鼎	1862년 4월	有
18	五呈本官	丹城民	丹城縣監 李源鼎	1862년 4월	有
19	六呈本官	丹城民	丹城縣監 李源鼎	1862년 4월	有
20	七稟本官	丹城民	丹城縣監 李源鼎	1862년 4월	有
21	呈本官	奴名 (金麟燮家)	丹城縣監 李源鼎	1862년 7월	無
22	呈方伯狀	奴名 (金麟燮家)	觀察使	1862년 7월	無
23	稟呈	丹城民	觀察使	1861년 12월	無

이상 23편의 정문 가운데 네 번째에 수록된 「단자(單子)」를 집중적으로 살펴보기로 하겠다. 이 글은 단성항쟁이 일어나기 1년 전인 1861년 2월 17일에 김인섭에 의해 작성되었으며, 수급자는 경상도 관찰사 김세균이다. 앞에서 서술했듯이, 이 단자는 단성 사람들에게 큰 반향을 불러일으켰으며, 단성항쟁의 발화점이 된 사건이라고 이해된다.

「단자」의 상반부에는 단성민이 겪고 있는 피폐한 상황을 전반적으로 서술했다. 관찰사가 단성민의 어려움을 헤아려주어, 작전(作錢)[65]에서 원래의 모조(耗條)를 특별히 감면해주고 납부 기한은 겨울까지 늦추어주었다. 또한 이 일을 위해 전후로 제사와 관문을 내려보내 관찰사의 의도를 자세하게 전달했다. 그런데 단성 현감은 그런 분부를 전혀 시행할 뜻이 없었다. 작은 규모의 쇠잔한 단성 고을이 흉년까지 겹쳐 물고기가 길 위의 고인 물에서 입을 뻐금거리는 듯 다급한 처지인데, 오히려 10~15일 사이에 수만의 돈꿰미를 거두었다.[66]

향리들은 멧돼지처럼 쳐들어와서 세족의 집을 부수고 사족의 의관을 찢었으며, 도감(都監)과 검독(檢督)은 나란히 줄을 지어 기세가 우레치는 듯하고, 풍헌(風憲)과 집강(執綱)은 마음껏 표독을 부려 사나운 불보다도 맹렬했다고 묘사했다. 밤새도록 설쳐대며 학대하고 위협하는 행태가 큰 도적이 집들을 부수고 협박하는 것보다 더 심했으며, 종일토록 위세를 떨치며 돌아다니는 모습이 용맹한 장수가 적의 대장을 목 베고 깃발을 빼앗는 것보다 더 맹렬했다. 그래서 단성민의 가축들은 남김없이 몰수되고, 가재도구와 의복마저 남은 것이 없었다. 단지가 모두 비어 어린 자식이 굶주리고 베틀에 천이 없어 어린애가 추워서 우는 지경이니, 원망하는 기운이 천지에 가득하고 울부짖는 울음이 밤낮으로 들린다고 했다. 살아보려고 해도 오직 죽음만 기약할 수 있

65 작전(作錢): 토지세를 돈으로 환산해서 납부하는 것을 말한다.

66 金欞, 『勘定錄』, 「單子」, 14~15면. “惶恐敢瀆巡相國閤下台鑑 伏念 朝廷者四方之本 監司者守令綱 若朝廷之令不行於四方 監司之命不行於守令 則朝廷何以統率四方乎 監司何以宣化一省乎 今夫環嶠南七十州蒼生 莫不飽閤下之德被閤下之仁 擧欣欣(若草木之遇陽春 枯旱之逢甘霈 有以各遂其生 而嗟我一片丹邱 獨阻二天)之澤者 抑何故也 噫噫 贓吏猾胥之流毒 甚於蟊賊之害苗 豺虎之傷人 遂使一方生靈 惴惴焉莫保朝夕 遑遑焉如逢亂離 哀我民 斯何罪何辜 大抵閤下之軫念丹民 逈出尋常 作錢則特減原耗之數 捧納則寬宥冬月之限 且夫前後題敎與關旨 無不慈詳惻怛 溥博周遍 視之如傷 隱之若瘝 仁聞孔彰 德音藹然 可謂治病之藥石 救飢之粱肉 而其於姦吏之沮格而不率 壅遏而不循 何哉 向所謂監司之命不行於守令者 良以此也 以若斗小殘邑 且値儉歲 人皆鮒涸民方魚喁 而旬望之間 刮取數萬之緡 其剝膚椎髓 浚血搾骨之狀 不忍看慘 不忍言悍”

을 뿐이니, 원망이 마음속에 가득하고 비탄이 입 밖으로 나온다고 했다. 심지어 거리에선 '단성이 곡성(哭城)이 되었으며, 임난(任難, 현감 임기상의 난리)이 호란(胡亂)보다 심하다.'라는 동요가 불릴 정도였으니, 단성민이 관리를 미워하고 시대를 상심한 마음을 상징적으로 보여주는 표현이다.[67]

그렇지만 백성들이 자신들의 처지를 제대로 전달할 수 없어 위정자의 은택이 아래로 미칠 수 없는 상황이 계속되고 있으므로, 김인섭 자신이 단성 고을의 고질적인 폐단을 낱낱이 열거해서 아뢰게 되었다고 단자를 올리는 뜻을 밝혔다. 또한, 백성은 미약하지만 우리 임금의 하늘이며, 탐학한 관리는 막강하지만 우리 임금의 도적이니, 탐학한 관리 한 명의 아첨보다 백성 만 명의 큰 목숨을 동정해 달라고 호소하기도 했다.[68]

김인섭은 당시 단성의 폐단 중에서 가장 시급한 문제로 9가지를 제시했다. 그 문제들에 관해 차례대로 살펴보기로 하자.

①작전(作錢)을 새해 전에 납부하는 일

새해 전에 납부해야 하는 돈이 1만 8천여 냥이 되는데, 현감은 마음

---

67 金欞, 『勘定錄』, 「單子」, 15~16면. "校家突打 破世族之家室 兇卒鷹擊 扯捽士夫之衣冠 都監也檢督也 魚貫成陣 而勢若迅雷 風憲者 執綱者 狼毒大肆 而烈于猛火 罔夜橫行虐威 浮於大盜之打家怯舍 鎭日逐北風稜 倍於勇帥之斬將搴旗 牛馬也 鷄豚也 犬羊也 沒數攫去 鬴鼎焉 鎡器焉 衣裳焉 無二遺漏 甁罌俱罄 季女斯飢 杼軸皆空 稚子啼寒 毒炎攸迫 媍女鼠竄 獰風所驅 傭賃鴻罹 鞭扑浪藉 囹圄充溢 冤氣塞乎天地 哀號于晝夜 求生不得 惟死爲期 怨黷彌中 悲恨發外 街巷之間 至有丹城爲哭城 任亂甚胡亂之童謠 此皆疾吏之辭 傷時之聲 仁人君子 倘或照此情狀 則必爲之惕然動念 惻然加恤 而其奈殘民 不能上達 大人之澤不得下究 使此無辜之民 淪胥以陷於荼毒膏火之中 而莫之如何 椓喪邦本 未有極於此也"

68 金欞, 『勘定錄』, 「單子」, 16면. "蓋念斯民雖微 乃吾王之天也 贓吏雖豪 乃吾王之賊也 閤下何有於一贓吏之憸媚 而不恤萬斯民之大命也 便同日月之光 旣明而復晦 河海之澤 方注而旋止 竊爲閤下惜之 今此丹邑疾瘤 繼此而一一條陳之 伏乞澄省采納焉"

대로 자기의 이익을 도모하는 곳에 먼저 내려보낸 후, 가작(加作)[69]의 잉여금에서 납부하지 않은 돈으로 상납 자금을 충당하려 했다. 체임(遞任)된 지가 30일이나 지났는데 머뭇거리며 떠나가지 않은 채, 학대와 위협을 더욱 부리며 기염을 더욱 맹렬하게 하면서, 사민에게 매질과 형벌을 내려 자신이 공금을 사적으로 사용한 범죄를 미봉하려고 했다.[70]

②세금 부과 토지의 총 결수(結數)

단성의 총 결수 2,609결 32부(負) 내에서 각종 복호(伏戶)[71]·공감(公減)[72] 등을 제하고 당년 재난의 가량(假量)을 제한다면, 1,650결이 남는다. 이것은 1857년에 암행어사가 절목으로 작성한 실행 결수이다. 그런데 향리들이 농간을 부려 1861년의 실행 결수는 1,310결 남짓이 되었다. 따라서 실행 결수가 많이 줄어 세금을 내는 자가 더욱 감소한 만큼 총액을 채우기 위해 매결(每結)에 사족은 40여 냥, 서민은 50냥 가까이나 납부해야 했다.[73]

---

69 가작(加作): 환곡을 팔아서 돈으로 마련하도록 정한 수보다 곡식의 수량을 임의로 더 늘려 돈으로 만드는 것이다.

70 金欞, 『勘定錄』, 「單子」, 16면. “作錢歲前收捧條 殆至一萬八千餘兩 而恣意先下於自己營私之地 乃以加作剩餘未捧條 欲充上納之資 遞任過三旬 而迍邅班如 逗遛不去 虐威愈肆 氣焰益猛 鞭撻黎庶 而必稱上營之行下鞭撻 刑杖士夫 而必曰上營之分付刑杖 期欲奪攘矯虔而不已者 彌縫公貨私用之罪犯也 噫 古之人臣 必先公而後私 今之人臣 乃先私而後公 子曰 是可忍也 孰不可忍也 其是之謂乎”

71 복호(伏戶): 특정한 대상자에게 그 戶의 租稅나 賦役을 면제해 주는 것이다. 일반적으로 復戶라고 표기한다.

72 공감(公減): 공적 비용으로 제하는 것이다.

73 金欞, 『勘定錄』, 「單子」, 16~17면. “本邑結摠二千六百九結三十二負內 除各樣伏戶公減 且除今灾假量 餘存一千六百五十結 此乃去丁巳 直指使成節目實行結也 而此亦吏屬舞弄偸竊 今時行結一千三百十結零也 蓋直指使者 躬啣御命 奉而周旋 凡民國之利病休戚 無不矯救而更張之 則其節目之詳密嚴謹 乃是對揚休命之至意 而奈之何 冊上之墨未乾 恣意毁劃 行結之愈縮 應役者愈尠 故每結上徵斂 大民則每結四十餘兩 小民則殆近五十兩 書曰 用乂讎斂 召敵讐不怠 罪合于一 正謂此爾 爲民者奈何不鑑”

③환곡의 폐단

단성의 환곡 총미(摠米) 6만 석은 1857년에 암행어사가 확정한 수량이었다. 그런데 4년이 지나자 7만 여석으로 불어났다. 하지만 실제로는 모두 현감과 향리의 뱃속으로 들어갔고, 한 해 민간에 유통하는 수량은 1만 석이 되지 않았다. 1860년에는 8,000여 석으로, 매결에 5석 13두를 받았으며, 모곡은 불과 8두 8승이었다. 그러므로 모곡의 작전도 1냥 7전 6분이 된다. 그런데 1861년 당년에는 매결의 작전이 16냥 4전 4분으로 뛰었다. 이렇게 환곡으로 인해 납부할 세금이 갑자기 늘어난 것은 현감과 향리들이 수천수만 석을 횡령했기 때문인데, 그들에게는 어떠한 처벌이나 징수도 부과되지 않은 채 고을의 백성에게만 억지로 세금을 물리는 상황이 계속되었다.[74]

실제로 단성의 가장 큰 폐단은 환곡이었다. 경상도 내에서도 군위와 함께 환곡의 문제가 가장 심각한 지역으로 알려져 있었다. 무엇보다도 경제적 여건과 비교해 환곡의 양이 상대적으로 많았다. 18세기 중엽까지는 1만 석을 채 넘어가지 않는 수준이었으나, 18세기 말부터 늘어나기 시작하여 19세기 초까지 대략 3만 석 가량이 되었다.

가령 1794년은 31,426석, 1799년 28,000석, 1829년에 30,000여 석이었다. 단성은 '환곡은 많은데 백성은 적은[還多民少]' 지역의 특징을 잘 보여준다. 그 뒤에도 단성의 환곡은 빠른 속도로 늘어났다. 1852년에는 86,734석에 이르렀으며, 포흠을 제외하더라도 69,823석에

---

74 金欞, 『勘定錄』, 「單子」, 17~18면. "還摠米六萬石 亦御使丁巳打量者也 而迄今四年 滋至七萬餘石也 盡埋於吏隷之腹中 斂散於民間者 歲不流萬石 而昨年則八千三百餘石也 每結所受五石十三斗 而耗不過八斗八升 則耗作亦不過一兩七戔六分 而今則每結作錢一十六兩四戔四分也 割剝之政未有酷於此 而使邑弊至於此極者 都由吏隷偸弄之致 而矧今吏隷 則雖負累千累萬 而一不問罪ㅁ下杖 不徵一錢 不拔一毛 而輕煖遍身 醉飽自足 在村民則無端白徵 使至赤立 詩云 彼宜有罪 汝覆脫之 此宜無罪 汝反收之 此正善形容今日丹邑之爻象也"

달하여 2,024결 36부로 파악되는 토지에 분환하면 결당 34석 정도에 해당된다. 가구 수 2,761호, 토지 총 결수 2,024결 정도에 지나지 않는 미약한 고을 형편에 비해 부담이 매우 컸다.

더구나 문제는 계속 늘어나는 형세라는 점이다. 원총이 8만 6천여 석이어서 모조는 8천여 석에 이르러 '모곡 위에 모곡이 생기고 환총 위에 환총이 증가하는[耗上生耗 摠上加摠]' 상황이었다. 불과 2~3년 뒤인 1855년에는 환곡이 10만 석까지 올라갔으며, 1862년 농민항쟁이 일어날 때까지 그 정도가 계속 유지되었다.[75]

④ 이용미(移用米) 명색(名色)

이용미(移用米)[76]는 애초에 3두조(斗租)에 불과했다. 그런데 1861년 무렵에는 매년 증가해서 23두 남짓에 이르렀다. 1857년 암행어사가 통환미(統還米)[77]의 고질적인 폐단을 혁파하여 매년 작전 90냥으로 결정했다. 따라서 이용미도 함께 감소하여 8두 1승 5합으로 절목이 작성되었다. 그런데 1861년에는 다시 이전으로 돌아가 1,800석으로 불어나 있었다.[78]

---

75 송찬섭, 『조선후기 환곡제개혁연구』, 서울대학교출판부, 2002, 101~103면.

76 이용미(移用米): 移貿米를 가리키는 말인 듯하다. 移貿는 곡식이 많은 곳의 환곡을 돈으로 바꾸어 곡식이 적은 곳으로 이전하는 것이다.

77 통환미(統還米): 오가작통을 활용하여 마을에 사는 가호의 총수에 따라 환곡을 분배하는 것이다.

78 金欞, 『勘定錄』, 「單子」, 18면. "移用米名色 初不過三斗租 近年以來 結旣多縮 吏姦侵滋 凡百誅求 年增歲加 至于二十三斗米之多 又丁巳 繡衣使痛革統稅米之痼弊 因以每年作錢九十兩定式 則移用自減矣 遂以八斗一升五合酢成節目矣 ㅁ無何橫斂 乃復如前 而至一千八百石之夥然"

⑤분미(分米) 명색(名色)

김인섭의 설명에 의하면, 분미[79]는 1856년에 처음 생긴 제도라고 한다. 세곡(稅穀)을 조운하는 일은 엄중한 일이기 때문에 뱃사공을 차정할 때 매우 신중해야 한다. 그런데 당시 어느 정도 경제력이 있는 사람은 뱃사공의 일을 회피하려 하고, 부랑자나 파락호 같은 이들이 뇌물을 써서 차정되었다. 따라서 이들은 뇌물을 쓰기 위해 이미 몇백 석을 횡령하고 한양에 납부할 때에도 거듭 차용해서 미봉하려 했다. 이렇게 환곡의 부족분이 점점 늘어나자 관리는 이것을 민간에 나누어 징수했다. 김인섭은 이러한 상황에 관해 "경제력이 있는 사람은 뱃사공을 면하기 위해 뇌물을 쓰고, 부랑자는 차정되기 위해 뇌물을 쓰며, 그것으로 인해 분미하여 멋대로 징수하는 것도 뇌물이다."라고 탄식했다. 또한 그 해에 600석을 토지에 나누어 징수하려는 것이 멈춰지지 않는다면 단성은 없어지고야 말 것이라고 우려했다.[80]

⑥궁결(宮結)의 증가

단성의 궁결[81]은 본래 97결이었으므로, 매년 매결의 예납(例納)은 많아도 10냥을 넘지 않았다. 이후 가작이 많은 것에 관해 단성민의 원성

79 분미(分米): 分米라는 용어는 다른 곳에 보이지 않으므로, 分錄의 다른 표현이 아닌가 추론된다. 분록은 본래 장부에 어떠한 사항을 기재할 때 기재 내용을 2곳 이상의 장부에 나누어 기록하거나, 혹은 한 장부 내의 다른 항목에 각각 기록하는 것이다. 그러나 조선 후기에는 환곡 운영상의 폐단을 지칭하는 용어로 사용되었는데, 환곡을 분급 받은 사람이 농간을 부려 다른 사람이 받은 것으로 기재하는 것을 의미한다.

80 金欞, 『勘定錄』, 「單子」, 18~19면. "分米名色 乃自丙辰刱出者也 大抵漕稅法意 極爲嚴重 梢工另別差擇 團束十分審愼行之 幾百年曾無臭載欠縮之患矣 夫何挽近以來 姦宄百出 弊瘼萬端 蓋有恒産之人 則行貨左右 必免梢工 惟浮浪破落戶之子 乃納賂圖差 以王稅千石之重 付不直一錢之漢如之何其不覆敗也 圖差之初 已先犯用幾許百石 而至于京納之時 引重債彌縫之 則吏又緣此 而增衍之倍蓰 分徵於民間 而名之曰分米 作弊無窮 直指使亦爲之痛革 而今無所施行 可勝歎哉 大抵信實人免之者賂也 浮浪子差之者亦賂也 爲之分米而橫徵者 亦莫非賂也 其貪饕賊虐 可謂不厭 而今又以六百石米 分徵於結ㅁ上 若此不已 則必無邑乃已"

81 궁결(宮結): 조선 후기 宮家에 내려준 결세를 뜻하는데, 여기서는 관청이 民田에서 직접 세금을 거두어 재정에 보태는 것이라고 이해된다.

이 있자, 궁결을 100결로 확정하여 읍정의 재정에 보탰다. 그러나 다시 고을의 가작이 이전과 비교해 두배가 되자, 궁결은 신구가 합해져 197결이 되었으며, 아록례(衙祿例)와 함께 통합되어 매결의 징수가 20냥 가까이 되었다. 그리고 궁결은 환곡을 받지 않으므로, 그 환곡이 전가되어 다른 사람들에게 피해를 주었다.[82]

⑦제반 면세 토지의 피해

향리들이 복호·공감·감결·은결 등의 제반 면세 토지를 사리의 수단으로 활용했기 때문에 부유한 사람들은 면세 토지를 사서 환곡을 받지 않고 작전과 잡역도 부담하지 않았다. 그런데 가난한 농부들은 이와 반대로 온갖 세금과 부역을 감당해야 했다.[83]

⑧선원록(璿源錄) 참봉(參奉)의 강제 배분

당시에 선원록 참봉의 직첩을 돈을 받고 발급한 일이 있었던 것으로 보인다. 단성에는 100여 첩이 할당되었는데, 경내의 서민에게 배분하여 1첩당 50냥을 억지로 내게 하고 적은 경우에도 40냥을 내려가지 않았다고 한다. 김인섭은 이런 작태에 관해, "그루터기의 새움을 도끼로 찍는 짓이며, 눈 위에 서리가 덮치는 일이다.[櫱餘加斧 雪上添霜]"라

---

82 金欞, 『勘定錄』, 「單子」, 19면. "宮結 本以九十七結爲定式 而每年每結例納 多不過十兩零也 然亦以元上納六兩言之 則豈不太濫徵乎 往昔松峴金尙書公莅官時 憫念本邑加作之多冤 更以宮納百結劃給 使之取剩以補邑用不足 以舒民力之萬一矣 今也 邑作則加倍於前 而宮結新舊合一百九十七結 通同以衙祿例 每結徵斂 殆近二十兩 而且不受還 則還戶貽害 不可勝言 當初上營益下之惠政 反爲今日剝民之具 可勝痛哉"

83 金欞, 『勘定錄』, 「單子」, 19면. "所謂伏戶也 公減也 甘結也 隱結也 諸般名色 俱是胥吏輩 市利之壟斷 逋盜之淵藪 ㅁㅁ最饒戶稍實民 皆買伏戶與甘結 而不受還穀 不當作錢與雜役 惟佃作資生ㅁ貧窮欲死之戶 乃受還穀 乃徵作錢與雜役

고 표현했다.[84]

⑨ 단계창(丹溪倉)의 포주(庖廚)

단계창에 포주가 설치되어 있었는데, 이곳이 단성의 고질적 폐단이 되었다. 김인섭의 설명에 따르면, 현감이 포주를 설치해도 법의 남용이라고 말할 수 있는데, 관노(官奴)와 창고지기 등이 공공연히 단계창의 포주에서 도살을 하고 있었다. 게다가 이곳은 관청으로부터 30리 떨어진 곳이어서 감독의 걱정도 없는 데다 큰길 가에 자리하고 있어 소를 훔쳐 가서 몰래 파는 일이 빈번하게 발생했다. 게다가 이곳이 온갖 잡배의 먹고 마시는 소굴이 되고 다툼과 소송의 진원지가 되고 있으므로, 고을의 입장에서 작은 일로 치부할 수 없다고 했다. 이처럼 미천한 하인일지라도 관인이라는 명색이 있으면 남의 고혈을 먹어도 붙잡는 사람이 없고 나라의 중대한 금기 사항을 범해도 제어할 수 없는 지경이 된 것에 관해 "이러고도 나라에 법이 있다고 하겠는가!"라고 탄식했다.[85]

위와 같이 김인섭은 단성민이 겪고 있는 폐정의 실상을 조목조목 열거했다. 자신은 대각(臺閣)에 종사했던 사람이므로 고을의 일에 간여하고 싶지 않았지만, '종족(宗族)의 피해를 애통하게 여기고 이웃 마을이

---

84 金欞, 『勘定錄』, 「單子」, 20~21면. "丹民方病大腫 一縷垂盡之中 又以璿源錄參奉百餘帖 播給境內庶民 而每一帖勒捧五十兩 小不下四十兩 此可謂枿餘加斧雪上添霜 苟有人心 寧忍是哉 言必稱巡營門指揮 是未可知也 焉有仁人在上 罔民而可爲也"

85 金欞, 『勘定錄』, 「單子」, 21면. "丹溪倉庖廚 係是一邑痼弊也 大抵縣監設庖 亦云濫法 而況官奴庫直漢 公肆開屠 恣意牽殺 此何法意 緣何事 自無忌憚蔑法禁之習 推可知矣 雖官庖法司之所 尙未免牛盜竊附之患 況任官門三十里之外 而兼通康莊大路者也乎 隔遠官司之號令 又無譏詗之畏憚 是以四方群盜 竊牛而潛售者 接迹而起 一種饞夫逐臭而賭 飮者朶頤而聚 草竊姦宄 攘牷犧牲者 比比有之 酗怒鬪訟 破家蕩產者 不可勝數 由是里閭騷擾 村落凋殘 是豈細故也哉 噫 雖卑微皁隷 有官人名色 則食人之膏血 而莫之敢攖 又從而犯國之大禁 而莫之能制 猶謂國有法乎"

망해가는 것을 슬퍼했기' 때문에 격분하여 단자를 올리게 되었다고 뜻을 밝혔다.[86] 종족의 피해란 결국 그 자신이 포함된 상산김씨 일족의 고통이며, 이웃 마을도 단성의 주민들이다.

따라서 김인섭이 단성항쟁에 적극적으로 참여한 계기도 그 자신이 피해자였다는 근본적 원인에 기인하고 있었다. 환곡제의 변화로 중세적 부세제도의 특성인 '신분에 따른 차등적 부과'가 허물어지고, 사족과 서민이 같이 피해를 보는 처지에 서게 되었다. 그리하여 함께 공동으로 이 문제를 해결하려 노력하다가, 그 반대편에 서 있던 현감 및 향리들과의 갈등이 극점에 달하여 충돌한 사건이 단성항쟁이라고 이해할 수 있다.

단성항쟁은 사족이 서민의 입장을 대변한 것이 아니라, 같은 피해자의 처지에서 불법을 자행하는 자들을 향한 공동의 대처와 저항이었다는 사실이 중요하다. 서민의 고통을 한 걸음 떨어진 지점에서 측은하게 여기고 이해하는 삼자적 관점이 아니라, 동일한 고통을 함께 괴로워하면서 해결책을 모색하고 실천하려 노력한 것이다. 이런 관점에서 김인섭의 단성항쟁의 주도적 참여를 이해한다면, 그의 사회적 실천에 관한 자각은 관념적인 연민에서 나온 것이 아니라, 현실의 삶에 맞부딪힌 문제에 관한 주체적인 인식과 개선 의지에 근원하고 있다고 판단된다.

86 金欞, 『勘定錄』, 「單子」, 22면. "生自以駑姿 猥蒙鴻造 冒添臺閣 效蔑涓埃 辜負聖朝 亦云大矣 其於區區鄉事 豈欲干預哉 只惟慟宗族之傷ㅁ 矗隣里之徂亡 遂奮不顧身 敢此煩瀆"

4. 맺는말

이상으로 『단계일기』와 『감정록』이라는 두 자료에 근거해 1862년 단성항쟁의 전개 과정과 김인섭의 문제의식을 살펴보았다. 이를 통해, 19세기 후반 국내에서는 기존의 신분적·사회적 질서가 붕괴하기 시작하고 외부로부터는 제국의 침탈이 본격적으로 가해오는 격변기 속에서, 그 시대에 감당해야 할 사명이 무엇인지를 고민하는 김인섭의 한 단면을 볼 수 있었다.

20세에 문과 급제하여 성균관 전적·사간원 정언 등을 역임했지만, 안동김씨 외척 세력이 정권을 농단하는 상황에서 관직을 그만두고 낙향하여 평생 향촌에서 학문을 탐구하고 후학을 가르쳤다. 그러나 조정의 관리로서 공무를 수행하는 일은 그만두었지만, 향촌에서 일어나는 현실적 문제와 백성들의 고통을 직시하고 스스로 사회적 정의를 실천하려는 의지마저 버리지는 않았다. 이러한 고뇌와 실천이 상징적으로 표출된 사건이 바로 단성항쟁이었다고 이해할 수 있다. 그는 탐학한 현감과 향리들에 의해 자행되는 횡포와 향촌 몰락이라는 현실 상황에 직면하면서 지식인으로서의 사회적 책무와 실천을 자각한 것이다.

향후 김인섭에 관한 심도 있는 연구가 진척되기 위해, 그가 20세부터 쓰기 시작해서 77세 별세하기까지 날마다 기록한 일기 자료를 활용한 연구 성과가 더욱 풍부해지기를 기대한다. 또 다른 한편으로 그의 내면에 자리하고 있는 남명 조식의 '서리망국론(胥吏亡國論)', '민암부(民巖賦)의 민본사상' 등이 현실 비판과 사회적 실천을 추동하는 근원이 되었으리라 짐작할 수 있지만, 남명학과 단성항쟁의 연관성에 관한 문제는 별도의 과제로 진행할 수 있기를 기약한다.

2

복암復菴 조원순曺垣淳의
「신명사도명」에 관한 해석과 개정

1. 여는말

남명 조식의 10세손인 복암 조원순(1850~1903)은 남명학을 계승하고 선양하는 일을 자신의 사명으로 삼아 평생토록 노력한 학자이다. 남명학파는 1623년 인조반정과 1728년 무신란을 겪으면서 극도로 침체되었다가, 1796년 정조(正祖)가 남명을 배향한 덕천서원에 친제사제문을 내려 특별한 관심과 존모의 마음을 보인 일을 계기로 새롭게 부흥하는 계기를 맞이했다. 그리하여 19세기 경상우도 지역에는 조원순을 비롯한 만성 박치복, 월고 조성가, 단계 김인섭, 후산 허유, 계남 최숙민, 노백헌 정재규, 물천 김진호, 면우 곽종석 등과 같은 걸출한 학자들이 배출되어 당시 어느 지역보다 왕성한 학문 활동을 전개했다.

18세기 남명학파가 큰 시련을 겪는 동안 경상우도 지역의 학자들은 퇴계학파나 율곡학파의 학자를 찾아가 수학했으므로, 이후 사승 관계에 의거해 말한다면 남인과 서인의 당파적 성향을 가진다고 볼 수 있다. 하지만 위에서 언급한 학자들은 서로 다른 학파적 사승 관계를 가졌음에도 불구하고 함께 학문적 교유를 나누는 가운데 남명학을 새롭게 조명하고 선양하기 위해 노력했다.

19세기 남명학의 계승 양상을 파악하기 위해서는 이 일군의 학자들에 관한 연구가 우선적으로 진행되어야 할 것이며, 이러한 점에 주목하여 경상국립대학교 남명학연구소에서는 지속적으로 연구를 수행하여 인물마다 한 편 이상의 개별 논문이 발표되었다. 그런데 이와 같은 진행 상황과 달리 조원순에 관해서만 본격적으로 고찰한 연구성과가 현재까지 한 편도 제출되지 않은 사실은 의아한 감이 있다.

그러므로 이 장에서는 19세기 남명학의 계승에 있어 조원순을 어떻게 자리매김할 수 있을지에 관해 살펴보고자 하는데, 특히 당시 경상우도 지역의 공안(公案)으로 대두된 남명의 「신명사도」와 「신명사명」에 관해 그는 어떻게 이해했고 그것의 학술사적 의의는 무엇인지에 초점을 맞추어 서술하려 한다. 지금까지 조원순에 관한 개별 논문이 없었으므로, 다음의 절에서는 「신명사도명」에 관한 논의를 시작하기에 앞서 우선 그의 일생을 개관해 보기로 한다.

2. 남명학의 계승과 『남명선생전집』 간행

『복암집』 부록에는 심재 조긍섭이 편찬한 행장과 곽종석이 찬술한 묘갈명이 실려 있다. 두 자료에 의거하여 조원순의 생애를 서술해 보고자 한다. 조원순의 초명은 기승(璣承)이므로 자가 형칠(衡七)이다. 나중에 원순(垣淳)으로 개명했지만, 자가 널리 알려져 새로 짓지 않았다. 호는 복암(復菴)이다.

세계(世系)를 살펴보자면, 남명은 남평조씨와의 사이에서 아들 차산(次山)을 낳았지만 어린 나이에 요절했다. 이후에 은진송씨(恩津宋氏)가 세 아들을 낳았는데, 차석(次石)·차마(次磨)·차정(次矴) 등이다. 이 중에서 동지중추부사(同知中樞府事)를 지낸 조차정이 조원순의 9세조이다. 그 뒤로 선무랑(宣務郎) 조극명(曺克明), 생원 조안(曺晏), 조하신(曺夏新), 증지평

(贈持平), 조천필(曺天弼) 등으로 이어져 내려왔다. 고조부는 증동몽교관(贈童蒙敎官) 조명훈(曺命勳), 증조는 증사헌부지평(贈司憲府持平) 조용현(曺龍現), 조부는 조이진(曺鯉振)이다. 부친 조석영(曺錫永)은 조원순이 태어난 지 일년 만에 별세했다. 모친은 이우병(李佑秉)의 딸인 성산이씨이다.

조원순은 철종 1년(1850)에 경남 산청 덕산에서 출생했는데, 현재 지명은 산청군 삼장면 대포리이다. 어릴 적부터 책 읽기를 좋아했고 예의범절을 알았다. 모친을 모실 적에 봉양과 공경을 모두 극진히 했다. 병이 드시면 약을 달이고 씻겨드리며 빨래하는 일을 직접 했으며, 방으로 돌아가라고 하시면 반드시 나와서 기다렸고 화로를 안고 밤을 지새우기도 했다. 이처럼 그는 효행이 뛰어났을 뿐만 아니라 일상생활의 모든 부분에서 절도에 따라 처리했으며, 손님을 접대하고 남을 돕는 일에도 정성을 다했다. 고질병이 있어 건강이 좋지 않았으나, 느슨하거나 게으른 기색을 겉으로 드러내지 않았다.

조원순의 스승은 성재 허전과 한주 이진상이다. 허전에게는 젊은 시절부터 한양으로 찾아가 뵙고서 학문과 예법에 관해 질의했다. 이진상에게 수학한 계기는 1877년 8월에 지리산을 등반할 때 동행하여 주리론(主理論)을 깊이 이해하게 되었으며, 만년에 터득한 내용은 이 학설에 근거한 것이 많았다.

그는 평소에 "명선(明善)과 성신(誠身) 둘 다 진보해야 하지만 성신이 극치(極致)가 되며, 경과 의 가운데 한편으로 치우쳐선 안 되지만 경이 근본이 된다."라고 말하곤 했다. 그리고 "사람은 자신을 작게 여겨서는 안 된다. 항상 광명정대함으로 자임한다면, 자연스레 잘못된 일이 없을 것이다."라고 하기도 했다. 잠(箴)을 지어 "덕은 공경하지 않는 데에서 잃으며, 일은 부지런하지 않는 데에서 그만두며, 밝음은 자신을 속이는 데에서 가려지며, 잘못은 고치지 않는 데에서 자라나며, 사사로움은 의도가 있는 데에서 일어나며, 부끄러움은 실상이 없는 데에서 생긴다."라고 스스로 경계했다.

후계(後溪) 조시영(曺始永, 1843~1912)이 경상도 우병영에 부임했을 때 자주 조원순을 찾아와 다스리는 방도를 물었는데, 방첩(榜牒) 십여 조목을 초안하여 건의했으나 시행되지 못했다. 또한 조시영이 그를 조정에 천거했으나 회보가 내려오지 않았다. 조원순은 다스리는 방도에 관해 "천하의 일은 오직 이치를 아는 사람이 해야 하니, 지금의 이른바 시무(時務)를 안다는 사람이 어찌 해낼 수 있겠는가?"라고 생각했다. 상황에 따라 일을 처리하는 것보다 이치를 명확하게 이해하는 것이 보다 더 근본적이라는 점을 지적한 말이다.

그러나 조원순의 삶에서 가장 두드러지는 행적은 남명학의 계승을 자신의 사명으로 삼은 것이다. 그는 남명의 저술인 『남명집』과 『학기유편』이 내암 정인홍의 독단으로 추진되어 오류가 많으며, 여러 차례 개정했으나 완전하게 바로잡지는 못했다고 생각했다. 그래서 남명학을 제대로 계승하기 위해 문집을 새롭게 개정하는 일이 무엇보다 중요하다고 인식하여 평생의 과업으로 삼았다.

조원순이 이 일을 진행하자 찬반이 엇갈렸지만, 뜻을 같이하는 사람들과 함께 1897년에 완전히 새로운 판으로 문집을 간행하여 문집·속집·학기·부록 등 4부로 이루어진 『남명선생전집』(갑오본)을 완성했다. 『남명선생전집』은 이전까지 남명의 문집에 수록되지 못한 시문들이 상당히 수습되었지만, 남명에게 누가 된다고 판단한 노장 관련 문자들이

모두 삭제되거나 변조되었다.[87]

『남명선생전집』의 간행은 1877년부터 조원순에 의해 제기된 것으로 보이며, 본격적인 논의는 1889년에 전개되었다. 조원순이 『남명집』을 개정해야 한다고 주장한 근거는 "교정법(校正法)은 옛날부터 있었다. 『통서(通書)』도 노장(老莊)의 허탄한 설을 삭제하여 교정했고 정호(程顥)·정이(程頤)의 유서(遺書)도 교정했었다. 『주자대전』에 있는 그 서문을 보면 틀린 것을 바로잡고 번잡한 것을 삭제했다는 말이 있다."고 말한 것에서 찾을 수 있다.

이 간행에 참여한 하겸진·조긍섭·이도용(李道容)·한유(韓愉) 등은 당시 소장파로서 과도하게 혁신적인 면모를 띠게 변개했다. 특히 이정과 불미했던 일은 사실이 아니라고 하면서 그 근거가 되는 남명의 서신을 삭제했다. 곽종석은 『남명집』에서 몇 통의 편지와 「해관서문답(解關西問答)」 등은 남명의 법언(法言)이 아니므로 삭제하는 것이 옳다고 생각했지만, 『남명선생전집』은 삭제하고 보충한 내용이 너무 지나치다고 비판했다.[88]

또한 박치복은 1893년 여름 산천재에서 『남명집』을 교감하는 일에 참여했는데, 가벼이 삭제하거나 위치를 옮기는 것을 수긍하지 않는 입장이었다. 그 이유는 정구(鄭逑)의 의도대로 이미 『남명집』이 교정을 거쳤다고 생각했기 때문이다. 다만 『학기유편』의 경우는 약간의 의문을 지적했다.[89] 그리하여 『남명집』을 개정해서는 안 되며 개정하더라도 이

87 이상필, 『南冥集』 해제, 『남명학 관련 문집 해제(Ⅰ)』, 경상대학교 부설 남명학연구소·사단법인 남명학연구원 공편, 도서출판 술이, 2006, 4면.

88 김윤수, 「『南冥集』의 冊板과 印本의 系統」, 『남명학연구』 제2집, 경상대학교 남명학연구소, 2002, 236~244면.

89 최석기, 「晩醒 朴致馥의 南冥學 繼承樣相」, 『남명학연구』 제23집, 경상대학교 남명학연구소, 2007, 246~247면.

처럼 많이 고쳐서는 안 된다는 입장을 가진 사람들이 거세게 반발하여 1899년에 다시 중간하자는 논의가 시작되고 조원순이 별세한 지 7년 뒤인 1910년에 이르러 새로운 판(경술본)으로 간행되었다.

1883년 12월 8일에 경상도 생원 장우원(張祐遠) 등이 남명을 문묘에 종사할 것을 청원하는 상소를 올렸는데, 이 상소문은 조원순이 지은 것으로 『복암집』에 수록되어 있다. 그는 중국 남송 순우연간(淳祐年間, 1241~1252)에 유현(儒賢)을 문묘(文廟)에 배향할 때 양시(楊時)와 이동(李侗)을 빠뜨린 일은 다행 중의 불행이 아닐 수 없었던 것처럼, 문경공(文敬公) 김굉필(金宏弼), 문헌공(文憲公) 정여창(鄭汝昌), 문정공(文正公) 조광조(趙光祖), 문원공(文元公) 이언적(李彦迪), 문순공(文純公) 이황(李滉) 등이 모두 문묘에 배향되었는데 문정공(文貞公) 조식만 은전을 입지 못하는 것은 사문(斯文)의 불행이라고 피력했다.[90] 하지만 고종은 "상소를 보고 그대들의 뜻을 잘 알았다. 문묘 배향은 중대한 예법이므로 갑작스레 시행할 수 없다. 너희들은 물러가 학업을 닦으라."라고 비답을 내렸다.[91]

1903년 2월 8일은 남명의 기일이므로, 조원순은 제사를 모시고 돌아온 후 병에 걸려 같은 달 17일에 거처하던 직방당(直方堂)에서 별세했다. 4월 13일에 산청 공전(公田)의 자좌(子坐) 언덕에 장례를 지냈다.

부인은 사헌부장령(司憲府掌令)을 지낸 최준(崔濬)의 딸인 전주최씨이며, 그 사이에서 1남 2녀를 낳았다. 아들은 용상(鏞相)이며, 딸은 하동

---

90 曺垣淳, 『復菴集』 卷2, 「請從祀疏(爲道儒作○癸未)」. "褒揚陞祀之典 始擧於淳祐之末 不可謂不幸 而楊時李侗之賢 獨不得與焉 則又豈非幸中之不幸也哉 臣等竊伏惟念我東方名儒碩賢 可稱者非一 而道學之傳則無聞焉 至於麗季 鄭夢周推闡性理 倡明經學 逮夫聖朝開運 文敎大亨 儒學之士 蔚然作興 如文敬公臣金宏弼文獻公臣鄭汝昌文正公臣趙光祖文元公臣李彦迪文純公臣李滉文貞公臣曺植 俱以命世之賢 相繼挺生 以道自任其道 以傳不傳覺後覺之功 殆庶幾濂·洛之諸儒矣 玆有六賢 生有前後之不同 而道無彼此之有異 國家之所依重 後學之所瞻仰 亦豈有輕重差殊於其間哉 從祀一典 宜無彼此之殊 而聖朝褒崇之命 旣加於五臣 而獨闕於曺植 不免與宋之楊時李侗之事相類 寧不爲盛時之虧典 斯文之不幸也"

91 『承政院日記』 高宗 20년 12월 8일. "省疏具悉 陞廡 禮之重也 不可遽然施之 爾等退修學業"

정복현(鄭復鉉)과 풍천(豐川) 노보현(盧普鉉)에게 각각 시집갔다.

3. 「신명사도명」에 관한 해석의 관점과 개정

1) 「신명사도」에 관한 문제제기와 개정

「신명사도명」은 남명의 학문적 특징을 선명하게 보여주는 것으로, 남명학의 핵심 사상이 담겨 있는 도설(圖說)이다. 그런데 후산 허유(1833~1904)가 「신명사도명혹문」을 지어 이것에 관한 해석 작업을 시도하기 이전까지 300년 동안은 어느 누구도 그 내용과 의미를 학술적으로 밝히려고 하지 않았다. 이것은 아마도 퇴계 이황이 「신명사도명」에 관해, "그 설이 광탕하고 현막하여 노장의 서적에서도 보지 못한 것입니다."[92]라고 비난한 말에 큰 영향을 받은 것이라 이해된다.

퇴계가 「신명사도명」을 노장 관련 서적에서도 보지 못했을 정도로 그 내용이 광탕하고 현막한 것이라 비평한 언급은 남명의 사상이 노장에 경도되었다고 인식하는 사람들에게 중요한 증거가 되었다. 그리하여 남명을 선양하기 위해 그의 학문이 순수한 유학이었음을 밝히려고 노력한 이들에게는 「신명사도명」의 노장적 용어나 내용을 드러내어

92 李滉, 『退溪先生全書』 卷26, 「答黃仲擧」. "雞伏堂銘 深荷錄示 但其說曠蕩玄邈 雖於老莊書中 亦所未見"

밝힐 수 없는 입장이었을 것이다.

따라서 남명의 문인들은 『남명집』을 간행하면서 이 부분의 처리를 두고 여러모로 고민했다. 1604년에 간행된 『남명집』 초간본은 지금 전하지 않아 「신명사도」와 「신명사명」이 어떤 모습이었는지 알 수 없다. 이 책의 목판이 불타고 1606년 무렵에 다시 간행된 『남명집』에는 「신명사도」는 아직 실리지 않았고, 「신명사명」이 부주(附註)와 함께 실렸다. 1609년 간행본 이후로는 이 부주가 삭제되었고, 「신명사도」는 1622년 간행본부터 실리기 시작했다. 그러다가 1897년 간행본에는 「신명사도」가 대폭 수정되었고, 「신명사명」의 주석도 대부분 삭제되었다.[93]

허유가 「신명사도명혹문」을 지은 시기는 대체로 그의 나이 57세 때인 1889년 무렵으로 추정된다. 『후산집』의 연보에서도 이것을 저술한 시기에 관한 아무런 연대표지가 없다. 그러나 이것에 관한 자신들의 견해를 표명하고 있는 최숙민의 『계남집』 「여허퇴이(與許退而) 기축(己丑)」과 정재규의 『노백헌집(老柏軒集)』 「답허후산(答許后山)」 및 조원순의 『복암집』 「답허후산(答許后山) 기축(己丑)」에 모두 기축(1889년)이라는 연기(年記)가 있기 때문이다.[94]

허유는 왜 「신명사도명혹문」을 지은 것일까? 그 동기에 관해 다음의 글을 통해 짐작해 볼 수 있다.

> 선생의 이 그림은 본집(本集)에 실려 있는데, 세상의 학자들 가운데 그 의미를 제대로 말할 수 있는 자가 드물다. 심지어 어떤 이는 헐뜯는 논의

---

93 이상필, 「后山 許愈의 南冥學 繼承과 그 意義」, 『南冥學研究』 제19집, 남명학연구소, 2005, 125면.

94 상동, 127면.

를 가하기도 한다. 나는 망령되이 개인적인 의견을 내어 혹문(或問)을 지었으니, 미약하게나마 단서를 드러내기 위함이요, 분명히 알아 진면목을 설파한 것이라고 감히 말하려는 것이 아니다. 만일 뜻을 같이하는 자가 있어 참람됨을 이해해주고 오류를 바로잡아주며, 인하여 드러내어 밝히고 부연하여 설명해서 선생의 심학(心學)이 세상에 크게 밝혀진다면, 어찌 사문의 다행이 아니겠는가?[95]

허유는 남명의 심학이 「신명사도명」에 오롯이 담겨 있다고 생각했다.[96] 그런데 이처럼 중요한 「신명사도명」을 세상의 학자 중에 제대로 이해하여 설명할 수 있는 자가 드물며, 심지어 헐뜯는 논의를 가하는 자들도 있음을 직시하면서, 허유는 이런 상황에 문제의식을 느꼈다. 이것은 퇴계가 「신명사도」를 노장적 사상이라고 비판한 이후 세상 사람들에게 제대로 조명받지 못한 채, 오랜 세월 동안 묻혀 있었던 것에 관한 안타까운 마음에서 「신명사도명혹문」을 지은 것이라고 표현한 것에 다름 아니다. 그래서 그는 남명학의 핵심을 담고 있는 「신명사도명」의 내용과 의미를 정밀하게 이해하여 드러내고자 했으며, 자신과 뜻을 같이하는 자들이 함께 이 작업에 동참하여 남명의 심학이 세상에 크게 밝혀지기를 바랐다.

허유는 「신명사도명혹문」을 지은 뒤 정재규·최숙민·조원순 등에게 보내어 널리 자문을 구했다. 그는 남명의 「신명사도명」에 관한 주해 작업을 경상우도 학자들의 공안(公案)으로 발의함으로써, 남명의 학문

---

95 許愈, 『后山集』 卷12, 「神明舍圖銘或問」 後說. "先生此圖 載在本集 而世之學者 鮮能言之 甚者或加訕議焉 愈妄以己意設爲或問 蓋微發其端 非敢謂見得到 說得眞也 如有同志者 恕其僭 而訂其誤 因而發撝之 張皇之 使先生之心學 大明於世 則豈非斯文之幸哉"

96 許愈, 『后山集』 卷12, 「神明舍圖銘或問」 後說. "先生心學 盡於此圖"

과 수양을 올바르게 이해하고 남명학의 요체를 분명하게 파악하려고 시도한 것이다. 그러므로 「신명사도명혹문」은 허유의 개인적 저술이라는 의미를 넘어, 당시 경상우도의 학자들이 학문적인 측면에서 본격적으로 남명학을 조명하는 촉발점이 되었으며, 그 작업에 그들의 학문적 역량을 집결시킬 수 있는 계기를 마련한 것이다.

조원순은 허유의 「신명사도명혹문」을 받아 보고서 감동하여 칭송하기를 그치지 못했다고 소감을 밝혔다. 그리고 『서명(西銘)』과 「태극도설(太極圖說)」이 정이천(程伊川)과 주자(朱子)에 의해 그 뜻이 세상에 밝혀졌듯이 남명의 「신명사도명」이 허유의 주석을 통해 밝혀지게 된다면, 옛 성현을 계승하여 후학을 깨우쳐 주는[繼往開來] 공로가 클 것이라고 기대했다. 또한 조만간에 목판으로 새겨 「신명사도명」 뒤에 첨부해서 후세의 학자들이 명료히 알 수 있게 해야 한다고 했다.[97]

조원순은 「신명사도명」과 관련하여 허유에게 총 4통의 편지를 보냈다. 첫 번째 편지에는 위에서 말한 자신의 소감과 기대를 밝힌 후, 다음의 견해를 제시했다.

> 지금 이 「신명사명」에 관해 말하자면, 자주(自註)의 여러 곳이 또한 의심이 없을 수 없습니다. 한강 선생의 제문을 살펴보면, 「신명사명」의 충신·경의·사자부·백물기·구규(九竅)·삼관(三關)·시연(尸淵)·성성(惺惺) 등의 구절을 낱낱이 인용하여 하나도 빠뜨림이 없지만, 자주의 설은 한 구절도 인용하지 않았습니다. 이 점을 미루어 고찰해 본다면, 본래 자주의 설이

97 曺垣淳, 『復庵集』 卷2, 「答許后山愈」(己丑). "春間院村便 伏承辱下疏 並神明舍圖銘或問及洲翁祭文客問等篇 皆補世敎切吾學之言 佩服之極 尤有所感誦而不已者 或問書也 蓋西銘太極 非伊川晦菴 幾不明於世矣 今此圖銘 得此註解而明焉 則繼迪之功 於是乎亦大矣 圖銘不傳則已 傳乎世則不可無此注解 早晩當附入梓 使後之學者 一開卷而瞭然易識也"

> 없었다는 것을 생각해 볼 수 있습니다. …… 만약 제 생각이 그다지 틀리지 않는다면, 다시 바라건대 주설(註說)은 일단 놓아두고 명문(銘文)에 나아가 남명 선생의 본지를 강구하여 드러내어 밝혀 「신명사도」에 관한 해석과 함께 한 편으로 합쳐 사도(斯道)를 빛나게 해주시길 바랍니다.[98]

생애를 서술할 적에 언급했듯이, 조원순은 『남명집』의 내용 중에 잘못된 부분이 많다고 생각했다. 그 이유는 첫째, 남명의 유문이 대란을 겪으면서 흩어져 수습되지 못했으므로, 남명의 초고를 바탕으로 간행한 것이 아니라 사람들이 전하여 외우고 있던 것을 얻어 수록했기 때문이다. 둘째, 문집을 간행할 당시에 한강 정구 같은 이들은 논의에 참여할 수 없었으므로, 오로지 내암 정인홍의 독단으로 일이 이루어졌기 때문이다. 그러므로 조원순은 『남명집』의 잘못된 부분을 개정하여 바로잡아야 한다는 생각을 굳게 가지고 있었다.[99]

『남명집』에 관해 가졌던 생각과 마찬가지로, 위의 인용문에서는 「신명사명」의 자주(自註)에 대해 의구심을 가지고 있음을 확인할 수 있다. 그는 한강 정구가 지은 남명의 제문(祭文)에서, 「신명사명」의 본문에 있는 충신·경의·사자부·백물기·구규·삼관·시연·성성 등의 말들은 낱낱이 인용되고 있지만 주설은 전혀 인용되지 않은 점을 거론하여, 자주

---

98 曺垣淳, 『復庵集』 卷2, 「答許后山愈」(己丑). “今以此銘言之 其諸自注處 亦不能無疑 按 寒岡先生祭文 歷引此銘 如忠信敬義及四字符百勿旂九竅三關尸淵惺惺等句 無一遺漏 而未嘗一句引用注說 推此究之 則本無注說 蓋可想矣 此是平日所抱疑而未解者 今於或問中釋註說去處 有一二條合仰質者 但所疑如右 姑未條禀 伏願明以教之 以袪此迷惑 若愚見不甚悖戾 更望且置註說 只就銘文上 講究先生本旨 而發揮之 與圖解合爲一篇 以光斯道”

99 曺垣淳, 『復庵集』 卷2, 「答許后山愈」(己丑). “大抵集中文字 多訛誤未善處 此無乃所傳有誤 未得眞本以正之歟 抑嘗聞之 老先生平日遵守洛閩遺訣 而不屑乎立言垂後 但其躬行心得 誠中發外 自然出而有章 名言法訓 抑亦不爲少矣 屬經大難 散佚無收 至若集中所載 亦是得於傳誦之餘 [舊集序文中語] 非有草本以刋行者 當時如寒岡之賢 不得與論於其間 而只出於一家之獨斷 其疎忽如是 則其不周詳 固所不免矣 然則訛誤之類 初不足爲恠 獨恨夫不得經大眼目釐正也”

는 남명이 지은 것이 아니라는 견해를 제기했다.

이와 같은 조원순의 의견에 관해, 허유는 "모두 깨끗이 제거한다면 미안한 일이니, 반드시 이 일에 급급해할 필요는 없습니다. 식견이 있는 자들에게 널리 자문하여 공평한 마음으로 고치고 의논하여 좋은 해석을 얻는다면 어찌 사문의 다행이 아니겠습니까?"[100]라고 답했다. 그는 자주를 경솔하게 일시에 삭제하는 것은 바람직하지 못하며, 여러 사람과 다양한 논의를 거쳐 신중히 판단하는 편이 옳을 것이라는 입장을 가졌다. 그리고 「신명사도명혹문」에 자주의 설도 모두 상세하게 주석을 달았다.[101]

그러므로 조원순은 자신이 직접 남명의 「신명사도명」에 관한 주해 작업을 진행하여 「신명사도명해(神明舍圖銘解)」·「논신명사도(論神明舍圖)」·「변신명사도(辨神明舍圖)」·「객변(客辨)」 등 네 편의 저술을 지었다. 이 저술들을 중심으로 「신명사도명」에 관한 조원순의 해석 관점과 특징을 고찰하기로 한다.

먼저 「신명사도」의 그림에 관해 조원순은 다음과 같이 해석했다.

> 부곽(郛郭)은 마음이 거주하는 집이니 이른바 '신명사(神明舍)'이다. 태일(太一)은 태극이다. 군(君)은 지존의 칭호이다. 敬은 마음의 주재이요 만사의 근본이며, 총재(冢宰)는 육관(六官)의 관장으로서 모든 직책을 통괄하는 자이다. 성성은 마음이 어둡지 않은 것을 말하니, 경의 일이다. 이·목·구에 '관(關)'을 붙인 까닭은 보고 듣고 말하는 일이 말미암는 문이기 때문이

---

100 許愈, 『后山集』 권6, 23~24張, 「與曺衡七」. "然欲一切掃去 則未安 不必汲汲於此 廣詢有識者 平心訂議 得其善釋 則豈非斯文之幸耶."

101 전병철, 『남명의 심학』, 경상대학교출판부, 2016, 110~112면.

다. 百揆는 각 방면의 정무(政務)를 헤아려 판단하는 관리이다. 치찰(致察)은 마음에 접촉하는 모든 사물을 의(義)로써 헤아려 판단하는 것이다. 司寇는 군사를 담당하는 관리이다. 극치(克治)는 뜻[意]에 일어나는 모든 인욕을 용기로써 무찌르는 것이다. 기(旂)는 지휘하는 것이다. 대장(大壯)은 자기를 이겨 낼 적에 대장의 힘을 써야 한다는 것이다. 事物은 일상 가운데 마음에 응접하는 모든 것이다.

止는 머물러야 하는 곳이니, 사물마다 정해져 있는 지선(至善)의 법칙이다. 至는 그 이치의 당연함을 알아 반드시 도달할 것을 추구함이 있는 것이니, 이른바 '시조리(始條理)'이다. 止는 그 이치의 당연한 데에 나아가 다른 곳으로 옮겨 가지 않음이 있는 것이니, 이른바 '종조리(終條理)'이다. 마음을 보존하는 것을 '천덕(天德)'이라 하며, 미루어 실행하는 것을 '왕도'라고 한다.

日月은 이른바 '요순일월(堯舜日月)'이다. 목(目)과 일(日)은 양(陽)으로서 천덕이니, 치찰(致察)이다. 모두 일의 시작이므로 좌측에 자리한다. 이(耳)와 월(月)은 음(陰)으로서 왕도이니, 극치이다. 모두 일의 종결이기에 우측에 자리한다. 머무를 곳을 아는 것이 각(覺)이며, 머무를 곳을 알지 못하는 것이 몽(夢)이다. 머무를 곳에 머무르는 것이 인(人)이며, 머무를 곳에 머무르지 못하는 것이 귀(鬼)이다. 몽·귀 두 글자는 일·월의 반대가 되니, 그림의 음면(陰面)에 자리한 이유는 이런 까닭 때문이다.[102]

---

102 曺垣淳, 『復庵集』 卷4, 「神明舍圖銘解」. "(圓郭)者 心之所宅 即所謂神明舍也 太一 太極也 君者 至尊之稱 敬者 一心之主宰 萬事之本根 冢宰 則六官之長 而百職之統也 惺惺 心不昏昧之謂 卽敬之事也 耳目口 而曰關者 視聽言所由之門也 百揆者 揆度庶政之官 致察 則凡事物之接于心者 義以度之也 司寇者 掌兵之官 克治 則凡人欲之作於意者 勇以勝之也 旂 所以指揮者 大壯者 克己當用大壯之力也 事物 凡日用所應接乎心者 止者 所當止之地 卽事物一定至善之則也 至 則有以知其理之當然 而必求其至 所謂始條理也 止 則有以造其理之當然 而不遷乎他 所謂終條理也 存心 曰天德 推行 曰王道 日月 即所謂堯舜日月也 目與日 爲陽而天德也 致察也 皆事之始也 故居左 耳與月 爲陰而王道也 克治也 皆事之終也 故居右 知其所止 則覺也 不能知止 則夢也 止其所止 則人也 不能止止 則鬼也 夢鬼二字 爲日月之反 而居圖之陰面 以此"

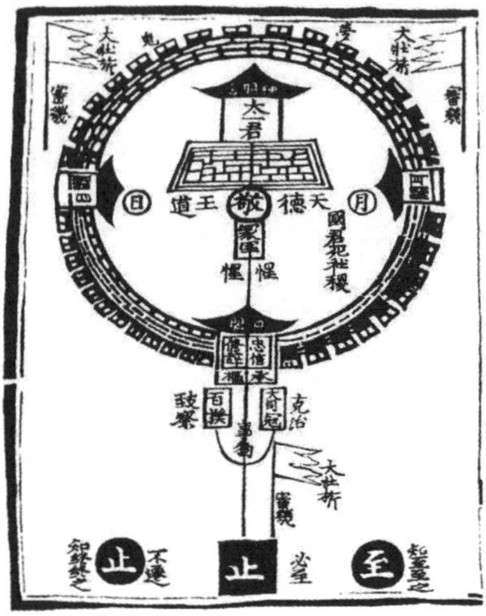

그림 20 남명의 「신명사도」(신해본)

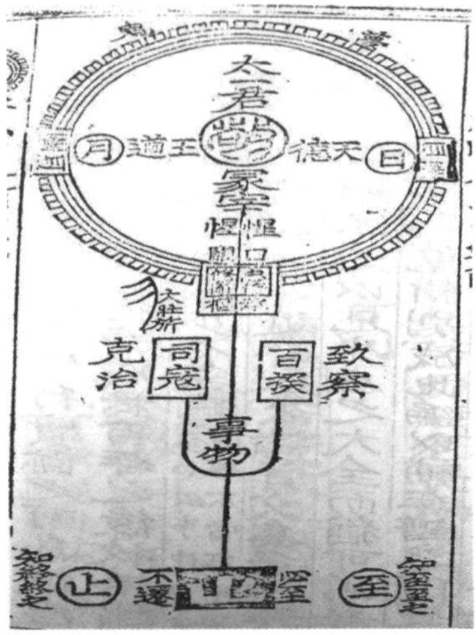

그림 21 조원순이 개정한 「신명사도」

본래의 「신명사도」(신해본)에 비해 조원순이 개정한 「신명사도」는 여러 측면에서 큰 차이를 보인다. 그는 부곽 자체를 마음의 집으로 보아 '신명사'라고 이해했으므로, 축대 위에 세워져 있던 신명사 건물을 철거하고 태일군이라는 글자만 남겨 놓았다. 태일군의 '태일'은 태극으로 해석하고, '군(君)'은 지존의 칭호라고 풀이했다.

'경'의 부분은 해서가 전서로 바뀐 것 외에는 크게 달라진 것이 없다. '총재'를 둘러싸고 있던 사각형이 제거되었지만, 아래의 '성성'과 양옆의 '천덕'과 '왕도'는 그대로 표기했다. 경은 마음의 주재이자 만사의 근본이며, 총재는 6관의 관장으로서 모든 직책을 통괄하며, 성성은 경의 일로서 마음이 어둡지 않은 것이라고 설명했다.

부곽 안에 신명사가 철거된 점 외에도 중요한 변화가 하나 더 있다. 임금은 사직을 위해 죽는다는 뜻의 '국군사사직(國君死社稷)' 다섯 글자를 삭제한 것이다. 허유는 이 다섯 글자에 담긴 뜻이 각별하다고 보았다. 그리하여 「신명사도명혹문」에서 “임금이 사직을 위해 죽을 마음이 없다면 자기 나라를 보존하지 못한다. 학자가 도(道)를 위해 죽을 뜻이 없다면 자기 마음을 보존하지 못한다. 그러므로 공자가 ‘목숨을 걸고서 도를 잘 행한다.’라고 했으며, 맹자가 ‘목숨을 버리고 의로움을 취한다.’라고 했다. 정자가 ‘굶주려 죽는 일은 작은 것이고 절개를 잃는 일은 큰 것이다.’라고 했으며, 주자가 ‘학자는 항상 지사(志士)가 죽어서 시내와 골짜기에 아무렇게나 내버려지는 일을 잊지 않는 것으로써 마음을 삼아야 하니, 도의가 중요하고 사생을 따지는 마음은 가볍다.’라고 했다. 성현의 심법이 본래 이와 같았으니, 한(漢)나라와 역적이 양립하지 못하며 천리와 인욕이 병존하지 못한다. 이 그림에서 특별히 다섯 글자를 게시하여 학자를 깨우치려 한 까닭이 바로 이것이다.”[103]라고 해석했다.

허유와 정재규 등은 이 구절이 ‘목숨을 버려 의로움을 취한다[捨生取義]’와 ‘도(道)에 입각하여 몸을 바친다[以道殉身]’는 뜻이므로 삭제해서는 안 된다는 입장을 가졌다. 그래서 1910년 『남명집』을 재중간할 적에는 다시 ‘국군사사직’을 표기했다. 그러나 조긍섭은 1897년 『남명선생전집』에 수록된 「신명사도」에서 이 다섯 글자를 삭제한 배경에는 자신의 견해가 반영된 것이라고 밝혔으며, 삭제한 이유는 ‘죽음이 없는 마음[無死之心]’을 ‘죽음이 있는 임금[有死之君]’에 비유하는 것은 불가

103 許愈, 『后山集』 卷12, 「神明舍圖銘或問」. “國君無殉社之心 不足以保其國 學者無殉道之志 不足以保其心 故孔子曰 守死善道 孟子曰 舍生取義 程子曰 餓死事小 失節事大 朱子曰 學者 常須以志士不忘在溝壑爲心 則道義重 而計較死生之心 輕矣 聖賢心法 自來如此 蓋漢賊不兩立 理欲不幷全 此圖 所以特揭此五字 以詔學者也”

하다고 생각했기 때문이다.[104]

'국군사사직'은 남명의 절의 정신을 선명하게 드러내고 있는 부분으로, 중재(重齋) 김황(金榥, 1896~1978)의 「신명사도변설」, 이곡(梨谷) 하인수(河仁壽, 1830~1904)의 「신명사도국군사사직변」, 산석(山石) 김현옥(金顯玉, 1844~1910)의 「서오가일월첩신명사도명후(書吾家日月帖神明舍圖銘後)」 등에서는 삭제를 반대하는 견해를 폈다.

조원순이 개정한 「신명사도」의 부곽을 살펴보면, 이전보다 훨씬 단순하게 그려졌다. 원곽의 좌우와 아래에 자리한 목관(目關)·이관(耳關)·구관(口關)의 집 모양도 제거되고 글자만 표기되어 있다. 그리고 무엇보다 중요한 사실은 일·월과 목관·이관의 위치가 반대로 되어 있다는 점이다.

조원순이 이와 같이 개정한 이유는 신명사의 부곽은 원래 홀수[陽]와 짝수[陰]로 좌우를 나누어 따뜻함과 혹독함의 자리를 정했으며, 지(知)와 행(行)도 선후로 좌우를 나누어 힘을 쓰는 차례를 밝혔다고 생각했다. 그는 일(日)은 동쪽에 있고 월(月)은 서쪽에 있으며 목(目)은 양(陽)에 속하고 이(耳)는 음(陰)에 해당하므로, 일-목은 동쪽에 월-이는 서쪽에 있어야 바른 위치라고 이해했다.

하지만 무엇보다 중요한 논리의 근거는 방위의 기준을 어떻게 설정하느냐에 관한 부분이다. 그는 「하도(河圖)」는 홀수인 7이 앞[南]이고 짝수인 6이 뒤[北]이며, 「낙서(洛書)」는 9가 앞[南]이고 1이 뒤[北]이다. 따라서 앞은 위에 거하는 것이며 뒤는 아래에 거하는 것이므로, 아래로부터 위로 올라가는 형국이다.

104 曺兢燮, 『巖棲集』 卷18, 「神明舍圖五字辨」. "南冥先生神明舍圖中 有國君死社稷五字 乙未德山之重刊文集也 刪而去之 其後江右衆論譁然 及再刊於靑谷 則復存之矣 其始刪也 余蓋竊有罪焉…… 今也 以無死之心 不當比於有死之君 而去之於此圖"

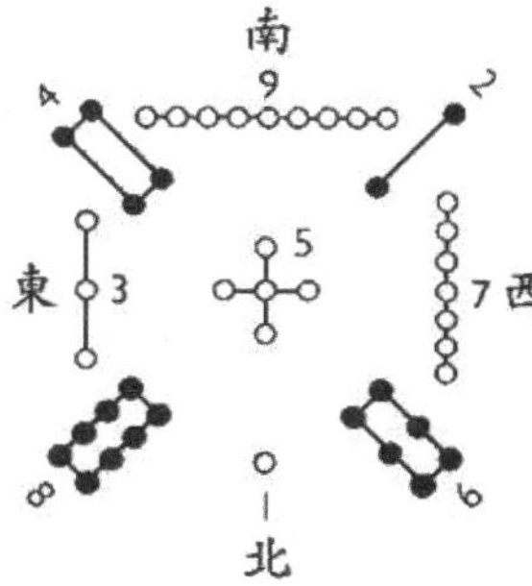

그림 22 「낙서(洛書)」

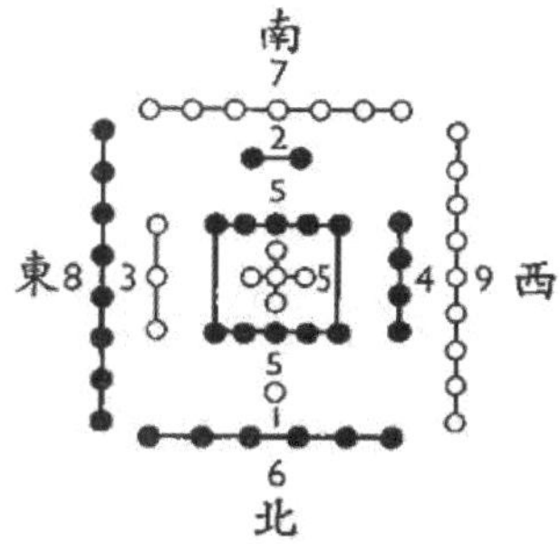

그림 23 「하도(河圖)」

이에 비해 「신명사도」는 태일군이 남쪽을 향해 정사를 펼치기 때문에 아래가 앞이고 남쪽이며, 위로부터 아래로 내려오는 형국이다. 그러므로 「신명사도」는 「하도」·「낙서」와 방위가 정반대로 되어 있다. 이런 점에 비추어 볼 때, 조원순은 「신명사도」의 방위가 거꾸로 되어 있는 까닭은 처음 수록할 적에 이런 의미를 이해하지 못하고서 「하도」·「낙서」와 동일하게 하려 했기 때문이라고 추론했다.

조원순의 관점에서 본다면, '태일군이 남쪽을 향해 앉아 있는 것을 기준'으로 일과 목을 왼편[동쪽]에 놓아야 하고 월과 이는 오른편[서쪽]에 두어야 한다. 백규(百揆)는 자세히 살피는 일[致察]이므로 지(知)에 해당하며, 사구(司寇)는 잘 다스리는 일[克治]이므로 행(行)에 속한다. 따라서 지를 먼저 한 이후에 행을 해야 하므로, 지를 왼편[동쪽]에 옮겨 (至)-지지지지(知至至之, 시조리[始條理])와 연결하고 행을 오른편[서쪽]에 옮겨 (止)-지종종지(知終終之, 종조리[終條理])와 이어지도록 해야 한다고 생각했다.

오른편[서쪽]의 止에 붙어 있던 '불천(不遷)'은 중앙의 止 옆으로 옮겨와 '필지(必至)'와 상대하여 짝이 되어야 한다고 생각했다. '필지'는 왼편[동쪽]의 至가 중앙의 止에 도달해야 한다는 주석이며 '불천'은 오른편[서쪽]의 止가 중앙의 止에 머무른다는 주석이기 때문에, 중앙의 止 양옆에 있어야 지선에서 시작하여 지선에서 마친다는 뜻이 분명해진다고 해석했다.[105]

이외에도 조원순이 개정한 「신명사도」에는 대장기(大將旂)가 구관(口關)에만 그려져 있으며, '심기(審幾)'라는 글자도 삭제되었다. 이처럼 조원순은 이전의 「신명사도」를 전면적으로 개정했는데, 스스로는 잘못된 부분을 바로잡은 것일 뿐 바꾸어 고친 일이 아니라고 말했다.[106]

2) 성(誠)과 경(敬)에 입각한 「신명사도명」 해석

그렇다면 조원순이 이와 같이 전면적으로 「신명사도」를 개정한 근거

---

105 전병철, 『남명의 심학』, 경상대학교출판부, 2016, 164~166면. 이 부분은 『復菴集』 卷4에 수록되어 있는 「辨神明舍圖」에 관해 해설한 것으로, 원문은 다음과 같다.
"此圖傳錄之誤 失其本旨者 非一 圖之郛郭 本以奇偶 分左右 以定舒慘之位 知行 亦以先後 分左右 以明用力之序 此蓋全圖之旨也 日在東 月在西 目屬陽 耳屬陰 是其位之正也 圖中日月 與耳目兩關 皆易其位而反之 甚無據也 河圖之文 七前六後 洛書之文 九前一後 所謂前者居上 後者居下是皆自下而上也 此圖 則不然 太一君 向明而布政 前 卽下也 南也 是自上而下也 前後易而不同矣左右安得同也 所以其不同者 乃是同也 (河洛之右 卽此圖之左 此圖之右 卽河洛之左) 當初收錄者不究此意 強欲同河洛之方位 卽以日與目 居右 月與耳 居左 此欲同 而反不同也 今換而移之 亦以從郛郭奇偶之數也 百揆司寇之位 亦易其位 百揆致察 知也 司寇克治 行也 先知而後行 是自然之序 故朱子論克己之事 曰明理以先之 勇猛以行之 且以顔子之克己論之 有不善未嘗不知 百揆致察 是也 知之未嘗復行 司寇克治 是也 豈有先克治而後 致察之理乎 今左以百揆 右以司寇 從至左(知先) 止右 (行後) 之序也 不遷二字 當在中止圈之右邊 而誤在右止圈之左傍 事物下中止圈 卽至善之體 事事物物 各有本然 一定之則 所當止之地 是也 左至圈 與右止圈 卽至善之用 始條理終條理 是也 左至者 是知此而必至於此 驗其所知也 右止者 是止此而不遷於此 極其所行也 (必至於至善之地 則無不及之患 不遷於至善之地 則無過中之病) 所謂會其有極 歸其有極者 此也 今不遷二字 與必至二字 夾中止圈而對待之 (必至 是左至之至於中止圈之註脚 不遷 是右止之止於中止圈之註脚也 必至不遷 在中止圈之兩旁而後 始於至善終於至善之義 明矣 終字 改以止字 取其止於至善之義也 於此可見不遷本不在右止之旁也) 此皆正其訛也 非改之也"

106 曺垣淳, 『復菴集』 卷4, 「辨神明舍圖」. "此皆正其訛也 非改之也"

가 무엇일까? 그는 어떤 관점에서 「신명사도」를 해석했기에 이처럼 과감하게 수정할 수밖에 없었을까? 「논신명사도」를 통해 그 단서를 찾아보기로 하자.

> 「신명사도」는 본래 곤괘(坤卦) 육이효(六二爻)와 건괘(乾卦) 구삼효(九三爻) 두 괘의 뜻을 계승하여 한 편으로 합친 것이다. 허음(虛陰)과 실양(實陽)의 이치가 그 가운데 갖추어져 있으며, 성과 경의 뜻이 분명하다. 공부를 한다면 안팎이 서로 길러 주고 동정(動靜)이 어긋나지 않으며, 앎과 실천이 함께 진전되고 시종(始終)이 하나로 꿰어질 것이니, 참으로 성학(聖學)의 대전(大全)이다.
>
> 나누어 말한다면 상면(上面)은 곤순(坤順)의 공부로 지경(持敬)을 근본으로 삼으니, 내면을 바르게 하고 외면을 반듯하게 하는 일[直內方外]이 이것에 해당된다. 하면(下面)은 건건(乾健)의 공부로서 입성(立誠)을 위주로 하니, 덕에 나아가고 학업에 거하는 일[進德居業]이 이것이다. 지경은 성(誠)을 세울 수 있는 원인이다. 경이 아니면 이른바 성(誠)도 이것으로 인해 세워질 수 없다. 그러므로 경이 앞에 있고 성이 뒤에 있다. 건괘의 일획은 양으로서 실(實)하다. 실은 곧 성이다. 곤괘(坤卦)의 일획은 음으로 허하다. 겸허하면 공경이 생겨난다. 성과 경은 천지자연의 이치로, 성학의 으뜸이 되는 지결이다. 이 「신명사도」가 그 뜻을 극진히 밝혔도다.[107]

---

107 曺垣淳, 『復菴集』 卷4, 「論神明舍圖」. “圖本祖述乎坤六二乾九三兩卦之義 合爲一篇 虛陰實陽之理 備具於其中 而誠敬之旨 明矣 其用功 則表裏交養 而動靜無違 知行並進 而始終一貫 誠聖學之大全也 分而言之 則上一面 坤順工夫 而以持敬爲本 直內方外 是也 下一面 乾健工夫 而以爲主進德居業 是也 蓋持敬 所以立誠也 非敬 則所謂誠者 亦無由以立 故敬在先 而誠在後 夫乾一畫陽 實也 實則是誠 坤一畫陰 虛也 虛便生敬 誠敬 乃天地自然之理 而所以爲聖學之宗旨也 此圖其盡矣乎”

조원순은 「신명사도」의 구조를 크게 두 부분으로 나누어 이해했다. 이 그림은 곤괘(坤卦) 육이효(六二爻)와 건괘(乾卦) 구삼효(九三爻) 두 괘의 뜻을 합하고 있는 것으로, 상면(上面)은 곤순(坤順)의 공부로서 지경(持敬)을 근본으로 삼으니 내면을 바르게 하고 외면을 반듯하게 하는 일[直內方外]에 해당하며, 하면(下面)은 건건(乾乾)의 공부로서 입성(立誠)을 위주로 하니 덕에 나아가고 학업에 거하는 일[進德居業]에 속한다.

상면이라는 말은 경이 태일군보다 앞쪽에 위치해 있다는 의미이다. 지경은 성(誠)을 세울 수 있는 원인이므로, 경이 앞에 있고 성(誠)이 뒤에 있다고 해석했다. 건괘의 일획은 양(陽)으로서 실하며, 실은 곧 성이다. 곤괘의 일획은 음(陰)으로 허(虛)하며, 겸허하면 공경이 생겨난다. 그러므로 「신명사도」는 상면의 지경(持敬)을 통해 하면의 입성(立誠)을 이룬다는 뜻을 보여준다고 파악했다.

「신명사도」를 성과 경의 관점에서 이해한 견해는 조원순 외에는 확인되지 않는다. 그는 이 관점에 근거해 「신명사도」는 허음(虛陰)과 실양(實陽)의 이치가 갖추어져 있으며 성과 경의 뜻이 분명하므로, 공부를 한다면 안팎이 서로 길러 주고 동정(動靜)이 어긋나지 않으며 앎과 실천이 함께 진전되고 시종(始終)이 하나로 꿰어질 것이니, 참으로 성학(聖學)의 대전(大全)이라고 칭송했다. 또한 성과 경은 천지자연의 이치로서 성학의 으뜸이 되는 지결인데, 「신명사도」가 극진하게 밝혔다고 표명했다.

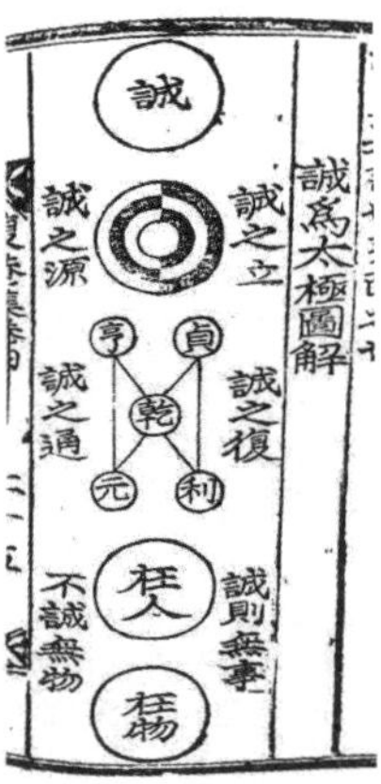

그림 24 「성위태극도해」

조원순은 무슨 근거로 성과 경의 관점에서 「신명사도」를 해석한 것일까? 그의 해석대로라면 태일군이 곧 성이지 않은가? 상면을 지경으로 파악하는 것은 이론의 여지가 없겠지만, 하면을 과연 입성으로 이해할 수 있을까? 그는 「신명사도명해」에서 태일군을 태극이라고 해석했는데, 태극이 성인가?

이러한 의문을 해소하기 위해서는 『복암집』에 실려 있는 「성위태극도해(誠爲太極圖解)」에 관한 이해가 필요하다.

> 성(誠)은 실리(實理)이니, 움직여서 양이 되고 고요하여 음이 되는 것의 본연으로 이른바 태극이다. 는 움직여서 양이 되고 고요하여 음이 되는 것이다. 그렇게 하도록 하는 것은 성(誠)이니, 중앙에 있는 ○이 성이다. 성의 도가 지극히 실(實)하고 그침이 없으므로, 움직이다가 고요하게 되는 일의 한계가 없으며 음과 양의 시작이 없다. 이른바 만물이 의지하여 시작된다는 것이다. 성의 근원은 왼편의 이니, 이른바 각기 성명(性命)을 바르게 한다는 것이다. 성(誠)이 세워지는 것은 오른편의 이다.[108]

조원순은 주돈이의 「태극도(太極圖)」를 성(誠)의 관점에서 해석했다. 성은 실리(實理)이기 때문에 움직여서 양이 되고 고요하여 음이 되는 것의 본연으로, 이른바 태극에 다름 아니라고 이해했다. 그러므로 그가 「신명사도」의 태일군을 태극이라고 규정한 뜻은 천지자연의 이치이자 우주 만물의 실리인 성을 가리키는 것이다. 또한 「신명사명」의 '태일진군'에 관해 "태극의 본체는 진실무망(眞實無妄)하고 마음에 갖추어져 있으며, 지극히 존귀하여 더할 것이 없다."[109]라고 풀이한 말은 태일진군을

---

108 曺垣淳, 『復菴集』 卷4, 「誠爲太極圖解」. "誠者 實理也 所以動而陽靜而陰之本然 卽所謂太極也 此乃動而陽 靜而陰也 其使之然者 誠也 卽中○ 是也 其爲道也 至實而無息 故動靜無端 陰陽無始 所謂萬物資始 誠之源 卽左是也 所謂各正性命 誠斯立 卽右 是也"

109 曺垣淳, 『復庵集』 卷4, 「神明舍圖銘解」. "太極之體 眞實無妄 而具於一心 至尊至貴 無以加焉 故謂之太一眞君"

‘진실무망’한 성으로 이해하고 있음을 전제한 것이다. 허유도 조원순과 같이 태일진군에 관해 “태일은 마음의 본체이니, 『주역』에서 말한 ‘태극’이 바로 이것이다.”[110]라고 해석하여 동일하게 태극으로 보았다. 그러나 태극을 성으로 해석하지는 않았다.

그림 25「태극여통서표리도」

그런데 「성위태극도(誠爲太極圖)」는 조원순이 그린 것이 아니라, 원나라 때 학자인 임은(林隱) 정복심(程復心, 1255~1340)이 편찬한 『사서장도(四書章圖)』에 실려 있는 것이다.[111] 『사서장도』에는 ‘주자(周子)의 「태극도」와 주자(周子)의 『통서(通書)』가 표리의 관계로 서로 합치됨을 논함[論周子太極圖與周子通書表裏相合]’이라는 제목으로 그림과 해설이 실려 있다. 또한 이 그림은 『학기유편』에 「태극여통서표리도(太極與通書表裏圖)」라는 제목으로 실려 있으며, 정복심이 그린 것이라고 명시되어 있다.[112]

그림은 서로 동일하지만, 「성위태극도해」는 『사서장도』의 해설과 달라 조원순이 저술한 것이라고 판단된다. 따라서 「성위태극도해」의 논리를 따른다면, 「신명사도」의 태일군은 태극이며, 태극은 곧 성이라고 말할 수 있다. 그런데 이것은 남명의 본의에 부합하는 것일까? 남명의 핵심 사상을 담지하고 있는 「신명사도」를 성과 경의 관점으로 이해하

---

110 許愈, 『后山集』 卷12, 「神明舍圖銘或問」. “太一者 心之本體 易所謂太極 是也”
111 정복심(程復心), 전병욱 옮김, 『사서장도은괄총요』(상), 세창출판사, 2018, 244~259면.
112 조식 편, 경상대학교 남명학연구소 역주, 『사람의 길 배움의 길-學記類編』, 한길사, 2002, 60면.

는 것은 설득력이 있을까?

필자는 조원순의 관점에 동의하는 입장을 가지며, 그 근거는 다음과 같다. 첫째, 남명의 「좌우명」에서 "언행을 신의 있게 하고 삼가며, 사악함을 막고 성(誠)을 보존하라."라고 표현한 말에 의거한다면, 학문의 목표를 '한사존성(閑邪存誠)'의 성(誠)에 두고 있다. 둘째, 「신명사명」 '태일진군'의 자주(自註)에는 "사악함을 막으면 마음이 한결같아지고 사욕이 없으면 마음이 한결같아진다."라고 했는데, 한결같음[一]은 성(誠)과 같은 의미로 이해된다. 셋째, 『학기유편』에 수록된 「성도(誠圖)」는 남명이 직접 그린 것으로, 성(誠)을 중시하고 있음을 드러낸다. 넷째, 1568년 선조 1년에 올린 「무진봉사(戊辰封事)」에서 모든 일의 핵심은 명선(明善)과 성신(誠身)에 있다고 강조했으며, 경을 통해 내면을 곧게 하고 외면을 반듯하게 해야 한다고 진언했다. 조원순이 평소에 자주 말한 "명선과 성신 둘 다 진보해야 하지만 성신이 극치가 되며, 경과 의 가운데 한편으로 치우쳐선 안 되지만 경이 근본이 된다."라고 말한 것은 남명의 이 사상과 일치하는 언급이라고 할 수 있다. 다섯째, 남명이 운명할 적에 "경의(敬義) 두 글자는 매우 절실하고 중요하다. 학자는 공부가 푹 익도록 해야 한다. 공부가 푹 익으면 가슴 속에 아무 것도 없게 된다. 나는 그런 경지에 이르러 보지 못하고 죽는구나."라고 제자들에게 깨우친 말에서 '가슴 속에 아무 것도 없는 것'은 진실무망한 성(誠)의 경지를 의미한다.

그렇다면 남명이 "경과 의를 아울러 지킬 수 있다면 아무리 써도 다하지 않는다. 내 집에 이 두 글자가 있는 것은 마치 하늘에 해와 달이 있는 것과 같다. 만고에 걸쳐 바뀌지 않을 것이니, 성현의 천가지 만가지 말씀도 그 귀결하는 요점이 여기에서 벗어나지 않는다."[113]라고 말했으며, 이것에 근거하여 남명 학문의 핵심을 경의지학(敬義之學)이라고 요약하는데, 이 점과는 어떻게 연결 지어 설명할 수 있을까?

남명은 경의협지(敬義夾持)를 강조했는데, 조원순은 상면을 지경으로만 해석한 이유에 관해 "지경은 곧 의를 정밀하게 하는 것이다. 그러므로 정자가 말하길 '안으로 곧으면 밖이 반드시 반듯하다.'라 했고, 귀산(龜山) 양시(楊時)가 말하길 '주가 된 것이 경이니, 의는 이로부터 나온다.'라 했으며, 주자가 말하길 '공경하여 안을 곧게 하면 의로워 밖을 반듯하게 할 수 있다. 이것은 별도로 의가 있는 것이 아니다. 경은 비유하자면 거울과 같고 의는 비출 수 있는 것이다.'라고 했다. 훌륭하도다, 남려옹(南黎翁)의 말씀이여! 의가 경에 의해 작용을 받는 것은 달이 해로부터 빛을 받는 것과 같다. 경을 위주로 할 수 있다면 의를 행할 수 있을 것이다."[114]라고 설명했다.

그는 경과 의가 체용(體用)의 관계에 있으므로, 경을 위주로 할 수 있다면 의를 행할 수 있다고 이해했다. 그 근거로서 정자·양시·주자의 언설을 인용했으며, 마지막에는 허유가 경과 의의 관계를 달이 해로부터 빛을 받는 것과 같다고 설명한 말을 제시했다. 따라서 상면을 지경으로 규명하더라도 그 속에는 의의 의미가 내포되어 있으며, 「신명사도」에 경자만 표기되어 있어도 의의 뜻이 함께 함축되어 있다고 이해할 수 있다. 또한 「신명사도」의 경 좌우에 적혀 있는 천덕과 왕도 및 해[日]와 달[月]은 그와 같은 경과 의의 체용론적 의미를 드러내고 있다

113 『南冥先生編年』. "以爲敬義夾持 用之不窮 吾家有此二字 如天之有日月 亙萬古而不易 聖賢千言萬語其要歸 不出於此"

114 曺垣淳, 『復菴集』 卷4, 「客辨」. "持敬 乃所以精義也 故程子曰 內直則外必方 龜山楊氏曰 所主者敬 而義則自此出焉 朱子曰 敬以直內 便能義以方外 非是別有箇義 敬譬如鏡 義便是能照底 善哉黎翁之言 義之受用於敬 如月之受光於日 能主敬 則義可得而行"

고 볼 수 있다.

그렇다면 하면의 입성과 상면의 지경을 통해 남명 학문의 구조를 어떻게 설명할 수 있을까? 조원순의 설명을 토대로 추론해 본다면, 남명의 학문에 있어 지경은 방법이며 입성은 목표이다. 남명이 경이직내(敬以直內)와 의이방외(義以方外)의 공부를 통해 도달하고자 한 궁극적 목표는 진실무망한 성(誠)의 경지였다고 말할 수 있다.

성(誠)은 하늘의 성실성을 표현한 것이다. 인간은 지극히 성실하여 쉼 없이 활동하는 하늘을 닮으려고 노력하는 존재이다. 인간이 천(天) 혹은 그를 바탕으로 한 이(理)에 대면하는 것이 아니라, 자신이 바로 그 천(天)이나 이(理) 바로 그것이 되어 있다는 자각으로 성실함을 다하는 것이다. 이미 자신 속에 하늘과 그 이치가 들어 있으므로, 대면할 노력이 필요 없이 마음에서 발하는 하늘의 소리를 지각하는 순수한 우리 마음을 기준 삼아서 자신에게 주어진 일에 쉼 없이 노력하는 것이 목표가 된다. 경(敬)은 시비선악(是非善惡)과 같은 보편적·객관적 원리인 천리(天理), 그리고 타자에 대면하여 그것을 거울삼아 자신을 긴장시키는 모습이다. 이에 비해 성(誠)은 보편적 원리·객관적 지식을 고려하지 않고 마음에 거짓 없이 순수하게 나 자신에게 충실하는 모습으로 드러난다.[115]

성(誠)과 경(敬)의 차이를 이와 같이 이해한다면, 남명이 견지한 격렬한 자기 수양의 자세는 자신의 내면에 존재하는 천(天,=理)이 침범을 당하지 않도록 철저하게 막아내기 위한 것이었다. 남명은 이 천(天,=理)을 태일군(太一君) 또는 태일진군(太一眞君)이라고 명명했으며, 「신명사도」에서는 성곽을 쌓고 관문을 설치한 후 요소마다 대장기(大將旂)를 세워

115 최재목, 「퇴계의 '산림 은거'가 갖는 철학적 의미」, 『퇴계 심학과 왕양명』, 새문사, 2009, 56면.

외부의 적을 철저하게 방비해야 한다는 뜻을 보여주고 있다. 그리고 「신명사명」에서는 "네 글자의 부절(符節,=和恒直方)을 발부하고 백 가지 금지의 깃발을 세운다. 아홉 구멍의 사악함도 세 군데 요처에서 처음으로 나타난다. 낌새가 있자마자 용감하게 이겨내고 나아가 반드시 섬멸토록 한다."라고 표현하여 외부의 유혹을 물리치는 일을 전쟁에 비유했다.

지금까지 조원순의 「신명사도」에 관한 견해를 논했는데, 계속 이어서 「신명사명」을 어떻게 이해했는지를 살펴보기로 한다.

①태일진군(太一眞君)이 명당에서 정사를 편다[太一眞君 明堂布政].

태극(太極)의 본체는 진실무망하고 마음에 갖추어져 있으며 지극히 존귀하여 더할 것이 없다. 그러므로 태일진군(太一眞君)이라고 한다. 명당(明堂)은 왕자(王者)가 정사를 펼치는 곳이다. 마음에 신명사(神明舍)가 있는 것이 왕자(王者)가 명당(明堂)이 있는 것과 같다. 마음의 덕은 방촌(方寸) 가운데 갖추어져 있으니, 고요할 적에는 가만히 있으면서 움직이지 않아 천하 만물의 이치가 여기에 실려 있지 않음이 없다. 움직일 때에는 느끼어 통함을 이루어 천하 만사의 작용이 유래하지 않음이 없다. 이것은 태극의 오묘함으로, 동정(動靜)을 관통하고 마음의 정사가 지극히 크고 넓은 까닭이다.

②안에서는 총재(冢宰)가 관장하고 밖에서는 백규(百揆)가 살핀다[內冢宰主 外百揆省].

마음 속에 존재하여 주관하면 모든 신체와 여러 덕성이 통제되어 해이하지 않음이 있으니, 경(敬)은 마음의 총재(冢宰)이다. 바깥에서 철저히 살피면 온갖 일과 여러 사물이 제재되어 어지럽지 않음이 있으니, 의(義)는 마음의 백규(百揆)이다.

③추밀(樞密)을 받들어 말의 출납을 맡아 진실되고 미덥게 언어로 표현한다[承樞出納 忠信修辭].

추(樞)는 중요하다는 뜻이다. 언사로 표현할 때 반드시 진실과 믿음으로써 다듬는 것이 승지(承旨)가 기밀을 받들어 왕명을 출납할 적에 신실하게 하는 것과 같다. 시(視)와 청(聽)을 말하지 않은 까닭은 말이 사람에게 가장 중대하기 때문이니, 또한 문장을 생략한 것이다.

④네 글자의 부절(符節,=和恒直方)을 발부하고 백 가지 금지의 깃발을 세운다 [發四字符 建百勿旂].

어그러짐이 없는 것을 화(和)라 하고 항상 있는 것을 항(恒)이라 하며, 곧음[直]으로써 내면을 기르고 반듯함[方]으로써 밖의 일을 제어한다. 네 가지 덕을 모두 받들어 유지하고 잃지 않아야 한다. 그러므로 '부절'이라고 말했다. 사욕을 이기는 방법은 '하지 않는 것[勿]'으로 요체를 삼는다. '하지 않는 것'이 백 가지에 이르니 뜻과 욕망이 일어날 때 내가 지휘하여 이겨내지 않음이 없다. 그러므로 '깃발'이라고 말했다.

⑤아홉 구멍의 사악함도 세 군데 요처(要處)에서 처음으로 나타난다. 낌새가 있자마자 용감하게 이겨내고 나아가 반드시 섬멸토록 한다. 승리를 임금께 보고하니 요순(堯舜)의 세월이로다[九竅之邪 三要始發 動微勇克 進教厮殺 丹墀復命 堯舜日月].

구규(九竅)는 한 몸에 구멍이 아홉 개가 있다는 뜻이다. 삼요(三要)는 시(視)·청(聽)·언(言)을 가리켜 말했다. 시살(廝殺)은 진멸하여 남김이 없다는 뜻이다. 단지(丹墀)는 임금의 뜰이다. 말하자면 사욕이 몸에서 일어나는 것이 반드시 보고 듣고 말하는 세 가지로 인해 생겨나니, 이것들은 마음의 도적이다. 그러므로 처음 생겨날 적에 용감히 이겨내고 또 나아가서 대적해 진멸시켜 남김이 없은 연후에야 본연의 진면목을 회복할 수 있다. 그렇다면 광명하고 통달하여 한 점의 사사로운 끌림도 없는 모습이 요순의 일월이 위에서 크게 밝고 사특한 기운이 감히 범하지 못하는 것과 같다. 일어나는 것이 미세할 때 세밀히 살피지 못한다면 밖으로 드러날 적에 갑자기 나타나 이겨내기 어렵다. 만약 한번 이겨낸 뒤 섬멸하지 못한다면 안에 감추어져 있는 것이 몰래 숨어 다시 자라난다. 그러므로 이와 같이 그 낌새를 삼가지 않을 수 없으며, 일을 극진히 하지 않을 수 없다.

⑥세 관문을 닫아두니 깨끗이 치워진 들판이 끝없이 펼쳐 있다. 하나에로 되돌아가니 시동(尸童)과도 같으며 연못과도 같도다[三關閉塞 淸野無邊 還歸一 尸而淵].

폐색(閉塞)은 방비하여 막는다는 말과 같다. 청야(淸野)는 들판을 깨끗이 한다는 뜻이다. 일(一)은 태일(太一)이다. 시연(尸淵)은 조용히 침묵한다는 뜻이다. 사욕을 이겨냈지만 감히 자신하지 않는 것이다. 사물과 응접하는 곳에서 더욱 방비하는 공부를 더 하는 것은 적을 무찔렀으나 감히 안도하지 않는 것과 같다. 그것들이 들어오는 문을 막고 의거하는 곳을 깨끗이 해야 한다. 이와 같다면 태일군이 지위를 편안히 여기며 자신을 공손히 하고 조용히 침묵하는 기상이 있을 것이다. 그렇지만 시동(尸童)처럼 가만히 있다가 용처럼 드러나며 연못처럼 침묵하다가 우레처럼 소리치니, 고요히 움직이지 않는 것이 곧 느끼어 통함을 이루는 근본이 되며 아무런 조짐이 없는 가운데 만상(萬象)이 속속들이 갖추어져 있는 오묘함이 있는 까닭이 여기에 있다. 이 때에 함양하여 잃지 않을 수 있다면 본체(本體)가 항상 수립되고 진용(眞用)이 유행하여 듣고 보고 말하고 행동하는 동안에 이른바 자기의 사사로움이란 것이 저절로 생겨나지 않을 것이다. 이것이 경(敬)의 최고 공부이며 마음의 뛰어난 일이다. 배우는 자가 힘쓰지 않을 수 있겠는가.[116]

위의 「신도사도명해(神明舍圖銘解)」에서 나타나는 가장 두드러진 특징은 태일진군을 태극으로 규정한 후 전체적인 내용을 주돈이의 「태극도설」과 동일한 것으로 해석한 점이다. 조원순은 「신명사명」이 경의 수양을 통해 태극의 본래성을 회복하는 과정과 결과를 보여준다고 이해

116 曺垣淳, 『復菴集』 卷4, 「神明舍圖銘解」.
① 太一眞君 明堂布政 : 太極之體 真實無妄 而具於一心 至尊至貴 無以加焉 故謂之太一眞君 明堂者 王者發政之所 心之有神明舍 猶王者之有明堂也 蓋心之爲德 具於方寸之中 靜 則寂然不動 而天下萬物之理 無不載焉 動 則感而遂通 而天下萬事之用 無不由焉 此太極之妙 所以通貫動靜 而心之爲政 至大且廣也
② 內冢宰主 外百揆省 : 存主乎中 而百體衆德 有所管攝而不弛 則敬者 心之冢宰也 致察於外 而庶事衆物 有所裁制而不亂 則義者 心之百揆也
③ 承樞出納 忠信修辭 : 樞 要也 言辭之發 必以忠信修之 猶納言之官 承其樞要 而出納王命惟允也 不言視聽者 言之於人 最大 又省文也
④ 發四字符(和恒直方) 建百勿旂 : 無乖之謂和 有常之謂恒 直以養內 方以制外 四者之德 皆當奉持而不失 故曰符 勝私之方 惟勿爲要 而勿至於百 則意欲之發者 惟吾指揮 無不可克 故曰旂
⑤ 九竅之邪 三要始發 動微勇克 進教厮殺 丹墀復命 堯舜日月 : 九竅 一身之竅有九也 三要 指視聽言而言 厮殺 剿滅無餘之意 丹墀 帝庭也 言私欲之動於身者 必因視聽言三者而發 是則心之賊也 故當於其始發 而勇以克之 又進而敵之 使之剿滅無遺 然後有以復其本然之眞 則其光明通達無一私累 如堯舜之日月 大明於上 而邪慝之氣 不敢干也 蓋於其動微 而不能致察 則形於外者 暴著而難克 苟一克之 而不能厮殺 則藏諸中者 潛隱而復長 故其幾不可不謹 而功不可不盡如此
⑥ 三關閉塞 清野無邊 還歸一 尸而淵 : 閉塞 猶言防閑也 清野 清其野也 一 即太一也 尸淵 靜默之意 欲已勝矣而不敢自恃 當於應物之地 益加防閑之工 如賊已克矣 而不敢自安 當塞其所入之門 而清其所據之地也 如是 則太一君 安其位 而有恭己靜默之氣像矣 然尸居而龍見 淵默而雷聲 則寂然不動者 乃所以爲感而遂通之本 而冲漠森然之妙 於是乎在矣 能於此時 有以涵養而不失 則本體常立 而眞用流行 視聽言動之間 所謂已私者 無自而生矣 此敬之極功 而心之能事也 學者可不勉哉

했다.

이와 같은 해석에 관해 당시 학자들의 반론도 상당히 있었을 것으로 생각된다. 그는 별도로 「객변(客辨)」이라는 저술을 지어 「신명사도명해」에 관한 반론들을 6가지 유형으로 정리하여 문답 형식으로 자신의 견해를 밝혔다.

첫 번째는 조원순이 「신명사도명」을 이해하는 데에 가장 중요한 관점인 "태일(太一)은 태극이다."라고 해설한 것에 관한 질문이다. 주자는 "성(性)은 태극과 같고 마음은 음양(陰陽)과 같다."라고 했으므로, 마음을 표현한 「신명사도명」의 '태일'은 당연히 음양과 연결되어야 하며 태극으로 설명해서는 안 된다는 지적이다.

이 질문에 관해 조원순은 태극이 가지는 혼륜(渾淪)과 분개(分開)의 양면성을 설명한다. 서로 분리되지 않으면서도[不離] 서로 뒤섞이지 않는[不雜] 측면에서 본다면, 성(性)은 태극과 같고 마음은 음양과 같다고 본다. 이것은 이(理)–기(氣), 성(性)–정(情), 태극–음양 등을 분명하게 대립하여 구분하는 분개(分開)의 관점이다.

하지만 주자는 태극·음양과 성(性)·정(情)의 관계에 관해, "발하지 않았다면 성(性)이며, 발했다면 정(情)이다. 〈움직여서 양을 낳는다〉는 것은 정(情)이다."라고 해설했으며, "태극은 성정(性情)의 오묘함이니, 한번 움직이고 한번 고요한 것은 미발(未發)과 이발(已發)의 이치이다."라고 설명했다. 또한 주자의 제자인 북계(北溪) 진순(陳淳)은 "성인의 마음은 온전한 태극의 전체로서 온갖 변화를 주고받아 태극이 유행하는 작용이 아님이 없다. 학문 공부는 만사만물 중에서 꿰어져 모여 하나를 이루고 혼륜(渾淪)한 대본(大本) 가운데에서 흩어져 만사만물이 되어 조금도 막힘이 없는 뒤에 혼륜의 지극한 것이 나에게 있어 대용(大用)이 어긋남이 없다는 사실을 실제로 체득하게 된다."라고 말했다.

주자와 진순의 이와 같은 해설은 체용(體用)의 관점에서 태극·음양과 성·정을 파악한 것으로, 본체인 태극이 작용하여 음양이 되며 성이 발하여 정이 된다. 그러므로 그것들의 관계는 대립하여 분리된 것이 아니라, 본체와 작용으로서 함께 혼륜(渾淪)되어 있다. 이런 측면에서 본다면, 마음의 이발(已發)은 태극이 움직여 양(陽)이 되는 것이며, 미발(未發)은 태극이 고요하여 음(陰)이 되는 것이다. 따라서 마음을 형상화한 「신명사도명」에서 주재자인 태일을 태극으로 해석해도 문제될 것이 없다고 이해했다.

두 번째 질문에서 "「신명사도명」과 「태극도설」은 동일한가?"라고 물었는데, 첫 번째 질문과 두 번째 질문은 긴밀하게 연관되어 있다. 조원순은 「신명사도명」을 「태극도설」과 같은 의미의 도설로 파악했으므로, 태일을 태극으로 정의했다고 이해할 수 있다. 그는 「태극도설」이 본원을 상세하게 설명하고 「신명사도명」는 공부를 자세히 말하여 각기 주력한 부분이 다르지만, 「신명사도명」에서 태일 두 글자를 통해 충분히 본원의 측면을 포괄했다고 생각했다. 태일이라는 용어를 사용함으로써 「태극도설」에서 언급한 일동일정(一動一靜), 미발이발(未發已發), 인의중정(仁義中正), 희로애락(喜怒哀樂) 등의 많은 도리(道理)가 함축되어 있다고 보았기 때문이다.

세 번째 질문은 "마음이라 하고 태일이라 말하지 않는다면 이 마음도 하나의 사물과 동일하므로, 지극한 이치가 갖추어져 있고 온갖 변화의 근원인 것을 볼 수 없다. 그렇다면 이른바 사람마다 하나의 태극을 가지고 있다는 사실도 볼 수가 없을 것이다."라고 해설한 것에 관한 문제 제기이다. 태일군을 말하기 이전에도 마음은 마음이며 태일군을 말한 이후에도 마음은 마음일 뿐인데, 어찌 태일군이라고 명명해야 만 마음의 실체가 분명하게 드러날 수 있느냐고 지적한 것이다.

조원순은 복희(伏羲)가 8괘와 64괘를 그렸고 주나라 문왕(文王)이 괘사(卦辭)를 달았으며 주공(周公)이 효사(爻辭)를 지었지만, 태극이라는 용어는 공자가 「계사전(繫辭傳)」에서 처음 말한 사실[117]을 거론했다. 그리고 무극(無極)이라는 말은 주돈이가 「태극도설」에서 처음으로 표현한 사실을 증거로 삼았다. 역(易)의 이치를 설명한 태극과 무극이 새롭게 만든 용어가 아니라 본래의 이치가 가지는 오묘함을 분명하게 드러내기 위해 언어화된 것이라는 점을 생각할 때, 남명이 마음을 태일군이라고 명명한 까닭은 그 실체를 명확하게 알아 실천에 적용할 수 있기를 바랐기 때문이라고 해설했다.

네 번째 질문은 "「신명사도명」은 경을 유지하고[持敬] 사욕을 이겨내어 다스리는[克治] 핵심을 설명할 뿐, 「태극도설」에서 말하는 양의(兩儀)·사상(四象)·팔괘(八卦) 등을 언급한 것이 없다. 그런데도 두 도상을 동일한 의미로 이해하여 '태일 두 글자를 말하면 성명(性命)의 근원에 간략한 것이 아니다.'라고 억지로 합치시키는가?"라고 지적한 것이다.

조원순은 이 질문에 답변하기 위해 「신명사도명」과 「태극도설」의 내용을 일일이 대조하여 일치하는 측면을 설명했다. 태일은 본연의 오묘함이므로, 「태극도설」의 '태극이 움직여 양이 되고 고요하여 음이 된다'고 말한 것의 '본체'이며, 주돈이의 다른 저술인 『통서(通書)』에서 '성(誠)은 성인(聖人)의 근본이다.'라고 언급한 것의 '근본'이라고 규정했다. '태일진군(太一眞君)'은 마음이 태극의 이치를 갖추고 있는 것이며, '명당포정(明堂布政)'은 태극의 작용이 행해진 것이다. 「신명사도명」의 중간 몇

117 『周易』, 「繫辭上傳」. "是故 易有太極 是生兩儀 兩儀生四象 四象生八卦 八卦定吉凶 吉凶生大業"

구절은 움직임이 곧은 것[動直]을 말했으니, 이것은 「태극도설」의 '선과 악이 나뉘고 온갖 일이 나타날 적에 중(中)·정(正)·인(仁)·의(義)로써 정한다.'는 것이다. '환귀일(還歸一)'은 성(誠)이 회복된 것이므로, 태극의 본체가 세워진 것이다. '시이연(尸而淵)'은 고요할 적에 비워져 있는 상태를 말하니, 「태극도설」의 '고요함을 주로 삼아 사람의 표준을 세웠다.'는 것이다.

이와 같이 「신명사도명」과 「태극도설」을 비교해 설명한 후, 그는 성인이 사람들에게 바라는 일은 도를 닦아 본연의 오묘함을 이해하는 것이니, 「태극도설」에서 조화의 기틀과 만물의 근원을 남김없이 말하되 긴요한 곳에 이르러선 "성인이 중(中)·정(正)·인(仁)·의(義)를 정하여 고요함을 위주로 했다."라고 말했으며, 「신명사도명」은 이 일단의 공부를 반복적으로 표현하여 상세하게 밝혔다고 요약했다. 따라서 조원순은 「신명사도명」을 깊이 연구하면 「태극도설」에서 설명하는 태극의 이치를 깨달아 실제의 삶에서 자유자재로 운용할 수 있을 것이라고 의의를 역설했다.

다섯 번째로는 "『주역』에 '경과 의가 세워진다.'라고 하며, 남명이 '경과 의는 우리 집안의 해와 달이다.'라고 말하여 모두 짝으로 들어 언급했는데, 「신명사도명해」의 끝부분에서는 지경(持敬)의 도리만 설명한 것은 무엇 때문인가?"라고 질문했다. 이 문제는 조원순이 체용의 측면에서 설명한 내용을 이미 살펴보았으므로, 더는 췌언하지 않는다.

마지막 질문은 타인의 질문이라기보다는 「신명사도명해」를 지은 일에 관한 조원순 자신의 해명으로 보인다. "그대는 본래 몽매한데, 어찌 「신명사도명」에 관해 분수에 넘치게 해설할 수 있는가?"라고 질책하는 물음을 설정했다. 이에 관해 성현의 말씀은 모든 사람이 알아 행하기를 원하는 것이므로, 선조의 말씀을 힘써 행하기 위해 그 뜻을 탐구하고 강설하는 일이 어찌 불가할 수 있겠느냐고 해명했다. 그리고 후손

---

118 전병철, 『남명의 심학』, 경상대학교출판부, 2016, 175~178면. 『復菴集』 卷4에 수록되어 있는 「客辨」의 원문은 다음과 같다.

①予旣爲此解 客見而難之曰 子之解圖與銘 其合乎本旨與否 固不必一一辨之 特其大不可者 太一卽太極之說也 朱子曰 性猶太極 心猶陰陽 今子方論心 而以太極言之 何其與朱子之說 相戾而不相似乎 曰 君可謂得其一而遺其二也 以其不離不雜而言 則性猶太極 心猶陰陽 然太極不是頓放在一物 卽體而在體 即用而在用 若滯於一物 而更不得通焉 則是有方所也 有地界也 非所謂太極也 或問太極於朱子 子曰 未發便是性 已發便是情 如動而生陽便是情 又曰 太極者 性情之妙 乃一動一靜 未發已發之理也 北溪先生曰 聖人一心 渾淪太極之全體 而酬酢萬變 無非太極流行之用 學問工夫 須從萬事萬物中 串過湊合成一渾淪 大本中 散爲萬事萬物 使無少窒礙 然後實體得渾淪至極者在我 而大用不差矣 合是數說而觀之 太極非心之謂乎 蓋心之已發者 太極之動而陽也 未發者太極之靜而陰也 此外非是別有一箇太極在人也

②曰 然則此圖銘 與太極圖說 同歟 曰 詳略不同 太極圖說 詳於本原 而略於用工 此圖銘略於本原 而詳於用工 然不曰天君也 心君也 而曰太一君 此豈無義哉 太一 即所謂太極也 纔說太一二字 便不是略於本原 只此二字 包括甚大 一動一靜 未發已發 仁義中正 喜怒哀樂 許多道理 無非太一中物事 心得太一君之號 非其本狀乎 言心而不謂之太一 則是心也 亦同於一物 無以見其至理之具萬化之根 而所謂人人有一太極者 亦不可得而見矣

③曰 此甚非矣 未道太一君之前 心是心也 旣道太一君之後 心是心也 何嘗有加損於其間也 曰 非謂有此言而加此一理也 若無此言 則此理不明 故從古聖賢 不得已而言之 伏羲文王周公 未嘗言太極 而孔子言之 孔子未嘗言無極 而周子言之 此理未嘗以有此說而有所增也 然使後之學者 曉然知此理之妙 未必不由此兩言也 惟心亦然 心之不同 如面之不同 其故何在 由不知本狀 而以形氣拘之也 蓋不知至理之具於此 則無以操存 不知萬化之根於此 則無以致用 釋氏之耽靜而廢事 未能知萬化之根故也 衆人之舍亡而不存 未能知至理之具故也 苟知其本狀 而涵養之 省察之 則太極之道自流行而不窮矣

④曰 此圖銘 只是反復說持敬克治之要 而未嘗言天地之造化 如兩儀四象八卦之類也 子以爲與太極圖說 詳略不同 而至曰 才說太一二字 便不是略於性命之原 此無乃苟引而強合之甚乎 曰 不然 此何等文字 垣是何人 敢爲無證之說 以犯不韙之罪乎

⑤曰 爲我道其不然 曰 爲說不難 虛己以聽之爲難 所謂太一者 卽本然之妙也 以圖象言之 此便是太極之所以動而陽 靜而陰之本體也 通書曰 誠者 聖人之本 太一 其聖人之本與 太一眞君（至實而無妄謂之眞 至尊而無對謂之君）云者 即心之具此理者也 明堂布政者 是誠之通也 太極之用所以行也 中間數句 是說動直也 所謂善惡分 萬事出 定之以中正仁義也 還歸一者 是誠之復也 太極之體所以立也 尸而淵者 是說靜虛也 所謂主靜立人極者也 蓋本乎靜 行於動 而又反乎靜 循環不窮 如元之生於貞也 以此推之 可不言而喩矣 必道得盡兩儀四象八卦而後 謂之太極也 則太極散爲六十四卦 三百八十四爻 而一卦一爻 各具一太極 必道得盡六十四卦 三百八十四爻而後 謂之太極乎 太極散爲萬事萬物 而一事一物 各具一太極 必道得盡萬事萬物而後 謂之太極乎 若不就日用間切近要約處下工夫 只就圖上 寸寸湊合 銖銖比量 逐旋將來做了 則反不免妄想億度 駕空鑿虛之弊 而其動也未嘗直 其靜也未嘗虛 安能盡事物之變而一之哉 聖人之敎 只是要人修道以會其本然之妙 故周子於圖說 窮言造化之樞紐 品彙之根柢 而及其切要處 不過曰 聖人定之以中正仁義而主靜而已 此銘之所以反復而眷眷者 只是發明這一段工夫 誠能從事於此而有得焉 則太極之理 隨處運用自無不足矣

⑥曰 易曰 敬義立 老先生曰 敬義 吾家之日月 此皆對擧而互言也 子於章末 却專言持敬之道 何也 曰 持敬 乃所以精義也 故程子曰 內直則外必方 龜山楊氏曰 所主者敬 而義則自此出焉 朱子曰 敬以直內 便能義以方外 非是別有箇義 敬譬如鏡 義便是能照底 善哉 黎翁之言 義之受用於敬 如月之受光於日 能主敬 則義可得而行

曰 子之說 然則然矣 抑有一不可者 子本蒙陋 安能見此而妄說之 曰 不知故爲言 若旣知矣 則何言之爲 凡聖賢之言 勿論賢愚 皆欲知而行之也 祖先之言 雖力不能行之 欲求其旨而講說之 有何不可 此之謂不可 則何者爲可乎 如君之言 則子姓之道蔑矣 於人之情 不亦遠乎 客曰 唯 記其說 而私自參考

된 도리로서 마땅히 이런 일에 노력을 기울여야 한다는 뜻으로 끝을 맺었다.[118]

4. 맺는말

이상으로 19세기 경상우도 지역에서 활동한 조원순이 「신명사도명」에 관해 주해하고 새롭게 개정한 내용을 중심으로 살펴보았다. 결론에서는 조원순의 노력이 이루어낸 성과가 무엇이며, 동시에 그것이 지니는 한계는 무엇인지를 짚어보기로 하자.

조원순은 남명의 10세손으로서 집안에 전해져온 남명학을 계승하고 선양하기 위해 일생토록 마음과 힘을 기울였다. 그가 남명의 핵심 사상을 담지하고 있는 「신명사도명」에 관해 주해하고 그림을 수정한 이유도 이와 같은 자신의 사명을 이루기 위한 일환의 노력이었다. 「신명사도」에 관한 해석에서 주목되는 점은 『주역(周易)』 곤괘 육이효의 지경과 건괘 구삼효의 입성에 의거해 전체적인 구조를 파악한 것이다. 이와 같은 논리를 따른다면, 남명의 학문에 있어 지경은 방법이며 입성은 목표이다. 남명이 경이직내(敬以直內)와 의외방외(義以方外)의 공부를 통해 도달하고자 한 궁극적 목표는 진실무망한 성의 경지였다고 이해할 수 있다.

조원순의 「신명사도명」 해석에서 드러나는 다른 특징은 태일을 태극으로 규정하고 태극을 성(誠)으로 이해한 사실이다. 허유의 「신명사도명혹문」에서도 태일을 태극으로 규정하고 있으므로, 이진상의 심즉리설(心卽理說)을 수용한 결과라고 볼 수 있다. 하지만 남명의 조카 남편이자 제자인 동강 김우옹(1540~1603)도 「천군전」에서 "천군의 초명은 '이(理)'인데 유인국(有人國)에 봉해진 후에 이름을 '심(心)'으로 고쳤다."[119] 라고 표현했다. 1566년에 남명은 김우옹에게 「신명사도명」을 참고해서 「천군전」을 짓게 했으므로, 이 「천군전」을 남명이 직접 보았을 것이다. 만약 당시에 남명이 천군에 관한 이런 해석을 문제시했다면 이 구절이 그대로 전해지지 못했을 것이라고 생각된다. 향후 이 문제를 별도의 논제로 삼아 남명학파의 성리설을 고찰하는 계기로 삼을 수 있기를 기약한다.

또한 조원순은 「신명사도명」을 주돈이의 「태극도설」과 동일한 내용으로 해석하여 자기의 견해를 밝히는 저술들을 지었으며, 그림도 많은 부분을 바꾸어 새로운 개정본을 만들었다. 이와 같은 작업은 남명의 학문이 송대 성리학에 근본한 순정한 것이라는 점을 규명하려 한 것이라고 이해할 수 있다. 퇴계가 「신명사도명」에 관해 "그 설이 광탕하고 현막하여 노장(老莊)의 서적에서도 보지 못한 것이다."[120]라고 비판한 일이 있었으므로, 사실은 그렇지 않다는 점을 해명하기 위해 이런 해석과 개정을 시도한 것으로 보인다.

그런데 「신명사도명」을 성리학적 관점에 한정하여 해석하는 것이 과연 남명의 학문을 온전하게 드러내는 방법일까? 「신명사도명」은 남명이 추구한 내면 수양의 격렬함을 역동적으로 표현하고 있는데, 우주만

119 金宇顒, 『東岡集』 卷16, 「天君傳」. "天君初名理 既封於人 更名曰心"

120 李滉, 『退溪先生全書』 卷26, 「答黃仲擧」. "雞伏堂銘 深荷錄示 但其說曠蕩玄邈 雖於老莊書中 亦所未見"

물의 본원을 설명하는 「태극도설」과 같은 의미로 동일시할 수 있는 연관성이 그 자체에 내재하고 있을까? 조선시대에는 주자학이 학문의 주류였으므로, 남명이 문묘에 종사되려면 학문의 순정성을 검증받아야 하는 문제가 있었다. 하지만 그 같은 필요 때문에 남명이 이룩한 학문의 체계와 독창성을 훼손하는 데에까지 이르게 된다면, 남명의 진면목을 추앙하는 것이 아니라 후세 사람이 만들어낸 가짜 남명을 높이는 모순에 이르고 만다. 조원순이 「신명사도」를 개정하고 『남명집』을 수정한 일에 관해 당시 학자들이 거세게 반발하여 다시 복원한 까닭도 남명의 남명다움을 있는 그대로 계승하는 일이 중요하다고 생각했기 때문일 것이다. 그러므로 조원순이 「신명사도명」에 관해 해석한 내용은 남명의 학문을 이해하는 데에 중요한 단서를 제공하고 있지만, 동시에 과도한 측면도 함께 가진다고 그 한계를 지적할 수 있다.

3

노백헌 정재규의 남명학 계승과 19세기 유학사에서의 의미

1. 여는말

19세기 경상우도 지역에는 노백헌 정재규·월고 조성가·계남 최숙민 등 호남 노론 노사 기정진의 문인을 비롯하여 후산 허유·물천 김진호·면우 곽종석·복암 조원순·심재 조긍섭 등 영남 남인 한주 이진상의 문인, 만성 박치복·단계 김인섭 등 기호 남인 성재 허전 및 영남 남인 정재 유치명을 함께 사사한 학자들이 진주 인근에 거주하면서 활동했다. 이들은 각기 다른 학파적 사승 관계를 가졌음에도 불구하고, 서로 간에 적극적으로 학문적 교유를 가졌으며, 남명의 학문과 사상에 관한 조명과 선양 사업을 함께 추진했다.

이처럼 19세기 경상우도 지역에는 우리나라 학술사에 있어 중요한 위치를 차지하는 걸출한 학자들이 성대하게 일어났으며, 그들은 학파적 당파성을 지양하고 학문적·사상적 소통과 연대를 추구하고자 노력했다. 그들 이전에 대부분의 학자들이 다른 학파의 학설과 정치적 견해를 일방적으로 배척하고 공격했던 사실을 감안할 때, 이들이 상대방을 인정하고 수용하고자 노력한 모습은 조선시대 학술사에 있어 특기할 만한 사건이다.

어떻게 이러한 소통과 연대가 가능할 수 있었던 것일까? 19세기 경상우도 지역에는 무슨 일이 일어났던 것일까? 그들은 무엇 때문에 학파를 초월하여 서로 교유했으며, 그것을 통해 추구하고자 한 공통의 목표는 무엇이었을까?

이 장은 이러한 문제의식에서 출발하며, 이에 관한 실마리를 노백헌 정재규의 남명학 계승에서 찾고자 한다. 정재규를 비롯한 위에서 언급된 학자들은 경상우도 지역이라는 공통된 공간적 토대에서 활동했으며, 그곳은 바로 남명이 학문을 강학하고 제자를 양성한 남명학파의 중심지라는 학문적·사상적 배경이 자리하고 있기 때문이다. 따라서 이들이 경상우도 지역의 공간적 토대와 남명학의 학문적·사상적 공감대를 바탕으로 무엇을 추구했으며, 그것이 시대적 상황과 역사적 맥락 속에서 가지는 의미가 어떠한 것인지를 추적해보기로 한다.

2. 남명학 계승 양상

1) 「두류록(頭流錄)」에 나타난 남명 존숭의 면모

지리적 공간은 객관적이거나 중립적이지 않고, 사람들에 의해서 의미로 가득 차 있다.[121] 지리적 공간은 동일하지만, 그것을 인식하는 사람에 따라 다양한 해석과 의미가 생겨나기 때문이다. 그러므로 지리산이라는 지리적 공간은 등람(登覽)하는 사람의 유람 동기와 목적, 개인적 기질, 학문 성향, 시대적 상황 등에 따라 다르게 인식되며, 이것에 따른 다양한 의미들이 부여된다고 이해할 수 있다.

이 절에서는 정재규가 지리산을 등람하면서 무엇을 보고 느끼며 깨달으려 했는지를 그가 지은 「두류록」의 내용에 근거하여 살펴보고자 한다. 정재규가 지리산을 유람한 당시의 시대적 상황을 생각해 볼 때,

121 에드워드 렐프, 김덕현 외 옮김, 『장소와 장소상실』, 논형, 2005, 55면.

개인적 차원에서의 만족을 위해 많은 시간과 경비를 소비하면서 이 유람을 감행한 것이라고 치부할 수 없는 점이 있기 때문이다. 이와 같은 문제의식을 전제한 가운데, 정재규의 지리산 등람이 추구한 목적과 그 의미를 조명해 보고자 한다.

(1) 지리산 유람의 관점과 구도적(求道的) 등람

「두류록」은 1887년 8월 18일부터 28일까지 10박 11일 동안의 지리산 유람을 날짜별로 기록한 일기체 형식의 유산기이다. 동행한 이는 권운환(權雲煥)·이택환(李宅煥)·이양호(李養浩)·손명수(孫明秀)·최숙민·권정환(權鼎煥)·이병조(李炳祚)·이병욱(李炳郁)·이중기(李中基)·하윤(河潤)·이병헌(李炳憲)·조용소(趙鏞韶)·최제태(崔濟泰)·최제욱(崔濟勖) 등이었다.

유람의 일정은 합천 삼가에서 출발하여 척지령(尺旨嶺)→호악(虎岳)의 권대환(權大煥) 집→경호강(鏡湖江)→단성(丹城) 이락재(二樂齋)→조용소의 집→세진교(洗塵橋)→청옥대(聽玉臺)→독소대(獨嘯臺)→유령(楡嶺)→유양길(柳陽吉)의 서당→평촌(坪村)→장항동(獐項洞)→대원암(大源庵)→용추(龍湫)→대원암→용추→유두류촌(遊頭流村)→중봉(中峰)→천왕봉(天王峰)→산막(山幕)→용추→대원암→평촌→면상촌(面傷村)→송객정(送客亭)→대포(大浦)의 조원순 집→원촌(院村)→세심정(洗心亭)→산천재(山天齋)→입덕문(入德門)→입석촌(立石村)→수월리(水月里)→조한재(照寒齋)→용추→선유동(仙遊洞)→합천 삼가로 돌아오는 여정이었다.

조선시대 지리산 유산기의 전범이 된 점필재(佔畢齋) 김종직(金宗直)의 「유두류록(遊頭流錄)」은 지리산 유람을 하게 된 배경을 서술한 도입부, 날짜별로 이동한 장소와 견문 및 감상을 서술한 여정부, 여정을 마친 후 유람의 전체적인 감회를 서술한 마무리로 구성되어 있는데, 점필재

이후에 지어진 대부분의 지리산 유산기는 이와 같은 형식을 따르고 있다.[122]

「두류록」도 지리산 유람을 하게 된 배경과 유람한 연월을 밝힌 도입부, 1887년 8월 18부터 28일까지의 여정을 날짜별로 기록한 여정부, 지리산 유람에 관한 총평으로서 유람의 의미와 깨우침을 서술한 마무리로 구성되어 있다. 따라서 전체적인 형식의 구성에 있어서는 이전에 지어진 유산기의 전형성을 그대로 따르고 있음을 확인할 수 있다.

이러한 형식적 측면을 개략적으로 이해한 가운데, 다음으로 「두류록」의 내용이 가지는 특징에 관해 살펴보기로 한다. 내용의 특성을 보다 효과적으로 파악하기 위해서는 저자가 보고 느낀 일들 중에서 무엇을 비중 있게 다루어 수록했는지를 밝혀야 한다. 정재규가 지리산을 유람하면서 어떤 체험과 느낌을 중시하여 기록으로 남기려 했는지를 이해함으로써, 그가 추구한 유람의 목적과 의미가 무엇인지를 파악할 수 있기 때문이다.

앞에서 이미 살펴보았듯이, 사람이 자연을 인식하는 관점은 감상자와 탐구자로 구분할 수 있다. 또한 탐구자는 경물의 내재적 이치를 통찰하여 그 속에 담긴 의미를 발견하려는 입장에서 자연을 인식하는데, 이와 같은 의미의 발견에는 탐구자의 개인적·주관적 입장에 따라 의미가 부여되기도 하고 도외시되기도 한다. 따라서 탐구자의 개인적·주관적 입장에 따라 다시 도피자와 구도자의 관점으로 나누어 볼 수 있다.

도피자이거나 구도자이거나 간에 모두 자연을 통해 자신이 찾고자 하는 의미를 발견하고자 하는 점은 동일하다. 하지만 자연의 공간을

---

122 안세현, 「柳夢寅의 「遊頭流山錄」 연구 -지리산 遊記의 전통과 관련하여-」, 『동양한문학연구』 제24집, 동양한문학회, 2007, 235~236면.

인식하는 관점과 무엇을 찾으려 하는가의 내용은 서로 다를 수밖에 없다. 도피자는 자연의 공간을 세상과 격리된 곳으로 설정하여 그곳에서 자신의 개인적 불행을 위안받으려는 성향이 강하다. 도피자에게 있어 자연은 대피소 내지는 안주처로 파악되며, 그곳을 세상과 격리된 닫힌 공간으로 설정하려는 경향이 농후하다.[123]

이에 비해 구도자는 자연의 공간과 현실의 세계를 분명하게 구분하려는 의식이 약하거나 없으며, 그곳을 통해 자신의 학문과 인격이 성장할 기회로 삼으려고 노력한다. 구도자가 인식하는 자연은 진리를 발견하고 체험할 수 있는 깨우침의 터전이 되며, 세속의 오염과 불완전성을 정화하고 성찰하게 하는 열린 공간이다.[124]

이와 같이 자연을 인식하는 관점에 따라 감상자 ↔ 탐구자로 대별하고, 탐구자의 관점에서 다시 도피자 ↔ 구도자로 구분할 때, 정재규가 견지한 지리산 유람의 관점은 어떠한 것이었을까?

그는 지리산 유람의 배경을 밝힌 도입부의 첫 부분에서, 돌아가신 스승인 노사(蘆沙) 기정진(奇正鎭, 1798~1876)이 꿈속에 나타나 자신에게 한 말을 첫 구절로 삼아 제시했다. 그 말은 "공자가 태산에 오르신 일이 아니라면, 무엇을 통해 배우겠는가?"[125]라는 것이었다. 깜짝 놀라 잠에서 깬 후 그 이야기를 동문인 산석 김현옥에게 했는데, 꿈을 꾼

---

123 자연의 공간에 관한 도피자의 관점을 보여주는 예로 崔致遠의 「題伽倻山讀書堂」(『東文選』 卷19)을 들 수 있는데, 그 전문은 다음과 같다.
"첩첩의 바위들 미친 듯 부딪히며 겹겹의 봉우리 울리니, 사람 말소리 지척에서도 분간하기 어렵네. 항상 시비하는 소리 귀에 들릴까 두려워, 짐짓 흐르는 물로 온 산을 둘러쌌네[狂噴疊石吼重巒 人語難分咫尺間 常恐是非聲到耳 故教流水盡籠山]"
이 시에서 최치원은 가야산을 세상과 단절된 닫힌 공간으로 설정했으며, 그 속에서 더 이상 세상의 분쟁에 휘말리지 않은 채 안주하기를 바랐다.

124 전병철, 「感樹齋 朴汝樑의 지리산 유람과 그 인식」, 『경남학』 31집, 경상대학교 경남문화연구소, 2010, 189~190면.

125 鄭載圭, 『老柏軒集』 卷33, 「頭流錄」. "非孔子登泰山 奚爲"

때는 정해년(1887) 봄날이었다. 그리고 같은 해 8월 상순, 김현옥 등 여러 사람과 지리산을 유람했다.

그리고 천왕봉 정상에 올라 "올봄 꿈속에서 선생님께서 하신 말씀을 생각해 보니, 아마도 그 꿈은 오늘 산에 오를 조짐이었나 보다. 아! 이 못난 제자는 산에 올라 과연 무엇을 했는가? 험준하게 산은 높지만 나는 여전히 낮고, 아득히 산은 심원하지만 나는 여전히 천근하며, 높다랗게 산은 크지만 나는 여전히 국량이 작으니, 무엇 때문에 산에 올랐던가?"[126]라고 반성했다.

마무리 부분에서 유람에 관한 총평을 하면서는 "공자를 배우고자 하면서도 태산을 올라보지 않는다면 무엇을 통해 배우겠는가? 아! 나는 거의 용추에서 구경하던 나그네였고, 정오에 시장이 섰던 그 터에서 노닐던 사람 정도일 것이다. 그러나 커다란 바위는 아주 작은 돌이 쌓인 것이고, 한 길이나 한 발의 길이도 한 치 한 푼이 쌓여서 된 것이다. 태산처럼 큰 산도 주먹만한 돌이 많이 모여서 된 것이다. 만약 아래에 처하면서 높은 곳만 엿보고, 비근한 것을 버리고 고원한 것만을 쫓는다면, 단지 안목만 높게 되어 오히려 참되게 쌓아가는 것에 해가 될 것이니, 이는 정선생(程先生)께서 표준을 미리 세우는 것을 꺼린 이유이다.[127] 그렇다면 태산에 오르는 것은 어찌해야 하는가? 아! 나는 용추 사이에서 노닐고 정오에 시장이 서던 터 위에서 노닐었던 것일

---

126 鄭載圭, 『老柏軒集』 卷33, 「頭流錄」. "春間夢中之詔 抑爲今日登山之兆眹歟 嗚呼 小子登山 果奚爲哉 崒乎其高矣 而依舊是汙下 茫乎其遠矣 而依舊是淺近 巍乎其大矣 而依舊是局小 則奚以登山爲 奚以登山爲"

127 이것은 명도 정호의 말로, 『근사록』 권2 「위학(爲學)」에 보인다.

까?"[128]라고 자신을 돌아봤다.

정재규는 도입부의 첫 구절에서 화두처럼 제시한 스승의 말을 지리산 유람의 절정인 천왕봉에서 다시 떠올려 자신에게 돌이켜 성찰했으며, 유람의 의미를 정리하면서 또다시 그 말을 제기하여 지리산의 등람 과정과 학문의 진척 단계를 상호 대비시켜 서술했다. 이와 같은 문제 의식은 정재규가 지리산을 오르면서 추구한 목적이며, 그것에 관한 해답은 지리산 유람을 통해 얻은 깨우침의 결과이다. 그렇기에 정재규의 지리산 유람은 감상자이기 보다는 탐구자의 관점을 한결같이 견지했다. 그리고 지리산이라는 공간을 대피처나 안주처로 인식하기 보다는 자신을 성찰하여 학문적으로 다시 새롭게 도약하는 계기를 만들어 주는 구도적 강학처(講學處)로 삼았다. 「두류록」에 일관되게 관통하고 있는 유람의 목적과 의미 발견은 탐구자의 관점 중에서 구도자에 해당한다고 볼 수 있으며, 그와 같은 구도자의 관점에서 진행된 지리산 유람은 진지하고 엄숙한 구도적 등람이라고 평가할 수 있다.[129]

지리산 유람에 관한 총평을 서술한 다음의 부분에서, 정재규가 견지한 유람의 관점과 구도적 등람의 목적의식을 분명하게 확인할 수 있다.

> 내가 유람하며 느낀 점으로 말하자면 다음과 같다. 처음 용추에 이르렀을 때는 즐길 만하다고 여겨 종일토록 돌아갈 줄을 몰랐다. 그 상류로

---

128 鄭載圭, 『老柏軒集』 卷33, 「頭流錄」. "欲學孔子 而不登泰山 奚以爲 嗚呼 吾幾爲龍湫之玩客 日中基之遊人乎 然匀石之重 錙銖之積也 尋丈之長 分寸之累也 泰山之大 一拳石之多也 若處下而窺高 舍近而趨遠 則徒見之大 反爲眞積之害 此程先生之所以忌先立標準也 然則登泰山 奚爲 嗚呼 吾且涵泳於龍湫之間 優游於日中基之上歟"

129 이러한 구도적 등람의 면모는 용추에서 경전을 외운 일과 중봉의 달빛 아래에서 독서한 것을 암송한 일 등의 진지하고 엄숙한 모습을 통해서도 그 일면을 엿볼 수 있다.

거슬러 올라가서는 즐길 만한 것이 용추와 비교할 바가 아니어서, 그곳 풍광을 사랑하여 차마 버리고 떠나지 못했다. 조개동의 근원을 궁구하는 데 이른 이후에야 바야흐로 진경(眞境)이 거기에 있음을 알게 되었으니, 만약 근원을 찾지 않았다면 유람의 참뜻을 그르쳤을 것이다.

정오에 시장을 열었던 터에 처음 도착했을 때 그곳이 높다고 생각하면서 아래로 봉우리들을 굽어보았고, 중봉에 올랐을 적엔 마침내 정상에 다 올라왔다고 여겼으며, 정상에 이르러 일월대를 밟은 이후에야 비로소 거대한 경관이 거기에 있음을 알게 되었다. 만약 상봉의 일월대에 오르지 않았다면 아마도 이번 유람의 참뜻을 그르쳤을 것이다.

선비가 수십 권의 책을 읽고 작은 식견을 얻어 향리 사람들에게 칭송을 받으면 개구리가 한 구덩이에서 제멋대로 날뛰며 스스로 기뻐하는 격이니, 이는 대원암 앞의 용추를 보고 정오에 시장이 열리던 그 터에 오른 마음이 아니겠는가? 다행히 학문이 진보하여 전에 읽지 못했던 몇 권의 책을 더 읽고 아직 궁구하지 못했던 몇 건의 이치를 더 궁구하여 지식과 식견이 조금 넓어지면 거만해지고 자만해져서 내 공부가 이미 끝났다고 말을 하니, 이는 그 상류를 거슬러 중봉에 오르던 때의 마음이 아니겠는가? 큰 것을 보지 못한다면 자신이 작은 줄을 알지 못하니, 이것이 하백(河伯)이 바다를 바라보고 탄식한 이유이다.[130]

---

130 鄭載圭, 『老柏軒集』 卷33, 「頭流錄」. "以有感於程曆者言之 其始至於龍湫也 以爲可樂 而竟日忘歸 及其泝上 流則其可樂 非龍湫之比 愛而不忍舍去 至於窮得肇開之源 而後方知眞境之在此 若不窮源 其殆矣 其始至於日中基也 已覺地位之高 而俯視群巒 及其上中峯 則遂以爲已至 至於上得日月之臺而後 方知大觀之在此 若不上臺 其殆矣 士也 讀數十卷書 有一知半解 頗能見稱於鄕里 則便蛙擅一壑 因以自喜 此非觀龍湫而上日中基者耶 幸進而讀未讀之書幾卷 窮未窮之理幾件 知見稍廣 則侈然自大 便謂吾事已了 此非泝上流而登中峯者耶 仰之彌高 鑽之彌堅 見所立之卓爾 而竭吾才以從之者 是眞學孔子者也 此非窮源而上臺者耶 不見乎大 則不知其小 此河伯所以望海若歎也"

정재규는 지리산을 등람하면서 경험한 단계별 감회와 성취감을 통해, 선비가 학문을 하는 과정에서 자칫 빠지기 쉬운 자기 만족과 안일에 관해 경계하고, 보다 더 높은 단계로 나아가야 함을 깨우쳤다. 그는 유람을 하는 동안 겪은 실제적인 사실에 담긴 의미를 통찰하고, 그것에 근거하여 자신을 돌이켜 반성하는 기회로 삼은 것이다. 이와 같은 '관물반기(觀物反己)'의 자세는 정재규가 추구한 유람의 관점에 의해 확립된 것으로, 지리산이라는 장소가 일상의 공부와 격절된 곳이 아니라, 오히려 더 구체적이고 생생한 현장감을 지니는 강학처로 인식되고 있음을 보여준다. 그러므로 그는 지리산 유람을 통해 얻은 소득에 관해, "풍요롭구나, 이번 유람이여. 비록 인지지락(仁智之樂)에는 매우 부족하지만, 어찌 경물의 부림을 받았겠는가? 가슴 속 회포를 펴 울적한 기분을 씻은 것 외에도, 한 가지 일을 통해 돌이켜 자신을 성찰한 점이 있었으니, 지금에서야 스승이 꿈속에서 가르쳐 주신 뜻을 알겠다."[131]라고 밝혔다.

(2) 남명에 관한 추념(追念)과 경모(敬慕)

앞에서 정재규의 지리산 등람이 감상자의 관점에 의한 단순히 즐기기 위한 것이 아니라, 구도자의 관점에 입각한 진지하고도 엄숙한 구도적 등람이었음을 확인했다. 그렇다면 이제는 그다음의 질문을 제기할 필요를 가진다. '정재규는 왜 지리산을 구도적 강학처로 인식했는가?'라는 의문이다. 합천 주위나 경상도 일대에 여러 산이 있음에도 불구하고, 무엇 때문에 지리산을 선택하여 구도적 등람을 했는가에 관한

131 鄭載圭, 『老柏軒集』 卷33, 「頭流錄」. "富哉遊乎 雖深慙於仁智之愛 亦豈爲景物役哉 展拓胸懷 消散堙鬱之餘 竊有所反隅而自省者 而今而後 知先師夢中教誨之意也"

물음을 주의 깊게 생각할 필요가 있다.

그리고 이 문제를 풀기 위한 실마리로, '지리산은 어떤 산인가?'라는 물음에 관한 해명이 필요하다. 성호 이익(1681~1763)은 영남 북부의 퇴계학파와 영남 남부의 남명학파가 가지는 학파적 특성을 그 지역의 진산(鎭山)과 연관시켜 인식했다. 이익의 이와 같은 언급에는 어떤 인물이나 학파가 가지는 독특한 특성은 그들이 거주하는 지역의 산과 긴밀하게 연관되어 있음을 시사하고 있다. 그것이 비록 풍기론적(風氣論的) 영향에 관한 이해를 전제한 것인지를 분석하는 데에까지 나아가지 않더라도, 이 말속에는 인물 및 학파의 특성은 그 지역의 진산이 가지는 상징성과 연관되어 인식된다는 뜻을 담고 있다.

따라서 남명의 기절과 지리산의 우뚝함은 상호 긴밀하게 연관되어 사람들에게 기억된다는 사실을 이해할 수 있다. 더욱이 남명은 지리산을 10여 차례나 유람했을 뿐만 아니라, 만년에는 지리산 천왕봉이 우람하게 올려다보이는 산청 덕산에 산천재를 짓고 살았으니, 그 관계에 관해 췌언할 필요가 없다.

이처럼 남명과 관련된 지리산의 자취와 상징성을 고려한다면, 19세기 경상우도 지역 학자들이 학파를 초월하여 남명 사상을 연구하고 계승하는 일환의 하나로 지리산을 등람한 일은 그 의미가 매우 깊다고 하겠다. 1877년 8월에 경상우도 지역 학자들은 두 차례에 걸쳐 지리산을 등반했다. 첫 번째 등반은 8월 5일부터 15일까지 9박 10일간의 기한이 소요되었고, 참여한 이들은 허유·곽종석·문진영(文鎭英)·김진호·이도묵(李道默)·이도추(李道樞)·박규호(朴圭浩)·하용제(河龍濟)·조원순·권규집(權奎集)·권상찬(權相纘) 등이었다.[132] 두 번째 등반은 이들이 등반을 마

132 許愈, 『后山集』 卷5, 「頭流錄」.

친 10일 뒤인 8월 25일부터 시작되어 남해 금산의 유람을 마치고 돌아오는 9월 20일까지 거의 한 달에 가까운 기간 동안 진행되었으며, 이진상·박치복·윤영엽(尹永燁)·권인탁(權仁檡)·김인섭·곽종석·하용제(河龍濟)·박광원(朴光遠)·김기순(金基淳)·조호래(趙鎬來)·곽승근(郭承根)·조응원(趙應遠)·하우서(河禹瑞)·성한원(成翰元) 등이 함께 했다.[133]

이들은 지리산을 여행하면서 남명의 경의 사상을 생각하고, 벽립천인의 기상을 흠모하면서 남명이 걷던 길을 실제 걷고 있었다. 그리고 지리산 유람과 더불어 남사리(南泗里)에서 향음주례를 행하고, 산천재에서 학술 모임을 하는 등의 일들을 통해 결속을 강화하여 그 뒤 구체적으로 남명 사상을 깊이 연구하고 선양해 나가기 시작했다.[134]

정재규는 1877년에 행해진 두 차례의 지리산 유람에는 개인적인 사정이 있어 참여할 수 없었지만,[135] 그 후 10년이 지난 1887년 8월에 마침내 등람을 감행할 수 있었다. 그리고 10년 전에 지리산 유람을 한 이들이 그랬던 것처럼, 곳곳에 남아 있는 남명의 흔적과 일화를 추념(追念)하며 경모(敬慕)의 마음을 가졌다. 다음의 기록들을 통해 자세히 살펴보기로 한다.

가) 애초 정찬교[(鄭燦敎), 자(字)는 극선(克善)][136], 권기수[(權基洙), 자(字)는 중서(仲瑞)], 권기백[(權基伯), 자(字)는 문흥(文興)] 등은 횡계에서 만나기로 했고, 권자후는 이요재에서 만나기로 했는데, 이날 정오가 되어서야 비로소 합류하여 겨우 용추에서 함께 술 마시며 경전을 낭송했다. 정광교 가에서

133 朴致馥, 『晩醒集』 卷7, 「南遊記行」.

134 권오영, 『조선후기 유림의 사상과 활동』, 돌베개, 2003, 459면.

135 朴致馥, 『晩醒集』 卷7, 「南遊記行」. "余又曰 鄭厚允有奮飛之志 而拘掣未能相機"

136 원문에는 성명과 자(字)가 병렬되어 있으나, 독자의 이해를 돕기 위해 필자가 구분하여 표기했다.

동자로 하여금 하릴없이 기다리다 돌아오게 했으니, 남명과 동주(東洲)가 해인사에서 만나기로 한 약속을 지킨 것과 비교해 어떠하겠는가? 이는 하나의 작은 약속이었는데 그것을 지켰으니 선현들이 행한 이보다 큰일은 어떠했겠는가?[137]

나) 산천재로 향했다. 산천재는 남명 선생이 만년에 은거하여 학문을 닦던 곳이다. 김풍오가 절구 한 수를 지었는데, '높은 봉우리 끝에 옥을 하나 더 올려놓고, 수면 위에 달이 비치다.'라는 말을 모방하여 지었다. 남명 선생의 문구를 써서 선생과 비의했으니, 그 뜻을 제대로 얻었다.[138]

다) 면상촌을 지났다. 옛날 오덕계(吳德溪)가 남명 선생을 뵈러 왔다가 돌아갈 때 선생이 10리 밖 큰 나무 아래에서 전별연을 베풀었는데, 덕계가 취하여 이 마을을 지나가다 말에서 떨어져 상처를 입었다. 후인들이 그 나무를 일러 '송객정'이라 하고, 그 마을을 '면상촌'이라 했다. 돌아보고 서성이며 그 당시를 상상해 보았다. 상쾌한 청풍이 예전처럼 내 소매 속으로 불어오는 듯했다. 아! 얼굴에 상처를 입은 그 정취를 아는 자가 누구인가? 물고기는 냇물에서 헤엄치고 새는 구름 속을 날듯 그 정취는 변함이 없건만, 후인들이 그 정취를 알지 못할 뿐만 아니라 그때 그분들도 까마득히 그 정취를 몰랐으리라.[139]

라) 조중소를 따라 원촌(院村)에 들러 세심정에 올랐다. 주변 경관이 쓸쓸하여 머무를 수 없었다. 문득 울긋불긋 단청 칠을 하고 주련을 걸어

---

137 鄭載圭, 『老柏軒集』 卷33, 「頭流錄」. "初鄭燦敎克善權基洙仲瑞基伯文興 約以橫溪 子厚以二樂齋 乃以是日午始到 僅同龍湫觴詠 使正廣童子 虛竚而返 視南冥東洲海印脫蓑 爲如何也 只此一小事 輸了 先賢一著事之大 於此者 將柰何"

138 鄭載圭, 『老柏軒集』 卷33, 「頭流錄」. "將向山天齋 齋南冥先生季年藏修之所也 豊五賦一絶 以峯頭冠玉水面生月擬之 用先生語 擬先生 得之矣"

139 鄭載圭, 『老柏軒集』 卷33, 「頭流錄」. "過面傷村 昔吳德溪 往師門歸也 先生飮餞于十里大樹下 德溪醉 過此村 墮馬致傷 後人名其樹曰送客亭 村以面傷名 顧瞻徘徊 想象當日 灑然淸風 依然入袖 噫 面傷之趣 識者何人 魚川泳而鳥雲飛 不惟後人不識得 雖當日自家 悠悠乎不自知也"

화려하게 장식한 듯한 절이 보였다. 그런데 선현에게 제사지내고 학업을 닦던 덕천서원은 폐허가 되어 무성한 풀로 가득하니, 한숨을 내쉴 만했다.[140]

마) 덕천을 건너 산천재로 들어가 네 성현의 유상(遺像)에 배알했다. 이는 남명 선생이 손수 그린 것이다. 고개를 돌려 두류산을 바라보니 그 진면목이 전부 드러나 손으로 끌어당길 만했다. 선생의 고풍이 사람들로 하여금 더욱 공경함을 불러 일으켰다.[141]

가)는 일행들과 미리 만날 곳을 약속했는데 서로 어긋나게 되어 뒤늦게 합류한 일에 관해 말하면서, 남명이 동주(東洲) 성제원(成悌元, 1506~1559)과의 약속을 지킨 고사를 떠올리며 자신들의 모습을 반성한 내용이다. 1557년 남명이 대곡 성운(1497~1579)을 만나러 속리산에 갔다가 성제원을 만나 다음 해 8월 15일 가야산 해인사에서 만나기로 약속했다. 그런데 약속한 그날에 비가 많이 내려 길을 나서기가 어려운 상황이었다. 그럼에도 불구하고 남명이 약속을 지키기 위해 비를 무릅쓰고 해인사 일주문에 도착하니, 동주도 약속을 지켜 막 도착하여 도롱이를 벗고 있었다고 한다.

나)는 대원암을 떠나 평촌을 지나고 산천재를 향해 갈 적에, 동행한 김현옥이 남명에 관한 절구를 지은 것에 관해 평가한 내용이다. 남명은 「유두류록(遊頭流錄)」에서 한유한·정여창·조지서 세 군자를 "십 층이나 되는 높은 봉우리 끝에 옥을 하나 더 올려놓고, 천 이랑이나 되는

---

140 鄭載圭, 『老柏軒集』 卷33, 「頭流錄」. "隨仲昭 過院村 登洗心亭 景色凄然 不可留 俄見梵宇 丹碧題詠 若加增飾者 而俎豆絃誦之地 鞠爲茂草 堪可喟然"

141 鄭載圭, 『老柏軒集』 卷33, 「頭流錄」. "渡德川 入山天齋 拜審四聖賢遺像 先生手摹也 回望頭流 眞面全露 可以挹 先生之高風 尤令人起敬"

넓은 수면에 달이 하나 비치는 격[更於十層峯頭冠一玉也 千頃水面 生一月也]"이라고 칭송했다. 김현옥은 그 말을 인용하여 다시 남명을 그와 같은 분이라고 비기었는데, 정재규는 그 표현에 관해 제대로 뜻을 얻었다고 칭찬했다. 정재규를 비롯해 함께 지리산 유람을 했던 이들이 남명에 관해 지극한 흠모의 마음을 가졌음을 분명하게 볼 수 있는 부분이다.

다)는 송객정과 면상촌에 얽힌 고사로, 남명과 덕계 오건의 사제 간에 있었던 고아한 정취를 경모한 내용이다. 정재규는 그곳을 돌아보고 서성이며 당시의 일을 상상했는데, "상쾌한 청풍이 예전처럼 내 소매 속으로 불어오는 듯했다."라고 말할 정도로 깊은 감동을 받았다.

라)는 1872년 덕천서원이 훼철되어 폐허가 된 모습을 보면서 안타까운 마음을 표현한 내용이다. 불교의 사찰은 울긋불긋 단청을 하고 주련을 걸어 화려하게 꾸미고 있는데, 남명에게 제사를 올리고 선비들이 학업을 닦던 덕천서원은 폐허가 되어 무성한 풀로 뒤덮인 모습을 보면서 가슴 아파하며 탄식했다.

마)는 산천재에 도착하여 감회를 서술한 내용이다. 산천재에서 지리산의 진면목이 손에 닿을 듯 가까이 보이는 것을 통해 남명의 고풍을 떠올리며 경모하는 마음을 가졌다. 이 기록에서 확인할 수 있듯이, 정재규는 남명의 고풍과 지리산의 우뚝한 기상을 긴밀한 연관 선상에서 상호 교합되는 모습으로 인식했다.

이 외에도 「두류록」에는 지리산을 유람하는 과정의 사건과 장소에 따라 남명을 추념하고 경모하는 내용들이 상당한 분량으로 기록되어 있다. 이러한 일련의 기록들에 근거해 본다면, 정재규가 지리산을 유람한 목적과 의미를 이해함에 있어 남명이 큰 비중을 차지했으며, 남명의 자취와 고사가 곳곳에 남아 있는 지리산을 구도적 강학처로 삼아 자신의 학문이 새롭게 도약하는 기회로 삼았다고 이해할 수 있다.

2) 「신명사도명」에 관한 관심과 견해 개진

앞에서 살펴보았듯이, 허유는 「신명사도명혹문」을 지은 뒤 경상우도의 학자들에게 보내 널리 자문을 구했다. 정재규는 허유가 보내준 「신명사도명혹문」을 받아 읽고서 자신의 견해를 개진하여 서신으로 보냈는데, 한두 글자가 눈에 걸려도 샅샅이 파헤쳐 남김없이 의견을 말했다.[142] 그리고 이 일의 중요성과 의미에 관해 다음과 같이 말했다.

> 저는 항상 오늘날 학자들은 남명을 종사(宗師)로 삼아야 한다고 말하므로, 사람들이 많이 들어 잘 알고 있습니다. 그렇게 말하는 뜻은 대개 까닭이 있습니다. 배우지 않는다면 그만이겠지만, 학문을 하면서도 충신과 마음수양의 실상에 어두워 겉모습만 본뜨는 습관을 계속하고, 마음 안에서 말이 땀을 흘릴 정도로 공부하는 것을 잊어버린 채, 입으로 허망한 말을 쏟아내는 것을 숭상하고 있습니다. 또한 자질이 순근(淳謹)한 데에 가까운 이들은 거의 모두가 눈썹을 내리고 눈을 감고서 부녀자처럼 조신함

142 鄭載圭, 『老柏軒集』 卷5, 「答許后山」. “神明舍銘或問 盥手反復之 警發良多 間因雨雪 客擾稍定 謹依勤教 略有瞽說 錄于別紙 雖一二字 碍眼不敢放過 有若洗索反涉惶悚然 長者所以見囑之意甚至 區區陋見 亦不敢不爲之傾倒也”

을 행할 뿐, 밥해 먹던 솥도 깨부수고 타고 온 배와 노도 불 지르는 대용기(大勇氣)를 진작하지 못하고 있습니다. 이와 같은데도 성취가 있으리라 기대하는 것은 저는 듣지 못한 바입니다. 오늘날 학자들은 대체로 병이 고황(膏肓)에 들었는데, 다른 사람을 논할 것이 아니라, 자신에게 돌이켜 스스로 살펴본다면 자기 속에 병들어 있는 것을 볼 수 있습니다. 이 병통을 고치려 한다면, 오직 남명을 스승으로 본받아야 할 것입니다. 오직 남명을 스승으로 본받아야 할 것입니다.

그렇다면 이 해석이 오늘날에 지어진 것이 어찌 사문(斯文)에 관련이 있는 것이 아니며, 후생에게 큰 다행이 아니라고 하겠습니까? 남명 선생의 입장에서 말한다면, 후세의 자운(子雲)을 만난 것이라고 말하지 않을 수 없습니다. 이와 같기에 「신명사명혹문」을 지은 일이 가볍지 않고 무거우며, 쉽지 않고 어려운 것입니다. 비록 한 글자라도 적절하지 못하고 한 단어라도 완비되지 못한다면, 반드시 거듭 생각하여 지극히 마땅한 것을 찾아야 하며, 서둘러 단정해서는 안 됩니다.[143]

정재규는 남명을 으뜸가는 스승으로 삼아야 한다고 생각했다. 그 이유는 당시의 학자들이 가진 병통을 크게 두 가지로 진단했기 때문이다. 하나는 충신한 학문적 자세와 마음수양의 실상에 어두워 겉모습만 본뜨는 습관을 계속하며, 내면 수양을 위해 각고의 노력을 기울이지 않고 입으로 허망한 말을 쏟아내는 것을 숭상하는 것이다. 다른 하

143 鄭載圭, 『老柏軒集』 卷5, 「答許后山」. "愚常言 今之學者 當宗師南冥 人多聽瑩然 其意則蓋有以也 不學則已 學而昧忠信內修之實 而長依樣畫葫之習 忘心地汗馬之功 而尙口角天花之墜 又資近淳謹者 率皆抵眉闔眼 做得閨門撿押 而不能破釜焚楫 鼓作大勇 若是而望其有成 非余攸聞 今之學者 大抵病入膏肓 未論它人 反身自顧 只是坐在裏許 欲醫此病 其惟師法南冥歟 其惟師法南冥歟 然則此解之作於今日 豈非有關於斯文 而後生之大幸歟 自先生而言之 則亦不可不謂之遇後世之子雲也 若是則其爲之也 亦不輕而重 不易而難矣 雖一字未安 一辭未備 必反復思惟 以求至當不可卒乍了斷也"

나는 자질이 순근한 자들은 부녀자처럼 조신하게 행동하는 것만을 추구할 뿐, 큰 용기를 진작하여 웅대한 기상을 펼치고 과감한 실천을 행하는 데에까지 나아가지 못하는 것이다.

전자의 병통은 학자들이 학문을 통해 자신을 올바르게 세우고 일상 속에서 힘써 실천하고자 하는 의식과 노력이 부족한 데에서 연유한 것으로, 실천적인 학문의 부재에 관한 지적이다. 후자는 실천적인 학문을 행하는 학자들이 있기는 하지만, 그들은 잗다랗게 작은 행실에 연연해할 뿐, 원대한 목표를 지향하여 용단 있게 나아가지 못하는 것에 관해 지적한 것이다. 그러므로 정재규는 당시의 학자들이 가진 이 두 가지 병통을 고치기 위해서는 남명을 스승으로 본받아야 한다고 강조했다.

당대의 학자들이 가진 병통에 관한 진단과 그것을 고치기 위한 대안으로서의 남명학 천양이라는 전제를 바탕으로, 남명학의 핵심을 밝히기 위한 허유의 「신명사도명」 주해 작업은 막중하고도 어려운 일이라고 동감했다. 그리고 한 글자라도 적절하지 못하거나 한 단어라도 완비되지 못한다면, 거듭 숙고하여 지극히 마땅한 것을 찾아야 하며, 서둘러 단정해서는 안 된다고 조언했다.

그리하여 정재규는 허유의 주석에 관해 다음과 같이 견해를 개진했다.

①「신명사도명혹문」: "늠연히 거두어들이고 척연히 두려워한다"[凜然收斂惕然恐懼云云]

정재규: 이 두 구절은 예전부터 있던 설입니까? 아니면 스스로 개진한 설입니까? 늠연(凜然)과 척연(惕然)을 서로 바꾸는 것은 어떨런지요? 척연은

놀라서 흠칫하는 모습이니, 하나의 생각이 떠올라 자신에게 돌이킬 때에 적절한 것인 듯합니다. 공구는 늠연히 자신을 유지하는 일입니다.

②「신명사도명혹문」: “나라의 임금은 사직을 위해 죽는다”[國君死社稷云云]

정재규: 이 단락은 매우 절실합니다. 다만 ‘한나라와 역적은 양립할 수 없다[漢賊不兩立]’는 뜻을 설파하지 않은 것이 부족한 점입니다. 대개 반드시 먼저 이 뜻을 갖추어야 몸을 굽혀 죽을 힘을 다할 수 있습니다.

③「신명사도명혹문」: “대장기이다”[大壯旂云云]

정재규: 이 단락은 ‘비군자지대장불가능야지하(非君子之大壯不可能也之下)’에 다시 주자의 ‘물자(勿字)는 깃발과 같다’는 말을 인용하여 다듬고 윤색해야 합니다. 그리하여 아래 글에서 인용한 ‘안자의 사물지기(四勿之旗)’라는 말과 호응하게 해야 옳을 것입니다.

④「신명사도명혹문」: “낌새를 살핀다”[審幾云云]

정재규: 『통서(通書)』의 ‘선과 악이 갈라지는 것이다’라는 말은 진실로 「신명사도」의 ‘기(幾)’자 근본한 것입니다. 인용하여 해석한 것은 마땅합니다. 다만 ‘기(幾)’는 움직임이 은미한 것이니, 『중용』에서 말한 ‘신독(愼獨)’의 독(獨)입니다. 그런데 은미한 것을 방비하고 홀로 아는 것을 삼가야 한다는 경계에 관해 깊이 의미를 밝히지 않은 것은 부족한 점이 있는 듯합니다.

⑤「신명사도명혹문」: “테두리를 원으로 그리거나 네모로 그린다”[圈子之或圓或方云云]

정재규: 이 단락에서 논한 바는 과연 이러한 이치가 있습니다. 하지만 방(方)과 원(圓)이 같지 않은 점을 논했다면, 백권(白圈)에 검은 글씨로 쓴 것과 흑권(黑圈)에 흰 글씨로 쓴 것에 관해서도 설이 있어야 합니다. 그리고 일(日)과 월(月)의 두 권(圈)은 모두 원(圓)이니, 원(圓)을 본체로 삼고 방(方)을 작용으로 삼는다는 뜻에 의거해 유추한다면 통하기 어려운 점이 있는 듯합니다. 저는 의심스러운 부분을 그대로 남겨두어 언급하지 않는 것이 옳다고 생각합니다. 다시 생각해 보시는 것이 어떻겠습니까?

⑥「신명사도명혹문」: "일월과 이목의 방위"[日月耳目方位云云]

정재규: 이 단락에서 논한 바는 그럴 듯하지만, 끝내 석연치 않습니다. 대개 「선천도(先天圖)」는 아래에서 위로 올라가고 「태극도(太極圖)」는 위에서 아래로 내려오니, 좌우의 방위에 관해 애초에 의미를 두지 않았습니다. 하지만 「신명사도」는 임금이 남쪽을 향하여 정사를 다스리는 위치를 본떠 그린 것입니다. 그러므로 태일군(太一君)을 위주로 말해야 하며, 그림을 보는 사람을 위주로 말하는 것은 의미가 없을 듯합니다. 명당의 좌우에 있는 것도 북쪽을 바라보는 사람을 위주로 방위를 이름한 것이겠습니까? 주자가 당실(堂室)의 이름을 붙일 적에, 왼편을 '경(敬)'이라 하고 오른편을 '의(義)'라 했으니, 이 좌우도 동서의 방위가 바뀐 것이겠습니까?

또한 "그림을 위주로 방위를 말하는 것은 퇴계의 「천명도」로부터 시작되었으니 예전에는 없었던 것이다"라고 말한 부분은 상세하게 고찰하지 못한 듯합니다. 도상(圖象)이 지어진 것은 「하도(河圖)」에서 시작되었습니다. 「하도」의 삼·팔·사·구가 어찌 정해진 방위가 아니겠습니까? 그리고 어찌 그림을 보는 사람을 위주로 말한 적이 있습니까? 만약 「신명사도」에 손을 대어 고치려 하신다면, 결국 마음대로 경솔하게 바꿨다는 비판이 있을 듯합니다. 별도로 하나의 설을 지어 의심스러운 점을 전한다면, 의리에 어찌 해가 되겠습니까? 다시 생각해 보시길 바랍니다.[144]

①은 원곽 안의 중앙에 위치한 '경'에 관해 허유가 주석한 것을 지적한 내용으로, 허유가 '늠연수렴(凜然收斂) 척연공구(惕然恐懼)'로 표현한 것에서 늠연과 척연을 서로 바꾸는 것이 보다 적절하다는 견해이다. 허유는 정재규의 견해를 받아들여 개정된 「신명사도명혹문」에서는 '척연수렴(惕然收斂) 늠연공구(凜然恐懼)'로 주석했다.[145]

②는 원곽 안의 우측 하단에 있는 '국군사사직'에 관한 견해이다. 이 구절은 『예기』 「곡례(曲禮)」에 나오는 말로, 임금이 국난에 처했을 때 죽을 각오로 사직을 지켜야 한다는 뜻이다. 정재규는 이 구절에 관한 주석에서, '한(漢)나라와 역적은 양립할 수 없다'는 말을 보충하기를 권했다. 이 말은 제갈량이 지은 「후출사표(後出師表)」에서 인용한 것으로, 한나라는 역적인 조조와 함께 존립할 수 없기에 반드시 쳐서 무찔러야

---

144 鄭載圭, 『老柏軒集』 卷5, 「答許后山」.
① 凜然收斂惕然恐懼云云: 此二句 是古說耶 抑自下說耶 凜然惕然 互換之如何 惕然 是驚動貌 恐於一念反求之際爲親切 而恐懼 則是凜然自持之事
② 國君死社稷云云: 此段 儘切實 但欠不說破漢賊不兩立之義 蓋必先辨得此義 乃能盡鞠躬死己之力
③ 大壯旂云云: 此段 非君子之大壯不可能也之下 恐當又引朱子勿字似旗腳云云之語 以修潤之 使下文用顏子四勿之旗之語 有所照管 可矣
④ 審幾云云: 通書 幾善惡 固此圖幾字之所本也 引而解之 允矣 但幾 是動之微也 卽中庸所謂愼獨之獨也 而不深致意於防微謹獨之戒 似爲所欠矣
⑤ 圈子之或圓或方云云: 此段 所論果有是理 然但旣論方圓之不同 則其白圈而墨書 墨圈而白書 亦當有說矣 且日月兩圈皆圓 亦以體圓用方之義推之 恐有難通者 愚意 當屬之闕疑 而不言之爲可也 更思之如何
⑥ 日月耳目方位云云: 此段 所論雖似矣 而終未能釋然 蓋先天圖 自下而上 太極圖 自上而下 左右方位 初不致意 而乃此圖 則象人君嚮明聽治之位而畫者也 自當主太一君而言之 主看圖之說 恐無意義 明堂左右个 亦可主北面者而名方位乎 朱子名堂室 左曰敬 右曰義 此左右 亦豈東西易方乎 且主圖而言方位 自退陶天命圖始 古未有也之云 恐亦考之未詳也 凡圖象之作 祖於河圖 河圖之三八四九 豈非定位乎 而曷嘗主看圖者而言乎 若就圖犯手而釐正之 則果似有專輒輕遽之譏 而別爲一說以傳疑 則亦何害於義 更加商量

145 許愈, 『后山集』 卷12, 「神明舍圖銘或問」. "願聞敬之義 曰 敬者 一心之主宰也 非心外別有敬主宰了 此心自做主宰底 便是敬 惕然收斂 凜然恐懼 是自做主宰法也"

한다는 뜻을 담고 있다. 허유는 이 견해를 수용하여 한나라와 역적이 양립할 수 없고, 천리(天理)와 인욕(人欲)이 병존할 수 없다고 주석했다.[146]

그림 26 남명의 신명사도

이 구절에 관해 첨언하자면, 경상우도의 학자들 사이에 이 다섯 글자를 두고 분분하게 논란한 일이 있었다. 앞에서 살펴보았듯이, 조원순이 남명의 문집을 중간(重刊)할 때 「신명사도」에서 이 다섯 글자를 빼고 상당 부분을 변개했다. 그러자 허유와 정재규 등은 이 구절은 사생취의(捨生取義)·이도순신(以道殉身)의 뜻이므로 삭제해서는 안 된다는 입장을 폈다. 그래서 1910년 재중간(再重刊)할 적에는 다시 원래의 모습을 되찾았다. 그러나 그 뒤에 심재 조긍섭(1873~1933)은 다시 무사지심(無死之心)을 유사지군(有死之君)에 비유하는 것은 불가하다고 하여 조원순의 삭제를 지지하고 나섰다. 그리하여 이 문제는 중재 김황에 이르기까지 논란거리로 남게 되었다.[147]

③은 「신명사도」의 상단 양측과 하단 중앙에 위치한 대장기에 관한 견해이다. '사물지기(四勿之旗)'는 안자가 공자에게 인(仁)에 이르는 방법을 묻자, "예가 아니면 보지 말며[非禮勿視], 예가 아니면 듣지 말며[非

---

146 許愈, 『后山集』 卷12, 「神明舍圖銘或問」. "國君死社稷 其意何在 曰 國君無殉社之心 不足以保其國 學者無殉道之志 不足以保其心 故孔子曰 守死善道 孟子曰 舍生取義 程子曰 餓死事小 失節事大 朱子曰 學者 常須以志士不忘在溝壑爲心 則道義重 而計較死生之心 輕矣 聖賢心法 自來如此 蓋漢賊不兩立 理欲不幷全 此圖 所以特揭此五字 以詔學者也"

147 최석기, 「南冥의 「神明舍圖」·「神明舍銘」에 대하여」, 『南冥學硏究』 제4집, 남명학연구소, 1994, 169면.

禮勿聽], 예가 아니면 말하지 말며[非禮勿言], 예가 아니면 행하지 말라[非禮勿動]"고 한 말에서 나온 것이다. 그리고 이 내용이 수록된 『논어』「안연」 '극기복례(克己復禮)'장(章) 세주(細註)에, "설문(說文)에 '물(勿)'자는 깃발과 같다고 했는데, 이 깃발을 한번 휘두르면 삼군(三軍)이 다 물러간다"[148]고 주자가 해석했다. 아마도 「신명사도명혹문」의 초본에는 안자의 '사물지기'만 언급하고, 주자가 '물(勿)'자에 관해 해석한 것은 인용하지 않았으므로, 더 보충할 것을 조언한 것이라 짐작된다. 허유는 이 지적을 수용하여 주자의 해석을 첨가했다.[149]

④는 대장기의 깃대 옆에 적힌 '심기(審幾)'에 관한 견해이다. 허유는 '기(幾)'자의 출처를 『통서』의 '선과 악이 갈라지는 것이다'라는 말에서 찾았는데, 정재규는 이 설에 관해 동의했다. 그러나 '기(幾)'는 움직임이 은미한 것이므로 『중용』에 보이는 '신독(愼獨)'의 '독(獨)'자와 뜻이 통한다고 이해했다. 그래서 이 의미를 상세히 설명하여 은미한 것을 방비하고 홀로 아는 것을 삼가야 한다는 경계에 관해 보충할 것을 제안했다. 허유는 이 제안을 수용하여, 움직임이 은미할 때에 자세히 살피지 못한다면, 졸졸 흐르는 물이 하늘에까지 미치고 막 피어오르는 불길이 들판을 태우게 되는 것과 같으므로 매우 두려워 할 만하다는 내용으로 주석했다.[150]

⑤는 「신명사도」에서 글자의 밖에 테두리를 친 것에 관한 허유의 해석을 지적한 것이다. 경(敬)·일(日)·월(月) 등은 동그라미가 그려져 있고,

---

148 『論語』「顔淵」'克己復禮'章 細註(학민문화사 영인본 地冊 409면). "朱子曰 說文謂勿字似旗脚 此旗一麾 三軍盡退"

149 許愈, 『后山集』 卷12, 「神明舍圖銘或問」. "大壯旂 何謂 曰 易曰 雷在天上 大壯 君子以 非禮不履 程子曰 赴湯火 蹈白刃 武夫之勇 可能也 至於克己復禮 非君子之大壯 不可能也 顔淵非禮勿視聽言動 而朱子曰 勿字 似旂脚"

150 許愈, 『后山集』 卷12, 「神明舍圖銘或問」. "審幾 何謂 曰 通書曰 幾善惡 夫幾者 動之微也 於此不審 則涓涓而滔天 焰焰而燎原 甚可畏也 此三關 所以必立大壯旂 以審其幾焉"

총재(冢宰)·백규(百揆)·대사구(大司寇) 등은 네모로 둘러쳐져 있다. 개정하기 이전의 「신명사도명혹문」 초본은 현재 남아 있지 않아 허유가 애초에는 어떻게 해석했는지 알 수 없지만, 정재규는 네모와 동그라미의 차이를 논했다면, 흰 테두리에 검은 글씨로 쓴 것과 검은 테두리에 흰 글씨를 쓴 것에 관해서도 설명해야 한다고 지적했다. 흰 테두리에 검은 글씨는 흰 바탕에 검은 글씨를 적은 것이라는 뜻으로, 천덕(天德)·왕도(王道)·성성(惺惺)·극치(克治)·치찰(致察) 등이 이것에 해당된다. 검은 테두리에 흰 글씨는 하단 맨 아래에 있는 지(止)·지(至) 등이다.

그리고 정재규는 일과 월의 두 테두리는 모두 동그라미인데, 동그라미를 본체로 삼고 네모를 작용으로 삼는다는 해석에 따라 유추해본다면 뜻이 통하기 어려운 점이 있다고 지적했다. 그래서 그는 의심스러운 부분은 그대로 남겨둘 것이지, 억지로 천착하여 설명하는 것은 바람직하지 못하다고 권했다.

지금 전하는 「신명사도명혹문」에는 이것에 관한 내용이 없는 것으로 보아 허유가 정재규의 지적을 받아들여 원래의 주석을 삭제했으리라 판단된다. 다만 「신명사도」를 군자의 심법으로 이해해야 하며, 도상의 모양에 얽매일 필요는 없다는 주석으로 자신의 견해를 제시했다.[151]

⑥은 원곽의 양쪽에 자리하고 있는 일(日)·목관(目關)과 월(月)·이관(耳關)의 방위에 관한 견해이다. 「신명사도」에 표기된 내용을 이해할 적에, 그림 내용상의 주체인 태일군을 중심으로 배치한 것이라고 보느냐, 아니면 그림을 보는 사람의 입장에서 배치된 것으로 보느냐에 따라 방위가 정반대로 해석된다.

---

151 許愈, 『后山集』 卷12, 「神明舍圖銘或問」. "圖之郛郭 舍之階級 圈之方圓黑白 抑有法象邪 曰 法象皆起於陰陽 以象類求之 則蓋亦有說 然先生之學 心學也 而方圓平直 君子之心法也 學者 於此當以心法求之 不當區區於象畫句互之間也"

정재규는 「신명사도」가 임금이 남쪽을 향하여 정사를 다스리는 위치를 본떠 그린 것이므로, 태일군을 중심으로 방위가 정해져야 한다는 입장을 견지했다. 그래서 태일군이 남면(南面)하고 있는 위치에서, 왼쪽(그림을 보는 사람의 입장에서는 오른쪽)이 양으로서 일(日)·목관(目關)이 되어야 하며, 오른쪽(그림을 보는 사람의 입장에서는 왼쪽)이 음으로서 월(月)·이관(耳關)이 되어야 한다고 이해했다. 따라서 그는 「신명사도」에 그려진 일·목관과 월·이관은 방위가 반대로 잘못 표기된 것이라고 생각했다. 하지만 「신명사도」에 손을 대어 고치지는 말고, 별도로 하나의 설을 지어 의심스러운 점을 밝혀서 후세에 전하는 것이 좋을 듯하다고 권면했다.

허유는 초본에서는 전래의 「신명사도」에 표기된 대로 일·목관과 월·이관의 위치를 이해한 것으로 보인다. 그 근거는 그림을 보는 사람을 위주로 배치한 것이라는 논리인 듯하다. 그러나 정재규의 지적을 받고서 의견을 수용하여 개정된 「신명사도명혹문」에서는 태일군을 중심으로 방위가 정해져야 한다는 관점에서 상세히 설명했으며,[152] 의견만 제시했을 뿐 본래의 그림을 고치지 않았다.[153]

이처럼 정재규는 허유의 자문에 응하여 「신명사도」에 관한 자신의 견해를 허심탄회하게 개진했다. 그리고 허유는 정재규의 견해를 모두 수용하여 「신명사도명혹문」을 개정했다. 허유의 이러한 학문적 자세에 관해, 정재규는 답장을 보내 "「신명사도명혹문」의 개정본을 받아 읽어보니, 감탄스러운 나머지 삼가 의아한 감마저 들었습니다. 자기의 주장을 버리고 남의 의견을 따르는 것은 오직 순(舜)이 하실 수 있는 것

152 許愈, 『后山集』 卷12, 「神明舍圖銘或問」. "圖之耳關在左 目關在右 日於西 月於東 何意 曰 此恐後人傳寫之誤也 蓋太一君爲主於中 而正南面之位 則左目關 右耳關 日 陽也 當在左 月 陰也 當在右 今一切反是 左右失次 陰陽易位矣 釐正無疑也"

153 복암 조원순도 이와 같은 견해를 가지고 있었는데, 그는 『남명집』을 중간할 적에 日·目關과 月·耳關의 方位를 수정하는 데에까지 진행했다.

이었으니, 이것이 과연 어떠한 경지이겠습니까? 그런데 그대는 이미 이러한 경지에 도달한 것입니까? 어리석은 자의 천 가지 생각 가운데 혹 한 가지 얻을 만한 것이 있다고는 하지만, 하나같이 옳게 여김을 입어 취해서 선으로 삼을 것이라고 어찌 생각이나 했겠습니까? 이것이 제가 의아한 점입니다."[154]라고 감탄과 칭송을 마지않았다.

그리고 다시 편지를 보내 「신명사명」의 자주(自註)에 관해 다음과 같이 견해를 제시했다.

「신명사도명혹문」: '총재'는 곧 주재이니, 이 '주(主)'자는 정자가 말한 '존주(存主)'의 뜻이다. 그러므로 '존(存)'자를 연서(聯書)하여 존주가 성찰(省察)의 짝이 된다는 것을 밝혔다.

정재규: '주(主)' 아래에 '존(存)'자를 연서하느냐 방서(傍書)하느냐에 관해, 지난번에 산천재로부터 온 유생을 보고 물어보았더니, 구본(舊本)에는 과연 방서일뿐이었습니다. 지금 '존주'의 의미로 풀이하신 것은 마땅합니다. 다만, "존주가 성찰의 짝이 된다는 것을 밝혔다"라 하신 구절은 약간 논의할 만합니다. 『중용』의 '계구(戒懼)'와 '근독(謹獨)'을 '미발(未發)'과 '이발(已發)'로 말하여 진실로 대구(對句)로 설명하는 사람이 있지만, 사실 '계구'는 전체를 통관(統貫)하는 것이고, '근독'은 전체 가운데에서 바야흐로 움직이는 곳에 치찰(致察)하는 것입니다. 하물며 「신명사도」의 '경'은 주재하는 것이므로 그 존귀함이 짝이 없거늘, 문득 억지로 '성찰'을 그 짝으로 본다면, 아마도 본래의 뜻이 아닌 듯합니다. '내총재존(內冢宰存)'이라 하지 않고 '내총재주(內冢宰主)'라 하면서 '존(存)'자를 방주(傍註)로 처리한 것은 '내외(內

154 鄭載圭, 『老柏軒集』 卷5, 「答許后山」. "銘或 承讀改本 欽歎之餘 竊有訝焉 舍己從人 惟帝時克 此果是何等地位 而吾丈已能到得耶 千慮或有一得 而豈意一一蒙可 取以爲善耶 此賤子之疑也 然猶有一二條 可更詳者 錄之于後 更敎之如何 黃雲滿野不托飽 此其時也 遙望相賀"

外)'와 '존찰(存察)'은 비록 짝으로 들었지만 '주재(主宰)'는 짝이 없다는 뜻이 본래 있음을 보인 것입니다. 다시 수정하심이 어떻겠습니까?[155]

「신명사명」 '내총재주(內冢宰主)'의 '주(主)'자 아래에 있는 자주(自註) '존(存)'자에 관한 것이다. 허유는 '주(主)'자 아래에 '존(存)'자가 연이어 적혀 있는 것[聯書]은 '내총재주(內冢宰主)'의 뜻인 '존주(存主)'가 그다음의 구절 '외백규성(外百揆省)'의 의미인 '성찰(省察)'과 서로 짝이 됨을 보여주는 것이라고 해석했다. '안에서는 총재(冢宰)가 주관한다[內冢宰主]'는 구절은 '경(敬)하여 내면을 곧게 한다[敬以直內]'는 뜻으로, 마음을 존양(存養)해야 한다는 사실을 설명하는 말이다. '밖에서는 백규(百揆)가 살핀다[外百揆省]'는 구절은 '의(義)로워 바깥일을 바르게 처리한다[義以方外]'는 의미로서, 외부의 사물을 의(義)의 기준에 따라 엄밀하게 살펴서 결단해야 한다는 것을 표현한 말이다. 그러므로 허유는 정자의 말을 인용하여 '주(主)'자를 '존주(存主)'로 풀이함으로써, '내총재주(內冢宰主)'의 존양(存養)과 '외백규성(外百揆省)'의 성찰(省察)이 호응하는 짝이 된다고 밝혔다.

그러나 정재규는 '존(存)'자가 구본(舊本)에는 '내총재주(內冢宰主)'의 바로 곁에 적혀 있었다[傍書]는 유생의 말에 근거하여 자신의 견해를 전개했다. 연서(聯書)와 방서(傍書)의 차이점은 '내총재주(內冢宰主)'와 '외백규성(外百揆省)'의 관계를 어떻게 볼 것인가에 관한 이해로부터 비롯된다.

155 鄭載圭, 『老柏軒集』 卷5, 「答許后山」. "冢宰卽主宰 而此主字 程子所謂存主之義 故聯書存字 以明存主之爲省察之對也 : 主下存字之聯書傍書 嚮見儒生之自山天來者 問之 則舊本果傍書耳 今以存主之義解之者 允矣 但以明存主之爲省察之對一句 有些可議 中庸戒懼謹獨 以未發已發言之固有對擧爲說者 而其實則戒懼統貫全體 謹獨就全體中方動處致察 况此圖敬字爲主宰 其尊無對却硬做省察爲對 恐非本旨 不曰內冢宰存 而曰主 以存字爲傍註 以見內外存察雖對擧 而其主宰無對之意 自在矣 更加檃栝 如何"

연서(聯書)에 근거한 입장은 '내총재주(內冢宰主)'와 '외백규성(外百揆省)'을 서로 짝이 되는 호응 관계로 해석하며, 방서(傍書)를 중시하는 관점은 '내총재주(內冢宰主)'를 동정(動靜)을 포괄하는 전체적인 일로 파악하여 '외백규성(外百揆省)'은 그 가운데 하나인 동적(動的)인 측면에서의 성찰(省察)로 이해한다. 허유는 전자에 해당되며, 정재규는 후자의 관점을 견지했다. 그러므로 정재규는 「신명사도」의 '경(敬)'자를 설명한 '내총재주(內冢宰主)'라는 구절은 주재하는 것이어서 존귀함이 짝이 없으며, '외백규성(外百揆省)'과 호응하는 관계가 아니라 포괄하는 것이라는 견해를 제시했다. 개정본에는 위 인용문에 보이는 허유의 해석이 그대로 수록되어 있으므로, 정재규의 견해를 수용하지 않았음을 알 수 있다.

> 「신명사도명혹문」: '용(勇)'자의 자주(自註) '한사(閑邪)'. '한사(閑邪)'는 물리친다는 뜻이다.
>
> 정재규: 이곳의 주석 '한사(閑邪)' 두 글자는 『주역』의 이른바 '한사존성(閑邪存誠)'과는 약간 맞지 않습니다. '한사(閑邪)'는 대체로 도적이 이르기 전에 담장과 집을 엄히 단속하는 것입니다. 그런데 문득 이를 '용극(勇克)'의 아래에 썼으니, 어찌 의심할 만하지 않겠습니까? 다시 상고해 보시길 바랍니다.[156]

허유는 「신명사명」의 '동미용극(動微勇克)' 아래에 있는 자주(自註) '한사(閑邪)'에 관해 '물리친다는 뜻이다[克底意]'라는 말로 풀이했다. '동미용극(動微勇克)'의 '극(克)'자를 설명한 주석으로 이해한 것이다. 이에 관해

156 鄭載圭, 『老柏軒集』 卷5, 「答許后山」. "勇字註閑邪 閑邪 是克底意 : 此註閑邪二字 與易所謂閑邪存誠 有些不契 閑邪 蓋不待寇至 而嚴其垣屋者也 却書勇克之下 豈非可疑耶 更詳之"

정재규는 '한사(閑邪)'는 대체로 도적이 이르기 전에 담장과 집을 엄히 단속한다는 뜻을 가지고 있는데, 「신명사명」에서는 '낌새가 있자마자 용감하게 물리친다'는 구절 아래에 적어놓았으니, 본문의 내용에 적합한 주석인지 의심스럽다고 문제를 제기했다. 개정본에는 '극저의(克底意)'라고 풀이한 후, '한사(閑邪)'는 일이 일어나기 이전에 미리 해야 하니, 집을 소유한 사람이 자신의 담장을 엄히 단속하면 도둑이 저절로 이르지 않는 것과 같다.'라는 해석이 보충되어 있다. 이러한 보충 설명은 자신의 해석을 견지한 가운데 정재규의 문제 제기를 수용한 것이라 할 수 있다.

이상으로 허유의 「신명사도명혹문」에 관한 정재규의 견해를 살펴보았다. 문제를 제기한 항목은 총 8개인데, 「신명사도」와 관련된 것이 6항목이며, 「신명사명」의 자주(自註)에 관한 것이 2항목이다. 논쟁이 될 만한 일월(日月)·이목(耳目)의 방위 및 자주(自註)의 '존(存)'자 해석에 관한 문제 제기 외에는 대부분 허유의 해석을 긍정하는 가운데 보충할 부분을 제안한 것이다.

3) 뇌룡정(雷龍亭) 복원 사업의 추진과 그 의미

정재규는 허유와 함께 당시 삼가 지역의 학계를 주도하며 남명을 위한 사업을 공동으로 추진했다.[157] 정재규는 1884년 고산(鼓山) 임헌회(任憲晦, 1811~1876)의 문인 이산(梨山) 신두선(申斗善)이 삼가 현령으로 부임해 오자, 그의 초빙을 받아 삼가 향교에서 교생들에게 강론했고, 1885년에는 허유와 함께 발의하여 남명의 강학처인 뇌룡정을 중건했

157 이상필, 『남명학파의 형성과 전개』, 와우출판사, 2005, 216면.

다. 정재규는 이곳 뇌룡정에서 강학을 하면서 뇌룡유계(雷龍儒契)를 결성하여 남명을 통한 인근의 사림들과의 결속을 강화하는 한편 남명 문집의 교열과 신도비 문제에도 관여했다.[158]

정재규가 신두선에게 보낸 다음의 편지에서 그가 왜 뇌룡정 중건을 적극적으로 추진했는가에 관한 이유를 확인할 수 있다.

> 남명 선생의 옛터가 현의 남쪽 토동(兎洞)에 있으니, 계부당(鷄伏堂)과 뇌룡정의 유허지가 여전히 남아 있습니다. 남명이 토동에 살았던 것이 60여 년이며, 만년에야 두류산에 들어갔으니, 삼가는 남명이 태어나 자라고 늙어간 고향입니다. 그래서 영남 사람들은 삼가를 '남명향(南冥鄕)'이라고 합니다. 서원이 훼철된 이후로 남명을 알게 하는 어떠한 자취도 남지 않게 되었으니, '남명향' 세 글자만 남고 실제의 자취는 없어졌습니다.[159]

삼가는 남명의 증조부대(曾祖父代)로부터 거주한 곳인데,[160] 남명도 또한 삼가에서 태어나 학문을 닦고 제자들을 가르쳤다. 김해의 산해정과 덕산의 산천재에서 지낸 기간을 제외하고는 남명은 일생의 대부분을 이곳에서 보냈다. 정재규는 남명이 삼가 토동에서 살았던 것이 60여 년이니, 이곳에서 태어나 자라고 늙어간 고향이며, 영남 사람들은 삼가를 '남명향(南冥鄕)'이라고 일컫는다고 했다. 그리고 서원이 훼철된 이후로 남명의 유적은 어떠한 것도 남아 있지 않아 '남명향'이라는 이름

---

158 김봉곤, 『蘆沙學派의 形成과 活動』, 한국학중앙연구원 박사학위논문, 2007, 150~151면.

159 鄭載圭, 『老栢軒集』, 卷四, 「答申侯梨山」. "南冥先生舊居 在縣南兔洞 其鷄伏堂雷龍亭遺址尙在 冥翁之居兔洞 六十餘年 而晩歲入頭流山中 三嘉是冥翁生長老之鄕 故嶺人以三嘉爲南冥鄕 而自書院壞撤 無片言隻字爲南冥識別 而南冥鄕三字 今爲鐵爐步矣"

160 이상필, 『남명학파의 형성과 전개』, 와우출판사, 2005, 23면.

만 남고 실제의 자취는 없어진 상황에 관해 말했다. 그는 삼가는 '남명향'이라고 불리는 곳인데도, 남명의 강학처인 계부당과 뇌룡정이 없어지고 유허지만 남아 있는 것을 안타깝게 여겼다. 그리하여 새로 부임한 현령 신두선에게 뇌룡정을 중건해줄 것을 요청한 것이다.

정재규는 이전에도 뇌룡정 중건을 여러 차례 발의했지만 번번이 현령에 의해 제지된 사실을 말하면서, 현령이 제지하는 까닭을 세 가지 정도로 짐작했다. 첫째는 선현을 드러내어 밝히는 것이 마땅한 의무임을 알지 못하기 때문이다. 둘째는 승진에 관계된 것이 아니면 자기의 일로 생각하지 않는다. 셋째는 재정을 모으는 일이 어렵기 때문이다.

정재규는 이 중에서 첫째와 둘째의 이유는 논할 가치도 없다고 했다. 그러나 셋째의 이유는 사문(斯文)에 마음이 있어 이전의 선현을 본받으려 하는 사람들도 걱정하지 않을 수 없는 점이라고 이해했다. 그렇기 때문에 그는 이 문제를 해결할 수 있는 현실적이고도 구체적인 방법을 제안했다.

삼가현의 호수(戶數)를 계산해 보면, 실제적으로 4,937호 정도가 되는데, 이른 봄 호포(戶布)를 출질(出秩)할 때 매호(每戶)에 조역전(助役錢) 2전(錢) 5분(分)을 내게 하면 1,240여 냥을 거둘 수 있다. 그리하여 사람을 구해 일을 담당하게 하고 낭비하거나 탈취하는 일이 없다면, 별도로 분담하지 않아도 이 재정만으로 운용할 수 있다고 방안을 건의했다. 이처럼 정재규는 뇌룡정의 중건을 위해 새로 부임한 현령에게 당위성을 밝히고 충당되는 비용을 마련할 수 있는 방법을 건의하는 등 열

의와 정성을 다해 추진했다.[161]

정재규가 뇌룡정 중건에 적극적인 관심과 참여를 한 것은 남명을 존모하는 마음이 깊지 않았다면 불가능한 것이라고 생각된다. 다음의 시에서 정재규가 남명에 관해 가졌던 마음을 이해할 수 있다.

하늘이 우리 유람 가엽게 여겨,	天憐吾輩遊
내리던 비 밤사이 눈으로 변했네.	故雨一夜雪
구름이 대지에 먹물을 흩뿌리니,	大地墨潑雲
티끌 모두 덮여 깨끗이 사라졌네.	壓盡塵埃絶
등불 깊이 타고 귀한 말씀 가만히 나누는데,	燈深法語細
술기운 오르자 호기로움 일어나네.	酒煖豪氣發
뇌룡정 가의 우뚝한 소나무에서,	落落亭畔松
변치 않는 절의를 함께 본다네.	共看歲寒節
이리저리 뜰 안을 거니노라니,	俛仰步中庭
만고의 밝은 달이 하늘에 떠 있네.	萬古留明月[162]

첫째 구절로부터 넷째 구절까지는 뇌룡정 밖의 풍경을 그리고 있다. 계속해서 내리던 비가 밤사이 눈으로 바뀌어 세상은 티끌 한 점 없이 깨끗한 모습으로 변했다. 다섯째 구절과 여섯째 구절은 시선이 뇌룡정

161 정재규는 중건된 뇌룡정의 좌우 공터에 나무를 심고 있다는 말을 듣고서, 남명의 후손인 복암 조원순에게 편지를 보냈다. 그는 그 편지에서, 大源寺에 노송나무와 삼나무가 우뚝하고 늠름하게 서 있는 모습이 우러러볼 만한데, 수십 그루를 옮겨와 뇌룡정 앞에 줄지어 심어놓는다면 매우 좋을 듯하다고 제안했다. 이러한 단편적인 사실에서도 그가 뇌룡정과 관련된 일에 얼마나 성의를 가지고 적극적으로 참여했는가를 확인할 수 있다. (鄭載圭, 『老柏軒集』 卷8, 「與曺衡七垣淳」. "龍亭規約雖成 而年荒奪之 恐將爲文具而止耳 且亭子扶護之策 尙未就完 亦所悶悶 左右空隙之地 方種栽樹木 而嘗見大源檜杉 挺立亭亭 高標可仰 若移來數十根 列植亭前 則似甚好好")

162 鄭載圭, 『老柏軒集』, 卷2, 「雷龍亭遇雪」.

안으로 이동하여 그곳에 모인 사람들에게로 집중된다. 등불의 심지가 깊이 타들어가도록 늦은 밤까지 아름답고 훌륭한 이야기를 함께 나누었으며, 나누어 마신 술에 따뜻한 기운이 몸속에서 올라오자 호기로움마저 일어난다고 했다. 일곱째 구절에서 열 번째 마지막 구절에 이르기까지는 다시 시선이 뇌룡정 주변의 공간으로 이동했다. 추운 겨울에도 우뚝하게 서 있는 소나무를 통해 어떠한 어려움 속에서도 변함없이 자신의 지조를 지키는 사람의 절의(節義)를 보았다. 그리고 뜰 안을 이리저리 거닐다가 만고에 변함없이 밝은 달이 뇌룡정 위의 하늘에 떠 있는 모습을 올려다 보았다.

이 시에서 가장 심장한 의미를 담고 있는 부분은 마지막 네 구절이다. 추운 날씨에도 변함없이 푸르른 소나무는 출처(出處)의 절의(節義)에 철저했던 남명을 표상한 것이라고 이해된다. 그리고 만고에 변함없이 밝은 달이 뇌룡정 위에 떠 있다는 표현은 '경의지학(敬義之學)'으로 요약되는 남명의 학문이 요순(堯舜)으로부터 면면히 내려온 유학의 도통을 계승한 것임을 보여주는 은유로 여겨진다.

남명의 고제(高弟)인 각재 하항(1538~1590)은 그가 지은 「남명조선생명」에서, '품 안의 명월주(明月珠)는 당우(唐虞)로부터 전해진 것[袖中明月傳自唐虞]'이라고 표현했다. 하항은 명월주라는 은유를 통해, 남명의 학문이야말로 요순으로부터 전해진 유가의 도통을 계승한 것임을 밝혔다. 하항이 남명의 학문적 정통성을 요순으로부터 전해진 명월주를 품 안에 가진 것으로 표현한 것과 연관시켜 본다면, 정재규가 마지막 구절에서 묘사한 내용은 단순히 뇌룡정의 주변 풍광을 그린 것으로만 해석되지 않는다. 따라서 이 시의 마지막 네 구절은 남명의 출처 절의와 학문적 정통성을 문학적으로 형상화한 것이라고 이해된다.

정재규가 가진 남명에 관한 인식과 존모의 마음은 다음의 「뇌룡정석채고유문(雷龍亭釋菜告由文)」에서도 상세하게 표현되어 있다.

> 도(道)는 하늘로부터 나오니, 사람으로 인해 흥하고 폐하네. 선각자가 있지 않다면, 누가 밝히고 전하랴. 환훤당과 일두 처음 열었는데, 사화(史禍)에 피해를 입었네. 정암이 이어서 일어났지만, 사화에 재앙을 당했네. 선비들 학문을 꺼려하여, 세상은 혼몽하게 되었네. 미친 물결 덮쳐 왔으니, 누가 막아내고 돌릴 수 있으랴? 그때 오직 선생이, 남쪽에서 분연히 일어났네. 호걸의 풍모를 지녔고, 명선(明善)과 성신(誠身)을 익혔네. 옛 성현의 도를 존신했고, 명분과 절개를 닦았네. 경(敬)과 의(義)를 추구했으니, 성문(聖門)의 참된 비결이네. 내면이 곧고 외면이 반듯하니, 고요할 땐 존양하고 움직일 적엔 성찰했네. 「신명사명」을 짓고, 「박문약례도(博文約禮圖)」를 그렸네. 종일토록 공자와 주자 배우고, 요임금과 순임금 읊조렸네. 용처럼 잠겼다가 봉황처럼 날아오르며, 금속악기 울리고 옥소리 퍼졌네. 명성이 세상에 널리 퍼지니, 북두성이 북쪽에 있는 듯했네. 무너진 풍속 다시 일으켰고, 끊어진 단서 이을 수 있었네. 높은 산을 우러르고 넓은 길을 걸어가니, 원근의 모든 이들 같은 마음이라네. 하물며 고향인 이곳에서랴! 경모하는 마음 그치지 않네.[163]

앞부분에서는 우리나라 유학의 도통을 언급했는데, 한훤당 김굉필과 일두 정여창을 근원으로 삼았다. 그다음으로는 정암 조광조를 꼽

---

163 鄭載圭, 『老柏軒集』, 卷39, 「雷龍亭釋菜告由文」. "道出於天 興廢由人 不有先覺 孰明孰傳 暄蠹肇倡 史草釀毒 靜翁繼作 蟲篆禍酷 士諱學問 世入昏濛 狂瀾旣倒 誰障而東 時惟先生 蹶起南服 豪傑之姿 明誠之學 尊信古道 砥礪名節 惟敬與義 聖門眞訣 內直外方 靜存動察 神明有銘 博約有圖 昕夕孔朱 嘯咏唐虞 龍潛鳳翔 金鏗玉栗 聲名洋溢 如斗在北 頹俗復振 墜緖可續 高山景行 遠邇同情 矧玆梓鄕 于墻于羹"

았다. 그런데 세 분이 모두 사화를 당하여 선비들은 학문을 꺼리게 되었고 세상은 혼몽한 상태에 빠졌지만, 이러한 때에 남명이 분연히 일어나 무너진 풍속을 다시 일으켰고, 끊어진 단서를 이을 수 있었다고 했다. 정재규는 우리나라 유학의 도통에서 남명이 차지하는 위상을 이와 같이 인식한 것이다. 이것은 앞에서 살펴본 시의 마지막 구절에서 말한 '만고의 밝은 달이 하늘에 떠 있네'라는 표현과 같은 의미이다.

다음으로는 남명의 학문적 특징에 관해 서술한 내용이다. 명선(明善)과 성신(誠身)을 익혔고, 명분과 절개를 닦았으며, 경의지학(敬義之學)을 추구한 것 등을 자세하게 설명했다. 그리고 마지막 부분에서는 남명의 인격과 학문을 원근의 모든 사람들이 동일한 마음으로 존모했고, 더욱이 남명이 태어나 생장한 이곳 삼가에서는 더욱 경모하는 마음이 깊었다고 표현했다.

이처럼 정재규는 남명의 학문과 그 위상의 의미를 유학의 도통적 맥락 속에서 이해했다. 그는 남명을 선양하는 일은 삼가현 사람들이 마땅히 추진해야 할 사업일 뿐만 아니라, 우리나라 유학사의 차원에서 반드시 진행해야 할 과업임을 확신했던 것이다. 또한 남명의 절의(節義)와 경의지학(敬義之學)은 당시의 시대적 상황을 극복하는 데에 참으로 절실한 것이므로, 더욱 드러내어 밝혀야 한다고 생각했다.[164]

정재규가 유학의 도통적 맥락과 19세기 시대적 상황에 근거해 남명에 관한 존모와 선양이 절실히 필요한 일이라고 확신한 것은 다음의 글에서도 거듭 확인할 수 있다.

> 우리 영남에서 학문이 창도된 것은 한훤당 김굉필과 일두 정여창 두

164 鄭載圭, 『老柏軒集』, 卷39, 「雷龍亭釋菜告由文」. "況今時義 尤宜表章"

> 선생에 의해 시작되었다. 그런데 불행하게도 사화의 해를 당했다. 이때로부터 선비들은 죽임을 당할까 경계하여 학문을 꺼리게 되었으니, 거의 전수되지 않는 데에까지 이르렀다. 남명 선생이 일어나서 이윤(伊尹)의 뜻을 뜻하고 안자(顏子)의 학문을 익혔다. 경의(敬義)의 공부와 출처의 절의는 우뚝이 백세의 스승이 되었으니, 경상우도 지역은 문헌(文獻)의 고을이 되었다. 온 나라 사람들이 다 함께 높은 산처럼 우러르고 넓은 길을 따라가니, 학업을 강론하고 풍속을 살필 적에 마땅히 경상우도 지역을 본받는다. 그러므로 경상우도 지역의 선비들이 선생의 덕을 존모하고 선생의 도를 밝히고자 하는 더욱 특별한 까닭이 있는 것이다.[165]

위의 글도 앞에서 살펴본 내용과 크게 다르지 않다. 앞부분에서는 한훤당 김굉필과 일두 정여창으로부터 시작된 영남 유학의 연원을 밝혔다. 다음으로는 거의 끊어질 위기에 처한 유학의 도통이 남명에 의해 계승된 사실을 언급함으로써, 남명이 유학사에서 차지하는 위상을 자리매김했다. 그리고 남명의 학문적 특성을 '경의지학(敬義之學)'과 '출처지절(出處之節)'이라고 요약했다. 이러한 논리 속에서 정재규는 남명의 학문과 절의는 백세의 스승이 되었으며, 경상우도 지역은 남명으로 인해 문헌의 고을이 되었다고 했다. 그리하여 온 나라 사람들이 남명을 높은 산처럼 우러르고 넓은 길처럼 뒤따르며, 학업과 풍속의 모범을 경상우도 지역에서 찾아 배우려 한다고 서술했다.

정재규는 이것이 바로 경상우도 지역이 남명의 덕을 존모하고 남명

---

165 鄭載圭, 『老柏軒集』, 卷32, 「偶記」. "吾嶠南倡學 自暄蠹兩先生 而不幸遭士禍之酷 自是士懲斬伐 以學爲諱 幾乎無傳焉 有南冥先生者作 志伊學顏 敬義之工 出處之節 卓然爲百世之師 而江右爲文獻之邦 高山景行 通國所同 講業觀風 宜在江右 則江右之士 所以尊慕先生之德 發明先生之道者 尤有別焉"

의 도를 밝히고자 하는 까닭이라고 했다. 그는 경상우도 지역 사람들이 남명을 존모하고 선양하는 일이 동향의 선현을 높이는 지역적 차원에 국한된 것이 아니며, 유학사적 의미와 시대적 요청에 의한 막중한 일로 받아들였다. 그러므로 누구보다도 이 일에 더욱 적극적으로 참여하여 마음을 다했던 것이다.

3. 맺는말

정재규는 1885년 허유와 함께 남명의 강학처인 뇌룡정을 중건하여 남명의 유적이 복원되고 남명학이 밝혀져 널리 전해지도록 노력했다. 1887년에는 8월 18일부터 28일까지 10박 11일의 기간 동안 지리산을 등람하면서 남명에 관한 추념과 경모를 가졌으며, 자신의 학문과 삶이 새롭게 진작되는 계기로 삼았다. 그리고 1889년 허유가 남명학의 핵심을 분명하게 드러내기 위해 「신명사도명혹문」을 지은 것에 동감하고, 그것에 관한 자신의 견해를 자세히 개진했다.

정재규가 이러한 일련의 활동을 적극적으로 추진한 이유를 두 가지 정도로 정리해 볼 수 있다. 하나는 동향의 선현을 후학으로서 마땅히 선양해야 한다는 책임감이다. 다른 하나는 남명의 학문과 사상을 당시의 위기적 상황을 극복하기 위해 절실히 필요한 것으로 인식했고, 유학사적 도통론 속에서 그 의미를 확신했기 때문이다. 전자는 정재규 자신이 생장하고 활동한 삼가현이라는 지역과 그것에 연유한 지역적 정서에 바탕한 것으로, 개인적·지역적 책임감이다. 후자는 유학사의 맥락 속에서 남명의 위상을 파악하여 남명에 관한 선양이 가지는 의미를 확신한 것으로, 시대적 상황의 인식 및 유학사적 도통의 계승 의지이다.

그러므로 정재규의 남명학 계승은 개인적·지역적 책임감이라는 구체적 동기뿐만 아니라, 시대적 상황을 통렬하게 반성하여 대안을 모색하며, 유학의 도통을 계승하여 유학자들이 나아가야 할 새로운 지평을 갈망한 데에서 진작된 것이라고 이해할 수 있다. 앞에서 보았듯이, 그가 당시 학자들이 가진 병폐의 근본 원인을 지적하면서 남명을 종사(宗師)로 삼아야 한다고 강조한 것, 남명의 절의(節義)와 경의지학(敬義之學)이 당시의 시대적 상황을 극복하는 데에 절실히 필요한 시의(時義)라고 주장한 것 등에서 그러한 면모를 확인할 수 있다.

그렇다면 노사 기정진의 학통을 계승한 것으로 평가되는 정재규가 남명과 남명학에 관해 이와 같은 인식과 선양 의지를 보인 것을 어떻게 이해해야 할까? 외견상으로는 노사 기정진의 적통을 계승한 노사학파 학자이지만, 내재적으로는 남명학파의 학문과 사상을 충실히 이어받아 발전시킨 남명학파의 후학으로 규명해야 하는가? 이 물음에 관한 일단의 해명은 성급하게 한 가지로 단정해서도 안 되겠지만, 그렇다고 해서 유보한 채 회피해서도 안 될 것이라 생각된다. 앞으로 많은 논의가 필요함을 전제한 가운데, 19세기 유학사에서 정재규의 남명학 계승이 가지는 의미에 관해 필자의 소견을 밝히고자 한다.

인조반정 이후, 경상우도 지역의 남명학파는 외형상으로는 몰락하여 남인화하거나 서인화하는 모습을 보였다. 그러한 분열과 침체의

17~18세기를 지난 후, 19세 중반에 들어서자 새로운 움직임이 나타나기 시작했다. 외형의 분열과는 달리 내재적 복류(伏流)의 형태로 면면히 이어지던 남명학파의 계승 양상이 표면상으로 드러나기 시작한 점이다. 하지만 이미 여러 학파로 분열된 상태에서 곧장 남명학파로 새로이 복원된다는 것은 시대적·역사적 추이의 측면에서 불가능한 일이었다. 하지만 남명에 관한 추숭과 계승 의지라는 학문적·정신적 공감대는 경상우도 지역의 학파들을 결속하는 중심축이 되었으며, 그것을 통해 국가적 위기를 극복하고 유교의 새로운 부흥을 염원하는 방향으로 진행되었다.

정재규를 비롯한 19세기 경상우도 지역 학자들의 남명학 계승은 이러한 관점에서 그 의미를 평가해야 한다. 그들은 남명의 학문과 사상을 중심축으로 삼아 분열된 각 학파들을 통합하고자 했으며, 유학의 근본 정신을 회복하고 실천 의지를 고양하여 국내외적 위기를 극복하고 새로운 전망을 바라보려 노력했다. 그러므로 그들을 남명학파의 학자로 편입할 수 있느냐 그렇지 못하느냐의 문제에 천착하기 보다는, 당시의 시대적·역사적 순행(順行)을 어떻게 인식했고 그것에 따른 실천적 노력을 얼마나 했는가에 관한 평가를 주의 깊게 살펴보아야 할 것이다. 그런 고찰 속에서 남명학이 가지는 의미를 규정할 때, 19세기 경상우도 지역의 유학사에 관한 새롭고 다양한 논의가 가능할 것이다.

찾아보기

ㄱ

각재(覺齋) 하항(河沆, 1538~1590) 15
개암(開巖) 김우굉(金宇宏, 1524~1590) 77
겸재(謙齋) 하홍도(河弘度, 1593~1666) 71, 147, 149, 153, 230
경의지학(敬義之學) 452
고운(孤雲) 최치원(崔致遠) 296
고향학문변 58
관물반기(觀物反己) 427
구암 선친의 묘갈 53
궁결(宮結) 371
김광진(金光振) 345
김우옹 107

ㄴ

남명의 「유두류록(遊頭流錄)」 50
『남명집』 훼판 사건 234
내암 정인홍 45, 47, 71, 182, 230, 306, 382, 389
노백헌 정재규 419
「누항기(陋巷記)」 99
「논신명사도」 397
뇌룡정(雷龍亭) 19, 447
뇌천(雷天) 21
니계(尼溪) 박내오(朴來吾, 1713~1785) 263

ㄷ

『단계일기(端磎日記)』 341
단계창(丹溪倉)의 포주(庖廚) 373
「단자(單子)」 365
단성항쟁 341
『대학』 308
덕계(德溪) 오건(吳健, 1521~1574) 15, 317
덕산 291
덕천서원 182
도구(陶丘) 이제신(李濟臣) 15, 33
도학의 맥 68
『동강집(東岡集)』 107
동강(東岡) 김우옹(金宇顒, 1540~1603) 20, 118, 414
「두류록(頭流錄)」 420
두류산(頭流山) 288
두보 167

ㅁ

「만하희서(挽河希瑞)」 148
면상촌 430
명도(明道) 정호(程顥, 1032~1085) 131
명선(明善)과 성신(誠身) 161, 452
명월주(明月珠) 450
무실(務實) 320
민암부(民巖賦) 375

ㅂ

발남명집설(跋南冥集說) 46, 47
번암(樊巖) 채제공(蔡濟恭, 1720~1799) 164
복암 조원순(1850~1903) 379
봉성군 이완(李岏) 87
분미(分米) 371

ㅅ

산천재(山天齋) 19, 24, 291, 421
산해정(山海亭) 19
「서대팔영」 130
서리망국론(胥吏亡國論) 375
선원록(璿源錄) 372
선조(宣祖) 88
성(誠) 185
성섭 269, 272
성성자(惺惺子) 23

성운 37
「성위태극도해(誠爲太極圖解)」 399
『성호사설』 316
성호(星湖) 이익(李瀷, 1681~1763) 78, 291
세심정 431
송암(松巖) 이로(李魯) 31
『수우당실기(守愚堂實記)』 27, 107
수우당 최영경 329
순암(順菴) 안정복(安鼎福, 1712~1791) 304
「신명사도명」 186, 253
「신명사도명해」 399
「신명사명」 404
심재 조긍섭 380

ㅇ

안자 99
오건 16
조용상(曺鏞相) 384
우계(牛溪) 성혼(成渾) 28
운강(雲岡) 조원(趙瑗) 39
유성룡 327
윤원형(尹元衡) 87
이명윤(李命允) 356
이백 167
이언적 88
이용미(移用米) 370
이익 334
이희안(李希顔, 1504~1559) 48
인조 255
인조반정 45, 183, 227, 260, 299, 379, 455
일두(一蠹) 정여창(鄭汝昌, 1450~1504) 37, 451
일재(一齋) 이항(李恒, 1499~1576) 58

ㅈ

잠(箴) 181
점필재(佔畢齋) 김종직(金宗直) 421
정맥(正脈) 65, 82, 99, 128, 151
「정맥고풍변(正脈高風辨)」 82
정암(靜庵) 조광조(趙光祖, 1482~1519) 107
정암 조광조 451
정유재란 227, 259
정인홍 233, 327
조계(潮溪) 유종지(柳宗智) 36
주자(朱子) 115
『주역』 곤괘(坤卦) 문언전(文言傳) 195
주희(朱熹) 112, 220
진주옥사(晉州獄事) 81

ㅊ

청송 성수침 107
출처지절(出處之節) 453

ㅌ

태계(台溪) 하진(河溍, 1597~1658) 227
「태극도설」 407
「태극여통서표리도(太極與通書表裏圖)」 400
『퇴계언행록』 74
퇴계학 291
퇴계(退溪) 이황(李滉, 1501~1570) 24, 72

ㅎ

하면(河沔, 1537~1580) 149
하종악 음부옥 323
하종악(河宗岳) 47
하홍도 233
『학기유편(學記類編)』 100, 306
한강(寒岡) 정구(鄭逑, 1543~1620) 15
한유한 298
한훤당 김굉필 451
환곡의 폐단 369
회재 이언적 45, 57, 110
회퇴변척(晦退辨斥) 233
회퇴변척소(晦退辨斥疏) 45
후계(後溪) 조시영(曺始永, 1843~1912) 382
후산 허유(1833~1904) 385

| 경상국립대학교 인문대학 경남학 교양총서 09 |

경남 유학의 맥 남명학의 계승과 확산을 중심으로

2023년 2월 22일 초판 1쇄 발행

지은이	전병철
펴낸이	권순기
부장	김경민
행정팀장	장은옥
편집	이가람
디자인	이희은

펴낸곳	경상대학교출판부 | 출판등록 1989년 1월 7일 제16호
주소	경남 진주시 진주대로 501
전화번호	055) 772-0801(편집), 0802(디자인), 0803(도서 주문)
팩스	055) 772-0809
전자우편	gspress@gnu.ac.kr
홈페이지	http://gspress.gnu.ac.kr
페이스북	https://www.facebook.com/gnupub
블로그	https://gnubooks.tistory.com

책값은 뒤표지에 있습니다.